地球的問題の政治学

地球的問題の政治学

中村研一

岩波書店

まえがき

「地球」という言葉がある。わたしたちは地球に生まれ、その歴史の時点に応じて、この言葉から何かを感じ、またそこから、さまざまなシンボルを連想してきた。そして、いま地球の上にいるわたしたちも、地球という言葉から何かを感じ、何かのイメージを連想する。本書は、その地球が直面する問題群、および、地球全体が一つの単位となった政治に向かっていく変動の過程を考察している。

月への飛行中、乗り組んだ宇宙船の故障が発見され、かろうじて地球に帰還したアポロ一三号の船長ジム・ラヴェルは、「地球を離れてみないと、わたしたちが地球の上にもっているものとは何であるのか、ほんとうはよくわからないのだ」といっている。実際、環境破壊は古代から知られていたのであるが、それが地球的問題として発見されたのは、一九六〇年代以降であった。問題が生じると人々は性急に解決を求める。しかし、わたしたちが知らなかったのは、よく知っていると思っていた地球のことであった。また、問題の解決法よりも、地球的問題そのものを知らなかったのである。しかも、それらの問題はわたしたちがつくり出している。とすると、解を求めることと同じように、地球的問題とは何であるかを問い返すことが重要である。

第Ⅰ部「地球的問題群」では、第一章「感染症」から第七章「第二の核時代」まで、地球が直面する七つの具体的な問題を取り上げる。地球的問題 global issues とは、第五章「環境破壊」に典型的に現れるように、一国の枠内や国家を中心とした権力関係の観点からでは、取り組みが困難な問題群を指す。これら七つの問題群にほぼ共通する特徴は、①原因が特定の地域のみに限られず、地球全体が関係する、②深刻化すれば、地球全体に破局的帰結をもたらす、③政府、国際組織、非政府組織（NGO）などの間の協力態勢が不可欠である、④長期的には、欧米起源の支配的なライフ・スタイルの修正が必要となる、などである。

地球的問題に取り組む上で、一人一人の人間が行動主体として「こうすべきだ」という価値規範の役割が重要である。そこで序章では、日本人が戦後もっとも大切にしてきた価値である平和を再検討し、平和と地球的問題との関連を考察した。

地球的問題という問題の特徴を知るためには、次の二つの比喩がよい糸口になる。第一の比喩は「罠《トラップ》」というものである。平和研究者ケネス・ボールディングは、一九六〇年代、「宇宙船地球号」には、人口爆発、環境破壊などの「落とし穴《トラップ》」が待ちかまえている、と警告を発した。この罠《トラップ》にはまってしまうと、蟻《あり》地獄のように落ちた穴から抜け出すのが困難であるというボールディングの警告の趣旨は、第二章「人口」に詳説した。

第二の比喩は、欧米の夜の高速道路を、時速一五〇km以上の速度で轟音《ごうおん》とともに闇を切り裂き、次々と走り去っていく巨大トラックである。この巨大トラックを、英語で俗に「ジャガノート」と呼ぶ。このジャガノートという言葉は、インドのヒンドゥー教の四大聖地の一つジャガンナート寺院に由来し、ここに祀《まつ》られた丸太づくりの神は、毎年六月、巨大な山車《だし》にのせられ巡幸するが、山車に轢《ひ》かれて死ぬと極楽往生すると信じられているため、巨大の車輪の前に多くの人々が競い合うように身を投げ出そうとしてきた。この異教徒の熱狂がヨーロッパに伝えられ、一九世紀にはジャガノートという言葉は、①無思慮な服従や自己犠牲を強いる制度や信仰、②巨大な乗り物、の二重の意味をもつにいたった。このジャガノートには、異教徒の宗教的熱狂を、近代啓蒙の観点から批判する意味合いが含まれている。

しかし、自分を合理的だと思っている近代人の方こそが、近代という「疾走する巨大トラック《ジャガノート》」に身を委ねていると喝破したのが、英国の社会学者アントニー・ギデンズであった。近代社会は「より速く、より大きく」を価値とみなして肥大化し、また疾走しているが、そうなればなるほど、未来という高速道路にポッカリとあいた落とし穴もまた大きく、また深くなっていく。近代という巨大トラックの疾走に無思慮なままに運命を委ねている人々はリスクが増していき、やがて犠牲を強いられるという卓抜な比喩は、地球的問題の性格を的確に伝えてくれる。

これらの地球的問題に取り組むことは、二一世紀の地球に生きるわたしたち自身を知るという課題であり、他の生命体や自然環境に対する責任であり、さらに、未だ生まれていない未来の世代に対する責任でもある。

地球的問題の深刻化と並行して、グローバル化が進展している。グローバル化とは、人間、モノ、カネ、情報が国家、地域などタテ割りの境界を越えて行き交い、地球が一つの単位になる変動の趨《すう》勢《せい》や過程を意味する。もともとグローブglobeとは、球体としての地球というモノを指し、人間社会全体は「世界」「人類」と呼ぶのが普通だった。それに対し、一九世紀後半以降、情報技術(IT)の発達により地球空間の縮小が意識され、地球が一つの情報ネットワークとして結ばれる日が到来するという可能性が語られた。そして二〇世紀半ばには「グローバル・ビレッジ(一つの村としての地球)」という言葉が使われ、人間社会全体が情報通信やメディアを介して一体化される「情報のグローバル化」が広く語られた。

また一九七〇年代前半から、「世界」「人類」に代わって「グローバル」という言葉が広く使われるようになった文脈としては、国連人間環境会議、ローマ・クラブ報告『成長の限界』以降、地球環境問題が人類的な課題だという意識が生まれたということがある。「宇宙船地球号」という比喩は、地球の住人すべてが、かけがえのない地球環境と限りある資源を共有していることを意識したものである。さらに冷戦が世界を東西に分断していた当時は、それを超える人類的視点を「グローバル」と呼び、それに取り組む「地球市民」的な視点を示す「グローバルに考えて、ローカルに行動する」という標語が広まった。

経済面では、一九七〇年代のブレトン・ウッズ体制崩壊以降に進んだ資本移動の自由化を「金融グローバル化」と呼ぶ。また、多国籍化した企業が、資金や部品の調達、生産と立地、マーケティングなどを、一国経済を超えて世界的に展開しようとすることを「グローバル化戦略」と呼んだ。

現在では、モノ、カネ、サービスが国境を越える自由化の推進と、あるいは、それらの流通を妨げてきた規制を緩和・撤廃する政府の政策を指す。ただし経済のグローバル化は、実質的には主要国、とくにアメリカの経済的優位に重なることが多いため、かつての「植民地化」という言葉に類似したマイナスの価値を示す言葉として語られることも多くなっている。

この地球的問題の深刻化とグローバル化への対応として、「地球政治 global politics」が生まれようとしている。第Ⅱ部は国際政治から地球政治への変動過程を考察する。地球政治とは、地球的視点から見た全体的な政治の動態であり、そこでは国家のみならず国際組織、地域統合組織、NGO、市民などが地球的問題を解決するための行動主体となり、権力関係のみならず経済関係や文化関係を含む相互作用が展開される。これまで使われてきた「国際政治」という言葉が国家のみを行動主体とみなし、また、国家間の権力関係を重視することが多いことから、それとは区別するため、本書では「地球政治」という言葉を用いる。ただし、形成途上にある地球政治の輪郭は、未だ明確にはなっていない。

この地球政治への移行過程の見取り図を鳥瞰《ちょうかん》するため、第八章では、市民を行動主体とする観点から地球市民社会の台頭過程を考察する。また第九—一〇章では、国家の変動に焦点を当て、古典的な国際関係にとって根幹的な要素である主権と安全保障がいかに変容したかを考察する。第一一—一三章では、それぞれ欧州連合(EU)、世界銀行、NGOを主体とした政治変動を分析する。

本書は、大学・大学院における「国際関係論」および「国際公共政策」についての体系的な講義の教科書としても使えるよう構成されている。そのため、各章には、本文とは別に基本事項の解説を付した。また、著者の個人的体験もコラムとして配してある。

なお、本文中の引用文は原則として出典のとおりとしたが、著者の判断で、一部を改変したり、句読点を補った場合があることをご諒解《りょうかい》いただきたい。

目次

目　次

目　次

略　語　表

＊本書に頻出する略語を一覧表として掲げた.

AIDS：Acquired Immunodeficiency Syndrome 後天性免疫不全症候群
BBC：British Broadcasting Corporation 英国放送協会
BMR：Basal Metabolic Rate 基礎代謝率
BP：British Petroleum ブリティッシュ・ペトロリアム(社)
CFC：chlorofluorocarbon フロン(クロロフルオロカーボン)
DES：Dietary Energy Supply 食事エネルギー供給量
ECSC：European Coal and Steel Community 欧州石炭鉄鋼共同体
EU：European Union 欧州連合
FAO：Food and Agriculture Organization of the United Nations
国連食糧農業機関
HIV：Human Immunodeficiency Virus ヒト免疫不全ウイルス
IAEA：International Atomic Energy Agency 国際原子力機関
IEA：International Energy Agency 国際エネルギー機関
ILO：International Labour Organization 国際労働機関
NATO：North Atlantic Treaty Organization 北大西洋条約機構
NGO：Non-Governmental Organization 非政府組織
OPEC：Organization of the Petroleum Exporting Countries 石油輸出国機構
SARS：Severe Acute Respiratory Syndrome 重症急性呼吸器症候群
UNAIDS：Joint United Nations Programme on HIV/AIDS
国連合同エイズ計画
UNEP：United Nations Environment Programme 国連環境計画
WHO：World Health Organization 世界保健機関

序章　平和は可能か

はじめに

平和はたえず「可能か」と疑問形で問いかけられてきた。その理由は、平和の実現の前に、不可能と考えられるほど大きな障害が横たわっているからであろう。そして今日でも「平和は可能か」と問われる理由は、この地球のどこかに戦争、大量殺戮《ジェノサイド》、飢饉、環境破壊などが絶えないからである。戦争のみならず、大量殺戮、飢饉、環境破壊に直面した人々も「平和が失われた」「平和ではない」と感じる。さまざまな種類の災禍が平和の反対概念となっている。ということは、平和という概念自身が多次元的であることを意味している。第一節であらためて検討するように、平和は、秩序の維持、正義の実現、精神の平安という三つの次元を異にした意味範囲をもっている。この多次元性は重要な意味をもつ。ただし、平和における秩序、正義、平安の内容を無限定のままに考察するならば、「平和は可能か」という問いは「ユートピアは可能か」という問いに限りなく近づくことになる。そこで、第一節においてはまず「平和とは何か」を規定することにする。

人間は自分自身がつくり出した紛争のなかに生きている。それは人間の作為の所産でありながら、時として人間のコントロールを離れ、人間を拘束《こうそく》し、恐怖させ、殺戮する。そして、紛争が暴力に転化するとき、もっとも深刻な影響を及ぼす。人間の人為的な死の多くは暴力のなかでもとくに国家の暴力によっている。巨大な軍事力・警察力によって武装した国家統治装置が、戦争や大量殺戮を行い、巨大な破壊力を保持している。そこで第二節においては、国家政府によって組織化された暴力に対するコントロールの問題を取り上げる。

現代の世界には国家が多元的に並存して、その間の関係を律するような国家の権威を超えた警察官・裁判官は存在しているとは言えない。このような権力の多元的存在と価値のアナーキーに対して、世界大の政府を確立し、それによって一挙に平和の確立をはかろうという構想がある。ただしそれは民衆による組織化された暴力のコントロールという課題を巨大化することになろう。というのは、かりに世界大の集権的な統治構造が成立したとすると、世界の民衆は巨大で広範囲に及ぶ権力機構を前にすることになるからである。

そのため主権国家の並存を前提とすることとし、主権国家の各々が利益と目的の追求を自律的になしうるような分権的な世界を想定すると、その場合にはまったく別種の問題に突き当たる。それは対立・相克の問題である。国家間のゼロサム的な対立は解くことができないという考え方は、権力闘争を国際政治の本質とみなすパワー・ポリティックス的発想の前提となってきた。また、稀少性をめぐる相克が非和解的な暴力紛争に発展することも少なくない。そこで第三節においては、相克と稀少性との関係に焦点を当てて分析することにする。

また、今日「平和は可能か」と問う場合には、戦争や軍備の問題だけでなく、飢饉、環境破壊、資源危機などの地球的問題は解決しうるか、という意味を含んでいることが多い。たとえば、石油などのエネルギーの消費拡大や熱帯雨林の乱伐など、自然破壊の傾向は変わっていないだけでなく、加速されている。このような破壊の傾向をそのまま継続していった場合、人間を含めた地球全体の破局に行きつくことになるであろう。それに対して、今日の消費拡大の傾向など生活と文明のあり方そのものの転換が不可欠である。ここでは「平和は可能か」という問いは、「平和的な転換は可能か」という形に置き換えることができるであろう。この平和的な転換の過程にとってもっとも稀少な資源は時間である。そこで第四節においては、平和的変化と時間の関係に絞って検討していくことにしたい。

第一節　平和概念の再検討

平和とは、どのような概念なのであろうか。その出発点となるのは、古代以来、平和という言葉のもってきた意味範囲である。

日本語の「平和」、英語の「ピース」に相当する言葉は多くの文化のなかに見出される。「シャローム」(古代ユダヤ教)、「エイレーネ」(古代ギリシャ)、「パックス」(古代ローマ)、「シャーンティ」(サンスクリット)、「太平」(古代中国)などの意味は、重なり合う普遍的な部分をもちながら、文化によって異なる広がりをもってきた。しかも、その各々が時代的変遷をとげている。平和という概念が強く人々の心を捉えた理由は、戦乱、飢饉、大量殺戮《ジェノサイド》など平和の反対物が現実を支配し、それがないことを願う人々の具体的、直接的な願望が、平和概念に投影されることにある。逆説的にも、戦争や飢饉などが長期間継続し、あるいはその体験の記憶が生々しい時代に、平和は人々の意識のなかで支配的になる。暴力、アナーキー、不正義によって、心の葛藤《かっとう》、犠牲、価値剝奪《はくだつ》などを強いられた人々は、そこから逃れ去ったり、苦境を超え出ようとする願望をもつ。そして、そのマイナスの現状の反対物、すなわち戦争のない秩序、食べるもののある平安、不正の克服された正義などを希求してきた。そのことにより平和は規範としての生命力を与えられ続けてきた。各々の時代と文化のなかで、人々を苦しめ、人や地球を破壊する側面は、生存への欲求や破壊されようとする人やものへの共感を呼び起こし、平和運動、環境保護運動など、さまざまな実践的な活動を生み出してきた。したがって平和概念は、それが用いられた時代と文化のなかで、危機的状況を克服する課題意識が投影されてきたのであり、それは現在においても同様である。

平和概念は複数の次元にわたる意味範囲をもってきた。石田雄《たけし》の研究によれば、平和の概念は①精神の平安、②秩序の維持、③正義の実現、を三要素としながら、文化によって力点の置き方が異なっている(1)。たとえば、日本語の「平和」は①の心的状況に、「パックス」は②の秩序に、「シャローム」は③の正義に強調点があることが多い。この三要素が重なり合うことが、各文化の平和の概念にとって必要であるが、三要素は互いに背反する可能性を含んでいる。精神の平安のみを一面的に強調すると、他者から精神をかき乱されることのない孤立した静寂主義への傾斜が強まり、不正義や戦争にいたる状況に対して無反応になることとさえある。また、正義の実現のみに焦点が合わされると、「平和(正義)のための戦い」を起こしたり、不正義の原因とみなした人々を激しく憎み、憎悪が精神を支配する状況にさえいたる。さらに、秩序の維持を名目とした不正義の容認や、精神的な抑圧も生じうる。すなわち、もしも三つのうちの一つだけを絶対視したり過剰に強調すると、一つの次元の平和のために他の次元の平和を破壊するという事態が生じかねない。平和の三つの次元は、各々歴史のなかで大きな役割を果たしてきた。そのうちのどの平和が優れたものであるかということか、三要素のうちのどれを強調すべきであるかを論ずることは本節の目的ではない。むしろここでは、平和概念の多次元性を前提とした上で、現在の時点で各次元において平和をいかに規定すべきかの検討に進むことにする。

まず平和の秩序維持の次元から検討しよう。平和という言葉には、望ましい状態や秩序の継続のイメージが含まれている。日常用語の平和のイメージである、戦争のない状態、のどかな田園風景、敵対し合っていた国家の指導者どうしが不戦を誓い合う場面などを「平和」と呼ぶ際には、それは明らかに望ましい秩序の維持を意味している。それでは、平和の概念はどのような秩序を意味しているのであろうか。

日本語で「平和な家庭」と言い、英語で「世界平和《ワールド・ピース》」と言う場合、平和の内容は家庭や国家群の存在など秩序の根幹を支える条件が維持されていることを指すが、しかし、どんな家庭、どんな平和かまでは細かく規定されていない。平和とは、秩序の根幹は定められているが、それ以外の内容は自由に決めることのできる開放系として残されているような状態を意味している。たとえば、平和研究の分野では、戦争のない状態を「消極的平和」と表現することがあるが、この「消極的」という形容詞は、戦争がないという状態以外は規定することを控える、という意味である。

ここで秩序という概念を形式的に定義すれば、全体に対して部分や構成要素がしかるべき規則性や地位を保っていることであり、ある社会のなかで、一定の条件のもとではそのメンバーがある行動をすることが、①歴史的・経験的にほぼ定型化しており、②将来にわたってその定型が継続されるだろうという可測性が高く、③そのような定型が模範的・規範的なものとして人々の意識を拘束していることである。もちろん秩序は、集団にとって基本的なものから特殊的なものまで実にさまざまな目的や機能にそって存在しているが、その全体が平和概念に含まれるわけではない。

現代の戦争、とくに核戦争は、たんにおびただしい数の人間を殺戮するだけではなく、地球環境の崩壊を招くなど、あらゆるレベルの秩序が拠って立つ基本的前提を崩壊させるために、平和を奪うと考えられている。また、大量殺戮《ジェノサイド》や地球大の環境破壊なども、より細部の具体的な生活や社会機能が成り立つ基盤を根こそぎ奪う。それが失われた場合には他の秩序が崩壊を余儀なくされるような秩序を基底的秩序と名づけることにしよう。そうすると、秩序の次元における平和とは、この基底的秩序の維持と規定することができる。この観点からすると、戦争と同様に多数の死傷者を出し続ける交通事故は、当事者以外の秩序の崩壊を導かないゆえに(当事者や遺族に限っては平和の喪失であるが）平和の崩壊とはみなされない。ここで、戦争の不在という従来の規定を踏襲しなかった理由は、現代世界では、科学技術の急速な発展によって、ミクロなレベルでは原子構造そのものの改変や遺伝子操作など生命のあり方の改変が可能になり、また、マクロなレベルでは森林消失など生物圏の破壊、大気圏の気候変動、成層圏のオゾン層の破壊など、核戦争による破壊に準じるような秩序崩壊の可能性が生じているからである。そこで、ここでは基底的秩序の維持としての平和を、

㈠核戦争の回避
㈡物質・生命の基本パターンの維持
㈢生物圏、大気圏、成層圏など地球サブシステムの維持

と規定する。

それに対して、正義の次元における平和を異論のない形で規定することは、秩序の次元よりもはるかに困難である。なぜなら平和における正義の要素は、人間観、人間行動への評価、人間関係のあり方に対する規範的な評価などを含むからであり、それらは文化によって大きく異なり、内面的な判断に関わるからである。人間の規範を、経験を超えた神意に委ねている宗教的な平和思想（キリスト教のアナバプティスト、メノナイト、クェーカーなどの「絶対平和主義《パシフィズム》」、ヒンドゥー教や仏教の「不殺生《アヒンサー》」など）は、その典型である。ただし、さまざまな地域においてかなり共通に、長期の戦争、内乱と無秩序、環境破壊など人間の行動によって人間の価値が奪われ、また、奪われた者だけでなく、奪った当事者さえも、その価値を深く意識するという体験がくり返されてきた。そのため（相

対的に価値が高い）人間のあるべき姿と、（それにふさわしくないほど価値が低い）現実の人間の行動・人間関係のあり方との間のギャップは、いかなる文化でもほぼ共通に意識されてきた。このギャップの自覚が高まれば、それだけ人間の行動や関係を、人間の価値にふさわしいものにしようとする正義の要請も強まる。

たとえば、「戦争や大量殺戮をするな」という主張には、基底的秩序の崩壊という秩序次元の問題とは別個に、生命が失われると取り返しがつかず、また、人為的な大量殺戮や環境破壊はつぐなうことのできない価値の下落（堕落）である、という意識が存在する。ここでの達成すべき平和状態は、〈傷つけられた価値・人間性の回復〉である。歴史的には、ヒロシマ・ナガサキの被爆者が核廃絶を訴え、マンハッタン計画の科学面の責任者ロバート・オッペンハイマーが原爆投下後にロスアラモス研究所長を辞任し、「自分の手は血塗られている」(2)という自責の念から核兵器の国際管理を必死に主張したのは、その例である。かれらは、消極的に核戦争を回避しようとするに止まらず、より積極的に核兵器を廃絶し、またそれを国家の軍事主権から切り離すことを要請してきた。

さて正義は、ある人間が、他者の可能性の実現を妨げず、またそれに貢献するように、自己の可能性を実現させること、あるいはそのような人間行動のパターンや人間相互の関係が集団全体として支配的になるように行動すること、と定義できよう。(3)ただし、（正義の次元の）平和は正義の一部分であり、正義を成立させる基本的前提条件のみを指すものと考えるのが適切であろう。とすると、正義の次元における平和とは、人間がさまざまな可能性を実現させるための最低限の条件を保証する、あるいは相互に保証し合うことと規定できる。すなわち、可能性の実現の主体は各個人であり、どの可能性を選択するかという判断もその当人に委ねられるが、もしかりに可能性追求の前提として不可欠な生命の維持や物的・文化的条件が、侵害や破壊を受けるような場合には、当人以外の人間を含むすべての人間が、その破壊や侵害を阻止し、可能性追求の条件を整えるように協力する義務を負う、ということに他ならない。

もちろん、この可能性追求の最低条件には、個体差や文化差などが存在するが、にもかかわらず、それらを超えてある程度共通の規定を行うことが可能になってきた。その理由は、一方で、核戦争、大量殺戮《ジェノサイド》、地球環境破壊など破壊力の規模が拡大し、その災禍がどのような文化にとっても緊急かつ明白になったことによる。そして他方では、交通・通信技術の発達と人権の理念が世界大に普及することによって、各文化のなかで人間の潜在能力に対する覚醒《かくせい》が生じ、それぞれの文化に応じて人間の自己評価が上昇した。それらが重なり合って、戦争の災禍のみならず、飢饉や極貧も平和の課題として意識される傾向が強まった。そして「食への権利 right to food」を人権とみなし、また人間にとって基本的に必要な食料(栄養の水準)、公衆衛生(保健の水準)、人間の発達機会(教育水準)についてある程度客観的な基準を定め、それを充足すべきであるという海外援助の政策が生まれた(「人間の基本的必要《ベイシック・ヒューマン・ニーズ》」の援助戦略)。また平和研究の分野では、世界中の貧困、飢饉、抑圧などを社会制度や国際関係の所産とみなす視点から、人間がほんらいもっているはずの寿命、可能性、活動領域が大きく損われたり制限されている事態を、何らかの社会的・国際的な構造が間接的な形で人間に対して暴力を振るっている、と比喩的に捉える視点が生まれた。ヨハン・ガルトゥングは、暴力とは〈人間が潜在的にもつ可能性の実現の障害であって、取り除きうるにもかかわらず存続しているもの〉と概念の拡張を試み、そのような広義の暴力を「構造的暴力」と規定した。そして制度や構造に内在している構造的暴力の解消を積極的平和(戦争の不在を消極的平和と呼んでそれと区別する)と再定義した。(4) これらのアプローチは、いずれも正義の次元で平和を規定する重要な手掛かりとなったのである。

以上を踏まえた上で、さらに異なる文化圏やさまざまな宗教に共通に受け入れられるような「特定文化の枠を超えた人権《ファンダメンタル・ヒューマン・ライツ》」の概念を再構成する試みが行われている。

ここで何が文化の枠を超えた人間性の中核的価値であるか、あるいは人間性の共通部分であるかをポジティブに規定することはきわめて難しい。しかし、何がそのような人間の可能性追求の否定・侵害となるのか、何が大規模な人権侵害であるのかについて、文化の枠を超えた共通了解をつくりあげることは可能であろう。たとえば米国の宗教学者ピーター・バーガーは、

①ジェノサイド
②人口のある部分を飢餓状態に放置すること
③政府によるテロリズム・拷問《ごうもん》
④大量の人々を強制的に移住させること
⑤家族の強制的解体

⑥奴隷化
⑦宗教的シンボルの冒瀆《ぼうとく》やそれらの宗教を信ずる人々の処罰
⑧エスニック集団のアイデンティティーを表現している制度や機構の破壊

を列記し、(5)米国の国際法学者リチャード・フォークは

①政府による国民に対する人種差別
②政府による国民に対するテロリズム
③全体主義支配
④人間の基本的必要《ベイシック・ヒューマン・ニーズ》を充足しない状況
⑤ジェノサイド
⑥エコサイド
⑦戦争

を掲げている。(6)この二つのリストは、現状の人間行動のもっとも否定的な部分に焦点が当てられており、両者がかなり重なり合っていることが理解できる。このように人権侵害の共通項を模索していく作業が進んでいる。そこでここでは、可能性追求の最低条件としての(正義の次元の)平和を

㈣戦争、ジェノサイド、環境破壊の危険に対して生存が脅かされない状態の実現
㈤拷問、投獄、文化的・宗教的なアイデンティティーへの攻撃などの可能性に対して、身体的・文化的な尊厳を維持できる状態の実現

㈥衣食住などの欠乏に対して人間の基本的必要《ベイシック・ヒューマン・ニーズ》を充足できる状態の実現と規定することにする。

以上、二つの次元にわたり具体的な平和概念を六つの命題に整理した。これらはかなりの程度、客観的に分析することが可能な命題である。㈠—㈥の命題の共通の特徴は、基底的秩序の維持と正義の基本条件の実現であって、望ましさの最低限をめざすことにある。すなわち、ここに規定した平和の実現によってただちに平等、経済発展、望ましい生態系バランス、人間の発達などがなしとげられるわけではないが、そのような諸価値を追求するための前提条件ができあがることになる。

さて、平和の第三の次元は個人における精神の平安である。キケロは、欲・争い・野心を超越した「心的平安」を大カトー（英雄）であるがゆえに可能な精神の完成形態として称揚した。またトルストイは、人格の完成による人間の救済を希求した。こうした精神の平安はユートピアと通ずる点が多い。そこで㈠—㈥の命題に規定した平和の意味を明確にするため、それらをユートピアと対比することにしよう。

第一に、ユートピアと平和とは、ともに望ましい未来を提示する点で共通している。ただし、ユートピアは通常、現在と未来との（現状と「どこにもない場所」としてのユートピアとの）間の断絶や非連続性が強調され、ユートピアに達する移行過程については沈黙することが多い。すなわち、ユートピアは人々の思考を否定すべき現状からある特定の望ましい未来へと飛躍させ、現在の問題を鮮明に意識させる手法をとる。それに対し平和では、現在と未来の関係は両義的に捉えられる。まず基底的秩序の維持という観点からすれば、平和は理想的な目標状態の到達ではなく、未来における決定的な破局（それは複数考えられる）の回避が目標となる。それらはケネス・ボールディングが人類の将来に待ちかまえる「罠《トラップ》」と呼んだもの(7)を事前に予測して、そこに陥る可能性を消去していくことである。しかし、正義の基本条件としての平和は、現状変革的な性格をもつこともある。なぜならば、たとえば、一九八〇年代のアフリカ・サヘル地帯の飢饉や「毎日がヒロシマ・ナガサキである」（マザー・テレサ）と形容されたような南アジアの貧困状態、南アフリカのアパルトヘイト体制など、人間の実現可能性が奪われた現状が存在し、それに対して平和という規範が人々に改革の行動を命ずるからである。

第二に、ユートピアと平和とは、ともに望ましい秩序イメージを提示している点で共通している。ただし近代のユートピアが現状に代わる社会構想を細部にわたって立体的に叙述するのに対して、平和は望ましい秩序全体のうち土台ないし基礎の部分の輪郭が構想されているのに止まる。ユートピアが完成された彫刻であるとすると、平和はトルソーと言ってよいであろう。すなわち、ユートピアが特定化された秩序を示唆《しさ》するのに対して、平和は望ましい秩序の最低条件のみを示し、それ以外の未完成部分は多様な未来構想に向けて開かれているのである。

また第三に、ユートピアも平和も、ともに人間社会の現状を否定し、それを超え出ていく志向性をもっている。時代と文化のなかの破壊的、否定的、抑圧的側面は、現状に代わるもの《オールタナティブ》に対する願望を呼び起こし、ユートピアや平和を構想する主体を生み出した。その点からすれば、平和もユートピアもそれが使われた時代と文化が生み出したものである。同時に、両者は現状のなかの否定的側面を改革し、次の時代と文化を形成していく規範的目標の一つとなってきた。この点から見れば、両者は自己改革と自己超越の過程に内在する一つの契機である。ドイツの社会学者カール・マンハイムは「存在とユートピアの間の任意の関係を、純粋に抽象的に、理論的に設定することをやめて、できるかぎり一つの時期におけるユートピアの歴史的・社会的形態変化の豊かさを、それにふさわしい形で受けとめよう……存在がさまざまのユートピアを生み出し、このユートピアが存在を破壊し、次の存在の方向に向かってゆく」(8)と述べているが、このユートピアの特質を、ここにおける平和の規定はかなりの程度共有していると言えよう。ただし、ユートピアは、一般に現状のトータルな否定を前提に、演繹《えんえき》的な一貫性をもって現状の逆像を提示する。すなわち、ユートピアは現行社会の中核的価値をえぐり出し、その価値を逆転させた社会像を描き出して見せる。それに対して、正義の次元の平和は、通常は穏健な人間像や社会観の線で立ち止まる。そしてその基準から見て現状の否定的な部分を帰納《きのう》的・列記的に洗い出し、その部分のみを修正していくことをめざしている。もちろん、環境破壊のように現在の支配的な価値意識やライフ・スタイルそのものが平和の否定につながるような場合には、平和規範は修正を命ずることもありうる。

以上のようなパラ・ユートピアと呼びうるような平和的思考は、今日高い現実的意味をもっているものと考えられる。

第二節　組織化された暴力のコントロール

国家政府を他の組織である国際組織、多国籍企業、教会、圧力団体、自治体などと区別する重要なメルクマールは、それのみが強大な暴力装置を合法的に保持し、その暴力を合法的に行使しうる点にある。しかもこの暴力の独占は、国家政府の法的な権能に止まらず、多数の国家が実際に実践している事実である。もちろん、主権国家が西欧で成立した当初より、軍事力には列強と中小国との間で大きな格差があり、今日においては核超大国と小国の間にはあらゆる面で非対称な軍事力の差異が存在している。しかしながら、ここで注目すべきなのは、超大国から小島嶼《とうしょ》国まで共通に暴力装置を維持・拡大している事実である。この国家政府によって組織化された暴力こそが、基底的秩序としての平和を破壊する最大の可能性をもっていることは明らかであろう。何より戦争は国家政府の官僚機構の一部である軍隊によって恒常的に準備され(時に実行され)、さらに核兵器を含む兵器が、諸組織の連携構造である軍産複合体の国際的ネットワークによって開発・製造され続けている。最高度の技術水準、最良と言える人材と豊富な資金とを、自己破壊の目的に注ぎ込んでいる倒錯した状況を英国の歴史学者エドワード・トムスンは「文明絶滅主義《エクスターミニズム》」と名づけた(9)。その主な推進者は核超大国などの国家政府である。

途上国の軍拡と軍事化は著しい。かつて植民地支配を受けた非西欧社会は、国家と軍隊という制度的枠組みを、西欧文明に追いつき追いこす手段とさえみなしたのであった。しかしながら、独立後の政府官僚組織は肥大化し、なかでも国民の福祉よりも抑圧と破壊を目的とする軍隊と警察とが急速に組織を拡大する国々が多かった。アフリカなどにおいては、独立直後には貧弱な火器しかもたず兵員数も著しく少なかったような軍隊が、一〇年も経たないうちに近代装備をもつ数十万の大軍にまで増殖した例は少なくない。またインドのように軍事独裁に陥らなかった国家でも、警察や準軍事機構《パラミリタリーフォース》が拡大し、国民に対する威嚇、諜報《ちょうほう》、管理、殲滅《せんめつ》の能力をもった巨大な暴力装置となった。おそらく二〇世紀後半は、後世の人々によって、途上国の軍事力が肥大化し、戦争、内戦、国家テロリズムなど政府の暴力による破壊と犠牲とが急増した時代として記憶されることになるであろう。

このような状況のもとで、「平和は可能か」という問いは、「国家政府の組織化された暴力を国民が現行の政治制度によって封じ込めることが可能か」という命題に置き換えることができるであろう。

まず国家政府の組織化された暴力の特質を三点にわたって要約しておくことにする。

第一に、国家による暴力行使は、兵器体系と軍・警察組織という手段を通じてなされる。これらはたんなる道具ではなく、国家の有力な官僚機構である。この官僚機構は、装備などのハードウェアの面からと組織分業などソフトウェアの面とから規定され、標準化された行動パターンにそって作動する傾向が強い。そのため軍事作戦や警察行動は、定型化した行動パターンの組み合わせから成るレパートリーによって大きく拘束を受けることが多い[10]。その結果、手段であるはずの暴力装置が、組織的利益から国家の暴力行使の目的を逆に規定しようと試み、また組織行動のレパートリーが政治指導者の決定の選択幅を拘束する傾向がある。政治指導者や国家エリートが、軍隊と組織的な生理を共有することさえ少なくない。また長期的に見ると、技術が飛躍的に発展し、予想もしなかった強大な兵器体系が残されてきた。米国は第二次世界大戦に勝利した兵器であった核兵器を廃棄しえず、戦後、核の破壊力を中心に軍事対立が展開されたことは周知の事実である。そして、核兵器は実際に使用するには破壊力が大きすぎて正当化が困難なために、想像上の核戦争をバーチャルに戦わす軍人以外の専門家が世論や大学で台頭した。そして紙面上の核戦争である核戦略論という言論分野をつくりあげたことは、目的が道具を選択するよりは、先に道具が存在し、それによって目的が振りまわされ論議されるという倒錯を物語る。

第二に、暴力行使一般に共通する特徴であるが、政府による暴力の行使は、軍事的勝利、集団の殲滅、指導者の一掃など、相手方にとって取り返しのつかない打撃を与えることをめざしているために、当該政府の目標や意図を超えて、相手方の暴力的反応を誘発し、さらに自らもいっそう大きな暴力行使を行っていくという、エスカレーション的な相互作用を引き起こす傾向がある。かつてクラウゼヴィッツは「戦争の文法」として戦闘者相互がすべての戦闘資源を注ぎ込み合う「徹底破壊に向かう傾向性」があることを特筆したが[11]、そのことにより彼は、戦争はそれを開始した人間の意志や計算によって破壊の規模や対象などをコントロールすることがきわめて困難であるという事実を指摘したと言えよう。

第三に、政府が暴力行使を目標達成の手段として選択するということは、破壊や殺戮そのものが目的となるのではなく、未だ破壊されず殺されていない人々に恐怖心を起こさせ、抵抗の意志を放棄させ、服従させようとすることを意味している。たとえば、広島・長崎への核投下は、「その政治目的は両都市の人口や産業の破壊に向けられたと言うよりは、東京の政策決定者の心理に向けられたものであった[12]」。そして次は自分の頭上に投下されるかもしれず、しかもそれを防ぐことができないという意識こそが、抵抗の意志を打ち砕く。すなわち手段としての暴力の効率とは、破壊力が犠牲者を生み出す効率だけでなく（その帰結はたかだか瓦礫《がれき》と死体の山である）、より小さな破壊によってより大きな恐怖心をかきたてることも目標となる。そして服従した場合の報酬と安全を約束する（これは暴力によってはなしえない）半面で、不服従者に対しては威嚇によって恐怖心と絶望感を植えつけなければならない。それは具体的には不服従者のみを選び出し、暴力を誇示して脆弱《ぜいじゃく》性を自覚させ、それを防ぐ術《すべ》がないと印象づける心理過程である。この暴力と威嚇に対して不服従者の側にはたえず面従腹背の余地が残される。さらに、不服従者が絶望に追い込まれた場合、反政府テロやメシア的宗教運動、そして予測のつかない病理的な反応や無関心が生ずる。そして暴力が支配し恐怖が全体を覆ったときには、人間関係の期待可能性は融解し、政治も権力もともに消失してしまう[13]。

このように、国家の暴力装置は肥大化と自己目的化の傾向をもち、抑制的に使用するのは困難であって暴発と「徹底破壊への傾向」をもち、しかも、政治や制度の融解を招きやすい。これゆえに権力者は暴力装置の自己運動に手を焼き、それを封じ込めようともしてきた。ホッブズ『リヴァイアサン』、クラウゼヴィッツ『戦争論』以下の多くの知的エネルギーは、暴力の破壊や無秩序の恐怖を赤裸々に描き出し、それを抑制するための政治構想を示している。ここで勧告されている処方《しょほう》箋《せん》とは、単純化すれば、国家（政府）が暴力を独占してそれを合法的な範囲内で行使しながら、国家（政府・政治制度・社会）が暴力行使の激発を統制せよ、という国家の二重の役割である。(14)

国家政府の暴力発動を統制する要因としては、国外からのものを別とすれば、①当該政府の指導者が暴力を抑制するリーダーシップをとる、②議会、世論、選挙などの政治制度を介して国民が非暴力的あるいは福祉志向的な意志を表示して、政府に責任ある自制を促す、③大規模なストライキや抵抗運動などによって政府の暴力行使を不可能にする、の三つに大別できる。

①については、指導者論、とくに国家理性や核戦略論などで、合理的な軍事力の使用法が説かれてきた。ただし留意しておかなければならない点は、暴力行使に関する国家規範と実態の間のギャップである。国家理性の主張、戦争論、核戦略論などは、軍事力の行使を秩序維持などの目的に限り、暴力の手段としての合理性を貫くことを勧告してきた。これは国家をあたかも一人の合理的人格であるかのようにモデル化し、しかも軍事力の行使について武芸の達人であるかのように想定している。たとえば、戦争を個人間の決闘になぞらえ、あるいは机上の戦争ゲームに見たてるような戦争観が、そのもっとも単純化されたものである。しかし、これは現実の紛争や戦争からかけ離れ

ていた。マキャヴェリやクラウゼヴィッツなど優れた戦略論の著者たちは、むしろ実際の戦争が、あまりにも非合理であると知っていたからこそ、「合理的であれ」と勧告したのであった。戦争とは、誤算、錯誤、通信不全、組織相互の対立など諸々の人的な摩擦と意外性の連鎖であることをかれらは熟知していた(15)。

「賢明な暴力行使」という戦略家たちの処方箋は、政治指導層に超人的な能力を要請する。すなわち、あらゆる官僚機構を活用できて、しかもそれから拘束されず、相手方の状況と意志を的確に読み取って自分の意図を相手方に伝達し、短時間のうちにもっとも適切な手段を選び出して議会など政策決定機関を通過させ、その上、健全な政治哲学をもって政策全体を目標に向けて一貫させていくことである。しかし、指導者の超人性という想定が、多くの場合架空のものであり、錯誤と情報の遅れ、意志疎通の不全と組織対立に満ちていたことは、政治指導者たちや軍事的な指揮の現場にあった人々が証言しているところである。たとえば米国の戦争指導者であったアイゼンハワーは、一九六一年の大統領離任演説のなかで「アメリカ民主主義は、新しく巨大で陰険な勢力によって脅威をうけている。それは軍産複合体と呼ぶべき脅威である」と述べ、軍事・外交政策が軍部、軍需産業、軍事研究機関、軍事関係議員などの連携構造のなかで歪《ゆが》められ、指導者の手でコントロールできなくなっていく傾向に対して警告した。また、国防長官など軍事責任者の地位を離れた後、軍事官僚制の危険性を指摘した人も、ロバート・マクナマラなど少なくない。さらに、核兵器体系など複雑で膨大な機械と人間のシステムが戦闘の準備態勢をとっている場合、核事故を含むさまざまな偶発核戦争の可能性が存在している(16)。こうした事実から、軍事力行使の抑制を指導者の能力に期待することは適切ではないことが理解される。むしろ、政治指導者や軍事当局者たちの、議会、世論、国民などに対する責任の意識が、公開の議論を通じて確立されていることが重要になる。

②と③とは、ともに権力の民主的な統制であり、国民による政府への支持撤回、正統性の剝奪、抵抗などが実際に生じること、あるいはそのような可能性によって、指導者の行動を統制する制度である。たとえその国家の政治体制が民主制でなくても、国民からの支持撤回や抵抗の意志表示は、政府権力が政策を実施する障害となる。しかしながら、それらは政治指導者を有効に統制できるとは限らない。

第一は、国家の統治機構が支配の正統性を低下させた後も、強靱性《リジリエンス》を発揮して作動し、暴力行使を継続する場合である。現代国家の一つの特質は、行政組織の自律性の増大である。政治指導者が国民の多数から信任されなくても、行政機関の支持があれば、かなりの期間存続しうる。南アフリカの白人少数支配はその典型であった。途上国の軍事化した体制の多くも同様である。また軍隊や警察機構の装備や情報能力は、国民のそれに対して圧倒的な優位に立つ。そのため、正統性を失った政府に対する国民の物理的抵抗もまた、暴力装置内部の抵抗や分裂(軍事反乱)と連動しない限り、軍事的な有効性は高くないことが多い。政府による大量虐殺はこのような場合に生ずることが少なくない。

第二は、政府の暴力行使が国民や世論の大多数から批判や抵抗を呼び起こさない場合である。戦争については、政府が国民、民族など社会全体からの支持を得て行っていると考えられる場合が多い。また、対外的危機の発生に対し社会が内部対立を棚上げにして、政府のもとに結集する事態もくり返し見られた。日清戦争から太平洋戦争まで日本が行った戦争は、その具体例である。またソ連が一九二〇年代末に開始した「クラーク絶滅」のキャンペーンや一九五〇年代後半の中国の「大躍進」キャンペーンでも、その初期において同様の現象が見られた。ここでは政府による暴力行使が大規模に進行していたが、社会が政府と一体化した結果、社会から政府に対して暴力を積極的に止める契機が発生しなかった。

国民の抵抗や反発を招かないもう一つのケースは、政府の暴力行使が世論、公衆の関心の圏外で行われたり、あるいは周辺部分で短期間に終結するようなものである。植民地拡大に伴う戦闘や先住民の殺戮などの多くはこのケースであり、たとえばイギリスのインド征服はイギリス世論に「うわの空の出来事」[17]のように受け止められた。大国の軍事力行使が本国の世論で大きな抵抗を呼び起こさないことはまれではない。少数民族に対する抑圧は政治争点にならない場合さえある。このように世論の関心の圏外で生じた暴力に対しては、社会の側からの統制は発動されないのである。

たしかに、政府のもとに組織化された暴力が強大化していく背景には、権力政治など対外的な問題が控えている。しかし暴力装置の過剰な肥大化は、一国の政治体制の欠陥を示しており、民主主義の不在や機能不全の問題である。組織化された暴力をコントロールし、軍縮と非軍事化を進めていくことができるか、という意味で「平和は可能か」と問われたとすれば、その答えは、「民主主義の深化、再活性化、地球化は可能か」という問いに置き換えることができるであろう。

ここで民主主義の深化と呼んだものは、軍隊と警察という官僚機構の最深層部にまで、社会の側からの統制を及ぼしていくことができるような民主主義制度の射程の拡大を意味している。民主主義は、言論の自由と公開の原則、そして、民衆による自律的決定を理念としているのに対して、軍隊と警察とはその対極に立つ情報の機密性と非公開性、そして少数者による指令と管理を行動原理としてきた。この民主主義の光がほとんど遮られた密室的な軍事組織に対して、社会の側が監視可能な透明性を確立し、その行動を統制する制度を強化していく必要がある。

また民主主義の再活性化とは、軍事政策など争点領域に関して、社会と政府が原理的に対立する目標をもつことを前提とし、社会が下からのコントロールを制度と運動の二つの次元で展開していくことである。現代国家の一つの特徴は、政府による社会の組織化が進んで、たとえば、ネオ・コーポラティズムのように、政府と社会との境界が不分明な国家像が台頭したことである。そして、政府による利益分配が円滑に行われ、また、ナショナリズムなどによって国家的一体感が形成されることによって、社会が政府に対して一括して決定権を授ける傾向が存在している。それでも内政上の争点に関しては、野党の存在などにより、政府と社会との対立点が意識されることが多いが、対外関係の争点については、国家政府と国民とが一つであると擬制《ぎせい》され、共通の利害や目標をもつと意識されやすい。この政府と社会の一体性という擬制を社会の側から打破して、政府に授権する傾向を排し、決定権を社会の側に回収していくことが、不可欠である。

さらに民主主義の地球化とは、地球全体からさらに宇宙に広がる政府間の軍事的連携に対して、民衆運動、ジャーナリズム、世論、議会なども、民際的なネットワークを形成して監視を強めていくことである。軍事組織の国際的な連携は、たとえば軍事同盟、国際的な基地網など、高度化している。ところが民主的統制の制度は一国主義的である。この欠陥は是正されなければならない。

以上のような民主主義の進展は、いわば国家政府というリヴァイアサンに人間の顔をもたせていくことに他ならず、平和の出発点となる前提条件である。

第三節　相克とその解決

前節に述べた民主主義の深化、再活性化、地球化は、国民の意志に反した国家政府の暴力行使を抑制させ平和の出発点とはなるが、しかしながら平和を可能にするための十分条件とは言えない。なぜならば、国民、エスニック・グループなどの集団間の相克と対立は、たとえその集団内の民主化が進展したとしても続きうるし、したがって国民の合意に基づく国家政府の相克と対立も、継続すると考えられるからである。ここでは「平和は可能か」という命題は「集団間の相克は和解・解決が可能か」という形に置き換えることができるであろう。そこで本節では集団間の相克に焦点を当てることにする。

現代国家の重要な構成要素として、国民という人間集団と、国民の間に共有された国家像や民族意識とが存在する。国民の合意を形成する政治制度は、民主主義の場合、選挙にせよ議会にせよ基本的には一国を単位としている。また、政党、圧力集団など政治社会の諸組織も、国民を単位として合意や決定を行う。ここでは、他国民との利害や目的の調整が不可欠になるが、国民間の利害が合致することは、偶然を除けばほぼ考えられない。このように集団内部にまず優先的に価値分配を行い、外部集団に対して低い優先順位しか与えないことは、現在当然のことと考えられている。

また、この同一の政治制度のもとにある国民は、共通の文化、言語などによって結びつき、あるいは歴史意識、利害関心、未来志向などを共有することによって〈われわれ〉という意識をもっていることが多い。このナショナリズムは、ある程度客観性のある諸標識を共有しているという条件と、特定の国民や民族という抽象的集団に共属しているという主観的な意識との合成物である。とくに、ナショナリズムは人間が帰属する対象として国家を他の集団より優先させるイデオロギーや運動として展開されたが、国家政府は同一の国籍をもつ膨大な人々を〈われわれ〉という意識をもった国民に統合するために、さまざまな手段を用いてきた。学校、兵役、警察など政府統治機構を通じた〈上から〉の人々の思考の平準化と価値意識の一元化が、その直接的な手段である。と同時に、社会的流動とマスコミュニケーションの活発化とによって〈下から〉均質化されてくる文化シンボル、関心領域、価値意識などが人々に共有されるが、この〈上から〉と〈下から〉との契機は浸透し合い、とくに社会に広く流通する大地、山河、血統などの土着的・文化的シンボルを統治装置がすくい上げて操作することにより、人々の深層心理に訴えかけ、忠誠心や愛着を国家という抽象的な存在に吸収することが試みられている。ナショナリズムは、一面で民族解放運動などを通じて、抑圧された多くの民族が政治や文化の主体となる契機となった。しかし他面で、まったく同じシンボルが排外主義をかきたて、国内の少数派を抑圧し、異なる文化をもつ外国や外部世界の人々を蔑《べっ》視《し》し、搾取し、侵略するように内部集団を駆り立ててきた。民族やエスニック・グループという集団は、量的に膨大であって直接に人と人とが出会って確かめることができないという意味で抽象的な集団と呼ぶにふさわしいが、集団が抽象的になればそれだけ〈われわれ〉については理想化し美化し、〈かれら〉については醜悪化し物化するような象徴操作が行われやすい。そのため〈われわれ〉と〈かれら〉が、たんに異なる目的や利害をもって並存するだけでなく、時として、互いに自分たちを優れた集団だとみなして対峙し、民族の生存や国家の盛衰は集団間の闘争によって決せられるという集団間の相克の観念が受け入れられやすい。

このような国民、民族、エスニック・グループなどの集団間の関係のあり方を決定する要因としては、

①対象の規定：複数の集団の間で争奪・分配・調整の対象となる財や状態を、各集団が稀少でありゼロサム的であると意識するか否か

②関係の規定：各集団が、他の集団の将来における行動とその集団の基本的特徴をどのように捉え、それにどのように対応するか

の二つに大別できる。まず、①の対象の規定から検討すると、何よりも、各集団間の欲求の対象が、

有限な空間や資源などである場合には、そこには、欲求充足におけるゼロサム的な相反関係（自己が充足すれば他者は充足しえず、他者が充足すれば自己は充足できない状態）が生じ、対立は解きがたいのでないか、という懸念が生まれるであろう。それは比喩的には、水が残り少なくなった泉に、砂漠を長く旅してきた複数の集団が同時に到着したような状態を想定すればよい。水を一つの集団のみが飲みほしてしまう場合と、複数の集団の間で乏しい量を平等に分け合って飲む場合とでは、喉《のど》の乾きをいやすという点から見ると、一集団で独占する方がその集団にとっては望ましいに違いない。この点からは、他の集団は、自分たちから欲求充足の機会を奪うか（「先に飲まれてしまう」）、あるいは水を分け合う場合には欲求充足を抑制させる（「少ししか飲めない」）ものと位置づけられることになる。

ここで注意しておくべきなのは、水が実際に稀少であるか否かということと、各集団が水を稀少であると認知することとは別個であり、各集団が水が稀少だと主観的に思うだけで対立と相克が生み出される点である。地球の石油資源、食料、地球生態系の客観的な限界については本書の各章で検討する。ここでは主観的な限界・稀少性の意識から生ずる紛争に絞って分析を進める。

地球空間とその資源が、資本主義と産業革命とが解き放った人間の欲求を充足できるほど大きくはなく、経済発展が限界に突き当たるという見通しは、産業革命が進行しはじめた一八世紀後半にアダム・スミスやマルサスなどの思想家たちによって、すでに強調されていた。それは予定調和的な世界像が経済発展とともに崩壊するのではないか、という自由主義者たちの不安の表現であった。

人口は等比級数的に増大するが食料生産は等差級数的にしか増大しない、というマルサス『人口論』の著名なテーゼは、その不安を、発展と自由の間の相克に転換した。マルサスのメッセージは、多くの人間が快楽を追求して自然を破壊していくならば自然は復讐《ふくしゅう》を試みる、それは人間社会に贖《しょく》罪《ざい》金を要求し、新たな困窮(食料危機)、紛争と社会問題(都市生活の悪化と階級対立)を課し、このような事態を克服する代償として欲望の自主的抑圧(人口調節のための性の抑制)を迫ってくる、と要約できよう。(18) つまり、ある対象に価値を認めてより多数の者が欲望の充足を行うと、その結果として、新たな欠乏や逼迫《ひっぱく》がつくり出され、社会的な対立や相克が激化していく。そして、その克服のために、個々人の内側において複数の欲求の間で充足と抑制の優先順位を付けていく葛藤に導かれる、と整理できるであろう。

マルサスの暗い予測は、別種の相克に転換される、とも定式化できる。それは、資本主義の発展が帝国主義的な対立をもたらす、というレーニンのテーゼに要約される。第一次世界大戦の勃発《ぼっぱつ》とそれに続く戦間期の不安定は、一九世紀のヨーロッパで支配的であった安全で調和的な秩序イメージを崩壊させた。レーニンは『帝国主義』のなかでそれを世紀転換期における諸列強による「世界分割の完了」と関連させて解釈した。(19) そこでは、植民地や市場の空間的拡大のためのフロンティアの消滅が意識化されたことによって、列強間の和解の余地が失われ、優勝劣敗的な関係が表面化し、その結果資本主義間の利害対立が諸列強間の権力対立に連動し、その結果、世界大戦の破局をもたらすと定式化された。

第二次世界大戦後においては、工業国の需要急増が一つの重要な原因となって石油などの資源の供給の逼迫が生まれ(「石油危機」)、さらに地球環境破壊が進行した。すなわち、現在の資源消費や環境破壊が、将来の世代や環境を破壊すると認識された。そのような状況は、ケネス・ボールディングによる「宇宙船地球号」という巧みな比喩が登場し、それがローマ・クラブ報告『成長の限界』の警告のなかに定式化されて、人々の間に広く共有されるにいたった[20]。そこでは持続可能性の欠如が現在と未来の間の世代的相克に転換されている。食料や地球環境の稀少性の認識によって予定調和的な秩序モデルが放棄され、価値間の選択、相互破壊(帝国主義戦争)、自己破壊(持続不能性)という相克のモデルが想定されるにいたった点が重要である。

さて稀少性とは、より一般的に次のように定義できる。すなわち、ある財や状態が、①多数にとって欲求の対象となり(欲求の広範性)、②一部の人には充足され、他の人々には充足されず(充足の差別性)、③不充足者にとってその財や状態ないしその代替物の獲得が制度的に困難である(獲得の困難性)こと、と規定できよう。この稀少性は、通常、固定された状態であるよりは、むしろ再分配の過程で生ずる問題である。その点をまず理論的に整理しておこう。ある日突然にだれの目にも稀少であることが明らかな財や状態が出現して、万人がいっせいに争奪に向かうという事態が生ずることは例外であろう。稀少性は万人に平等な状態ではありえない。むしろ、先行集団がすでに欲求充足をとげるか、あるいは稀少な状態を占拠し、そのうちにそれが後発集団の欲求の対象となりはじめる。そして一部の未充足集団から再分配の要求が起こり、それに対して先発した充足集団は自分に都合のよい形に制度をつくり、既得権益を守ろうとする。そこで先発の充足集団と後発の未充足集団の一部との間で、相克と再分配が実現される。しかし、後発の未充足集団のかなりの部分はその再分配から排除されているため、やがてそのなかから再分配の要求が強まる。その時、再び同様の過程がくり返される。これが再分配によって稀少性の問題を解いていく典型的な社会過程であろう。

次に注目すべきなのは、稀少性の認識がただちに相克に結びつくわけではない点である。たしかに、もしもたとえば、いますぐ水を飲まなければ死んでしまうというような、欲求充足の緊急性が高い場合には、未充足集団の要求は非和解的になるであろう。しかしそうでない場合には、短期的な欲求充足は長期的な利益と一致するとは限らない。たとえば水を平等に分け合った方が諸集団のもつ情報を総合できて別の水のある場所に行きつける可能性が高まり、両方の集団の利益となるという計算が成り立つかもしれない。また、その諸集団の間で弱者の救済という価値基準が共有されているとすれば、身体がいちばん弱っている人間に、すべての水を与えることの方を選択することもありうるであろう。

価値を稀少性のある財や状態の充足のみに限定する言説は、市場による調節の過程をモデルとして社会や政治の安定性を論ずる社会科学にしばしば登場するが、それのみを過度に強調することは、一つのイデオロギーなのである。実際、平和、環境保全、愛情、教育機会の提供などは、ここに規定した稀少性の定義には当てはまらない。しかし、広く価値とみなされている。とくに平等はこの稀少性に真っ向から反している価値である。ある欲求の充足という目標は、他のカテゴリーの価値と対比する思考過程で相対化され、欲求の転換によって稀少性の問題が解かれる可能性が存在している。

とすると、国民などの抽象的な集団間において、ゼロサム的な相反性が非和解的な相克に転化することが多いのは、なぜであろうか。それは、先発集団と後発集団との間における価値の再分配のシステムが、一国社会内においては民主主義・社会主義という制度として体系化されたのに対して、国家間においては制度として体系化されてこなかったからであろう。今日においても、国家間の価値の再分配は、協力と援助というきわめて限定的な形でしか成立していない。また先発集団が、外部からの要請で欲求を転換させることは通例ではない。これは後発集団から見れば、先発集団による既得権の維持に他ならない。それに対して、後発集団が依存しうる最大の手段は自集団の組織化であり、ナショナリズムは民族という集団を単位とした平等(再分配)を正当化するイデオロギーとなった。

したがって稀少性をめぐる対立が厳しい相克に転化するのは、先発集団に焦点を当てると、①既得権益をかたくなに擁護しようとし、②再分配の制度化を拒否する場合であり、後発集団については、③欲求充足をしなければならない緊急性が高い場合であり、さらに両集団が、④長期的な利益を共有せずに自己の利益追求を各々が正義であると意識する場合である。そこでとくに二つの非和解的相克を具体的に検討することにしよう。

第一は、特定の集団が飢饉に襲われた場合である。しかし第三章で見るように、弱者にとってはもっとも非和解的な性格の濃いはずの飢饉において、未充足集団（飢えた人々）と既充足集団（それ以外の人々）との相克は、政治化と暴力化を伴うような紛争に転化せず、未充足集団の淘汰《とうた》（餓死）が静かに進行するのが、支配的な現象になっている(21)。

飢饉に襲われた人々とそれ以外の人々との基本関係を整理すると、次のようになる。飢饉は当該国家権力や国際世論にとって、政治社会的な重要性の低い地域で発生してきた。たとえば、首都を大規模な飢饉が襲うことは、人口が多く食料生産地から離れている点だけからすれば可能性は高いように考えられるが、実際は戦時を除きさわめてまれである。権力者の配慮は、飢えに苦しむ弱者の救災よりは、政治的な要求の強いところに向かう。また市場の力も食料を飢えた人々よりは、カネのあるところに向かわせる。それに対して飢えた人々は、政治経済的な権力をもつ人々に、暴動、自力の抗議行動、妨害などを展開して要求を突きつける力をもたない場合が大半である(22)。

第二に、飢えた人々と当該国の首都や国際的な援助機関などとの間に、地理的・政治的な障壁が存在していることが多い。飢えた人々が言語・文化の面で孤立していたり、情報、交通、輸送の手段が貧困であったり、戦乱や災害で寸断されたり、あるいは、戦争、圧政、閉鎖的な国家体制などによって飢饉地域が外界と人為的な要因で遮断されることなどが障壁の具体的な内容である。国境という目に見えない壁も外界から遮断する機能を果たす。そして、飢饉の被害者とそれ以外の集団との間の情報、物流、人的移動などの相互関係が低く、飢えた側から言うと、都市や権力の所在地

には、影響力をもたない僻地《へきち》の農村地帯のみで生じた窮状を見えなくさせる「都市の偏見《アーバン・バイアス》」が生じる。(23)

飢饉に苦しむ人々は、現状変更を迫るだけの力をもたず、また外界に向かって政治的要求を表出できない。そのため静かに大量死が進行していく。政府が国内において深刻な飢饉の発生を知りながら、それを放置し大量死にいたらしめた場合には、その政府は政治責任を追及されるであろう。ところが現在の世界では、主要な政治制度が国ごとに区切られている。飢饉が発生した国家の政府は、飢饉に基づく政治的要求をできる限り抑圧して政治争点化することを封じ込めようとする（飢饉の存在を認めることは当該政府の失政とそれに対する責任追及を許すことになる）。また、外国の政府は、国外の人々の必要性や要求に直接に対応することには、内政干渉の批判を受ける危惧《きぐ》があって慎重にならざるをえない。そして国外の飢饉救災については政策上低い優先順位しか与えられていない。その結果、飢饉が厳然として存在していても、その政治責任は宙に浮いてしまう。これは国家システムそのものの構造的欠陥である。

それに対して、何よりもまず、外国の飢饉の救災に何ごとかをなしうるし、なすべきである、という状況規定の転換が必要となった。たとえば一九七四年の世界食糧会議 World Food Conference が、人々は「飢饉や栄養失調から免れる基本的権利を有する」と述べて食料に対する基本権を認め、一国レベル、あるいは世界レベルで飢饉に対応する義務があり、そのために緊急の食料援助とは別に、食料に対する制度的保障を確立すべきだという考え方をとり、後に国際労働機関（ＩＬＯ）なども同様の発想をとるにいたった。また主権国家の壁を越えるため、人権概念を援用し、飢えに苦しむ人々の「食への権利」という人権を根拠として外国から救援が可能であるとする論理が主張された。国際組織とNGOとが協力して、主権的政府による政治責任の放棄を代替していくことが、飢饉救災の一つの契機となった。

さて、飢饉の対極にある非和解的な相克とは、国家間の権力対立である。これは、力の面で後発集団が先発集団を追いあげ、弱者であった後発集団が強者である先発集団に重大な損害や打撃を及ぼしうる状態となり、しかも両集団が共通利益を見出しえず、かつ各々の利益主張を正義に基づくものと考えている、という基本関係が成立する場合である。このような基本関係は、一九世紀末葉にドイツなどの後発帝国が先発帝国の英国を追いあげた場合に見られたし、また、第二次世界大戦後にソ連が軍事的にアメリカに追いつこうとした際にも見られた(24)。この基本関係の上に、さらに他集団の将来の行動が、自集団の基本目的を達成する上で重大な脅威になると予測し、しかも相手方の基本的性格を信用のならないものと認知し、そのような相手方に対する対応策として(いかに協力するかではなく)いかに打撃を与えられるかを検討する、という形の状況規定が行われると、そこには典型的な権力闘争が出現する(25)。すなわち、国家より上位の裁判官や警察官を欠くアナーキーな状況に置かれている以上、国家権力の維持・拡大や集団的利益の追求のために、軍事力を含め可能なすべての手段を動員して目標を達成すべきだという考え方である。このような権力闘争を国際政治の本質とみなす権力政治的な見方は根強く続いてきた。また米ソの核軍拡競争をもたらしてきた一因も、このような見方に求められる。

この権力対決を克服するためには、ここでまず、状況を規定する思考様式が独立変数となって状況をつくり出していることを認識する必要がある。この思考様式は、相手に対する脅威と不信を前提とし、相手方のとりうる可能性のうち、自分たちにとってもっとも打撃が大きいものを予想し、それに対して自分たちの側でできる限りの準備や対応を考える、というものである。単純化すれば、最悪の事態を想定し、その状況のなかで被害の最小化と利益の極大化を追求するという政策である。国家の安全保障政策や外交戦略はこのような思考様式を前提としていることが多い。これは、起こりうる最悪の状況(ミニマムの状況期待)のなかで最大の利益獲得を狙って(マキシマムの利得追求)戦略の選択を行うということから、ゲーム理論では「ミニマックス戦略」と呼ばれる[26](図1)。

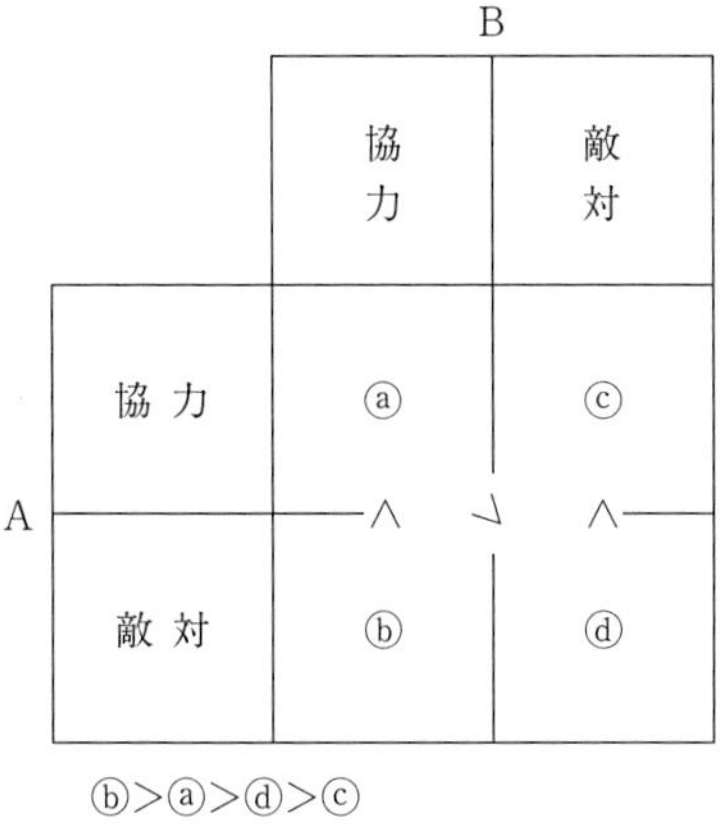

図1　ミニマックス戦略

たとえばAとBとの二人の人間が、各々協力的行動と敵対的行動の二つの選択肢をもっていたとすると、そこにはⓐ両方が協力、ⓑ自分が敵対して相手が協力(自分が出し抜く)、ⓒ相手が敵対して自分が協力(相手が出し抜く)、ⓓ両方が敵対、という四つの可能性が存在する。そして、四つの場合に想定される自分の利得はⓑ＞ⓐ＞ⓓ＞ⓒの順になる。ここで先ほどのミニマックス戦略をとると、Aにとっての最悪事態とはBが敵対する場合（ⓒⓓ）であり、その枠内でAが利益の最大化をはかれば、出し抜かれる（ⓒ）よりは敵対し合う（ⓓ）方がよいので、敵対的な行動がとられることになる。Bも同様に考えれば、やはり敵対を選択し、結局四つの可能性のうち敵対し合うⓓが選ばれることになる。このような選択の仕方は、A個人の利益の追求を考えるならば、Bが協力する場合（ⓑ＞ⓐ）にも敵対する場合（ⓓ＞ⓒ）にもAは敵対した方が利益が大きいのであるから、一見合理的なように見える（個別的合理性の追求）。しかし、AB二人を一つの集団とみなしたときには、協力し合う方が敵対し合うよりも利益が大きく（ⓐ＞ⓓ）、個別的合理性の追求の結果、AB二人は集合的な利益の最大化を実現しないことになってしまう。すなわち、個別的合理性を追求していくとかえって集合的には非合理な結果を導くことになる。この集合的合理性の破壊は、ABを核軍拡競争する国家と考え、協力を軍縮、敵対を軍拡と置き換えてみれば明らかである。すなわち、両国が核軍縮を実現できれば両方にとってプラスであるにもかかわらず、一方のみが軍縮に踏み切って相手が軍拡を続けた場合に著しく不利になることを恐れて、結局、核軍拡を選択してしまう傾向を示している。

　以上から明らかなように、協力的行動をとれば不利になるに違いない、という不信を前提として状況を規定すること自体が、ミニマックス戦略や個別的合理性の追求を導き、そのことが集合的合理性の実現を阻止しているのである。

　とすると、このような状況規定を超え出ていくような行動のなかに平和への出発点があるであろう。相手に対するイメージは、自分たちがどの選択肢を選ぶかを決める要因となる。ただし、そのイメージとは、相手の能力に対する推定と相手の意志に対する解釈を自分の思考様式から断じたものに他ならない。脅威感と不信感は多くの場合、相手のイメージを単純化し固定化するような自分の側の思考が影響している。したがって、固定観念を修正するようなフィードバックとコミュニケーションが不可欠である。さらに、相手に対して不信ではなく信頼に基づいた状況規定に立っているということを実際の行動によって示すような「一方的イニシアティブ」が必要になる。これは米国の社会心理学者チャールズ・オスグッドによって「平和のための段階的一方的イニシアティブ graduated unilateral initiative for peace」として定式化されたもの(27)で、相手方が一〇〇％協力的な行動に出るという保証がない場合にも、自分の側から、根本的な損害をこうむらない限度内において、一方的に協力的な行動をとることを意味する。この一方的譲歩は、相手方から協力的行動を引き出すことができるかもしれないし、できないかもしれないが、相手方が敵対的な行動に出る理由のうち自分の側がつくり出しているものをまず取り除き、それによって相手方が協力的な行動に出る可能性を高めるという考え方である。一九六三年の部分的核実験禁止条約の調印や一九八〇年代中葉以降のソ連の核軍縮に関するイニシアティブは、このような「一方的イニシアティブ」として開始された点を見逃すことはできない。

第四節　平和的な変動と時間

以上に見たように、組織化された暴力を抑制し、相克を和解に転換する可能性が存在していたとしても、そこからただちに「平和は可能である」と結論づけることは早計である。なぜなら、平和実現の主体となるはずの人間は、現在の地球規模の変動過程に巻き込まれているのであり、そのあり方によって人々の意識と行動が拘束されているからである。

変動過程には、変化の方向と変化の速度という二つの側面があるが、現在の変動はこの両面において平和の実現と矛盾する特徴をもっている。第一に現在の変化の方向は、環境破壊と再生不可能な資源の消費によって、人間活動に対する地球の収容能力《キャリング・キャパシティー》を減少させてしまう方向に向かっている。森林の再生力や植林をはるかに上回る森林破壊の進行、石油など化石エネルギーの消費、自然による浄化・分解・放熱の容量をはるかに超えた廃棄物や排熱の放出(ゴミや排熱の捨て場不足)、生体・生態系・自然環境に回復不可能な損傷を与える放射性物質やフロンガスの放散などは、その具体例である。現在の産業社会は、生産と消費のいっそうの拡大と経済効率の向上を中心的な目的としており、そのため自然環境から資源をできるだけ安上がりに奪い、できるだけ多く捨てることが追求されている。石油危機をエネルギー供給量の増大と科学的な代替物の生産とによって解こうとしたことは、収容能力をいっそう破壊している。この観点からすると、個人や私企業の自由な利益追求には、神の「見えざる手」よりは、共有財産であるはずの地球の収容能力を蹴《け》ちらし破壊するような「見えざる足」(28)が作用している。このように現在の産業社会は地球の収容能力の食いつぶしによって肥大化しているだけでなく、発展途上地域の多くの人々も消費社会に移行することを目標としており、実際に欧米のライフ・スタイルは急速にそれらの地域の人々の間に移転している。このことは収容能力を破壊する主体の急速な拡大を意味している。たとえば、日本人の木材や紙の使用は、その材料となるアジアの森林を破壊してきたが、もしかりにすべてのアジアの人々が同様の消費を行ったとすれば、きわめて短期間のうちに世界中の森林は消滅することになるであろう。

地球の収容能力の破壊とは「宇宙船地球号」の定員の減少であり、未来に生きることのできるはずの人間から生存の可能性を奪うことに他ならない。それは直接には人を傷つけたり殺したりはしないが、生きる余地を奪うことに他ならず、比喩的に言えば、見えない他者や未来の世代に対する暴力行使や殺人に他ならない。また本章の平和の第一の規定である基底的秩序の維持に対して重大な打撃となり、同時に収容能力が低下することは非和解的な相克の原因となるであろう。とすると、地球の収容能力の低下をもたらすような変動の趨勢《すうせい》は平和的な変化とは言えず、このような目標からの転換は可能か問われる必要がある。

ここには二つの問題があり、その第一は前節の課題と重なり合う。なぜなら、それは稀少資源を争奪し合い、限りある共有物を再生可能な範囲で平等に分与することに価値を置かない行動様式の問題であり、ゲーム理論で図式化するならば、エゴイスティックな個人主義者が個別的合理性を追求したために集合的合理性を破壊してしまうような、多数の人間の間における囚人のジレンマに他ならないからである。したがって、前節と同様に、自由な利益追求が生存の基盤を破壊するという新しい自己破壊が出現する。地球の収容能力を低下させていく「見えざる足」の第二の問題は、現在において再生不可能な石油などのエネルギーを、大量に消費してしまって未来には残さず、森林を破壊して次世代には劣悪な地球環境を強いるといった行動様式である。これはすなわち、未来を犠牲にして現在の欲求充足を最大化していくことに他ならない。胎児も未来の世代もわれわれの前に姿を現さないし、抗議の声を上げることもない。そのために、静かに進行する飢饉の場合以上に、未来の世代に対しては、人間の姿を見て自己の欲求を転換する現実的手掛かりが存在しない。未だ人間の形をとっていない胎児を、やがて相克し合うようになる潜在的競争者とみなすならば、人間の類としての自己破壊はさらに進行する。ここでは未来の世代を自己の生命の発現と活動の継承者とみなすような、他者規定の未来志向的転換が不可欠である。

のみならず、現在の経済生活においては、いますぐに欲求充足をとげられることに、将来同じ欲求充足が可能になることよりも高い価値が置かれ、欲求充足が先になればなるほどその価値は割り引かれてしまう。同様に、将来における苦痛、損害、犠牲については、たとえそれが確実にやってくるものであっても、現在すぐに同じ損失をこうむるよりはダメージが低いと考えられている。たとえば、二〇年先の利得や損害は経営には無視しうるほど小さいもののように扱われる。その理由は、目標設定や利害計算を行う際の時間幅のとり方が、きわめて短期的であるからである。長期的視野の欠如は、私たちの未来に対する想像力の衰退とともに、現在における変化の激しさの反映でもある。

そこで第二の問題である変化の速度に関する検討に進むことにする。現代世界の巨視的な趨勢が、安定的な未来に収斂《しゅうれん》するとみなしえないことは、二〇世紀の二度の世界大戦、核時代の到来、二一世紀の地球環境の危機を見れば明らかであろう。とりわけ、制度化のレベルの低い国際関係においては、だれもコントロールできない暴発型の変化や、なしくずし的変化がくり返されてきた。また、それぞれの社会内部においても、秩序を日々組織化してきた伝統的規範や宗教的権威が流動化し、破壊されている。その一方で、変化を起こす動因そのものが、たとえば技術における研究開発、産業におけるイノベーション、素早く流動する投資、さまざまな新しいイメージや価値を人々に売り込むマスメディアなどの形で、社会に埋め込まれて《ビルト・イン》きた。そして、そのために変化のペースは加速されてきたのである。

この変化の加速化の量的側面は、人口や家族形態が変化し、エネルギー消費、可能な移動速度、一人の人間の受け取る情報量などの指標が指数関数的な増大を示すことに表れている。また、その主観的側面は、過去の趨勢から非連続的・飛躍的な事件が発生して、生活、社会、経済、政治のさまざまな局面にその影響が及ぶような事態が続き、さらに将来において同様の事態の発生頻度が高まるに違いないという予測が人々の間で支配的となること、と定義することができる。この量的側面の変化によって稀少資源が加速度的に使いつくされていき、それに対応する時間的余裕が失われてしまう危険性が高まることは明らかであろう。また主観的側面は、技術の飛躍的突破の及ぼす社会的・政治的な衝撃が象徴する。技術的変化そのものは何ら価値的な方向づけはもたず、破壊と攪《かく》乱《らん》の可能性を含んでいる。それはＴＮＴ火薬や核兵器の事例から明白であろう。また、現在のＩＴの発達により、地理的遠隔性を超えて情報通信が飛躍的に増大し、「グローバル・ビレッジ（一つの村としての地球）」と言われるような相互コミュニケーションが可能になる条件が整った。しかし、他方で電子メディアが発達して人々が自分の反応力や処理能力を大きく超えた情報に接することにより、挫《ざ》折《せつ》感や疎外感が高まり、またコミュニケーションの密度が高まることによって、紛争や摩擦も増大している。[29] さらに技術発展の先発者が後発者に優越し、不平等な構造をつくりあげる傾向があることも明らかであろう。

　技術にせよ理念にせよ新しい社会構想にせよ、社会的な破壊力をもった変化の衝撃波を人間社会が安定的に取り込み、機能させていくためには――それが科学技術的に完成されたものであるにせよ――社会的なリードタイムが不可欠である。新奇なものの破壊性を除去し、副次的に生ずる格差を修正し、社会的なコンセンサスを形成し、人々が習熟し、成果を上げていくためには、人間が現実の社会のなかで実験をくり返すしかないからである。ところが社会的リードタイムが十分にとられないままに、次々に変化がインプットされたならば、そこには何人にもコントロールされないような事情変更が断続的に生じてくることになる。先端部分の変化の実情を知るのは、ほんの一部の専門家に限定される。たとえば米国で核兵器の開発が行われていたとき、レーダーの開発に加わっていた他の物理学者たちは原爆の計画を「完全に役立たずで無用な時間の浪費[30]」とみなしていた。多くの発明やイノベーションにとっては、他者の思いつかない非常識さこそが飛躍的突破の源泉であった。そのような変化に翻弄《ほんろう》される多数者にとっては、現在たしかなはずの認識はいつ当てにできなくなるかもしれず、いま有効な手段もいつかは無効になり、認識枠組みも行動パターンも変更を余儀なくされるかもしれない。このような加速化された変化のなかに巻き込まれると、一部の人々は変化に対する拒絶的嫌悪感や反感を抱くであろうし、また他の人々は変化の先取り競争を行って、変化の速度にいっそう拍車をかけていくであろう。そして変化が社会全体を覆い、国家権力が強引にそれを方向づけようとしたとき、さまざまな開発独裁体制が出現した。状況が次々に変わってしまうとき、多くの人々にとってたしかなことは、変化に対してすばやく即応して短期的な目標を実現することが、当面の安全と利益への近道だ、ということであった。やがて状況は変わってしまうだろうという見通しが社会に広まると、それが長期的な目標を設定しようとする意志を放棄させる要因となることは疑いない。とすれば、社会的なリードタイムが十分にとれる範囲内に変化のペースをスローダウンしていくことが必要である。とりわけ生命、生態系、地球環境に直接の影響を及ぼす変化には、いっそうの慎重さが求められる。それと並行して、変化の速度が急であればそれだけ、基本的な価値を選び出し、長期的な目標を設定していく知的作業が不可欠であろう。平和もまたその長期的な価値目標の一つである。

未来とは、坂本義和が述べた[31]ように、人間にとって本来的な未確定性を意味する。その未確定性から、一方では将来の状態を見通すことのできない不安や緊張が生まれ、他方では幅の広い可能性のなかから選択を行い創造性を発揮する余地が生ずる。平和はこの両義性をもった未来に対して、破壊や崩壊をもたらすような不確実性を除去し、可能な限り広い選択肢を提示していくための基本構想に他ならない。

(1) 石田雄『平和の政治学』岩波新書、一九六八年。
(2) ピーター・グッドチャイルド『ヒロシマを壊滅させた男オッペンハイマー』池澤夏樹訳、白水社、一九八二年、一六八頁。
(3) 藤原保信『政治理論のパラダイム転換——世界観と政治』岩波書店、一九八五年、一三七—一三九頁。
(4) Galtung, Johan, "Violence, Peace and Peace Research", *Journal of Peace Research*, Vol. 6, No. 3, 1969, pp. 167–191.
(5) Berger, Peter, "Are Human Rights Universal?", *Commentary*, Vol. 64, No. 3, 1977, pp. 60–63.
(6) Falk, Richard, "Responding to Severe Violations", in Dominguez, Jorge I., Rodley, Nigel S., Wood, Bryce, and Falk, Richard eds., *Enhancing Global Human Rights*, New York, McGraw Hill, 1979, pp. 215–229.
(7) ケネス・ボールディング『二十世紀の意味』清水幾太郎訳、岩波新書、一九六七年。
(8) カール・マンハイム「イデオロギーとユートピア」高橋徹・徳永恂訳、『世界の名著56 マンハイム・オルテガ』中央公論社、一九七一年、三一六頁。
(9) E・P・トムスン『ゼロ・オプション——核なきヨーロッパをめざして』河合秀和訳、岩波書店、一九八三年、一二三—一二四頁。
(10) アメリカの戦争政策決定についてはG・T・アリソン『決定の本質』宮里政玄訳、中央公論社、一九七七年参照。第三世界の治安維持や社会統制の暴力装置に関しても、官僚化と専門化による病理は不可避である。

(11) クラウゼヴィッツ『戦争論』淡徳三郎訳、徳間書店、一九六五年、第一篇第一章一―六節。

(12) Schelling, Thomas, C., *Arms and Influence*, Yale University Press, 1966, p. 17.

(13) ハナ・アーレント『暴力について』高野フミ訳、みすず書房、一九七三年、一三二―一三八頁。

(14) シェルドン・S・ウォーリンの表現によれば、「ホッブズは「嫌悪」を人間行動の基本形態のひとつとして取り出して、これが、不自然な死に対する激しい恐怖に姿をかえた場合には、人間を国家《コモンウェルス》形成という理性的決定にかりたてる創造的な力となるものとした。……ホッブズは、自然状態の本質である人間相互間の恐怖を、人びとの主権者への恐怖に移しかえた」。『西欧政治思想史Ⅳ』尾形典男他訳、福村出版、一九七五年、九四―九五頁。

(15) Earle, Edward Mead ed., *Maker of Modern Strategy: Military Thought from Machiavelli to Hitler*, Princeton University Press, 1943, pp. 3-25; Paret, Peter, *Clausewitz and the State*, Oxford, Clarendon Press, 1976, ch. 8.

(16) 確認されただけで一三〇件以上の核兵器事故が一九五〇―八八年に生じているが、この件数はより膨大な隠されている事故に比べれば氷山の一角である。Gregory, Shaun, and Edwards, Alistair, "The Hidden Cost of Deterrence Nuclear Weapons Accidents 1950-88", *Bulletin of Peace Proposals*, Vol. 20, No. 1, 1989, pp. 3-26.

(17) ジョン・シーレー『英国膨張史論』加藤政司郎訳、興亡史論刊行会、一九一八年、一六頁。

(18) ウォーリン『西欧政治思想史Ⅳ』七〇―一〇四頁。マルサス「人口論」永井義雄訳、『世界の名著34 バーク・マルサス』中央公論社、一九六九年、四三三―四六五頁。

(19) レーニン『帝国主義』宇高基輔訳、岩波文庫、一九五六年、五、六章。

(20) ケネス・ボールディング『経済学を超えて』公文俊平訳、竹内書店、一九七〇年、二八三頁以降、D・H・メドウズ他『成長の限界』大来佐武郎監訳、ダイヤモンド社、一九七二年。

(21) Rotberg, Robert I. and Rabb, Theodore K. eds., *Hunger and History: The Impact of Changing Food Production and Consumption Patterns on Society*, Cambridge University Press, 1983; Iliffe, John, *The African Poor: a

History, Cambridge University Press, 1987, ch. 13; Tilly, Louise A., "The Food Riot as a Form of Political Conflict in France", *Journal of Interdisciplinary History*, Vol. 2, 1971, pp. 23–57.

(22) Sen, Amartya, *Poverty and Famines: An Essay on Entitlement and Deprivation*, Oxford University Press, 1981, pp. 160–166. これは、飢饉を食料の絶対量の不足によるものではないとしたフランセス・ムア・ラッペ、ジョセフ・コリンズ『食糧第一』鶴見宗之介訳、三一書房、一九八二年などの研究結果と一致しており、また、ルイーズ・ティリーも一八世紀の英仏についてセンと同様の視点から分析を行っている。Tilly, Louise A., "Food Entitlement, Famine, and Conflict", in Rotberg and Rabb eds., *Hunger and History*. 前掲註21。

(23) Lipton, Michael, *Why Poor People Stay Poor*, London, Temple Smith, 1977 参照。

(24) 坂本義和『軍縮の政治学』岩波新書、一九八二年、第Ⅳ部参照。

(25) Pruitt, Dean G., "Definition of the Situation as a Determinant of International Action", in Kelman, Herbert C. ed., *International Behavior: A Social-Psychological Analysis*, Holt, Rinehart and Winston, 1965, pp. 391–432.

(26) A・ラパポート『戦略と良心(上)』坂本義和他訳、岩波書店、一九七二年。

(27) C・オスグッド『戦争と平和の心理学』田中靖政他訳、岩波書店、一九六八年。

(28) 経済学者ハーマン・デイリーの表現。Daly, Herman E. ed., *Toward a Steady-State Economy*, San Francisco, W. H. Freeman, 1973, p. 17.

(29) McLuhan, Eric and Zingrone, Frank eds., *Essential McLuhan*, London, Routledge, 1997, p. 259.

(30) Sherwin, Martin J., *A World Destroyed: The Atomic Bomb and the Grand Alliance*, New York, Viking Books, 1977, pp. 18–19.

(31) 坂本義和「グローバル・アイデンティティをめざして」、大串和雄他訳、『坂本義和集6 世界秩序と市民社会』岩波書店、二〇〇五年、一〇六—一三五頁。

第Ⅰ部　地球的問題群

第一章　感染症

一九八〇年初頭、インドの首都ニューデリーの街路で、男の子が横たわっていた。目は虚ろで、顔と手足が紫色に変色していた。「大変だ。瀕死《ひんし》の重症だ」と思った。そして、看病する妹らしい少女に「救急車を呼びなさい」「医者に診せなさい」と言い、二〇ルピー札を渡した。でも無意味だった。その翌日、男の子の寝ていた街路には、ヒンドゥー教の神の顔が描かれた紙が置かれていた。インドで出会った無数の葬式の一つになってしまった。「死の遍在」を思い知った。

しばらくして高熱が出た。そして「もう何も出ない」と思うほど下痢《げり》をした。体内を何かが激しく走り回った。やがて顔と手に赤い斑点《はんてん》が出はじめた。あの場で瀕死の子に接近したことを「しまった」と思った。

ベッドから動けなくなった。他人を見る機会は、泊まっていた狭い部屋に朝夕ホステルの従業員が紅茶を差し入れてくれるときだけになった。無力感が日々高まった。その従業員に、なけなしの金を渡し、すがる思いで「抗生物質を買ってきてくれ」と頼んだ。

「だんな様は幸運です。ついにこれを手に入れました」

従業員がわたしの部屋に入ってきた。薬が到着した、と安堵《あんど》した。ところが手渡されたのは、男の姿が描かれた「お守り札」だった。抗生物質の「錠剤《タブレット》」ではなく、聖人の描かれた「お札《タブレット》」だったのである。望みの糸が断たれた、と思った。「(インドに)来なければよかった」と後悔した。

親切な男は、「お守り札」をわたしの上に乗せて、祈りを捧《ささ》げはじめた。近代医学を信奉するわたしは背を向け、絶望したまま眠りに落ちた。

ところが、翌日、不思議にも病状は快方に向かった。「お守り札」を買ってきた男は、わたしにも祈るようにと強いた。仕方なく祈るふりをして、よく見ると「お守り札」はヒンドゥー教のものではなく、キリスト教の守護聖人聖ロクスが描かれていた。

一九八一年春、メキシコで八〇時間の旅行の末、豪雨にあい、目に入った寺院に駆け込んだ。木の椅子で、居眠りをした。目が覚めると、ろうそくの明かりのなかで、老婆と少女が祈りを捧げていた。その前には、すっくと立つ聖ロクスの絵があった。

インドでもメキシコでも、病が現実を圧倒していた。そして、病から身を守る無数の聖人のお守り札があり、祈禱師《きとうし》がいた。多くの人にとって、病院も抗生物質も遠い存在であり、だれからも救いの手が差し伸べられないなか、祈りを捧げることが、治癒への唯一の希望だった。信仰心のないわたしも、聖ロクスに勇気づけられ、デリーで、メキシコで、生きている偶然に感謝した。

＊聖ロクス(Saint Ruchus 1295?-1327?)　ペストの守護聖人。聖ロッシュとも呼ぶ。フランスのフランシスコ派修道士で、ローマへの巡礼中、奇跡的にペストの重症患者を救ったのを機に、流行地を訪ねて多数のペスト患者を看病した。聖ロクスは、ヨーロッパでペストが流行するたび、患者の希望となり、苦しむ人々の前にたびたび現れた、という。日本の薬師如来に相当する。

第一節　ペストとは何か

カミュの『ペスト』

現代の日本人には、「ペスト」という言葉は、細菌が引き起こす伝染病を意味するにすぎない。これは、日本が一四世紀と一七世紀の二度のペスト大流行の圏外にあったという歴史的幸運のおかげである。今日の腺ペストに相当する感染症は六世紀の東ローマ帝国で大流行した(1)(「ユスティニアヌスのペスト」)ことが確認できるが、西欧語の「ペスト pest」は古代では伝染病一般を指した。そのラテン語源 pestis は、流行と破滅を意味する。今日も「ペスト」は、悪疫、および害獣・害虫を指す一般名詞であり、人を大量死させる目に見えない災禍の源を徴表する(2)。

フランスの小説家アルベール・カミュに『ペスト』という傑作がある。カミュは、第二次世界大戦やユダヤ人の大量殺戮《ジェノサイド》を体験した直後、あえてペストを作品の題材に選んだ。この小説からペストの原意を読み取れる。

アルジェリアのオラン市で、ある日、主人公の医師リウーは大量のネズミの死骸を発見する。ペストの発生である。ペスト患者を見た人々は、「次は自分の番」と直感し、死ぬ運命に恐怖する。そして、うつす者・うつされる者がその善意・悪意とは別個に、愛する者や憎む者を、無差別に殺してしまうことに戦慄《せんりつ》する。

さらにペストを外部に蔓延《まんえん》させないようオラン市全体が外界から遮断されてしまう。人々は世界から「追放と離別」の境遇に置かれ、だれからも神からも救いの手が差し伸べられない孤立のなか、まったくの偶然で生死が定まる「邪悪」に直面させられる。そして外の世界から忘れられていく。しかし主人公リウーは、生き延びる。

暗い港から、公式の祝賀行事の最初の花火があがった。全市は、長いかすかな歓呼をもってそれに答えた。……死んだ者も罪を犯した者も、忘れられていた。人々は相変わらず同じだった。……医師リウーは、ここで終わりを告げるこの物語を書きつづろうと決心したのであった。――黙して語らぬ人々の仲間にはいらぬために、これらペストに襲われた人々に有利な証言を残しておくために、彼らに対して行われた非道と暴虐の、せめて思い出だけでも残しておくためにⅲ。

ペストとは、カミュにとって、無差別な大量死の「暴虐」であり、それまで依拠してきた倫理も力も愛も消し去る「非道」であった。しかも外の世界はもちろん、生き延びた当事者ですら忘れてしまう「災禍」を寓意《ぐうい》していた。

一四世紀のフィレンツェ

病原菌が発見されるはるか前から、「ペスト」は、世界各地をくり返し襲う災禍であった。一四世紀には、この病気にかかると全身に暗紫色の斑点が現れ、皮膚が黒ずんで見えるため、「黒死病 the Black Death」「黒い疫病 the black plague」と表現された。その感染の連鎖が、「死の接吻《せっぷん》」と呼ばれた第一次の「ペスト」の世界的流行であった。

ジョバンニ・ボッカッチョ（一三一三―七五）の『デカメロン』（一三四八―五三年作）は、口語体で書かれた、世俗文学の嚆矢《こうし》である。

一三四八年、……すべての都市の中でもすぐれて美しい有名なフィレンツェの町に、世にも恐ろしい悪疫が流行しました。……ことの起こりは数年前東方諸国に始まって、無数のいのちを滅ぼした後、休むことなく、次から次へと蔓延して、禍は西方の国への伝染してきたものでございました。……この疫病の猖獗《しょうけつ》がますますひどかったのは、接触がそれを病人から健康な人へと感染されがちなためでありました。ちょうど、火がその近くに運ばれた大量の乾燥した物や油性のものに燃え移るように。……さらに驚くべきは、たんに人から人へ感染するというだけでなく、その病人の、またはこの病気で死んだ人の所持品にさわると、人だけでなく動物も感染し、たちまち死んでしまうのでありました。(4)

人々は、領主にも救われず、医者にもかかれず、また死後にはキリスト教司祭によって天国に送ってもらえなかった。なにしろ領主も、医者も、司祭も、死んでしまったからである。唯一の生き延びる術は、逃げることであった。ボッカッチョの物語は「黒死病」から逃避した人々が、心の支えをもてずに孤立した丘でお互いに語り合う設定になっている。生が死に暗転する不条理と隣合わせになる緊張が深ければそれだけ、語られる肉体的な艶笑譚《えんしょうたん》の慰めが深まったのである。

中国では、洪水・干ばつ・飢饉が続くなかでペストが大流行し、総人口が約三分の一に減少した。ヨーロッパには、黒海沿岸とイタリア半島を通って伝染し、一三四八―五〇年頃には大流行となった。ヨーロッパの総人口は約三分の二に減少した。ペストは、モンゴル帝国の征服による膨大な死者数がごく少数に見えてしまうほど、圧倒的な大量死を招いた人類史の惨事であった。そして、ヨーロッパおよび中国の文明をほぼ同時に壊滅させ、宗教や皇帝の権威を消失させ、それまで土地に定住していた農民・農奴を移動させ、封建秩序を揺るがした。

一七世紀のロンドン

ペストの二回目の大流行は一七世紀にヨーロッパで起こった。その状況は、一六六五年の「ロンドン大疫病 the Great Plague in London」の記録から、手にとるように理解できる。多くの手記・日記が疫病を記録したほか、ロンドン市が一週間ごとに死因別の死者数を「死亡告知表」として公表し、一ペニーで売り出していたからである。

死体運搬人さえ死ぬことがあった。……せっかく墓穴のそばまで死体を運んでいきながら、さあ投げ込もうというときに自分がばったり倒れ込んでしまう例もあった。……死体運搬車が走っている最中、一人で御していた御者が死んでしまい、手綱をとる人がいなくなった。でも馬は足を止めるどころか、運搬車をひっくり返して遺体をあちこちにばらまいて走り、まさにおぞましい情景を繰り広げた。[5]

ロンドン市は、「捜査員」という名の役職者を教区ごとに置き、各地区の死亡数だけでなく、その死因を判定させ、ペストなど感染症の発生状況を定常的にモニタリングしていた。災禍が最高潮に達した同年九月には、五〇万都市ロンドンだけで一週間のうちに七〇〇〇―八〇〇〇の人々が死亡した。流行期間を通じて、英国だけで七万―一〇万人が死んだ。[6]これは第二次世界大戦中に大都市の受けた大空襲と同規模の死者数である。当時の人口が二〇世紀の約一〇分の一であったことを考えれば、衝撃の大きさを窺い知ることができよう。同じ一七世紀半ばのイングランドで展開された議会派と王党派の内戦なるものの死者数など、ほんの小競り合い程度にすぎない。

三〇〇年前のフィレンツェと比較すれば、一七世紀のロンドンの人々は、ペストにはるかに体系的に立ち向かった。ただし一七世紀でも、もっとも有効な手段は、逃げることであった。自分の住む地域にペストが迫ってくると、富裕層は家を捨てて疎開していった。多くの人々は水路ロンドンから脱出した。

第二の対策は隔離であった。ペスト患者を出した家には、戸口に赤い十字架の隔離標識が貼られ、市から武装した「監視人」が派遣され、その家の人々は健常者を含めその屋内に閉じ込められた。期間は四〇日間。感染を封じ込める自宅隔離である。ロンドン市も公的な隔離施設「ペスト・ハウス」を五カ所設けたが、焼け石に水であった。

「監視人」は、隔離された人々を監視するとともに、家々の生存者と死者の数を確認した。克明な日記で有名なピープスは、「赤い十字の印を戸口につけ、「主よ憐れみ給え」と張り紙をした家を二、三軒みた。悲しい光景だった」と記している(7)。自宅隔離された家族に感染が拡大して、全員が死亡する悲惨なケースも多発した。

最後の手段は「空気の浄化」であった。人々は、火と煙と香料によって空気を「浄化」することに疫病退治の望みを託した。医師などは、鳥のくちばし状(そこに空気を浄化する香料を詰めた)の巨大なマスクをした。また家の内から疫病退散を願い、香料、硫黄などを燃やした。家全体を燃やした人さえいた。そしてペストの災禍が頂点に達した同年九月五日夜八時、ロンドン市の命令によって、市民総出で、全市いっせいに火が焚《た》かれた。膨大な火がロンドンの夜空を焦がした。

九月末より、ペストの死者数が減少しはじめ、終息に向かった。そして翌一六六六年、ロンドンは、シティーを中心に一万三〇〇〇戸を焼く大火に見舞われた。これ以降、ロンドンにはペストが現れていない。

一九世紀末の東京

ペストの第三次の大流行は一九世紀末の東アジアに生じた。発生地は中国雲南省西部だった。一八九四年には香港と上海に感染が広まり、世界の主要な港に感染が拡大した。調査に派遣されたスイス人アレキサンドル・イェルサン(一八六三―一九四三)と北里柴三郎(一八五二―一九三一)らが別個にペスト菌(腺ペスト菌)を発見した。(8)

一八九九年一一月、台湾から帰国した日本人が広島でペストを発症して死亡した。その直後、神戸、大阪、浜松と、ペストの死者が東海道を東漸した。その年には計四〇名が死亡した。流行の元凶がネズミであることを知った東京市は、ネズミ捕獲作戦を立て、一匹五銭で買い上げることとし、また猫を飼うことを奨励した。そのため、一年後には三〇〇万匹を超えるネズミが捕獲され、また東京の猫が一挙に増えた。(9)

日本でペストが流行したとき、人々は、すでに病原の正体も、ネズミが媒介する伝染病である事実も知っていた。しかも日本人の食事と住居は改善していた。医学と公衆衛生とよい食住で武装していた日本人は、すでに特定された病原体と立ち向かう、という疫病観をもったのである。

一九三五年にはワクチンが広く用いられるようになった。また一九五〇年代に抗生物質の使用が広がると、それまで五〇―六〇%であった死亡率は、劇的に低下した。

ほぼ三〇〇年の周期で流行したペストは、第一回目の大流行で中国とヨーロッパの文明を滅亡させた。また第二回目には感染症の代名詞にふさわしい大災禍をもたらした。いずれも歴史を大きく変えた出来事であった。そして第三回目には、病原体と対処法が明確になり、伝染病の一つに特定された。「パストゥールとコッホ、そしてかれらの弟子によって、感染性疾患は、恐怖の多くを失った。もうそれは見えざる敵ではなく、差し向かいの中で見ることができるようになった。敵を知れば敵を恐れる理由はずっと減る(10)」。

歴史を追うごとに、犠牲者数は劇的に減少した。ただし地球からペストが消滅したわけではない。世界保健機関(WHO)によれば一九七八—九二年に一万五〇〇〇件の発症事例があり、一五〇〇人が死亡した、という。アメリカでは一九九〇年に一三州が汚染地域とされた。マダガスカルでは抗生物質に対する耐性菌が現れた。そして一九九四年には西インドで流行し、五五人が肺ペストで死亡している(11)。

第二節　在来型感染症

ペストのみならず、天然痘《とう》、結核、マラリアなども古代より存在が知られてきた。このうち、天然痘は制圧された。マラリアは、天然痘と同様に制圧の努力がなされたにもかかわらず、未だに世界中で猛威を振るっている。さらに結核は、多くの努力によって一時期下火になったが、再流行の兆しを見せている。

天然痘の絶滅宣言

天然痘は、コロンブス以降、他の伝染病とともに、ヨーロッパ人たちによって南北両アメリカ大陸に持ち込まれた。「コロンブスの交換」と呼ばれる感染症は、旧大陸の疫病に免疫をもたないアメリカ大陸の先住民たちの人口を一〇分の一に激減させ、アメリカ大陸のアステカ、インカなど文明を壊滅させた。(12) これは一四世紀の黒死病の大流行と並ぶ、人類史上の大惨事であった。

天然痘は、四世紀の中国の医書にその名が記され、またインドには古代から天然痘の女神を祀《まつ》る神殿がある。日本には七世紀末以降、朝鮮半島より渡来して猛威を振るい、「豌豆瘡《えんどうそう》」「疱瘡《ほうそう》」「痘瘡《もがさ》」などの名で天平年間の七三五―七三七年に大流行して、日本の総人口を二五―三〇％減少させたと推計されている。(13) そして、八世紀以降、数世紀にわたって日本の人口停滞の重要な原因となった。こうした疫病の流行に対し、薬師如来信仰が広まった。江戸期には住吉大明神や出雲大社の末社鷺《さぎ》明神がとくに痘瘡(天然痘)を神として祀っていた。

天然痘の猛威に対し、英国のエドワード・ジェンナー(一七四九―一八二三)が一七九八年、種痘ワクチンを発明した。そしてWHOは一九六七年、種痘を武器として「天然痘根絶計画」を実施しはじめた。同年には、天然痘にかかった人が世界四三カ国に一〇〇〇万―一五〇〇万もいた。日本人蟻田功《ありたいさお》(一九二六―)をリーダーの一人とするWHO「天然痘根絶計画」は、新たな患者が出るたびに、その患者が接触した人々に種痘を接種していく「感染経路を逆にたどる」戦略をとり、その拡大を防ごうとした。

そして、まず一〇年後には、世界中で「天然痘に新たにかかった人ゼロ」という状態を達成し、しかもその状態を二年間継続する偉業を一九七九年に達成した。同年一〇月、WHOは「天然痘の完全根絶」を宣言した。種痘の発明から一八〇年後の大成果であった。

この成果は、「人類は感染症を克服できる」という楽観を生み出した。WHOが計画を進めていたマラリアや小児麻痺《まひ》ポリオなども、次々と制圧されるに違いないと考えられた(14)。

天然痘は、実は人にとって戦いやすい感染症であった。第一に、それは人から人へと感染するだけで、人間以外の動物を宿主・媒介動物とする人獣共通感染症ではなかった。そのため、感染源と感染経路は人間に絞ることができ、宿主への対策は不要であった。第二に種痘が発明された。しかも感染後に種痘をしても有効であった。第三に、不顕性感染(感染しているが発症しない)が少なく、また、感染してから発症するまでの潜伏期間が一―二週間と短いため、感染して発症していない者が感染を広げる可能性が低かった。そのため、例外的に制圧できたのである。

マラリア

マラリアも古代から知られた疫病である。古代シュメール人は、マラリアの症状を、死神が悪霊を体内に送り込んだものと表現している。また古代から日本に根づいており、間隔をおいて熱発作を起こす病状は「おこり」「瘧《ぎゃく》」と呼ばれていた。江戸期には非常に広く見られ、明治期にも毎年一〇〇〇名以上の死者を出していた。

マラリアを起こすのは原虫と呼ばれる単細胞生物である。一八八〇年、フランス陸軍軍医シャルル・ラヴランが、植民地アルジェリアでマラリアの虫体を顕微鏡で確認した。また、マラリアはハマダラ蚊の雌が媒介し、人から人へ直接感染しない。したがって、この蚊を駆除すれば、マラリアは撲滅《ぼくめつ》できるはずである。蚊は、天水のたまった湿地などに棲息する。とすれば、この蚊のすむ環境を改変することによってマラリア被害を少なくできるはずであった。

マラリアの研究は、他の多くの感染症と同様、植民地の風土病研究である帝国医療として発展した。イギリス人がインドに植民し、日本人が台湾を開拓する過程で研究された。また第二次世界大戦では、戦場となった熱帯・亜熱帯に派兵された軍隊は、敵軍より先に、マラリアおよび他の風土病と戦った。フィリピンやニューギニアなどに展開した日本軍は、マラリア禍に対抗する薬剤や殺虫剤を調達できず、マラリアとハマダラ蚊のなかに無防備で突入し、病気との戦いに敗れた。また太平洋戦争末期、地上戦の行われた沖縄戦では、山林に逃げ隠れた多くの民間人非戦闘員が、マラリアの犠牲になった。

対する米軍は、抗マラリア剤クロロキンと殺虫剤ＤＤＴを主武器としてマラリアと有効に戦った。そこから力を得たＷＨＯは、一九五五年から「マラリア根絶計画」を実施した。「天然痘根絶計画」の一二年前から、マラリアと取り組みはじめていたのである。そこでＷＨＯも、米軍と同様、発症者には抗マラリア剤クロロキンを用い、宿主である蚊の撲滅にはＤＤＴを主武器とした。たしかに初期には大きな成果が上がった。ところが計画開始後一〇年も経たないうちに、タイなど各地でクロロキンに薬剤耐性をもつ熱帯熱マラリアが出現した。またDDTに農薬耐性をもつ蚊も出現し、さらに「DDTをしみ込ませた蚊帳」に止まらない新種の蚊も出現した。さらにDDTの毒性が猫や人に被害をもたらし、「マラリア根絶計画」は行き詰まってしまった。天然痘のようには制圧できなかったのである。[15] いまでも年間三〇〇万人以上がマラリアによって死亡し、エイズ、結核と並び、マラリアは世界の感染症による死亡原因のトップスリーの一角を占めている。

戦後の日本でマラリアが消滅したのには、医学・公衆衛生以外の力が大きく寄与している。農業の振興のため灌漑《かんがい》水路が整備されて水たまりがなくなり、水田耕耘《こううん》法に移行したことによって、日本からハマダラ蚊の棲息できる環境が改変された。また都市部では下水道の整備によってドブが一掃された。農民・都市住民たちが江戸・明治期を通じて営々と流水路や住宅地を整備してきたことが、結果としてマラリアの消滅に大きく寄与したのである。[16]

結核

日本では、古くから結核は「不治の病」とされてきた。結核は天然痘と同様、人から人へ感染する。マラリアのハマダラ蚊のような媒介動物は存在しない。ただし結核は、天然痘に比べて戦いやすい感染症ではない。なぜなら、潜伏期が約半年と長く、また不顕性感染による排菌者が多いなど、感染が広がりやすいからである。

ただし結核と戦う医学上の武器は、早くから整っていた。ロベルト・コッホ(一八四三―一九一〇)

が一八八二年に結核菌を発見してツベルクリンによる診断基準ができ、またレントゲンが一八九五年にX線を発見してただちに医学に実用化され、さらに一九二一年に予防接種BCGがフランスで実施され、一九三〇年代には多くの国で制度化されていた。加えて、一九四〇年代には、ペニシリン以下数多くの特効薬が生まれた[17]。

一九三〇—四〇年代の日本における死亡原因の一位は結核であった。ところが一九六〇年以降、結核の制圧が進み、一九七七年に、結核は死亡原因の一一位にまで低下した。これとほぼ並行して、他の在来型の感染症もまた、徐々に制圧されていった。一九六〇—七〇年代を境にして、日本人の主な死亡原因は、感染症からがん・脳卒中・心臓疾患に移った。医学の進歩のみならず、諸要因が重なり合って、結核は下火になったのである。

①一九五〇年代後半以降の二〇年間に、日本人の食・住環境および都市環境が劇的に改善され、基礎体力が飛躍的に改善した。

②結核を制圧する施設と行政体制が、一九五一年の結核予防法全面改正と一九六一年の国民皆保険制度の制定によって整備された。医療費の大部分が公費負担となったことは非常に重要であった。また、小中学校で生徒全員を検査し、職場の事業所ごとに結核患者を管理する体制を確立した。学校と職場で定期的に結核のモニタリングを行い、ツベルクリン反応とBCG接種、レントゲン間接撮影を定期的に一律に実施した。

③一般開業医と保健所などの医療機関の量と質が改善し、診断基準と対処能力が高まり、だれも

が診療・治療を受けられるようになった。またストレプトマイシン、ヒドラジド、パスなど結核の特効薬の使用が普及した。

結核の制圧が着実に進捗《しんちょく》した要因は、経済成長と制圧のレジーム形成とが好ましい循環をつくり出した点にある。一方で、②③によって感染率・発病率の低下が経済成長の基礎条件をつくり出し、①の食・住環境の改善を進めた。他方で、①を含む経済成長によって、②③のレジームを強化・維持する行財政的な基盤を確立できた。この双方向のポジティブ・フィードバックが生まれたことが大きく寄与したのである。またこのレジームにより、結核だけではなく、他の在来型感染症も制圧されていった。こうしたレジームが一因となって、日本人の死亡率は低下し続け、平均寿命は伸び続け、日本は二〇〇九年まで「世界一の長寿国」の地位を保ち続けている。(18) ただし、このような好循環が成立しえたのは、先進国のみであった。多くの途上国では結核は未だに制圧されず、世界の感染症による死亡原因のトップスリーの一角を占めている。

＊再興感染症(re-emerging infections)　下火になった結核が、一九九七年以降、日本で再び発症件数を上昇させはじめている。いったん廃《すた》れた感染症で、再び発症件数や死亡者数を増加させるものを再興感染症という。結核が再興感染症となっている理由は、①若年層は結核に対する免疫がない、②老齢化・病気によって昔の結核感染者の免疫力が低下している、③従来の結核の特効薬に対する多剤耐性菌が拡大する、④ホームレスなど食・住環境が極端に悪い社会層が感染する、⑤在住外国人が感染する、など。なお米国では一九八五年より、またフランスでは一九九二年より、結核の発症件数が再度上昇しはじめた。再興感

染症は結核以外でも頻発している。一九三〇年代にウガンダで発見された西ナイル熱が、一九九九年以降米国で感染者を出したのは、流行地を変えた再興感染症の例である。

第三節　新興感染症とアウトブレーク・レスポンス

突如新しい感染症が流行することがある。それが新興感染症 emerging infections である。過去四〇年間に、エボラ出血熱などの新興感染症が発生した。日本では、病原性大腸菌O－157が堺市などで約一〇〇〇〇人の感染者を出した。一九八一年以降、世界各地に災禍をもたらしているエイズ（後述）、二〇〇三年に流行したＳＡＲＳ（Severe Acute Respiratory Syndrome 重症急性呼吸器症候群）もその例である。短期間で封じ込められた新興感染症の例として、ＳＡＲＳを見てみよう。

SARS

「謎の新型肺炎」が、二〇〇二年一一月、中国広東省で発生し、二〇〇三年三月、ヴェトナム・ハノイにも及んだ。ＷＨＯハノイ事務所のカルロ・ウルバニ医師は、ハノイの病院で集団発生した「謎の新型肺炎」に関する情報を世界中に発信して注意を喚起した。ＷＨＯは同年三月、それをＳＡＲＳと命名し、四月、原因を新種のコロナウイルスと断定した。そして六月以降、流行は鎮静化に向かい、ＷＨＯは七月、終息を宣言した。一〇月、ＷＨＯなどが共通の診断基準をつくった。Ｓ

ARSの流行は、中国各地、香港、台湾、カナダなどに広がり、三二カ国・地域で患者八〇九八人、死者七七四人を出した。日本では一六名の可能性例が出た（いずれも二〇〇三年一〇月までの数）。国際的な健康危機に発展したものの、二〇〇四年以降はSARSの封じ込めに成功した[19]。

病原体が特定されず、診断基準がない時点、あるいは治療法やワクチンが開発されていない段階で、それを封じ込める対応策を、アウトブレーク・レスポンスと呼ぶ。これは、感染拡大のモニタリングと「感染の疑わしい者」に対する隔離と検疫に限られる。そのためSARS対策は、一七世紀のペスト大流行時と類似した状況になった。

各国は検疫体制の強化によって、SARSの流入を防ごうとした。とくにシンガポール国際空港は、先駆的に旅行者の出入国に赤外線による体温測定装置を導入した。しかし、この検疫による「水際作戦」をすり抜けて、SARSは国際的に流行した。その発端は、広州の病院で「謎の新型肺炎」を診療した中国人医師が、二〇〇三年二月、感染を知らぬまま旅行し、滞在先の香港で症状が悪化したことによる。この中国人医師は入院後に死亡し、宿泊先のホテル・病院等から感染が拡大した。さらに香港での感染者が、航空機内や帰国先の病院で感染を広げた。このように、他の多くの人々（通常一〇人以上）に感染症をうつす感染源（人）をスーパースプレッダーということがある。

＊**検疫（quarantine）**　外来の伝染病の侵入を防ぐために空港、港湾などで実施する検査とそのシステム。英語の quarantine とは「四〇日間」の意味で、一三七七年のイタリアで、ペストの侵入を水際で防ぐため、エジプトから入港した船を四〇日間係留したことから、検疫の意味にも用いられた。検疫の対象者は、旅

行者・乗員など入港者全員であり、患者、保菌者、接触者を調査票、診察、検査などによって見つけ出し、行動制限、隔離を行う。

ＳＡＲＳの感染拡大の過程では、一七世紀の「ロンドン大疫病」と類似した事態が展開された。ただし、一七世紀にはロンドン市が主導したが、二〇〇三年はＷＨＯが主導した。その過程は以下のようにまとめられる。

⑴　初期段階では「患者が当該伝染病の感染者であるか」判断のしようがない。「謎の感染症」の患者らしい人は、「(感染の)疑い例」とか「可能性例」とか呼ぶしかない。また、病原体が不明で症例の蓄積も少なく、診断基準も確立できていない。もちろん予防法も、治療法も未だにない。そのため隔離以外に対処法がない。しかも「感染の疑わしい」人々を隔離する法律的な根拠も明確でない。そのため、ＷＨＯおよび各国は「渡航延期勧告」と検疫強化を行った。感染拡大地域からの帰国者・訪問者に対して、世界各地で、検疫とともに、病院その他の機関が「移動者を一定期間隔離する」サーベイランスを行う体制に入った。

⑵　人・場所・時間をさかのぼって感染源・感染経路をつきとめる必要があった。しかし初期段階では集めるべき情報の標準化は困難である。「集団発生」「異常」の有無などから逆算して、収集すべき情報を標準化する必要がある。「常時モニタリングしてきた通常状態を基準点として、それより何かが変わった」ということが、情報の収集・分析の観点になる。そして感染源、感染経路の

特定は、連続殺人事件の犯人捜しに近い作業が必要となる。WHOは、専門機関のネットワーク「地球的規模での感染症に対する警戒と対応」および世界規模でのメーリングリストによって情報を収集・分析し、それをだれもがアクセスできるウェブサイトに掲載した。

(3) アウトブレーク・レスポンスに失敗した。臨床診断・病原体診断があいまいなまま推移し、集団発生か否かを確定できず、原因不明のまま患者が拡大した。さらに病院など医療関係者への感染が拡大し、院内感染が広がり医療システム自体が麻痺・崩壊し、病院が市中に感染を広げる危険性が生じた。「謎の新型肺炎」の院内感染が広がったヴェトナム・ハノイの病院は、WHOハノイ事務所の協力のもと、病院をまるごと隔離する対策をとり、市中への感染を防いだ。他方、香港、中国、台湾などでは市中感染を引き起こした。

(4) 市中に感染が広がり、社会的パニックが生じた。二〇〇二年末から感染の拡大を把握していた中国当局は、いったんは原因をクラミジア肺炎と発表し、規模を過小に見せ、国内外に情報を開示しないなど、組織的に隠蔽《いんぺい》をはかった。しかし、中国当局を介さない情報の流れを前に、二〇〇三年四月半ば方針を転換し、WHOに協力しはじめた。そして感染の広がった地域の病院、ホテル、大学などを封鎖・隔離し、拡大を食い止めた。ヴェトナムや台湾でも同様の対処法がとられた。中国当局は、失墜した権威の回復と方針転換の伝達のため、対処の責任者であった北京市長と衛生相を更迭する劇的なリーダーシップ交代を行った。ただし中国や台湾では、一時期、社会不安が高まり、食料買いだめなどパニックが生じ、とくに中国では一時北京から多くの人々が逃避する事態が生じた[20]。このようにSARSは封じ込めに成功したが、経済的には、東アジアへの旅行が急減し、観光、新規投資、国際会議などが延期され、二〇〇三年の東アジアの経済成長を〇・三％程度押し下げるなど、大打撃を与えた。

第四節　生態系の攪乱と都市化・グローバル化

では、なぜ新興感染症が突如発生するのであろうか。医療史家トーマス・マキオンは「人間と病原微生物との関係は絶えず変化している」と言い、また歴史家ウィリアム・マクニールは「宿主と寄生体の間の均衡は、人類の、そしてあらゆる多細胞生物の永遠に変わらない姿である」と述べている[21]。人間は無数のウイルスや動植物と共存している。ところが近年、微生物、宿主と寄生体、そしてヒトとの関係が、人間の行動の変化によって大きく攪乱され、そのことが感染症を流行させる一因となっている。人間による生態系の攪乱が疫病の一因である、と要約できる。

生態系の攪乱

人間が生態系を大きく攪乱した結果、これまで森などに潜んでいた未知の微生物がヒトの体内に飛び込むようになった。また新たな病原体がさかんに生み出されている。森林伐採あるいは、多くの種類の動物を大量に集めることで、微生物間の交雑が容易になった。こうして変異をとげた無数の微生物が、宿主・媒介動物・ヒトと接触し、ヒトの体内に入り込んでいる。

　また温暖化現象などから、病原微生物や宿主・媒介動物が増殖・生存できる空間が増えている。そして、新しい環境のもとで変異をとげ、新しい病原体を発生させている。さらに無数の薬品や農薬が使われた結果、農薬耐性・薬剤耐性の高い病原微生物や宿主が生まれることは、マラリアに関して述べたとおりである。インフルエンザ・ウイルスが変異をとげるように、宿主から他の動物に伝染する過程などで、毒性や高病原性の高い新型が生まれることがある。

　マクニールは「宿主と寄生体との均衡」と言っている。この「均衡」とは、微生物と宿主が折り合いよく生態系の相互依存の一環をなし、長く共存していることを意味する。人間は、その種の間の共存関係を破りながら、そこに割って入って病原微生物を体内に入れ、その病原微生物と折り合いの悪い状態に陥る。「宿主と寄生体との均衡を壊している」のが「発症した」という意味なのである。

　天然痘や結核など「ヒトからヒトにのみ感染する」感染症を除くと、それ以外は人獣共通感染症である。そこではヒトと病原微生物だけでなく、宿主としての動物が介在する。そして新興感染症の病原体の多くは、野生動物を宿主あるいは媒介動物とするウイルスや微生物である。マラリアの蚊、インフルエンザの鴨、エキノコックスのキツネは、いずれも宿主である。病原体は、宿主である動物の体内に常住し、病気を引き起こさない。鴨の肛門にすみつくインフルエンザ・ウイルスは、鴨にはまったく病気を引き起こすことなく、渡り鳥である鴨に乗って世界各地を飛び回る。ところが、それが宿主以外の動物、たとえば鳥、ブタ、ヒトに感染すると、寄生体との間の折り合いが悪く、病気を引き起こすことがある。

人間がそれまで行ったことのない土地へ行き、やったことのない開拓を行えば、新たな宿主や微生物に遭遇する確率は増える。たとえば南部アフリカを植民地化し、林を耕作地・放牧地に転換する過程で人間と家畜とが遭遇した結果としてのツェツェ蝿《ばえ》による眠り病の流行は、その典型である。また、一四世紀ヨーロッパにおけるペストの大流行は、それをヒトにうつすことのできるノミと、それを宿しているクマネズミがヨーロッパ全土に分布していることが前提条件であった。人間が、クマネズミの住処であったヨーロッパの広葉樹林を破壊し、それに伴って、それまでクマネズミを捕食していた狐・狼などの肉食獣、フクロウ・鷹などの猛禽《もうきん》類が減少し、クマネズミが増殖して、都市に充満したことが、ペスト流行の条件になった(22)。

＊エキノコックス　生態系の依存関係に人間が割って入った結果、人間が感染症にかかる実例がエキノコックスである(23)。エキノコックスとはサナダムシの仲間で、その幼虫は、ヒトおよびネズミの肝臓で増殖する。ヒトの肝臓で増殖する期間は非常に長く、一〇年ほどで肝臓がんに似た巨大なしこりをつくる。自覚症状が出るまでに五年以上かかり、その後で治療しても治癒する確率は低い。

キツネはネズミを食べ、ネズミはキツネの糞を食べる。この自然の捕食(キツネ)＝被食(ネズミ)の循環のなかでエキノコックスは成長する。①エキノコックスの成虫が、キツネの腸内で卵を産む。②その卵がキツネの糞と一緒に外に出て、その糞と卵をネズミが食べる。③ネズミの体内に入った卵が、ネズミの腸で孵《かえ》って幼虫となり、腸の壁を突き破って血液に入り肝臓に達する。④幼虫細胞が、ネズミの肝臓でどんどん増殖し、成虫の頭となる原頭節をたくさんつくる。⑤このネズミをキツネが食べ、エキノコックスの幼虫はキツネの腸のなかで成虫になり、そして①に戻る。この虫は、キツネ→ネズミ→キツネと動物間の出入りをくり返し、成虫→卵→幼虫→成虫の生活サイクルをたどっている。

この②の段階で、ネズミにかわってヒトがエキノコックスの卵を飲み込むことが、人間への感染である。キツネの糞に混ざったエキノコックスの卵が拡散し、いろいろの経路を経てヒトの口に入る。エキノコックスは③—④でネズミの肝臓を利用して幼虫になるが、そこがヒトの肝臓が入れ替わる。エキノコックスからは、ヒトもネズミも、その肝臓で幼虫が増殖する「中間宿主」である点で同じである。

北海道では、二〇世紀末の二〇年間、キツネと飼いイヌのエキノコックス感染率が急増した。その原因は、ヒトと飼いイヌがキツネの空間に入り込み、また、人間の生ごみなどがキツネを都市に引き寄せたことによっている。キツネとネズミの間で循環していたエキノコックスの生活サイクルに割って入ったヒトが、ネズミにかわって「中間宿主」の役割を演じてしまった。ヒトがエキノコックスに感染することは、生態システムを人間が変えた結果とも言えるのである。

生態系の均衡に人間が無秩序に進入し、破壊することが人獣共通感染症の拡大にはね返る。微生物は、自然の生態システムのなかに無数に存在する。人間が生態システムを撹乱し、あるいは人間が生態システムに割って入った結果として、それまで自然のなかで隔離されていた微生物およびその宿主・媒介動物が、人間と接触する機会を増大させる。この接触頻度の増大が、新興感染症の発生の確率を高めているのだ。この点から、わたしたち人類は、自然環境のなかに感染症の起源をもっている、と言えよう。

無数に存在する微生物のなかで、そのどれが人間と折り合いがよいか悪いか（高病原性をもっているか否か）、また新しい接触によって微生物がいかなる変異をとげるかを事前に知ることはできない。したがって微生物と人間との新たな接触が感染症の流行を引き起こすのか、事後的に結果論的としてしか明らかにならない。そのため、新興感染症の発生がランダムな過程に見えるのである。

グローバル化と都市化

多くの感染症では、人間という動物が「宿主」になる。人間そのものが感染源・感染経路となって他の人間に感染する。この「ヒト・ヒト感染」は、感染症という問題に、他の問題とは異なる独特の意味を与える。人間（未発症の感染者）が、そう意図することなく、他者に病気をうつし、場合によっては殺してしまうからである。うつされる側から言えば、感染させる人間は「宿主」である蚊やノミやキツネと同じ意味をもつ。インドのカースト制度など多くの差別的慣行の起源は、「ヒト・ヒト感染」の恐怖に発していた。

そして、人間が人間に感染させる可能性は、主に①人間相互の接触頻度、②うつされる側の免疫の高低、の二変数が大きく影響する。「ヒト・ヒト感染」では、とくにグローバル化と都市化とが人間相互の接触頻度を高める。グローバル化は、国境を越えた遠隔地間の人間の移動人数・移動速度・移動距離を増大させる。都市化は、都市住民相互間、および都市に出入りする人間と都市住民の接触頻度を高める。いずれも人間相互間の新たな接触頻度を高める点で、感染症を広げる効果は同様である。またグローバル化は動物である宿主・媒介動物（動物、鳥、蚊など）を遠隔地へと移動させ、都市化もまた、宿主と人間の新たな接触頻度を高める。

船、航空機など交通機関の発達により、感染者・宿主の体内に入ったウイルスなど病原微生物が国境を越えて移動し、感染を拡大させる。たとえば、エア・カーゴ等に乗った蚊や媒介動物などにより、空港周辺に感染症が蔓延する例が多い。一九八四年にエイズで死亡した男性は航空機の乗務員であり、彼は米国八都市とカナダ、フランス、カリブ諸国などで、男性との性行為によってウイルスを撒き散らした。(24) 航空機の発達による「ヒト・ヒト感染」の拡大は、インフルエンザの宿主である鴨が渡り鳥であることと同じ機能がある。

江戸期の日本は、江戸、大坂、京都など大都市とその周辺で死亡率が高く、歴史家速水融の表現によれば、江戸の都市は、農村から吸い寄せられた人口を喰う「蟻地獄」のようなものであった。(25) 英米における都市化の初期段階においては、一時期、身長が低くなるなど体位の悪化が見られた。その理由の第一は、人口密度の高い都市自体がはしか、天然痘、結核など「ヒト・ヒト感染」によって流行する感染症の常生地となっていたことによる。

ただし、都市化とグローバル化が感染症を拡大する要因は、たんに都市の接触頻度の高さだけでなく、免疫の低い集団との接触機会が大きいことによる。社会人類学者斎藤修の研究が明らかにしたように、都市においては、第一に、内外の人の出入りが多いなど、それまで接触したことのない新規の接触が頻繁に行われ、第二に、その新規の接触が、「宿主」(ヒトと動物)と、その感染症に対して免疫のない、あるいは免疫の低い集団との接触をもたらす可能性が高いことによっている[26]。

同様にグローバル化は、それまで遠隔地にあった宿主とその感染症に免疫のない(低い)人々とが接触する機会を増やす。コロンブス以下の旧大陸人が新大陸にもたらした天然痘やインフルエンザが、新大陸の人口を壊滅的に減少させた歴史的大惨事は、免疫のない人々に対する感染症の猛威を劇的に表現する[27]。

こうしたことは、都市や空港・港周辺が、感染症を拡大する感染源・感染経路となる可能性が高いことを示している。とすると人類は、都市化とグローバル化とによって、感染症を共有していることになる。

以上を要約すると、①都市化とグローバル化が進展したこと、②人間が自然の生態系を破壊・攪乱すること、の二つが、ヒトと(そのヒトにとって免疫が低い)新規の病原微生物との接触頻度を増大させる。この典型が、二〇〇九年四月より世界に猛威を振るった新型インフルエンザである[28]。

インフルエンザ

ウイルスによる急性伝染病のインフルエンザは、古代ギリシャから知られていた。近代では、一八四七―五〇年代に全ヨーロッパに拡大し、また一八八九年には「アジア風邪」として世界に広まった。さらに一九一八―一九年には「スペイン風邪」が猛威を振るい、米国からヨーロッパに流行して多くの死者を出し、さらに戦争終結後、帰還兵の移動とともに感染が世界中に拡大した。中国では一九二三年に広く流行した。この「スペイン風邪」の死者は二〇〇〇万―四五〇〇万人に達し、第一次世界大戦の死者数(一〇〇〇万)の数倍である。さらに二〇〇九年四月、メキシコで発生した新型インフルエンザは、世界的な流行を見せた。

インフルエンザの第一の特徴は、宿主である鴨が渡り鳥であり、移動能力と頻度が高い点にある。インフルエンザ・ウイルスは、北方圏の湖沼に常住し、鴨などの肛門にすみつく。インフルエンザは人獣共通感染症であり、通常は宿主の鴨を発症させることはない。インフルエンザ・ウイルスは鴨に乗って遠距離を移動する。渡り鳥である鴨は、夏と冬とで、カナダ、アラスカ、シベリアと温帯地方とを移動する。そして、非常に広い接触範囲をもち、ニワトリなど他の鳥類、ブタ、そしてヒトに感染する。宿主がグローバルなのである。「スペイン風邪」のインフルエンザ・ウイルスは、鳥に乗って北米大陸からヨーロッパに移動し、第一次世界大戦中の塹壕《ざんごう》から全ヨーロッパに広まったと考えられている。

インフルエンザ・ウイルスの第二の特徴は、たえず変異する不安定性である。このウイルスは異なる増殖環境のなかで変異をとげる可能性が高い。インフルエンザ・ウイルスには、HA(細胞侵入手段となる)とNA(細胞離脱手段となる)という二つの突起があり(HA1はスペイン風邪、2は香港風邪、3はアジア風邪など)、その組み合わせから一四四種類に分類できる。感染の過程などでランダムに変異し、変異したタイプを「新型」と呼ぶ。この変異は、人間の防御メカニズムである免疫機構をかいくぐるフェイントとして機能し、鳥、ブタ、ヒトに対する高病原性を生じさせる。なおブタは、鳥インフルエンザにも、人インフルエンザにも感染しやすい。ブタが双方のインフルエンザに感染し、ウイルスが交じり合うことが、ヒトに感染する新型が生まれる一つの過程と考えられている。

第五節　疫学転換とエイズ

疫学転換

一・二節で見たように、ペストと天然痘は制圧に向かい、マラリアと結核は途上国で猛威を振るい続けている。また三・四節で見たように、ＳＡＲＳやインフルエンザは全世界的に猛威を振るっている。しかも同じ感染症でも、それがもたらす死亡率などのインパクトは先進国と途上国など地域によって異なる。こうした相違はどのような枠組みで捉えられるであろうか。

感染症に関して、「近代」とは、何を意味するであろうか。それは遍在する病原性微生物との接触が、死に直結する状況からの脱却である。言い換えれば「疫病が跳梁する時代」から「人が簡単に死なずに済む時代」への移行を意味するであろう。具体的には、乳幼児の死亡率が低下し、また集団全体として病気にかかりにくくなり、さらに病気にかかっても死亡しないで治癒することである。

西欧では、一八世紀後半から、まず英国で死亡率が低下した。それに他の西欧諸国が続いた。さらに日本も同様の変化をたどり、長寿社会、高齢社会に転換したのである。単純化すれば、「人間圏が病原性微生物にさらされると、人々が感染しやすく、また発症すると死亡率が高い」状態から、「病原性微生物にさらされても、疫病に感染しにくく、また感染しても発症しにくく、発症しても死亡しにくい」状態への転換である。この変化を提唱者のアブデル・オムランにならって「疫学転換 epidemiologic transition」と呼ぶ。[29] この疫学転換がなぜ生じたのかについては、次の三つの変数から説明ができる。

(1) 食・住環境

労働状態に応じた食物などの栄養摂取量を栄養状態 nutritional status と呼ぶ。栄養状態および居住環境の改善が疫学転換の最大の変数である。その結果、人間の基礎体力が増し、免疫が高まる。

＊免疫 (immunity)　生体が病原体に対して抵抗力を獲得する現象。感染症の病原微生物など異種の高分子の体内への侵入(抗原)に対して、リンパ球、マクロファージなどが働いて特異的な抗体を形成し、抗原の作用を排除・抑制することは免疫機能の一部。自己と非自己を識別し、非自己を自己から守る生体の機構である。

たとえば、日本で結核が下火になった重要な原因は、食・住環境の改善であった。また、一八―一九世紀に世界で最初に死亡率が低下した英国の変化には、マキオンが指摘するように、食料が大きく寄与した。死亡率の低下は、医学の発展以前に生じていた。また、一九世紀前半以降に行われた公衆衛生の改善は、水によって伝染する感染症に効果が限られていた。したがってこの死亡率の低下には、主に食物の改善が貢献したことになる[30]。ここでは「感染しにくく、発症しにくく、死ぬことのより少ない」条件は、食物と経済発展が規定していたことになる。

これまで医学の進歩から疫学転換がもたらされるとする通念があった。それに対しマキオンの図式は、社会史家見市《みいち》雅俊によれば、英国に関する限り、「疫病制圧が経済的な近代化によって決定された」ことを含意する。したがって、「経済発展の段階が死亡率低下をもたらす」とする「経済発展決定論」と表現できる[31]。この「経済発展決定論」は、「医学決定論」の対極に立つもう一つの単純化と言えよう。

(2) 公衆衛生

感染源や感染経路を発見して除去する能力、および新たな感染者が現れた場合、それに対処する能力を高めることが公衆衛生である。したがって、感染症を予防する人々の知識が高く、平素から潜在的な感染源や病気の発生をモニタリングし、収集した病気の情報を管理し、感染が広まったときの危機管理をするなどの能力が重要になる。

たとえば上下水道など清潔な水環境、あるいはきれいな空気を確保し、また感染症の予防知識などを周知することは死亡率低下の重要な要因となる。すでに述べたように、たとえば東京市が、一八九九年、第三次のペスト流行に備え、ネズミ捕獲作戦を立て、猫を飼うことを奨励したことは、コッホによって称賛された[32]。日本でのマラリア禍は、湿田やドブを消滅させた土地改良の結果、消減した。

(3) 医　学

医学の発展が疫病を予防し治癒させることは明らかである。病原体の究明、診断基準の確定、ワクチンなど事前に免疫を高めるなどの予防法の準備、医師、医療技師などのネットワークの形成、薬剤と治療法の効果的な動員がなされることは容易でない。先進国・途上国の間には食・公衆衛生の格差があるが、医学の格差はより著しい。

先進国の主要な死亡疾患は、①がん・脳卒中・心臓疾患(「生活習慣病」)に移行しており、感染症は主な病気ではない。②そのため先進国の医療費・医療体制の焦点は「生活習慣病」であり、そこに巨大な金が注ぎ込まれる。③製薬会社、医療機器会社は、「生活習慣病」の患者と先進国の医療予算に向けて、研究開発費を注ぎ込む。

反面、途上国の主要な死亡疾患は、①マラリア、エイズ、結核など全体の三分の二は感染症である。②非常に安く感染症を阻止できるにもかかわらず、ブラック・アフリカ諸国などの医療予算は乏しく研究開発費も存在しない。③巨大薬品会社では、支払い能力の低い途上国向けの薬品づくりには、インセンティブが生じない。

この格差の結果、途上国で一人の寿命を一年間だけ延ばすのに必要なコストは——途上国最大の課題であるＨＩＶの血液スクリーニングは八ドル、殺虫剤をしみ込ませた蚊帳は一〇—一五ドル、結核の化学療法は一〇ドルなど——非常に安いにもかかわらず、資金が投下されない。他方、先進国で行われている治療のコストは、乳がん三一〇〇ドル、冠動脈バイパス五〇〇〇〇ドル、肺がん末期ケア二万ドルと異常に高いにもかかわらず、膨大な資金が投下されている[33]。

このように疫学転換は、食・住環境、公衆衛生、医学の三つの変数から説明される。途上国が疫学転換を行うには、食・住環境、公衆衛生、医学のバランスが重要であり、とくにエイズのような深刻な感染症の制圧には、いずれかに限定した場合には意味が低い。またこれらの三変数は、世界的に流行した感染症のもたらす発症率や死亡率が、先進国と途上国、あるいは国ごと、社会階層ごとに大きく異なっていることを説明する。

エイズ

「疫学転換」を逆転させる感染症が、エイズ（ＡＩＤＳ（後天性免疫不全症候群）。ＨＩＶ（ヒト免疫不全ウイルス）が、免疫を受けもつ細胞のリンパ球に感染し、免疫機能が低下する病気）の蔓延である。免疫機構を破壊するこの感染症は、病原性微生物にさらされた人間が簡単に死んでしまう状態に後戻りさせる。

エイズは一九八一年、米国で男性同性愛者の病気として見つかった。そのため、当初は感染源として、欧米の男性同性愛者やドラッグ使用者による注射器の使い回しなどに関心が集まった。しかし一九八〇年代半ば以降、異性間の性行為による感染、妊娠中の胎児への感染、母乳による子への感染、それに輸血、血液製剤の投与による感染などが圧倒的に多くなった。発見から二〇〇八年一

表1　世界とブラック・アフリカのエイズ患者(2008年)

	世　界	ブラック・アフリカ
	万人	万人　　%
HIV・AIDSとともに生きる人々	3,340	2,240 (67)
新たにHIVに感染した人々	270	190 (71)
うち子ども(15歳以下)	43	39 (91)
死者数	200	140 (70)

出典) UNAIDS & World Health Organization, *AIDS Epidemic Update*, December 2009.

二月までの二七年間に、エイズによって合計二七〇〇万人が死亡した。二〇〇八年の一年間に、二〇〇万人が死亡し、二七〇万人が新たにHIVに感染した。二〇〇八年一二月時点で「HIV・AIDSとともに生きる人々」(以下、エイズ患者)は全世界で三三四〇万人(世界人口の〇・八%)に達する(34)(表1)。現代の大惨事である。

焦点をブラック・アフリカに絞るなら、それは「疫学転換」の逆転、ないし近代の巻き戻しと表現できる。北米に姿を現した二年後の一九八三年にウガンダでブラック・アフリカ最初のエイズ発症者が見つかった。そしてその二五年後、世界全体のエイズ患者三三四〇万の三分の二に当たる二二四〇万人はブラック・アフリカの人々である。生産人口(一五―四九歳)に占めるエイズ患者の比率は、ブラック・アフリカ全体では五・二%(二〇〇八年)、スワジランド二五・九%、ボツワナ二五%、レソト二三・四%、ジンバブエ一八・一%、南アフリカ一六・九%、ザンビア一四・三%など、もっとも影響を受けた国家はすべてブラック・アフリカ、とくに南部アフリカにある(35)。

これらの国々では平均余命が低下した。世界中で高齢化が喧伝《けんでん》されるなか、南部アフリカでは死亡率が急上昇し、平均年齢が急激に下がった。スワジランドでは一九九〇年から二〇〇七年で平均余命が急に低下し、三七歳になった。ザンビアでは一九九五年から二〇〇二年までに一三歳寿命が縮まり、三四・九歳になった[36]。人は免疫不全に陥ると、軽い病気でも簡単に死んでしまう。二〇〇七年にはエイズの世界死者数二〇〇万人とは別に、結核とエイズを併発した死者が四五万人に達した[37]。

これらの諸国の人口ピラミッドを見ると、もっとも生産的な年齢層が死亡し、斧《おの》で削られたような形になっている。こうした人口の減少は経済や農業生産に大きなマイナスをもたらす。戦後日本が結核を克服した過程を、ちょうどフィルムを逆回しにするように、病気と経済の負のスパイラルが動いている。健康が侵され、活動労働人口を失って、農村社会の崩落がはじまっている[38]。

＊エイズの治療　HIVに感染してからエイズが発症するまでの潜伏期間は一〇—一五年。当初は感染者の一〇—三〇％が発症し、発症者の五〇％が死亡していた。一九九六年に治療法が確立されて以降、先進国では抗レトロウイルス薬ARVの使用や、多剤併用療法HAARTが進められ、エイズは、「死の病」から、完治はできないまでも「生涯つきあう病気」への移行がはじまった。また途上国でも、WHOと国連合同エイズ計画UNAIDS（一九九四年設置）による活動がはじまり、二〇〇二年には世界エイズ・結核・マラリア対策基金が動きはじめた。UNAIDSの初代事務局長ペーター・ピオットによると、「予防戦略への迷い」があったものの、それらが一助となり、新たにHIVに感染する人の数は一九九六年の三五〇万人をピークに漸減しはじめた。またARVの価格が引き下げられた。さらに途上国の保健機関がエイズ治療に働きはじめた。その結果、それまで増加してきた年間死者数も二〇〇四年の二二〇万人をピークに微減傾向を示しはじめた。ただしブラック・アフリカ諸国の患者の過半は治療を受けていない[39]。

このようにインパクトが大きく異なっていることには、疫学転換で述べた三つの要素における先進国とブラック・アフリカとのギャップが作用している。欧米や、近年患者数を急減させたブラジルなどでは、予防行動が普及し、抗エイズ薬が患者に行き渡り、エイズは制御可能な病気に向かいつつある。ところがブラック・アフリカでは、女性の人権が尊重されていないために予防キャンペーンは効果がなく、女性の感染者が圧倒的に多い(40)。抗レトロウイルス薬ARVのコピー薬が広まりつつあるとはいえ、高価で使えない。子どもと女性のエンパワーメントに後押しされた疫学転換の三要素である、食・住環境の整備と公衆衛生と医療レジームが成立していないのである。

まとめ

「人間と病原微生物との関係は絶えず変化している」(マキオン)。そのなかで、人間がつくり出した近代は、生態系の破壊・攪乱と都市化・グローバル化を進展させ、人間と宿主・微生物との接触頻度を高め、次々と感染症が発生する確率を高めている。わたしたちは、生態系のなかに感染症の起源をもち、またグローバル化によって感染症を共有している。感染症は、無数の矛となって、地球に住むだれの頭の上でも飛び回り、そして、いちばん弱いところに突き刺さる。

他方、近代は、わたしたちに良好な食・住環境、公衆衛生、医学の三つの変化をもたらした。その結果「疫学転換」が生じて、感染症の災禍に対する三枚の盾の役割を果たしている。ところが疫学転換の三つの変化は、どこでも同じように生じてはいない。地球上のだれもが同じように優れた盾を三枚もっているわけではないのである。

ＨＩＶ／エイズは、人間の免疫を破壊する。また、インフルエンザ・ウイルスはたえず形を変えて、ワクチンや免疫をかいくぐり、人間の身体に浸透してくる。そうした感染症に直面したとき、三枚の盾がどれほど強いかが試される。そうした結果、エイズによってブラック・アフリカが負のスパイラルに巻き込まれる近代の逆転の事態も生じている。

感染症に対して、近代は、「疫学転換」の三つの変化のプラス面と、「接触頻度の上昇」というマイナス面を、ともにもたらしたという両義的側面をもつ。

(1)　ウィリアム・H・マクニール『疫病と世界史(上)』佐々木昭大訳、中公文庫、二〇〇七年、二〇二頁。
(2)　ウィリー・ハンセン、ジャン・フレネ『細菌と人類』渡辺格訳、中公文庫、二〇〇八年、二三―二四頁。
(3)　アルベール・カミュ『ペスト』宮崎嶺雄訳、新潮文庫、一九六九年、四五六―四五七頁。
(4)　ボッカチオ『デカメロン(一)』野上素一訳、岩波文庫、一九四八年、五五―五七頁。
(5)　ダニエル・デフォー『ロンドン・ペストの恐怖』栗本慎一郎訳、小学館、一九九四年、一七九―一八〇頁。『ロビンソン・クルーソー』の著者デフォー(一六六〇―一七三一)は、五歳のとき「ロンドン大ペスト」を体験した。そして、一七二〇―二一年のマルセイユ・ペストの発生に際し、「ロンドン大ペスト」の極限状態を、デフォーの伯父が残した手記という設定で一七二二年に創作した。
(6)　見市雅俊『ロンドン＝炎が生んだ世界都市』講談社、一九九九年、一一三―一一七頁。

（7） 見市『ロンドン＝炎が生んだ世界都市』一一〇頁に引用。
（8） ハンセン、フレネ『細菌と人類』三八―四二頁、酒井シヅ『病が語る日本史』講談社学術文庫、二〇〇八年、二七三頁。
（9） 酒井『病が語る日本史』二七〇―二七九頁。
（10） 梶田昭『医学の歴史』講談社学術文庫、二〇〇三年、二六五頁。
（11） ハンセン、フレネ『細菌と人類』五〇―五一頁。
（12） Crosby, Alfred W., *The Columbian Exchange: Biological and Cultural Consequences of 1492*, Westport, Praeger, 2003, pp. 38-58.「コロンブスの交換」とは、旧大陸から新大陸へは多くの感染症という災いが持ち込まれ、新大陸から旧大陸へは多くの食物品種という幸いが持ち込まれた不等価交換を指す。後者については本書九一頁を参照。
（13） Farris, William Wayne, *Population, Disease, and Land in Early Japan, 645-900*, Cambridge, Harvard Yenching Institute, 1985, p. 67.
（14） 深瀬泰旦「天然痘 その流行と終焉」、酒井シヅ編『疫病の時代』大修館書店、一九九九年、九二―一一八頁。
（15） 橋本雅一『世界史の中のマラリア』藤原書店、一九九一年、二六、一五三―一八四頁。
（16） 斎藤修「開発と疾病生態学」、見市雅俊他編『疾病・開発・帝国医療』東京大学出版会、二〇〇一年、五八頁。
（17） ハンセン、フレネ『細菌と人類』七四―八六頁。
（18） 島尾忠男「日本の結核対策に学ぶ」、竹内勤・中谷比呂樹編著『グローバル時代の感染症』慶應義塾大学出版会、二〇〇四年、一二一―一三二頁。
（19） 岡田晴恵・田代眞人『感染症とたたかう――インフルエンザとＳＡＲＳ』岩波新書、二〇〇三年、一五〇―一七七頁。
（20） 麻生幾『三八℃――北京ＳＡＲＳ医療チーム「生と死」の一〇〇日』新潮社、二〇〇四年、九八―一二八頁。

(21) McKeown, Thomas, "Food, Infection, and Population", in Rotberg, Robert I. and Rabb, Theodore K. eds., *Hunger and History: The Impact of Changing Food Production and Consumption Patterns on Society*, Cambridge University Press, 1983, p. 30. マクニール『疫病と世界史(上)』一三頁。

(22) マクニール『疫病と世界史(下)』三〇—三一頁、安田喜憲「気候と森の大変動」、梅原猛・安田喜憲編『農耕と文明　講座文明と環境3』朝倉書店、一九九五年、二四—四〇、一一六—一二六頁。

(23) エキノコックスの専門家神谷正男北大名誉教授のご教示による。記して感謝する。

(24) 相川正道・永倉貢一『現代の感染症』岩波新書、一九九七年、一二五頁。

(25) 鬼頭宏『人口から読む日本の歴史』講談社学術文庫、二〇〇〇年、一〇七、一八六—一九〇頁、斎藤「開発と疾病生態学」六四—七一頁。

(26) マクニール『疫病と世界史(上)』第三章。

(27) アルフレッド・W・クロスビー、『ヨーロッパ帝国主義の謎——エコロジーから見た一〇—二〇世紀』佐々木昭夫訳、岩波書店、一九九八年、第九章。

(28) 喜田宏北大名誉教授に多くの教示を受けた。記して感謝する。

(29) Omran, Abudel Rahim, "Epidemiologic Transition: Theory", in Ross, John A. ed. *International Encyclopedia of Population*, New York, Free Press, 1982.

(30) McKeown, "Food, Infection, and Population", pp. 29-49.

(31) 斎藤修「開発と疾病生態学」、見市雅俊「開発原病の世界史」『岩波講座世界歴史17』岩波書店、一九九七年、四五—四七頁。

(32) 酒井『病が語る日本史』二七六頁。

(33) 竹内勤「日本の寄生虫疾患制圧の経験を世界に」、竹内・中谷編著『グローバル時代の感染症』一七二—一七三頁。

(34) UNAIDS & World Health Organization, *AIDS Epidemic Update*, December 2009, p. 7.

(35) *Ibid.*, pp. 19-20.

(36) *Ibid.*, p. 21; 島田周平「「過剰な死」が農村社会に与える影響」、高梨和紘編『アフリカとアジア』慶應義塾大学出版会、二〇〇六年、八九―一一四頁。

(37) World Health Organization, 10 Facts on HIV/AIDS(http://www.who.int/features/factfiles/hiv/en/index.html).

(38) 石弘之『子どもたちのアフリカ』岩波書店、二〇〇五年、五―二九頁。

(39) UNAIDS, *UNAIDS World AIDS Day Report: AIDS Outlook 09*, November 2008, pp. 11-15.

(40) 元田結花「国境を越える感染症対策」、遠藤乾編『グローバル・ガバナンスの最前線』東信堂、二〇〇八年、一一〇―一一八頁、UNAIDS & World Health Organization, *AIDS Epidemic Update*, pp. 21-23.

第二章　人　口

第一節　世界人口

この瞬間、地球上の人口は何人なのか。

国連のウェブサイトを開き、世界人口を調べてみよう。すると、世界の総人口が「七〇億×××人」と表示される。その末尾桁の数値が、一秒に約三人ずつ増えていく。一年当たりの人口増加は約八〇〇〇万人で、二〇〇八年の増加率は約一・二%である。この一・二%という数値は、二〇世紀後半には二%であったことと比べれば、人口増加率が下がったことを示している。また人口変動は地域差が大きい。たとえば日本とヨーロッパではともに二〇〇五年をピークに人口増加率はマイナスに転じた。ただしブラック・アフリカの総人口は、年二%台の増加率でまだまだ増え続けている。

指数関数を上回る人口増

歴史を振り返ると、人類史の二〇〇万年の間、人口はたえず不安定に上下してきた。ただし長期的トレンズとしては、非常にゆるやかであるが増加してきた。この人口が、ほとんど突然に急増しはじめたのは、この二五〇年間のことである。

一七世紀の西欧でまず顕著な人口増が見られた。一六五〇年頃の地球の総人口は約五億人であった。一七五〇年頃から英国で、そしてオランダやフランスなど他の西欧諸国でやや遅れ、人口増がはじまった。そしてその八〇年後(一八三〇年)に総人口は一〇億になり、その一〇〇年後(一九三〇年)に二〇億になった。二〇世紀に入ると途上国で人口増がはじまり、二〇億を超えた年の四五年後(一九七五年)に四〇億になる。そして一九八〇年代半ばに人口増加率はピークとなり、四〇億になった二四年後の一九九九年に、六〇億に達した。この二〇世紀後半の人口増加のグラフは、指数関数をさらに上回って急上昇した。人類の発生以来、二〇〇万年をかけて一六五〇年までに総人口が五億人となったが、いまではわずか六年間で同じ五億人の人口が増加する。(1) 二一世紀初頭、中国・ヴェトナム・インドで人口増加率は下がったが、それでも人口は増え続け、人口学者大塚柳太郎は、「二〇五〇年には世界人口は九〇億を超え、その後一〇〇億に達するのは避けられそうにない」という。(2)

人類最初の人口増加の波は、一万年前の農耕開始である。狩猟・採取の時代の約八〇〇万人から、農耕時代の数千万人にまで増大したと推定される。その一方で、多くの人々が集住生活をすることは、死亡率を上昇させる要因ともなった。集住の負の側面は、廃棄物・排泄《はいせつ》物の蓄積、人間の接触頻度の増大および人と家畜の接触による感染症の蔓延、それに森林伐採などによる環境破壊である。そのため、出生率と死亡率は再び均衡し、人口は停滞するようになった。

日本列島では、縄文早期の二万、同中期の二六万、同晩期の七・六万と増減したが、陸稲と水稲が伝播した後、増加しはじめ、奈良時代(七二五年)に四五一万に達したと推定される。それが七三五―七三七年の天然痘の流行で、二五―三五％減少した(3)。

第二の人口増加の波は、「コロンブスの交換」によって新大陸からユーラシア大陸に多くの食物品種がもたらされたことによる。歴史家アルフレッド・クロスビーによると、「新大陸からの品種の移転は、旧大陸の農耕が始まって以来、もっとも重要な食用耕作品種の移転であった(4)」。これが、ヨーロッパの商業革命と重なり合い、一七世紀以降の人口増加の条件となった。

日本の人口も一二二七万(一六〇〇年)から三一二八万(一七二〇年)に急増した。この原因は「徳川の平和」の到来、穀物など農業生産の増大、そして、市場経済の拡大と社会各層への浸透が大きい。また、荘園の隷属民が小農民として独立したという社会的要因(新田開発が盛んであった)、さらに、大河川を管理する大規模土木工事が可能になり、大坂・江戸周辺の平野部が耕作可能になったことも影響した。ただし、江戸中期の一七二一―二九年は人口の停滞期に移行し、二九九〇万に減少している。これは飢饉、天災、間引きなどの広まりとともに、一人当たりの所得水準の向上をめざしたものであった。日本の一八世紀の人口停滞期は、同時に市場経済の成熟期と一致している。これは後に述べる英国の一七世紀前半の人口停滞期に対応している(5)。

一八世紀以降、地球上の総人口は急速な増加に転じる。現在まで続くこの増加傾向では、先進国における産業革命期(一七五〇―一九〇〇年)と途上国における産業革命期(一九三〇年代―)が重なり合っている。

ヨーロッパでいちばん早く人口増がはじまった英国の場合、まず一八世紀前半までは出生率が停滞し(晩婚化などによる)、人口一人当たりの富の蓄積が進み、経済発展を準備する余剰をもたらした。そして一七五〇年から一九三〇年までの一八〇年間、人口増加率はちょうど一%であり、六五〇万だった人口が四〇〇〇万になり、六倍以上に増加した。なお、死亡率と出生率が同じレベルで安定するのは一九八〇年頃である。

日本では、一八八〇—一九九〇年の一一〇年間に人口が三五九六万から一億二三六一万へと三・四倍になった。この間の人口増加率は一・一%である。その後出生率が急激に減少し、二〇〇五年をピークに人口停滞を見せている。

二一世紀の地球の収容能力と人口の予測を行い、かつ他の研究者の検討結果を網羅的に比較した米国の人口学者コーエンは、「われわれと子どもたちと孫たちが維持することを望む生活様式を前提とした場合、地球が支えられる人口の最大数に、(一部の学者の判断では——引用者)すでに達してしまっているか、あるいは(多くの学者の判断では——引用者)これから半世紀中に達するであろうという可能性を、真剣に検討する必要がある」(6)と言っている。

コーエンが調査対象とした研究者たちは、人口が増えすぎると、地球環境が破壊されないであろうか、石油などエネルギー資源が枯渇しないであろうか、廃棄物と排熱であふれないであろうか、また、そうなると人々の間の対立が加速化されないであろうか、そしてその結果、破局的な結果を導くのではないか、と警告しているのだ。

第二節　人口の罠

一九六〇年代に「宇宙船地球号」という比喩を用いて地球を論じた二人の知識人がいた。一人は学際的な社会経済学者ケネス・ボールディングであり、もう一人は万能型の科学哲学者バックミンスター・フラーである(7)。

「宇宙船地球号」という比喩を用いるとき、そこから「宇宙船の収容定員」という問題が生じる。すなわち「この地球が収容できる人口数に上限はあるのか」、そして地球に「収容定員」があるとすると、「その上限は一体は何人くらいであるのか」という問題である。ところがこの「収容定員」について、ボールディングとフラーはまったく正反対の見方をしていた。

人口という時限爆弾

「宇宙船地球号の経済学」を一九六六年に提起したボールディングは、人口問題が、戦争、環境（「エントロピー」と表現する）と並ぶ三つの「罠《トラップ》」の一つである、という。

ボールディングは、死亡率が急速に低下しながら、出生率が大きく低下しない結果、人口に重大な不均衡が生じ、それがとくに途上国を貧困に押し止める巨大な重しとなっている、と認識した。

かれは二〇世紀後半の四〇年間の人口増加率を二%と予測した。その予測はほぼ正確だった。地球の人口増加がいちばん加速していた一九八六年の人口増加率は二・〇七%であった。また、一九五〇年から二〇〇〇年にいたる半世紀間、途上国全体の人口増加率は二・二%であった。この「年二%の増加」は、意外と思われるかもしれないが、恐るべき増え方なのだ。

ボールディングは、次のように書いている。

(年二%増という)数値は、四〇年足らずで世界の人口が二倍になることを意味する。……人口の歴史を通じて、人口がこれほどの高率で上昇したことはない。ただし、この増加率は、あまりに高すぎて、今後非常に長く続くことができないことも明らかである。かりに現在の増加率で進むとすると、わずか三〇〇年少しで、世界の全陸地が一つの都市になってしまうであろう。また、わずか七〇〇—八〇〇年で、わたしたちは、地球の全表面にただ立っているだけのスペースしか持てないようになる！　人間が宇宙へ移住すれば、問題が解決する、と考える人がいるかもしれない。しかし、かりにこの人口増加率で進むと、わずか八〇〇〇年しかかからないうちに、直径二〇億光年の天文学的宇宙全体が人間で一杯になるのだ！(8)

ボールディングが恐怖を込めて語る増え方は、「人口は指数関数的に増加する」として、二世紀以上前にマルサスによって発見された。そしてこの「指数関数的な増加」は、中期間のうちは尻上がりのカーブを描いて急増していくが、「長期間にわたって継続することはできない」。すなわち、限界に達して突然の崩壊に終わるだろうとかれらは警告する。いったん増えはじめるとそれを緩やかにソフトランディングさせることが困難になり、たとえば飢饉などハードクラッシュに終わるシナリオを「罠」と呼んでいる。

このハードクラッシュのシナリオは「人口という時限爆弾 population bomb（日本では「人口爆発」と訳される）」と表現される。かりに地球を「宇宙船」に見立て、その「収容能力 carrying capacity」に限界があるとすると、時々刻々と増加していく人口は、あたかも爆発に向かって時限爆弾の導火線がチリチリと燃え進むように感じられるであろう。

こうした指数関数以上に急増するカーブとその帰結として生じるハードクラッシュというシナリオは、多くの悲観的な未来予測を生み出した。D・メドウズらの『成長の限界』（大来佐武郎監訳、ダイヤモンド社、一九七二年）以降の警告は、人口に限らず、食料生産、資源消費、排熱、温室効果ガスの排出などのすべてが、この指数関数的な急増パターンをとっており、それらがいずれも長きにわたって持続可能な趨勢とは言えない、と警鐘を鳴らしたのである。

「人口の罠」

ボールディングが「人口急増」を「罠」と呼んだのは、「蟻地獄のように、いったんはまると抜け出せなくなる落とし穴」という意味からである。

「罠」という比喩によって、第一に、「落とし穴にはまるのを避けよ」と目標設定されている。人口増加のもたらす悲惨は、中・長期的な将来にブーメランのように戻ってくるので、事前に修正することで悲惨を回避するように、と提言しているのだ。このボールディングのアプローチは、以下に見るフラーの「人口増加は問題がないので放置せよ」との言説と鋭く対比される。

そして第二に、人口問題を社会制度の次元で捉えた。「わたしたちが認めなければならない事実は、社会の人口制限能力を決定する上で重要なのは、社会制度であって、単なる生殖生理学ではないということである(9)」といっている。これはフラーが科学技術的な次元から人口問題に対処しようとしたことと対比される。

さらに第三に、抜け出せない理由を次のように述べている。

人類の将来に関して実際的な将来像を認識しようとすると、人口問題ほど強く攻撃される領域はない。この問題に対する現在の解決法はすべて不愉快であるか不安定である。……わたしたちの「通俗的常識」には、この問題を直視するのを阻み、部分的解決で逃げようとする強い誘惑がある。この点に関する限り……共産主義者とカトリック教徒とは奇妙に似ている。……私が深く憂うるのは、「リベラル」な態度が、問題の重要性を認めながら、その解決にほとんど何の貢献もしなかったことである(10)。

ここでボールディングは、人口を増加させる宗教的レジームがあり、それが「人口の罠」から抜け出せない理由となっている、と指摘する。人口問題はそれを提起するだけで、宗教的な非難を受ける。人間の誕生や長寿は神の領域に属し、人口の増加は「祝福すべきこと」と決まっている。また、堕胎はもちろん人為的な避妊や人口調節は神の意志に反し、人間の数が増えすぎることが悪をもたらすという議論自体が反道徳的だと受け取られるのだ。

次に共産主義者や社会主義者は、人口増加を経済的な力の源とみなし、ナショナリストや共同体主義者は政治的な力の源とみなした。そして、人口問題が提起されると、それを自分たちを弱者の立場に押し止めようとするイデオロギーとして拒絶してきた。そのために人口問題の帰結が予想できても、問題に取り組めないのだ。

さらに、リベラリズムは人口問題への判断を回避してきた。人間の生の価値は宗教的自由へ、そして愛と性の意味は家族などの私的自由の問題として判断を停止してきた。人間自体の価値は神話的前提として、踏み込むことは避け、人口問題に直面することなく逃げてきたのだ。

ボールディングは、近代世界を生み出してきたリベラルな政治レジームが一因となり、中・長期的な将来にブーメランのように戻ってくる、飢饉のような人間の悲惨の種をまいている、と主張する。この「自由な政治レジームが災禍をつくり出す一因となっている」という主張も、リベラルな創意による技術革新が人口問題の解決をもたらすと主張するフラーと対照的である。

「人口の罠」は「マルサスの罠」とも呼ばれる。また、ボールディングの近代リベラリズムに対する留保は、『人口論』の著者ロバート・マルサスを精神的に継承している。

第三節　宇宙船地球号の操縦可能性

ボールディングと並び「宇宙船地球号」の比喩を一九六〇年代に用いはじめたバックミンスター・フラーは、「人口問題は問題でない」という。非常に楽観的なフラーは『宇宙船地球号操縦マニュアル』の結論で、ボールディングらの使用した「人口という時限爆弾」という比喩を「それは神話だ」として拒絶する。人間の創意を信仰するフラーは、自由なまま放置せよ、と主張する。

第一にフラーは、「工業化が進めば、出生率は低下する。……一九八五年までには全世界は工業化されているだろう。そうなれば、今日の米、欧、ロシア、日本のように、世界の出生率は低くなっていくはずだ」と予測した。フラーは人口問題を放置しても、途上国が工業化すれば出生率は自動的に下がる、というのだ[11]。

フラーの出生率に関する予言は、半ば当たり、半ば外れた。たしかに出生率は一九八六年を境に下がりはじめた。「一九八五年」という時点を含め、フラーの予測はほぼ正しい。また日本やヨーロッパに限れば、フラーの言うとおり、二〇〇五年をピークに人口増加から人口減少へと転じた。では途上国ではどうか。中国、ヴェトナム、インドでは出生率は下がったが、ここでは「一人っ子政策」など強力な政策を上から実施した結果下がったのであり、「工業化すれば自動的に下がった」というわけではない。これらの政策を緩和すれば、また出生率は上昇するであろう。

また中東・アフリカでは出生率は下がる気配がない。とくに中東産油国では相当に工業化が進んだにもかかわらず、人口は増え続けている。要するに、出生率の下がった地域・国、下がらない地域・国はまちまちであり、出生率に大きな地域差が生じている。そして途上国全体として見ると、人口増加率が減速しはじめただけである。かりに出生率が二％増でなく一％増に移行したとしても、指数関数的な増加が緩慢になるだけであって、人口は増え続けている。とすると、なぜ一部で出生率は下がり、一部では下がらないのか、検討する必要があるであろう。

では増えていく人口をどうするのか。科学の申し子フラーは、天上の火を人間に与えた、ギリシャ神話のプロメテウスのように、資源について再生可能なエネルギー源は無尽蔵だという。そして、その再生可能なエネルギー源が、地球の再生可能な人間生活を支える、という。フラーにとって「富」とは、「人類にとって再生可能な未来の日数」と定義される。

また空間についても、人々の意表をついた空間デザインで知られたフラーは非常に楽観的であった。「世界が無尽蔵な富を注ぎ込めば、拡大ニューヨークくらいの空間の屋内に全世界人口を収容したとしても、まだ空間の余地はある。一人当たりの空間はカクテル・パーティーよりすこし広めだ」[12]と述べる。

こうフラーが述べたときの世界人口は四〇億である。その四〇億人を一つの巨大都市に住まわせることができる、と言っているのだ。フラーは、再生可能なエネルギーを無尽蔵に注ぎ込めることを前提として、世界人口を一カ所に収容できるSF小説のような三次元的な巨大未来都市のイメージを抱いていたのであろう。フラーが「人口という時限爆弾」を神話といった意味は、人口が増加したとしても技術的突破によって対処できる、という意味なのである。

楽観の方程式

ただしフラーが描くように、世界が「一つの都市」に到達するには大きな障害がある。なによりそのために国の壁、イデオロギーの壁を取り払う必要がある。この問題点をフラーは、「対立、固定化したイデオロギー、そしてドグマの袋小路が加速度的に増えつつある」と表現する。人口が増えるだけでなく、増えた人々の間の対立とドグマも、また「爆発」する。それにはどうすればいいというのか。

フラーは、「コンピューターが解決する」という。そして、社会的対立が袋小路に陥るがゆえに「コンピューター」が壁を取り払う、という論理を展開する。

> コンピューターの膨大な記憶量と高速再現能力を借りて、世界社会全体による人類の経済勘定システムを再組織化し、わたしたちの共有する全可能性を成就させることこそが、「宇宙船地球号」を人間がうまく操縦するため、真っ先にやらなければならないことだ。(13)

「わたしたちの共有する全可能性を成就させる」というフラーの言葉は、近代ヒューマニズムに共通する目標価値である。ここでフラーに特徴的なのは、〈問題が技術革新をもたらす〉という論理である。たしかに人口増加に直面した人類は「緑の革命」という技術革新によって、食料増産をなしとげたではないか。このように、人口増加という問題こそ、科学技術の新たな進展を促したではないか。そして問題に直面し、解決策を切り開くことが人間を進化させる、という点にフラーの論理の特徴がある。

霧と闇とが重なって視界不良のなかで着陸するとき、乗客は無頓着《むとんちゃく》にコンピューターを信頼する。……全人類を乗せた宇宙船地球号を安全に着陸させるコンピューターの安全飛行コントロール能力には、いかに対立する政治家たちも、情熱をもって従うことができるし、また従うはずだ。(14)

ここでフラーが「コンピューター」によって象徴させているのは、人間の計算能力を超えた「ブラック・ボックス」のなかで無数の変数を計算して航路を割り出すサイバネティックスである。そのために「政治」という存在は障害なのであって、「コンピューター」という言葉が象徴する「工学主義的な技術革新」に従え、と言っている。こう言うフラーには、技術的突破をもたらす人間に対する信頼あるいは過信がある。

では、どうしたらどうしたら望ましい未来に向かって人類は歩むことができるのか。「宇宙船地球号の操縦マニュアルは事前には神から与えられて」おらず、人間が模索し、工夫し、発明し、デザインするしかないのだ、とフラーは言う。では人間はなにに従って歩むべきか。その答えは、彼が「シナジー」と呼ぶ理神論的なイマジネーションである。

（「シナジー」は）人間に進化という形でその道を示した。これは人間のつくった法ではない。宇宙を司る知性の完全さが生み出した、限りなく協調的な法なのである。(15)

ここでフラーが依拠するのは、人間の進化の道筋のなかで発見される「シナジー」の法にそった発明と科学技術なのだ。そうすることで人間は神に等しい地位に上ることができる、とフラーは楽観するのである。

第四節　よみがえるマルサス

マルサス

ボールディングが依拠したマルサス『人口論』は、だれもが学校で習う。それは二世紀以上前の本である。何をいまさらそんな古い本を、と思うかもしれない。

マルサスは、一七六六年に生まれ一八三四年に死んだ。かれは六八年の生涯のうち、一八世紀と一九世紀の両方を、ちょうど三四年ずつ生きたことになる。前半はイギリス産業革命の勃興《ぼっこう》期であり、また一七五〇年以降の英国の人口増加率の急増期と一致する。かれの壮年期はフランス革命とナポレオン戦争に重なり合う。マルサスは、進歩の理念と人類愛に導かれた熱狂的な大変動が、同時に流血の災禍をもたらした時代に生きたのである。

近代という巨大な変化が、このマルサスの時代に生まれ出た。マルサスの洞察《どうさつ》は、その近代の意味をまるごと捉えた面をもっている。であるからこそ、近代が終わろうとする二一世紀のいま、マルサスの言ったことがよみがえる。

＊ロバート・マルサス(Robert Malthus 1766–1834)　マルサスはケンブリッジ大で数学・哲学・生物学を学んだ。一七九八年卒業後、副牧師となり、一生涯、国教会聖職者の地位にあり、それにふさわしい中庸を得た紳士として過ごした。一七九八年『人口論』第一版を出版した。そして、一八〇五年東インド会社のヘールベリー職員養成所に設置された世界で最初に開設された政治経済学教授職(アダム・スミスは哲学教授)についた。彼は一面でアダム・スミスを継承した経済学の始祖の一人であり、『経済学原理』(一八二〇年)、『価値尺度論』(一八二三年)などを通じ、「有効需要」説や過剰供給説の源流となった。また現実政策において、一方で教会を通じた貧民救済策には反対し、その他方で穀物法廃止に賛成した。

マルサスは、精神主義的ロマン主義と進歩思想とによって人間の価値を絶対的水準にまで高めると、その先には人口増大などの落とし穴が待ちかまえていることに気づいた。産業革命とフランス革命の二重の革命は、個人の解放と自由の拡大をもたらすプラス面をもちながら、そのマイナス面がやがてブーメランのように人口問題となって戻ってくることを、最初に体系的に提起したのである。しかし、彼の『人口論』はたんなる学術の書ではない。この著作は、一九世紀前半のキリスト教圏における最大の論争書であった。そしてマルサス『人口論』に対する拒絶と非難は、ボールディングの述べた「人口の罠」から脱出することを困難にしているレジームの存在を如実に示している。

マルサス攻撃

『人口論』ほど批判され、非難され、嫌悪され、嘲《あざけ》られた本はない。攻撃の銃弾は、まずロマン主義運動を担った詩人たちから飛んできた。

一九世紀前半の愛と進歩をうたいあげる英国の詩人たちは、ほとんどがマルサスを忌み嫌った。この時代こそロマンティック・ラブという愛の形態が英国から全ヨーロッパへ、そして世界に影響しはじめた時代であった。その最大の表現形態が詩であった。詩人たちにとって愛と進歩こそ人間の目的である。かれらは競って、マルサスを非難する作品をつくった。「マルサス叩き」は、ほとんど一九世紀前半の英文学の一ジャンルを構成した、と言えるほどである。

解放の詩人バイロン(一七八八―一八二四)は、代表作『ドン・ジュアン』のなかで、モーセの「十戒」に加えて、マルサスが「十一戒」を付け加えたと揶揄《やゆ》した。

富裕ならざるもの、結婚すべからず
聖なる結婚を算術まがいに解消し
マルサスいわく、金がなけりゃ、花嫁は娶《めと》るな
金が愛まで支配する(16)

また一九世紀前半にもっとも広く読まれた批評家ウィリアム・ハズリットの『時代の精神 もしくは同時代の肖像』は、マルサスを「抗しがたい怪物 irresistible monster」と呼んだ(17)。マルサスの「怪物性」とは、〈一方で古い正統性である英国教会の聖職者の地位にしがみつきながら、他方で新しい正統性である政治経済学の数字による詭弁《きべん》を弄《ろう》することによって、人間のなかでもっとも聖化すべき、愛と進歩を否定しようとしている〉ことを意味する。この金を賛美し、市場を肯定する中産階級の俗物は、「ペシミズムを垂れ流し」「想像力を禁圧した」として最上級の非難を浴びせている。これらのマルサス攻撃は、『人口論』が「ロマン主義が爆発するのを妨げる重しとなった」(バートランド・ラッセル)ことを裏側から証明する。なおマルサス自身は、『人口論』で晩婚を勧めたものの、避妊・産児調節を推奨しているわけではない。英国における産児調節の必要性は、フランシス・プレース、ミル父子、そしてJ・M・ロバートソンらによって主張された。

そして第二の攻撃の矢は、経済の急成長が可能であるとする共産主義者からであった。万人とり

わけ弱者・貧者を豊かにする高度成長と社会変動こそ、共産主義の倫理的目標であった。

マルサスより半世紀後に生まれたカール・マルクスは、生産力の向上と労働者階級の解放とにより、急速な経済成長が可能であるとして、革命による人間の解放を唱えた。そのマルクスは、成長の限界を唱え、貧民の解放はまず教育による啓蒙からと考えたマルサスを「ヒヒ baboon」(『経哲草稿』)と感情的な表現で嘲っている。そして共産主義革命による進歩を鼓舞《こぶ》したマルクスの「マルサス叩き」は、日本の知識人にまで広く浸透した。かれらはマルサスを拒絶することによって、はじめて進歩と革命を語れると感じたのである。

マルクスを信奉した共産主義革命家はおしなべてマルサス嫌いであった。たとえば毛沢東は「人口の大きさこそ国力である」と信じ、『新人口論』(一九五七年)を書いて人口増加の弊害を指摘した馬寅初《ばいんしょ》北京大学学長を、一九六〇年、「マルクスの「マ」か、マルサスの「マ」か」と迫って失脚させている。中国が一人っ子政策をとったのは、毛が死去した後の一九七九年であった(18)。

第三の攻撃の矢は宗教から飛んできた。同時代の敬虔《けいけん》なキリスト教徒たちは、生命の誕生と結婚と死という神が決定すべき領域に踏み込んだ『人口論』に困惑し、忌避した。また、マルサスが自然的不均衡仮説(後述)によって歴史を説明したことを、後のダーウィン進化論と同様、神が人間の目的を定めるという教義を否定するものと、疑いの目で見たのである。人の所行が人の歴史を決めるという歴史の説明を、神の存在理由を無意味にしてしまうものとして受け取った。

またマルサスの思想の一部を受け継ぎ発展させ、避妊と産児調節の必要性を訴えた社会運動家たちは、「マルサス主義者」、あるいは「新マルサス主義者」と呼ばれた。この「(新)マルサス主義者」という言葉は、その響き自体がスキャンダラスであった。避妊と産児調節は、神が定めた運命を否定するものとしてキリスト教・イスラム教によって禁止されている。したがって、それを正面から訴えた「(新)マルサス主義者」の主張は、神が定めた生まれ出る宿命を変えようとする「避妊運動」およびその実践者として知られるようになった。そして「マルサス主義」とは、性愛に関するヴィクトリア朝的な道徳観を正面から拒絶するものと受け取られ、ほとんどフランスのフーリエ主義のような「フリーラブ」を提唱するカルト集団扱いされた(19)。

身体と自然——二つの限界

そうした拒絶反応を予想したマルサス自身は、『人口論』第一版の序で、自分の命題は「陰鬱《いんうつ》な色彩をおびている」と語っている。近代の楽観主義にとって、『人口論』の命題が、のどに刺さった棘となることを見込んでいた。

人間生活について著者がしめした見解は、陰鬱な色彩をおびている。しかし著者は、これらのくらい色あいを、実際に現実のなかにあるという確信からひきだしたのであって、ひがんだ目、あるいは生来の意地悪な性質からひきだしたのではないと自覚している(20)。

非難・攻撃にさらされ続けるなか、マルサスはデータを集積し、反批判を展開した。かれは、膨大なエネルギーを『人口論』の改訂作業に注ぎ、実に六回にわたり増補改訂した。『人口論』の改訂は、とくに第一版と第二版の間できわめて大幅に行われた。第一版は、わずか五万五〇〇〇字の短いパンフレットであり、匿名で出版された。第二版では量的に四倍の二〇万字の大著になり、しかも実名で出版されている。構成もまた大幅に変化し、別の本と表現できるほどである。一冊の本の歴史が、近代の問題を映し出す鏡となったのである。

マルサスは、まず「二つの公準」を立てる。「公準」とは、後の論理展開の出発点であり、何人も否定できず、人間生活のいつも変わることのない基底的命題である。

「第一の公準　食料が人間の生存に必要である」

これは〈精神とともに生身の肉体をもった人間が生きていくためには、食料が不可欠である〉ことを意味する。わたしたちにはあまりにも当然な命題に見える。しかし精神と身体の二元論をとり、精神の身体に対する優位を前提とするキリスト教の一神教的世界に対する重大な挑戦が含まれていた。一方で、身体は有限で滅ぶものであって、悪の誘惑に負ける。他方で、精神は不滅と観念される。一神教的な宗教的教えでは、精神 mind を神から与えられてはじめて人間となり、世俗的な人間主義の哲学では、理性 reason の働きにより善や正義を知ることができるとされる。したがってこの伝統のもとでは、価値的に優位する精神や理性が、劣る身体をコントロールするものである。

マルサスは、身体が生存の基底にあり、それには食が不可欠だ、という。そして食の充足が徳の基盤をなし、そして食を欠けば悪徳に陥る、と主張した。ゴドウィンとコンドルセは、人間は精神の力によって「完成可能性」という絶対的な高みに引き上げられると想定した。それに対しマルサスは、食料が身体を支え、それを介して食料が徳性を拘束すると定式化した。もちろん食料のみならず、居住空間、清潔な都市環境など多くの「生活資料」が必要なことをマルサスは認めている。ただし、それら多くの生活必要物のなかでも、食料の必要性がもっとも基底的であることは、二世紀前も、いまの世界も変わっていない。マルサスが、食料の必要性をもって、人間の生存に不可欠な「生活資料」を代表させた(21)。

「第二の公準　男女間の性的情熱が必要であり、この点については将来においても、ほぼ現在と同じ状態が続くとおもわれる」

これは〈種として人類が存続していくには、男女間の性によって子どもをつくる行為は不可欠であり、男女間の性的情熱は今後とも変わらない〉という、当然の内容であり、分子遺伝学を知る今日からすれば言わずもがなという印象を与える。しかし、この表現は、『人口論』第一版が、マルサスが論敵としたゴドウィンやコンドルセが唱えた「人間の完成可能性」に対する、論争の書であったことを表している。

すなわち、ゴドウィンとコンドルセは、文明が進歩するなら、人間は身体を含めて無限に「完成」に向かって接近していき、それとともに「寿命は無限に伸び、性による再生産が不必要になる」と主張していた。性を罪悪視し、性が不要な未来を夢想したのである。それに対しマルサスは、人間は親から生まれ、やがて死んでいくのであり、異性間の性が、種としての人間の生命の再生産には不可欠であるという事実を出発点としていた。フランス革命への熱狂が流血への警戒に転じた英国世論の転換点において、進歩史観の極点で生じたゴドウィンとコンドルセの「人間の完全可能性によって性は必要なくなる」という神話を否定しようとする点に、マルサスの思想的動機があった。それによってかれは、親が子をつくる世代の生産というダイナミクスと世代間の価値分配を議論の射程に入れたのである。(22)

陰鬱な発見

〈人間の生存には食料が必要である〉と〈人類の種として存続には性が不可欠である〉という二つのあまりに当然の公準から、マルサスは、あの周知の驚くべき命題を導き出す。

このような公準が承認されたものとすると、つぎのように言える。人口の力は、人間のための食料を生産する地球の力よりも、かぎりなく大きい。

人口は、制限されなければ、等比級数(指数関数)的に増大する。しかし食料生産は、等差級数的にしか増大しない。数学をほんのすこしでも知っていれば、第一の力が、第二の力にくら

べて巨大なことが、わかるであろう。(23)

マルサスは、「人口の力」と「食料を生産する力」を対比して、それが一致しえないと述べる。

動物界および植物界全体に、自然は、生命の種子をもっとも豊富に、寛大な手でまきちらしてきた。しかし自然は、それにくらべると、それらを育てるのに必要な空間と養分については、物惜しみしてきた。地上のこの地点に今ふくまれている生命の芽は、もしも十分な栄養と、広まることのできる十分な空間があれば、数千年が経過するうちに、世界中のあらゆる場所をみたすことであろう。しかし、必然性という名の厳然とした、すべてを支配する自然の法則は、それらの生命をさだめられた範囲内に制限している。植物も動物も、この偉大な制限的な法則のもとに、ちいさくなっている。そして人類は、理性のいかなる努力によっても、この法則からのがれることはできない。(24)

「人口の力」という人間史は、土地という有限な空間のなかで展開されている。「人口の力」と「自然の制限的法則」とは不一致があり、人間も他の植物や動物と同様、「自然の法則」に拘束されていると、かれは主張する。すなわちマルサスは、生態系《エコシステム》の概念を先取りし、人間もまた動物の一種であり、「自然」を構成する生命系の一部であると位置づけた。

しかも、マルサスの「自然」は、その当時の多くの「自然」観とは異なり、「神の被造物」ではない。また無数の種が調和的に共存するものでも、人間と環境が自動的に調和するものでもない。どの植物や動物をとっても、その種が増大する力と、その種の栄養を生産する力とそれが広がる空間との間には不調和があり、それが種の増殖を制限していると述べている。つまり彼の「自然」とは、種相互間でも、また人間にも圧力をかけ続ける、不調和な存在なのである。

反対に、人間も「自然」に圧力をかけ、「人口の力」も「自然の力」に巨大な圧力をかけながら大きくなる。その巨大な不一致は、もっとも典型的に食料の欠乏となって、人間生活にはね返ってくる。そのような困難は、「強力でしかもたえず作用する制限」なのであり、「どこかにかならずふりかかり、また必然的に、人類のおおきな部分によってきびしく感じられなければならない」。そして、マルサスは読者に、人間の世界に、貧困、飢え、早死、病気など、惨めな生活が必然的に生じ、そして、悪徳がおびただしく広まっているのだと説明する。

等差級数的にしか増大しない食料生産と、指数関数的に増大する人口の間の自然的不均衡からブーメランのように人間に飢饉が到来する。そして飢饉の結果として指数関数的曲線が崩れ(人口が減り)、食料供給可能なレベルに一致して自然的均衡が回復する、とされた(自然的不均衡仮説)。こうした第一版の主張は、印象深く、直截《ちょくせつ》的で、その分多くの人々に道徳的反発を抱かせたのである。

それに対し、第二版では、まず自説を展開し、世界各地の膨大な人口統計が提示され、ゴドウィンとコンドルセの所説への批判は第三部以降に回された。内容も第一版で中心に置かれた飢饉による人口の減少だけでなく、人口問題は社会的に解決可能であり、たとえば晩婚化、禁欲、性欲の道義的抑制が解決策になる、とした。これらをマルサスは「予防的道徳的チェック」と呼ぶ。性愛と食は、自由主義者たちにとっては介入すべきでない私的自由の領域であり、また、聖職者にとって性と愛は神の領域であるが、マルサスはそこに踏み込んで抑制を説いたのである。

世代を超えた価値の分配

マルサス『人口論』の今日的な意義の一つは、親の世代が子の世代の運命を決めてしまう、という主張にある。あるいは現在の世代が、その自由な幸福の追求によって、未来の世代の幸福を制約するという権力を行使し、持続可能性を破壊している、という点である。

マルサスが生きたのは変動の時代である。現在と未来とは違うものである、というのが近代の特徴である。英国に核家族のモデルと愛の形としてのロマンティック・ラブが広まり、それが親子関係を変えた。世俗化によって、人間の価値が宗教以外に求められるようになり、それが将来の価値意識を変えた。進歩という名のユートピアを百花繚乱させることにより、統制不能な新しさを次の世代にもたらした。自由の名のもとに資源を使いつくし、そして親の性交渉によって子を産み、その数を決めてしまう。これはわたしたちが生きる現代の特徴でもある。

このような変化は、「価値の継承」という義務の枠組みをはみ出している。変化とともに、価値が変わり、次世代への義務観や道徳観が稀薄になるからである。現在の世代が、未来の世代が引き継ぐべき価値を変え、また、歴史のコースを次々に変えてしまう。ここでの変動の主体は、いま生きている世代であり、未来の世代に対して、価値分配を行い、権力行使をしている。それに対し、未だ生まれていない未来の世代は、異議を申し立てることも抵抗することもできない。

そして、未来の世代の価値に対する現在の世代の義務とは何か、という新しい問題が浮上する。すなわち、①いま生きている人々の価値の実現だけでなく、②未来の世代に対する義務と責任、そして③どれだけの数の未来の世代を残すか、という持続可能性の問題を解くことが必要となる。

そして、未来の世代への義務として、次のようなシミュレーションを提示した。第一版では、現在の世代の性と食に関する自由の追求、あるいは貪欲《どんよく》さが、将来の世代に飢饉をもたらすという恐怖の未来像を提示した。そして第二版以降では、現在の世代の性と食に関する節制が、次の世代の豊かさをもたらすことを提示した。

マルサスは、一見すると未来志向のように見える近代が、実はいま生きている人々のみの自由と幸福を重視した過剰な同世代志向であることを見抜いた。そして、現在の世代のエゴイズムが子どもの数を決め、あるいは性を不要と主張することで未来の世代に死活的な権力を行使している、と批判した。

この二世紀以上前のマルサスの近代批判は、二一世紀初頭の地球的問題と重なり合う。二〇世紀におけるマルサスの精神的継承者ボールディングは、これらの点に着目して、次のように弾劾する。

現在のところ、共産主義者（農業集団化によって大量の餓死者を生んだ。本書一四三―一四六頁参照）およびカトリック教徒（避妊に反対し続けた）は、人類の将来にとっての敵である。さらに深く憂うるのは、この問題に対する「リベラル」は問題解決になにも有効な手段をとらなかったことである。わたしたちはみな、無智、浅薄、盲目の罪を負っている。未だ生まれぬ何十億人の人間の糾弾の指は、怒りを込めて、わたしたちに向けられている。(25)

第五節　技術的突破の可能性

これに対してフラーは、技術的突破こそ、未来の世代の問題を解決する、という。たしかに、それを支持する発見や歴史解釈も相次いだ。たとえばエスター・ボズラップは、農耕生活に移行したため人口増加が生じたというより、人口密度が高まったことが農耕開始の引き金となった、という有力な歴史解釈を提出した。また、技術的発展が人口増加を可能にした多くの歴史上のケースを示した。(26)さらに、出生率の低下が、女性の社会進出と家族における女性の権利の確立などの諸要因によってもたらされることも説得的に示された。したがって、人口増加も、マルサスの図式だけではなく、ボズラップの図式と合わせた二つの座標軸から理解する必要があることは間違いない。

それでは、今後も、人口問題が切迫すれば、その時点で必ず技術的突破が生じるであろうか。それはそれで非常に疑わしいのである。なぜなら、技術的突破は無方向的に生じるのであって、必ずしも人口問題を解決する方向に働くとは限らない。なにより、人口問題自体が、死亡率の低下をもたらした技術的突破によって生じた、とも言えるからである。

人口転換

人口に関する変数は、出生率と死亡率の二つである。また特定地域を単位として人口を考えると、移住が第三の変数となる。これら三変数は明確に定義でき、具体的な数値として観察可能であり、その結果としての人口は単純な算術から計算できる。

そして最初の技術的突破は、死亡率の減少をもたらした。人口増加は、出生率が死亡率より高い時期に生じる。従来よりも出生率が上昇するか、それとも死亡率が低下するか、あるいはその両方が並行して生じる時期に、人口が増加する。

1相　それまで長く出生率と死亡率の二変数の間で、たとえば「多産多死」のような平衡状態であった。

2相　その二変数の変動が生じ、死亡率が減るか、または出生率が増えるなど二変数の均衡状態が崩れて、「多産少死」の状態が続き人口が急増する。

3相　その後しばらくして、再び出生率と死亡率がたとえば「少産少死」で均衡し、より多い人口の水準に達する。

1相→2相→3相の移行期間は「出生率>死亡率」であり、その差によって人口増が生じるとする古典的図式を人口転換 demographic transition と呼ぶ。そのうち「なぜ死亡率が低下したのか」については、「疫学転換」として第一章で述べた(27)。

緑の革命

二〇世紀後半の人口の急増を説明するもう一つの変数は、食料の増産であった。一九六〇—九〇年の三〇年間に、人口増加率は一・六倍であったが、穀物生産量は二倍になった。この穀物生産量の倍増は、途上国における耕地面積の増大、灌漑など水利の改善、品種改良、農業機械・肥料・除草薬などの発展によっている。この食料増産の傾向のなかで、「穀物生産量増加率」＞「人口増加率」という状態が一九六〇年から一九八〇年代半ばまで、中期的傾向として続いたのである。たしかにこれはマルサスの自然的不均衡仮説に反する。

＊緑の革命　途上国の農業生産性を押し上げた一因に「緑の革命」がある。それは米国の財団などが主導した、熱帯の気候風土に適した小麦、とうもろこし、稲などの品種改良の導入と農業近代化の運動を指す。一九四四年、ロックフェラー財団がメキシコを対象として開始、国際トウモロコシコムギ改良センターが、「農林10号」など小麦の短稈《たんかん》品種を改良し、「こびと小麦」などの高収量品種 High Yield Varieties が開発された。さらに一九六二年、ロックフェラー財団・フォード財団が共同でフィリピンに国際稲研究所をつくり、「ミラクル・ライス」と呼ばれるIR－8などが開発された。これらの結果、一方で、稲の収量が、二五年間で二倍以上(フィリピン、インドネシア)、あるいは一・五倍以上(インド、パキスタン、バングラ

デシュ）に増えた。他方、新品種は肥料反応性が高く、灌漑管理が必要などのため、綿密な管理と合理的投入を実施する人的資本（合理的経営を実施できる人）が不可欠であり、それには大土地所有者でもなく零細農民でもない、中規模の農民が適していた。そのため農村に中上層と下層との階層分化をもたらした。

ただし、一九九〇年代以降は人口増加率と穀物生産量の増加率の不等号が逆転した。すなわち、それ以前の三〇年間は、「マルサスの罠」からの、時間稼ぎにすぎなかった可能性がある。それ以降も長期的にこの穀物生産量増加率が人口増加率を上回る不等号が長期的トレンドとなるかどうかは非常に不安定である。また第三章で述べるように、穀物の用途のうち食用から飼料用穀物に転換する傾向が生じている。それらの結果、一九九〇年代前半までは穀物は過剰基調だったが、一九九〇年代後半以降、逼迫《ひっぱく》基調に転換している。日本も一九九〇年代半ばタイから米を緊急輸入したことは記憶に新しい。

食料増産のための政策変数としては、耕地面積の拡大、品種改良、灌漑など水利改善、肥料・除草剤・機械化などによる農業生産性の向上が重要である。これら諸要因によって今後とも食料生産を持続的に増大させていくことができるかどうかについては、「緑の革命」を主導したレスター・ブラウン（一九三四―。米国農務省勤務時にインドの飢饉を予告。現在ワールドウォッチ研究所長）は悲観的である。

ブラウンの警告は以下の六点に要約される。(28)

①体系的な品種改良であった「緑の革命」の効果が行き渡り、これ以上の大幅な収量増加をもたらすような新耕作技術・新品種技術が見当たらない。
②漁場と放牧地の生産性が限界に達し、一部の漁場で漁業資源の急激な衰退に直面している。
③水不足から河川水ではアムダリア川・黄河・コロラド川などで流量が急減し、地下水の過剰な汲み上げによって地下水位が低下し、灌漑面積の増加率が頭打ちになった。
④日・米・欧ではすでに肥料が投入されているため、追加的に投入しても収量は増加しない。
⑤耕地の非農業用地・花卉《かき》用地などへの転換により、大幅に減った。
⑥環境破壊によって、表土流出・砂漠化・塩分集積などが進行し、耕作適地が減った。

以上を要約すると、「宇宙船地球号」には、現在の技術水準における収容定員がある。この技術水準は変動してきたし、また今後も変動するという意味では、その収容定員の意味はボズラップ＝フラー的に解釈することもできる。しかし、その技術的突破は、問題の解決だけでなく、問題の悪化にも作用する可能性はある。また、今後適切な技術的突破が生じると言い切ることもできない。その点から、わたしたちは、あいかわらずマルサス＝ボールディング的地球にも生きていると言えるであろう。

（1）　Cohen, Joel E., *How Many People Can the Earth Support?*, New York, Norton, 1995, pp. 42-45, Appendix 2.
（2）　大塚柳太郎「「一〇〇億人時代」をどう迎えるか　人口からみた人類史」『興亡の世界史20　人類はどこへ行くのか』講談社、二〇〇九年、一一四頁。

(3) 鬼頭宏『人口から読む日本の歴史』講談社学術文庫、二〇〇〇年、一六―一七頁、表1および本書第一章五九頁参照。

(4) 「この一〇〇〇年間の生物系の発展のなかで、もっとも印象深い事件は、コロンブス以後の時代の人口増大である」とクロスビーは表現している。Crosby, Alfred W., *The Columbian Exchange: Biological and Cultural Consequences of 1492*, Westport, Praeger, 2003, p. 170.「コロンブスの交換」については、本書五九、八六頁参照。

(5) 鬼頭『人口から読む日本の歴史』一〇八―一〇九頁。

(6) Cohen, *How Many People Can the Earth Support?*, p. 367.

(7) ケネス・ボールディングは「来るべき「宇宙船地球号」の経済学」(『経済学を超えて』公文俊平訳、竹内書店、一九七〇年)の原著が出版された一九六六年に、またバックミンスター・フラーは『宇宙船地球号操縦マニュアル』(芹沢高志訳、ちくま学芸文庫、二〇〇〇年)の原著が出版された一九六九年に、それぞれ「宇宙船地球号」というモデルを提示した。

(8) ケネス・ボールディング『二十世紀の意味』岩波新書、一九六七年、一一四頁。

(9) ボールディング『二十世紀の意味』一一八頁。

(10) ボールディング『二十世紀の意味』一二二頁。

(11) フラー『宇宙船地球号操縦マニュアル』一三六頁。

(12) フラー『宇宙船地球号操縦マニュアル』九〇頁、一三七頁。

(13) フラー『宇宙船地球号操縦マニュアル』一三三頁。

(14) フラー『宇宙船地球号操縦マニュアル』一三八頁。

(15) フラー『宇宙船地球号操縦マニュアル』八九―一〇二頁、一三八―一三九頁。

(16) Petersen, William, *Malthus*, New Brunswick, Transaction Publishers, 1999, p. 69 に引用。

(17) Hazlitt, William, *The Spirit of the Age or Contemporary Portraits*, Plymouth, Northcote House, 1969,

pp. 164–179.

(18) 田雪原『大国の難』(筒井紀美訳、新曜社、二〇〇〇年)に付された若林敬子「解説」三二一―三三頁。

(19) Petersen, *Malthus*, pp. 194–197.

(20) 「ひがんだ目」「生来の……性質」の言葉にはマルサスが身体障害者であった事実が反映している可能性がある。(Winch, Donald, "Introduction", in *Cambridge Texts in the History of Political Thought, T. R. Malthus, An Essay on the Principle of Population*, Cambridge University Press, 1992, p. viii. 永井義雄訳『世界の名著34 バーク・マルサス』中央公論社、一九六九年、四一二頁)。この「陰鬱な色彩」は、『人口論』第二版以降は大幅に薄くなっていく。マルサスの一生を貫く色調は、当時の他の思想家の「オプティミズム」と比べるなら明瞭に「ペシミズム」であったが、二一世紀の観点からは「穏健なオプティミズム」と形容できる。

(21) 二世紀前の英国では、「食に事欠く」状態は、多数の人々の切実な現実であった。一九世紀の最先進国といえども、「よい食料を腹いっぱい食べられる」ことが、「幸福」を示すもっとも魅惑的な標語であった。

(22) Malthus, Thomas, *An Essay on the Principle of Population*, Penguin Classics, 1798, pp. 70–72.

(23) *Ibid.*, p. 71.

(24) *Ibid.*, pp. 71–72.

(25) ボールディング『二十世紀の意味』一二三頁。

(26) Boserup, Ester, *The Conditions of Agricultural Progress*, London, Allen and Unwin, 1965; Boserup, *Population and Technological Change*, Oxford, Blackwell, 1981; Boserup, "Shifts in determinants of Fertility in the Developing World", in Coleman, David and Roger Schofielf, *The State of Population Theory*, Oxford, Blackwell, 1986, pp. 239–255.

(27) 本書第一章七七―八一頁参照。

(28) レスター・ブラウン、ハル・ケイン『飢餓の世紀』小島慶三訳、ダイヤモンド社、一九九五年、六一―一二頁。

第三章　飢　饉

「〈飢饉〉の非常事態宣言」と新聞一面の大見出しが語る。テレビをつけると、インド・ハリヤーナー州首相が緊張した表情で窮状を訴えている。わたしのいたインド・デリーも、非常事態の対象地域だ。「今日から食べるものがないのか」と思った。一九八〇年初頭のインドのことである。

試しにレストランへ入った。すると、何事もなかったかのように、いつもと同じ「紅茶とトースト」が運ばれてきた。窓の外の光景も昨日までと変わらない。路頭で寝起きしている人々が、朝食を食べるわたしを刺すような視線で見ている。ともかく葬式によく出会い、街頭でのモノの奪い合いも見た。しかし飢饉のなかに迷い込んだ実感はない。鉄道駅の裏の倉庫街に行ってみた。そこでも、昨日と同様、小麦の袋がうずたかく積みあげられ、次々と貨車に積み込まれていく。この小麦の山は、あの「〈飢饉〉の非常事態」と矛盾するではないか。小麦の行き先を尋ねてみた。「食べ物は金のあるところに行くのさ」と現場監督が叫んだ。貨車が向かう先は、飢饉地帯ではない。

飢饉といっても食料はここにこうしてある。それは、金や権力のあるところに向かい、わたし自身も「金のあるところ」だった。金と権力に囲まれた壁の内側ではすべてが昨日と同じで、外側の飢饉には気づかない。そして目に見えない壁の向こうの飢えた人々に食料は届かない。

第一節　アフリカの飢饉

地球的問題としての飢饉

一九八二年、ブラック・アフリカに飢饉が生じた。飢饉は、当初、サハラ砂漠の縁にあたるサヘル地方を中心していたが、徐々に大陸の各地に広がった。

国連食糧農業機関（ＦＡＯ）が「深刻な食料不足」と認めた国は、一九八三年に二二カ国、一九八四年一月に二四カ国と増え、同年九月にはついに最大の二七カ国に達した。この飢饉の深刻さは、アフリカ諸政府の対処能力をはるかに超えていた。ＦＡＯは、国際社会に緊急の援助を訴えた。

これに対し国連の諸機関だけでなく、各国政府やＮＧＯが救援活動を行った。ロック歌手やスポーツ選手たちも「アフリカの飢饉を救え」と人道援助を訴えた。英国放送協会（ＢＢＣ）のキャスターは、飢饉地帯に入り、定時ニュースを現地から伝えた。多くのボランティアや学生が現地で活動した。その働きによって、飢饉の悲惨さが広く知られるようになった。自分たちも何かして飢えた人々を助けたい、という共感の輪が広がった。(1)

＊**人道援助**(humanitarian assistance)　人道援助とは、他国において、大量の死傷者や難民、飢饉や大規模な人権侵害などが発生した人道的惨事 humanitarian catastrophe や、それらの危険が切迫した人道的危機 humanitarian crisis などに対し、非軍事的な手段により国境を越えた救援活動を行うことをいう。人

道支援ともいう。赤十字社や国境なき医師団の傷病者救援、オクスファムの飢饉救援（第一三章参照）、国連難民高等弁務官の難民救援、世界食糧計画（ＷＦＰ）の食料援助などは、その例である。また個人や少人数の救援活動も数多く、ナイチンゲールの傷病兵看護、ナンセンの難民救援、マザー・テレサのカルカッタ極貧層の救援などがよく知られる。これらは、①人道目的の活動として救援者自身や自国の利益・権力を追求する活動と明確に区別し、②危険や負担を伴う救援活動に対し、救援される側から見返りを求めず、③国籍、宗教、文化、敵・味方等の区分によって救援対象を選別しないことなどが原則である。また国家政府も、他国が災害や飢饉に見舞われた場合など、国益や権力政治上の論理を超えて、食料・医療援助などの人道援助を実施する。ただし主権国家は、内政不干渉原則により人道援助の受け入れ拒否を主張できることから、人道的介入の是非が争点化しているが、人道援助は、国家を超えた規範である、とする国際社会からの承認が徐々に広がっている。

これまでも飢饉はくり返し生じてきた。そのつど、海外援助もなされてきた。しかし、この飢饉は、国際社会が取り組むべき地球的問題として飢饉が認知される画期となった。一九八六年、国連特別総会が、はじめて特定地域の問題をテーマとして取り上げ、「アフリカ経済の危機的状況」を討議した。しかも、それまで国連の慣例であった途上国全般を討議するのではなく、「後発発展途上国」に絞った議論が展開された。

＊**後発発展途上国（Least among Less-Developed Countries）**　国民一人当たり国内総生産（ＧＤＰ）、識字率、工業化率などの指標が一定水準以下の諸国に内陸国、小島嶼《とうしょ》国を加え、援助に関し、特別の配慮の必要な国をいう。「最貧国」を「失礼」のないよう表現した国連用語。

こうした国々には例外的な対応が必要であると考えられるほど、飢饉の衝撃は深かった。さらに政府を援助するのでなく、飢えた人々を直接助けたい、という願いも高まった。そこで、人権という普遍的価値を根拠に、飢えた人々の「食への権利」を掲げ、当事国政府をバイパスして人々を直接救災する援助戦略も模索されるようになった。飢饉が生じた地域は限定されていたものの、問題としては地球的な普遍性をもつと認識されたのである。一九八〇年代以降、飢饉は、世界が取り組むべき地球的問題の一つとして定着していくこととなる(2)。

危機の構造

一九八五年三月になって、ようやく「深刻な食料不足」の国々が二〇カ国に減少した。そしてそれ以降、干ばつが終わったこともあり、FAOなどの緊急援助も縮小した。それでも一九八六年には五カ国が「深刻な食料不足」であった。一九九五年以降も食料援助は続き、アフリカ向けは、世界全体の二五％以上を占めた。ブラック・アフリカは一九八〇―九〇年代、内戦、難民、エイズ、環境破壊、そして再び干ばつに覆われた。

この危機を人口と食料の観点から要約しよう。一九八〇―九〇年代の二〇年間、ブラック・アフリカ全体で人口は倍増した。飢饉は人口減でなく、人口爆発をもたらした。マルサスの自然的不均衡仮説(後述)は当てはまらない。そして、一人当たりGDPは一〇〇〇ドルから五〇〇ドルに半減した。高齢化の進む日本からは信じがたいことだが、その平均寿命は、一九七五年の四七歳から二〇〇二年の四〇歳にまで下がった。人間の数は倍増しながら、一人当たりの生産額は半減し、一人一人の寿命は短くなって、命の価値が切り下がったのである。

ただし二一世紀に入ると、ブラック・アフリカの一部は明らかに変わりはじめた。一方でソマリアなどで農業や食料生産を荒廃させてきた内戦は一つ一つ和平合意に達し、少なくとも一時的に沈静化した。泥沼の戦乱が続いたリベリアやシエラレオネでも一応和平合意がなった。そして二一世紀最初の八年間、アフリカ全体で一人当たりGDPが三％弱の成長を見た。戦乱が終わることにより、飢饉をもたらした前提条件は大きく改善された。

他方で、エイズの影響が、とくに南部アフリカ諸国で深刻になっている。この疫病は、第一章で見たように農村から働き手を奪っており、FAOの推計では、一九八五―二〇〇〇年に二七カ国で七〇〇万人の農民が死に、さらに二〇二〇年までに一六〇〇万人が死ぬと予想されている。南部アフリカのエイズ流行地域と飢饉の発生した地域とは、ほぼ重なっている。エイズ流行の激しいアフリカ一〇カ国では、二〇二〇年までに農民が二六％減少するという(3)。これは、農業生産と食料事情にきわめて深刻な影響を及ぼすと予想されている。

栄養不足について、FAOは、地球全体では二一世紀のうちに改善する傾向にあると見ている。一九九七／九九年の世界全体の栄養不足人口は七・八億人であったが、二〇一五年にはそれが六・一億人に減少するという。中国・インドなどの新興国の経済が発展し、東アジア、南アジアなどの栄養不足人口は減少すると予測する。ただしそのなかでブラック・アフリカは例外で、二〇一五年になっても、栄養不足の人口数はいまよりも減少しない、という。年平均の穀物生産量の増加率は、人口増加率をわずかに上回るのみと推計する。そして、二五〇〇万トンもの穀物を輸入せねばならないと予測されている(4)。経済成長率の地域間格差は著しく、この地域では、二〇〇五年以降の一〇年間の一人当たりのGDP成長率が一・七%と見積もられ、毎年二桁に近い成長率を示し、一〇年でGDPを倍増させる勢いの東・南アジアと鋭い対比を示している(5)。

アフリカ大陸は面積の三三%が砂漠であり、食料生産に関して、他の地域に比べて水利の点で大きなハンディキャップがある。そして乾燥地帯の主要作物は、米や小麦ではなく、イモ、マメ、雑穀類である。水利が相対的によかった東・南アジアでは、「緑の革命」の品種改良などが食料事情の改善に寄与した(本書一一七―一一九頁参照)。しかしアフリカ大陸では、この水利上のハンディキャップと乾燥地に特有の主要作物によって、「緑の革命」の恩恵を受けられなかった。したがって今後、灌漑と乾燥地作物の品種改良はきわめて重要である(6)。

また政策上の問題がある。ブラック・アフリカの国々では、都市や巨大工業プロジェクトへの投資が、農業・農村に優先された。また、輸出用の飼料用穀物、果実、コーヒー、ココア、茶などには多大な投資がなされた。これらの農園は目を見はるほど立派で、生産性が高い。ただし、国際商品作物は、価格変動が激しく、また途上国相互での競争が厳しい。そのため、時として安く買いたたかれる現象も生じている。

他方、食用農業、農村開発や農民の人材育成に投資されることはまれであった。地元民が食べるための作物は、痩《や》せた土地で細々と耕作されている。その上、穀物価格を低く設定して都市住民に食料を提供させ、また農民に多くの税収を依存してきた。自分たちが食べるための農業を軽視し、そこから収奪する政策をとってきたのである。今後は、国際商品作物の価格安定をはかり、農業や食用作物にもバランスのとれた投資をする必要がある。

さらに、海外から食料援助によって食料が定常的に流れ込んでくることは、食用農業に従事する農民の意欲を削《そ》ぎ、政府の農業開発の熱意を失わせる要因となってきた。「魚をあげるより、魚の釣り方を教える方が人助けになる」という諺《ことわざ》があるが、食料援助はそれと正反対の役割を果たした面があった。農民への教育と農村への投資こそ必要とされている(7)。

第二節　飢　饉——定義と要因

飢饉の定義

飢饉は、かつて、死をもたらす不幸であり、苦しみの源であった。日本語では飢饉を「凶荒」といった。とくに厳しい飢饉を「災異」と表現した。「災異」とは「地獄がこの世に現れた」という意味である。飢饉が及ぼす心理的衝撃はそれほど絶大であった。江戸期までは、飢饉は例外的なものではなく、数年あるいは数十年に一度は周期的に襲ってくると考えられていた。江戸期には、寛永(一六四一—四二年)、享保(一七三二—三三年)、宝暦(宝五)(一七五五年)、天明(一七八二—八六年)、天保(一八三三―三九年)などの飢饉が起こり、「三〇年に小饉、五〇年に大饉」と庶民の間に言い伝えられていた。

では何が飢饉であり、いかなる要因が飢饉をもたらすのか。わたしたちは、現在「災異」「凶荒」に遭遇することがない。そのため、かつての日本人が用いたそれらの言葉が何を表していたのかわからなくなっている。

「日照りや冷夏が凶作をもたらす」、あるいは「収穫量の不足が人々を餓死させた」という説明をよく聞く。たしかに干ばつ、長雨、風害、冷害、虫害、鼠害《そがい》などの自然災害が、農産物の減収をもたらした。そして収穫不足が、人々を飢えさせ、広範囲で大量の飢饉をもたらしてきたことも事実である。そのため、飢饉とは自然災害が引き起こす、あるいは、食料不足が大量の餓死をもたらすという通念が広く受け入れられてきた。ただし、一九七〇年代のインド・バングラデシュの飢饉、一九八〇年代のアフリカ飢饉の後、さまざまな飢饉の事例が研究され、自然災害を伴わない飢饉、食料が豊富に存在した飢饉の事例が明らかになった。飢饉を自然災害や凶作と同視する考え方は、大幅に修正され、飢饉とは何かが再検討された。

飢饉 famine をアマルティア・センに従って定義しよう。センは「広域にわたる食料摂取量の不足によって一定期間、特定の集団の死亡率が有意な水準で上昇する現象」と定義する。(8) ここでの鍵概念は「死亡率の有意な上昇」と「食料摂取量の不足」の二つである。

(1) 死亡率の有意な上昇

飢饉とは、集団のかなりの部分が突発的に死に瀕する状態を指す。センは、集団的現象である飢饉を飢餓 starvation とはっきり区分する。飢餓は、個人の食料摂取量の不足がかなりの期間にわたって継続し、死に瀕することであり、集団的な現象ではない。また飢饉は、「死亡率の有意な上昇」が決め手であり、「死亡率の有意な上昇」を伴わない凶作 bad harvest、集団的な空腹 collective hunger とは区別される。凶作が生じても、大量の人々が短期間空腹であっても、それだけで人々が死に瀕する場合は多くない。

では「死に瀕する」とはどのような状態か。フランスの哲学者H・A・テーヌ(一八二八―九三)は、フランス革命以前の極貧に苦しむ農民は、「〈口元まで水につかって沼の中を歩む男〉に似ている。かれらは、わずかな窪みにも足をとられ、おぼれて死んだ」と書いている。「生きるか死ぬかのぎりぎりの状態」を、テーヌは「口元まで水につかっている」と表現した。そういう人の口は、食料の蓄えがあるとき、病気でないとき、あるいは心身の消耗が激しくないときには〈水面上に出ている〉。しかし、蓄えがなくなり、病気になり、立ち直れないほど消耗すると、ブクブクと〈水面下に沈んでしまう〉。そして、ほんの小さなきっかけで、死んでしまうのだ。

この「口の位置が水面を上下する」という比喩は、二〇世紀末のブラック・アフリカにおける食料摂取量の不足を的確に表現している。たとえば成長期にある子どもの体重は、右肩上がりになるとは限らない。体重曲線は、収穫期から次の収穫期までの一年周期の上昇・下降カーブを描く。収穫期の後しばらくは必要な栄養を摂取できて体重は増えていくが、蓄えが減るにつれて食料摂取量が減っていき、次の収穫前の数カ月間は食料摂取量が非常に少なくなり、体重が落ち込んでしまう。「口の位置が水面下に沈む」状態になるのだ。そして、心身を減耗させ、軽い病気などでも死んでしまう。

世界各地の多くの文化では、死に瀕する度合いに応じて、空腹、飢餓状態、飢饉などと訳し分けるべき表現が発達している。たとえばバングラデシュの日常用語では、akal(「時が悪い」凶作)、durvicka(「壺《つぼ》が空である」飢饉)、mananthor(「世の中が変異した」大飢饉)が区分されている。

(2) 食料摂取量の不足

食料摂取量の不足(「栄養不足」ともいう)とは、食料摂取量が食料所要量に比べ、有意に足りないことである。ＦＡＯは、一・二ＢＭＲをその基準として、栄養不足の人々が七・八億人いると推計している。

＊**食料所要量**　食料所要量は、個人ごとに客観的に測定できる。「人が温かい環境下で完全な休止状態にある場合に消費するエネルギー」を基礎代謝率 Basal Metabolic Rate(以下ＢＭＲ)という。これを一ＢＭＲとすると、衣食住など通常の生活のための必要エネルギーは、一・五四ＢＭＲと計算される。重労働など心身の活発な活動、子どもの発育、妊娠期の再生産などには、この一・五四ＢＭＲよりはるかに大きな食料エネルギーを必要とする。またこうして計算される食料所要量は、個人差があり、身長・体重・年齢、子どもか大人か、女性か男性かなどで異なる。この個人差の平均は七％程度である。ＦＡＯは、その個人

差を考慮した上で、一・二BMRを最低基準として定め、それ以下の食料摂取量しか得られない人々を「栄養不足」と定義している。

センのアプローチは、食料供給量から食料摂取量に焦点を移した点に特徴がある。食料摂取量は、供給可能な食料の量が多いか少ないか（食料供給量）とは別個の変数である。たしかに、手の届くところに食料がまったくない状態が長く続けば飢饉に陥る。ただし、食料供給量の不足は飢饉の十分条件であるが、必要条件ではない。食料供給量が多くても飢饉は生じる。また、供給量が不足すると、等しく飢えるのではなく、飢える人と飢えない人とが区分されていく(9)。

目に見えない壁

冒頭に述べた「〈飢饉〉の非常事態宣言」が出されたインドでは、食料供給量は減少した。その状態で、わたしはレストランでいつものように朝食を食べることができ、レストランの外でわたしを見ていた多くの人々は、食べることができなかった。食料供給量と食料摂取量の間には、目に見えない壁がある。たとえ食料がそこにあっても、飢饉の人々と食料の間に、厚い壁が立ちはだかっている。その壁は、「入手する権利」の欠如、心身の減耗、弱者の抑圧、の三つである。

(1)「入手する権利」の欠如

飢饉は、食料摂取量の不足から生ずるため、たとえ手の届く距離に食料が供給されたとしても、人々がそれを入手できなければ飢饉は解消されない。飢饉の広がる地域から、存在していた食料が他地域に売られ、また外国に輸出されるのは、むしろ常態なのである。ここで欠けているのは、センが強調するように、食料供給量より、人々が食料を「入手する権利 entitlement」なのだ。「入手する権利」を否定する社会政治関係が、人々と食料の間に立ちはだかる壁なのである。[10]

「入手する権利」とは法的権利より広い概念である。セン自身は、①所有物を売る交換、②労働することによる収入、③育てた作物を収穫するなどの生産、④親や親類や共同体から受ける贈与に分類している。それらの、「入手する権利」に裏づけられたモノ・ネットワークが一つ、また一つと失われていくとき、食料を入手する可能性が狭まり、生きるための苦闘が深まっていく。そしてそれらをすべて失ったとき、自分にも他の人々にも頼れなくなり、何も売り払うものがなくなり、その結果、街路で野宿し、ごみ箱を漁り、野山で野草を採取する極貧 destitute の状態に陥る。そうなった人々と食料との間には、「存在する食料はお前には渡せない」という壁が立ちはだかる。

このセンのアプローチは、第一に、「入手する権利」を支えてきた社会システムが崩壊することにより、大量の人々がいっせいに拠る術のない極貧状態に放り出されるメカニズムを説明する。たとえば、大凶作・大不況などのため所有による「入手する権利」が縮小し、また食料の高騰や賃金の下落のため交換条件による「入手する権利」が弱まり、加速度的に人々が極貧状態に落ち込むとモデル化する。第二に、「入手する権利」を付与しない限り、食料を持ち込んだだけでは、人々に食料が行き渡らないことを含意する。新しく持ち込まれた食料もまた、「入手する権利がない」という壁がある限り、人々から隔てられ、その手には渡らないからである。

(2) 心身の減耗

またセンは、(1)に述べた「入手する権利の消失」により大量の人々が極貧状態に落ち込む過程と、それらの人々が「心身を減耗させ」、その結果、「死亡率が有意に上昇する」過程とが重なり合うと仮定する。この「心身の減耗」とは、たとえば、免疫が低下してエイズが発症したような状態を想定すればよい。たとえば病気という心身の減耗状態にあると、そこから回復しない限り食料を「入手する権利」が著しく制限される。「アフリカでは、毎年五〇万人の新生児がエイズウイルスを背負って人生をスタートする」[11]が、その子どもたちは、生き延びるためには高い食料摂取量が必要でありながら、食料を入手する術が限定されるというハンディキャップを負って生まれてくる。

心身を減耗させるのは病気や老化のみではない。炎天下の農作業、地底の鉱山労働、燃料用の薪《たきぎ》探しなどの長時間の重労働を行うとき、心身の減耗から回復するために必要な食料摂取量は、通常の生活よりはるかに多い。それにふさわしい食料摂取量が得られないと栄養不足に陥り、心身がさらに消耗する。同様に、ホームレスとしてさ迷い歩く生活も、心身を減耗させる。

心身の減耗が大きな壁となって、食物の入手を妨げる。その結果、絶望して自らの力だけでは「生存線を浮き沈みする苦闘」を続けられない悪循環に陥り、そして死にいたる。たとえば英国の福祉国家の構想者ウェッブ夫妻(シドニー・ウェッブ 一八五九—一九四七、ベアトリス・ウェッブ 一八五八—一九四三)はこの点を重視し、極貧を「生活必需物の欠乏による肉体的・精神的生活力の減耗ないし衰弱した状態」と規定した。

(3) 弱者の抑圧

「入手する権利の消失」および「心身の減耗」という飢饉の変動は、集団の構成員に均一的に作用するわけではない。社会のなかで「入手する権利」を真っ先に失う限界的部分とそうでない部分に分解し、また真っ先に「心身を減耗させる」脆弱《ぜいじゃく》的部分とそうでない強靱な部分に区分される。たとえば、家族に焦点を当て、そのなかでだれが食料不足に陥っているかを考えよう。犠牲になるのは、非常に多くの場合、限界的地位にあり、かつ心身が脆弱な子どもと女性である。アフリカの餓死者の圧倒的な部分は子ども、とくに乳幼児である。難民の八〇―九〇％は子どもと女性であり、また、国際食料政策研究所の推計では、食料不足人口の八〇―九〇％は、農村の貧困層、それも子どもと女性に集中している。これは家族内における、子どもと大人、および男性と女性の間の権力・体力の格差を反映している(12)。

こうした飢饉の犠牲者は、子どもに限らない。たとえば、飢饉において、遊牧民は、農耕民に比べて死亡率が顕著に高かった。遊牧民という属性の壁は、個人の意志や能力と無関係に、親の世代から子の世代に世代を超えて引き継がれる面をもつ。類似した事情は、特定の下層階級、民族的少数者などにも当てはまる。ここでは生活様式と社会的格差が壁となって、これらの人々と食料入手との間に立ちはだかる。アフリカ史の泰斗ジョン・イリッフェは、この「壁」によって飢饉の犠牲になりやすい人々を「構造的貧困者」と呼んだ(13)。このセンのアプローチから、飢饉がたどると予想される標準的シナリオを導き出すことができる。長く救援活動に携ったピーター・ウォーカーは、飢饉を次のようなシナリオとして定義する。

飢饉とは、集団の中で最も身体的に脆弱で、社会的に限界的で、政治的に力のない部分に、持続可能な生活を維持できなくなるほどの貧窮をもたらす加速化された社会経済的過程である。(14)

このウォーカーの定義は、「入手する権利の消失」と「心身の減耗」を規定する条件が変えられない場合に生じる標準的シナリオである。この定義は非常に有用性が高く、飢饉の外部者にとって、その発生の初期段階で、潜在的な犠牲者を特定し、援助対象を絞り込むのに役立つ。また飢饉の内部者に対して、社会的・身体的不平等を解消することが、犠牲を極少化する道であることを教えている。そして、もしも、このシナリオどおりに進んでいくならば、集団が解体して人々が離散するか、「万人の万人に対する闘争」(ホッブズ『リヴァイアサン』)に類した紛争に転じるか、あるいは、集団を律した規範が空洞化して親切、共感、思いやり、愛情などが消えていき、むき出しのエゴと不気嫌がそれにとってかわることになるであろう。(15)

以上を要約すると、飢饉は、「入手する権利の消失」「心身の減耗」「弱者の抑圧」の三つの作用が互いに他を強め合いながら、人を生存線の下に押し下げていく力の渦巻きである、と言うことができる。言い換えれば、飢饉に巻き込まれるとは、三つの力の渦巻きに抗して苦闘することであり、この三つの力の渦巻きを解消することなしには、飢饉を終わらせることはできない。

広義の飢饉——複数の危機の複合体

ところで英語における「飢饉」は、食料不足によって死にいたることを強調する。すなわち飢饉という現象のうち、「食料不足→飢饉の広がり→死亡」という過程を強調する傾向がある。ここまで見てきたセンの定義にも、この食料不足を焦点とした意味が反映されている。

こうした定義に対して、飢饉研究者アレック・デヴァールによる有力な異論がある。第一の論点は、「死亡率の上昇」に替えて「社会制度の崩壊」を飢饉の定義の決め手とする点である。バングラデシュやアフリカの飢饉の被災者たちの語彙《ごい》では、「死亡率の上昇」ではなく、人々を支え結びつけてきた社会制度が崩壊し、社会の構成員が極貧状態となって離散する局面を分岐点として飢饉概念が構成されているという。たとえば、スーダンのダルフール地方の言葉では「死をもたらす飢饉」と「飢饉」とが言いわけられている。(16) 人類学者伊谷純一郎は、社会制度の崩壊としての飢饉を次のように描き出す。

私は、一九七八年に、太陽と大地と家畜で画いた単純な幾何図形の上に、すべてを切りつめたトゥルカナの生活が築かれているのを見た。しかしこのたび、その図形は完全に均衡を失ってしまっていた。太陽は無情に輝き、大地は枯渇し、斃死《へいし》した家畜の白骨が地表に散乱し、トゥルカナは飢餓に喘《あえ》いでいた。かつて一種の極限的な美として私の目に映ったトゥルカナの生活は、明らかにその均衡の埒外《らちがい》にあった。それでもトゥルカナは、すべては神《アクジュ》のなせる業だといって毅然としていたのだが(17)。

第二の論点は、死因である。飢饉地帯では、餓死だけが唯一の直接的な死因とは限らない。食料不足の人々、健康環境の悪い状況に置かれた難民などの間では、下痢や風邪など普通の状態なら死にいたらない病気でも、それが直接の死因で大量死を招くことが多い。また、飢饉地帯と感染症の流行しやすい保健危機の地帯とが重なることが多い。その場合、干ばつや社会経済的混乱が極貧化のリスクを高め、保健危機が死のリスクを高める。病死者をあえて餓死者と区分して、「飢饉の条件下にあって、病死者は、飢饉による死者には含めない」とする議論の意味はあまりない。

飢饉が起こると、通常、食料不足は、疫病の蔓延、災害、戦乱など複数の社会的災禍と重なり合い、渦巻きのように互いに他の災禍と強め合う。「ヨハネ黙示録」で「終末」の到来とともに、人々を襲う騎士は一人でなく四人となるように、「死亡率の上昇」は複数の災禍が渦巻きとなってもたらされる。直接の死因を餓死と病死、災害死などと形式的に区分して災禍の重なり合いを分解することは、かえって飢饉のトータルな性格を見失うことになる。そうした複数の災禍全体を捉えるため、デヴァールは「複数の危機の複合体 complex emergency」と飢饉を定義する(18)。

そこで、「死亡率の上昇」に替えて〈社会制度の崩壊〉を飢饉の決め手とし、また、直接の死因を餓死に限定せず、普通の状態であれば死を招かない保健危機による死をも含むこととして、飢饉を再定義することができる。これを「広義の飢饉」と呼ぶことにしよう。従来の社会・自然環境の規則性が崩壊し、人々が、食料・住居・医薬品を入手する権利が失われ、助けを求めるネットワークや生き延びるために必要な共同体が解体し、心身が減耗に向かって脆弱性が高まることによって、「広義の飢饉」は生じる。

一九八〇年代のスーダン・ダルフール地方の飢饉では、食料不足による「死亡率の上昇」は見られず、難民キャンプの人々を死亡させたのは感染症の流行であった。また、一九八〇—九〇年代のブラック・アフリカでは、飢饉の広がりのなかで「人口爆発」が生じた。これらの事実は「死亡率の上昇」に替えて、「社会制度の崩壊」を決め手とする「広義の飢饉」が適切であることを示している。また、これらの事実は、「食料供給量の不足によって人口が減少する」としたマルサスの自然的不均衡仮説が前提とする飢饉イメージに修正を迫る。すなわち、現代の飢饉は、一九世紀前半までとは異なり、食料供給量の不足から直接にもたらされるよりは、食料摂取量の不足を原因としている。また、人口が減少しないまま飢饉現象が生じる。ここでは、貧困層・極貧層の親が、自分たちの脆弱性と周辺性に対する保証として、子ども、とくに成長した男子を欲するため、子どもをつくろうとする傾向があることを計算に入れなければならない。とすると、「人口増大が貧困をもたらす」というマルサスの仮定に加え、「脆弱性と限界性の不安が過剰な人口を生み出す」傾向を前提として飢饉に対する政策を組み立てる必要がある。

第三節　政治の失敗

前節で見たセンのアプローチは、飢饉の直接の原因と結果を認識する枠組みを提示した。そのため「食料を入手する権利」は所与とされ、その結果、集団のなかの限界的で脆弱な部分から飢饉に襲われるという標準シナリオが描き出された。しかしこのアプローチは、限界的で脆弱な部分が、自分たちの状態を政治的に変えようとすることについては、枠組みの外側に置いている。

食料の政治——民主化と福祉政策

飢饉に追い込まれるような状態を克服することは、近代史を変革する主要な原動力であった。食料革命、民主革命、産業革命などの重ね合わせによって、極貧状態が徐々に改善されてきた。食料の生産増大だけではなく、「入手する権利」を民衆が獲得していくことが、飢饉の脱出に不可欠であった。とすると必要な変革とは、民衆が、経済的権利を獲得し、心身の減耗を免れ、発達機会を平等化していくことを意味する。食料を「入手する権利」は、もっとも直接に人々の生活と関係する。食料不足が広く存在する状況では、小さなきっかけから大きな食料暴動などに広がる傾向がある。また食料政策に失敗して飢饉を招くような政府は、正統性を失って打倒された。

ヨーロッパの重要な民主化の運動には、食料不足が直接・間接に影を落としている。近代西欧史家チャールズ・ティリーは、食料を求める闘争が政治変動の主な動因であると述べている[19]。フランスでは、太陽王ルイ一四世の親政期(一六六一―一七一五年)が絶対王政の絶頂期であるが、三度の大飢饉を体験した「あからさまな危機の時代」であった[20]。その後のフランスでは凶作が多数の死者を出すことはなくなるが、危機は消滅しなかった。一七八八―八九年にも凶作が起こり、パリなど諸都市には食料不足が広がっていた。フランス大革命のきっかけの一つは、ヴェルサイユ宮殿に押しかけたパリの主婦たちの「パンよこせデモ」であった[21]。

また英国では、一九世紀前半に都市住民が安価な食料を求めて、穀物法廃止運動を展開した。この運動は、農業者の利益を優先させ、穀物の輸出入を制限した政府の方針によってくり返し挫折させられてきた。転換点は、当時英国の植民地であったアイルランドで一八四五―五一年に生じた「ジャガイモ飢饉」であった。アイルランド全人口八〇〇万のうち一〇〇万人以上が餓死し、二〇〇万人が海外に移住した。この飢饉の衝撃は、穀物不足ではなかった英国にも過去の食料危機の記憶を思い起こさせ、一八四六年穀物法が廃止されて、英国に自由貿易の時代が到来する[22]。

日本では天保の飢饉が最後の大規模な飢饉となった。一八三三年と一八三五―三六年の大凶作を頂点として、七年間の冷害型の不作が長期化した。奥羽地方では死者一〇万人に上った[23]。そのため餓死、疫病死、飢えた人々の流亡など惨状を呈した。それに対し、幕府や各藩は救災の小屋をつくり、緊急の食料配給を行い、救災の公共事業や年貢の減免に努めた。

しかし、米の購入や米の流出禁止などを各藩が行ったため、全国的な米価高騰を引き起こした。

そのため、貧農、小作、奉公人、日雇いなど「買い食い」を必要とする窮民の生活を圧迫した。村人たちは、困窮者の救災に努めたが、危機の深まりとともに村役人、豪商、質屋などへの打ちこわしや騒動が激発した。

幕府や諸藩の飢饉への対処能力のなさに対して、一八三七年、廉直の評判が高かった元大坂町奉行与力・大塩平八郎が、「救民」の旗を掲げて決起したのが、大塩の乱である。大塩は、飢饉にあえぐ民衆をよそに江戸廻米《かいまい》を行い、不正を犯す奉行ら(「奸吏」)と暴利をむさぼる大商人(「奸商」)を批判した。商都大坂の五分の一を焼いたこの事件は、アヘン戦争の衝撃と並び、幕藩体制の危機を表面化させる重大な契機となった(24)。

また、日本が近代国家の道を歩みはじめた後の一八九〇年、一八九七年の二回富山県で米騒動が起こり、各地に波及した。これらはいずれも、凶作と米価高騰を原因とし、米商や警察署の襲撃に発展した。さらに一九一八年には、凶作ではなく、米への投機などを原因とする米価高騰が生じた。それに対して富山県魚津に発し、全国の小都市にまでに及んだ大規模な米騒動が生じた。この自然発生的暴動は、九万の軍隊が動員され、二万五〇〇〇人以上の検挙者と三〇人の死者を出した巨大なものであった。民衆が自分たちの生活を無視する政治への不信を行動で示した米騒動は、大正デモクラシーにおける民主化の最盛期を画する事件であった(25)。

民主化運動の結果、飢饉対策と極貧救済は政府の公的な仕事である、という考え方が確立された。とくに福祉国家の思想は、自由の拡大だけでなく、さまざまな制度のなかに、さまざまな「入手する権利」を制度として折り込み、また医療保険制度によって心身の減耗を食い止め、教育制度と人権思想によって発達機会を普遍化することによって、人々が飢える状態を防いできたのである。

農業集団化と飢饉

二〇世紀以降の主要国政府は、戦争時を例外として、飢饉を回避するだけの能力を有している。しかるに、二〇世紀の中葉、二つの代表的な社会主義国家が飢饉を引き起こした。

共産主義は、産業化に伴う不平等と貧困の解決策として、共有制(私的所有の廃止)と計画化(市場の廃止)を提示した。この私有制と市場の廃止は、産業化と市場化の進展した社会に対する改革構想であったが、実際に革命が生じて共産主義に体制転換をしたのは、産業化の十分に進んでいない農業国家、第一次世界大戦後のロシア、第二次世界大戦後の中国であった。ロシアも中国も、くり返し飢饉に襲われていた。権力を握った指導者たちは、食料の生産手段である農地と収穫物である食料を、私有制を廃止して公有制にするなら、農業生産力が上がり、その結果豊かな食料を平等に分けもつことができる、と表明していた。農業集団化は、農業生産を向上させる万能薬として提唱され、スターリンや毛沢東によって実施された。しかし「解決の万能薬」のはずだった農業集団化を導入する過程は、かえって飢饉を導き出す要因となった。

ソ連では、一九一七年の革命によって、多くの農民たちがはじめて念願の土地を所有して自作農となった。農民たちの土地への執着は非常に強かった。ところが一九二七年、第一五回ソ連共産党大会で、理想の共産主義に接近するため、「農業を集団化しよう」という気運が高揚した。しかし、個人農経営にかわって集団化を上から押しつけることは、農民たちの激しい抵抗にあった。この農業集団化を上から強制していく過程と並行して、党・国家が農村から買いつけることのできる穀物量が減少しはじめた。

これに対し、共産党は一方で、ロシア全国の村々で、国家に納入する穀物の割当量を集会で決議して供出させる政治キャンペーンを行った。他方で、一九三〇年春、村ぐるみでコルホーズに加入するよう農民たちに圧力をかけ、上からの集団化を強行していった。それに抵抗する農民はソヴィエト国家に敵対する「クラーク」(階級上の敵である富農)という烙印を押して追放した(26)。

ウラルやウクライナの穀倉地帯に広く存在した富農・篤農層が生産手段を失い、極貧に陥った。また、大量の家畜がいっせいに屠殺《とさつ》された。さらに農民は「国内旅券制」によって移動の自由を失った。そして農村の経営に苦慮した党は、都市からコルホーズに直接働き手を送り、人事から生産の細部にいたるまで統制した。農業集団化の過程で農業・農村から人材と富と生産意欲とノウハウとが失われた。農民自身が食料を入手する権利を奪われ、党・国家がその権利を独占した。

その結果、農業生産性は低下して一九三二―三三年には大規模な飢饉が発生した。死者数をジェームス・メイスは五〇〇万―七〇〇万人、ロバート・コンクェストは一四五〇万人と推定する。この飢饉におけるスターリンや共産党指導部の意図については、第一に、急速な工業化のため、農業部門を収奪し農民を犠牲にして、工業部門に投資したという経済的解釈がある。第二に、階級敵として小農民を抑圧し、またウクライナを経済封鎖してウクライナ民族主義を封殺したという政治的解釈がある(27)。いずれも党指導部が意図して飢饉の条件が促進されたと解釈しており、政治権力が意図的に推進した大量殺戮《ジェノサイド》と位置づけるべき事例である。

農業国家であった中国では、一九四九年の共産革命の直後、工業を発展させ共産主義に移行するには半世紀以上の年月が必要であると考えられていた。ところが一九五八—六〇年、毛沢東が指導する中国共産党は、理想的な共産主義を実現しようと「大躍進」政策を開始した。大衆の政治動員によって鉄鋼と穀物を一挙に増産し、「一五年で英国を追い越す」ことをスローガンにした。必要な発展段階を跳び越す意図から、農業生産の飛躍的向上を狙った。農村では各地に人民公社を設立し、農地を共有して、人民公社を単位として広範囲な農地を集団で経営し、その収穫を均分しようとした。また「公共食堂」を設置し、食事をする単位を、家族から人民公社に移行させようとした。

さらに、精神主義的な政治キャンペーンのもとで、あまりに過大な生産目標が掲げられ、合理性のない多毛作や密植が唱えられた。加えて、排外主義的精神のもとに中国固有の開発技術が強調され、鉄づくりの伝統技術である土法《どほう》高炉が全国に三〇〇万基もつくられた(28)。

しかし、政治キャンペーンによる農業経営は生産力を破壊した。収穫をだれにでも均分する悪平等によって農民の生産意欲は低下し、土法高炉によってつくられた鉄製品は低劣で、鍋釜にも使えず、農機具などの質を落とし、経済を破壊した。また、燃料として森林が乱伐されるなど、経済に大損害を与えた。農村の社会秩序は融解しはじめたが、各人民公社には、生産目標を達成したかのように虚偽の報告をする強い動機があった。党指導部は、飢饉の深刻化に気づかなかった。一九五九—六二年の中国の穀物総生産量は二—三割低下した[29]。そして一九五九年以降、大規模な飢饉が発生し、一五〇〇万—四〇〇〇万人が餓死した[30]。

第四節　飢餓と飽食の共存

一方で、地球上に飢餓の人々が約五〇〇〇万人、食料不足で苦しむ人々が七・八億人いる。これは途方もなく大きな数に見えるかもしれない。しかし他方で、地球全体の食料供給量は、現在のところ、地球上の人々の必要を満たすに十分に存在するのである。

われわれ日本人の一日一人当たり食事供給量は平均約二五四八kcal（二〇〇七年）である。これは、「食事エネルギー供給量 Dietary Energy Supply; DES」という指標で測った数値である。このDESという指標で比較すると、バングラデシュ一九六三kcal、インド二一四三kcal、日本二五四八kcal、フランス三六二三kcal、アメリカ三七五四kcalとなり、たしかに一国を単位とした食事供給量の平均値にはかなりの格差がある。日本人は、世界のほぼ中央値である[31]。

世界の現在の食料生産総量を、世界人口で割ると、日本人標準の食事をとることが可能になる。つまりかりに世界中が日本人標準の食事をすれば、世界の食料問題を地球的規模で解決できるはずなのである。言い換えれば、飢饉と栄養不足の問題は、いまのところ、食料の総量が不足しているから生じているのではない、ということになる。食料の消費量に、地域別、国別、世帯の収入別、個人の富・権力別に大きな格差があり、不均等な食料分配が行われている点が問題なのである。

地球が一つの国家であるとすれば、比較的容易に解決できる問題である。食料が足りないところから不足しているところに移動させることができるからである。もしも世界の食料が、必要に応じて移動され、最適な配分が行われるならば、地球上の餓えは解決するはずではある。

たとえば、バングラデシュは、一方で一九八四年には、食料危機が近づいたときに食料援助など海外からの有効な働きかけによって飢饉を回避できたが、他方で一九七四年には、アメリカ政府が、援助の要請に対して一八カ月後まで意図的に小麦の輸送を遅らせたことなどから深刻な飢饉に直面して、何十万人もの人々が餓死した(32)。解決できるはずの飢饉にもかかわらず、避けることのできた多くの死者を出してきたのである。

構造的暴力

平和研究者ヨハン・ガルトゥングは構造的暴力という概念を提唱した。これは、社会制度や国際システムが、人間のほんらいもっているはずの寿命、社会活動領域を損なっている状態を「構造が暴力を振るう」と比喩的に捉えた概念である。ガルトゥングは、暴力とは「人間が潜在的にもつ可能性の実現の障害であり、取り除きうるにもかかわらず存続しているもの」と、暴力概念の拡張を試みた。そして彼は通常の暴力を直接的暴力と呼び、そうした暴力のない状態を消極的平和と規定した（本書一〇頁参照）。それに対し、たとえば日本で牛肉の消費が増え、栄養不足の蔓延する地域から飼料を輸入するようになり、そのため、その地域で食物用穀物から飼料用穀物の作付けへの切り替えが行われ、結果として当該地域の子どもたちの食料が失われたという場合、結果は直接的暴力と同じだが、因果関係は複雑で、この構造的暴力の主体は特定できず、しかも他者から食料を奪ったことになる人々はその自覚をもたない。

たしかに、これまで食料は、貿易と援助という形で国境を越えて移動してきた。そして、日本は移動を担う重大な主体であった。そして日本人の食事もまた、動物志向への切り替えが進んでいる。多くの人々はそのことを意識することなく、問題を見過ごしてきた。このような状態は、構造的暴力を振るっていることに相当する。

地球における〈飢餓と飽食の共存〉とは、解決の希望と構造的暴力の共存を意味する。地球大で総量としては十分なはずの食料を、一部の人々が肉食中心の〈飽食〉をし、あるいは無駄に捨てている。たとえば日本人の現在の食料摂取量は食事供給量の八〇％程度に止まり、残りの二〇％は捨てている。さらには政策的に食料をつくらないように耕地を休ませるか、あるいは耕地を放棄させている。日本の耕作可能面積は狭い（全国土の一五％程度）。しかし日本政府と農家とは、過去五〇年間、この狭い耕地面積を放棄し（六〇七万haから四六七万haへ）、また、たとえ耕地面積として残した水田にも補助金を付けて休耕を奨励した。[33] そして日本人は食べ物を捨てた分の六割を、また、耕作をやめ、農業をやめた分のすべてを、海外から輸入している。穀物自給率を八三％から二七％へ、主要穀物自給率を九三%から六〇%へと急減させた。家畜のための飼料用穀物などはほとんど輸入に頼っており、供給エネルギーベースの食料自給率は、実に四〇%に止まる。

世界の経済大国である日本は、その結果、食料の一大輸入国となった。国際穀物市場は、ほぼ一〇年周期で安定期と逼迫《ひっぱく》期がくり返す「薄い市場」(貿易量÷生産量=貿易率が低い市場の意味。穀物全体では一〇%強であり、小麦が二〇%、米が四%である。穀物の多くは国内市場で消費され、輸出入の割合は低い)である。そうした国際小麦市場の価格動向に大きく影響するほど、日本人は小麦や穀物用飼料の重要な買い手なのだ。日本人が捨てる食料、耕地を放棄し休耕する政策は、食料貿易の動向を変え、その結果、世界各地の作付けや食物価格に大きな影響を及ぼしている。そして飢饉や栄養不足の人々に影響を及ぼしている。

「飽食」へのシフト

食事によってどれだけの穀物を消費するかという格差を考える上で、DES自体は、一義的な重要性をもたない。重要なのは、食事が植物志向か動物志向か、すなわち主に穀物からエネルギーをとるか、それとも動物の肉やミルクなど畜産物からエネルギーをとるか、の差である。

日本人の食事内容を見てみよう。日本人の食事内容の内訳は、蛋白質《たんぱく》(P):脂肪(F):炭水化物(C)=一三:二九:五八である。もっとも健康によい食事の適正バランスはP:F:C=一二—一三:二〇—三〇:五七—六八とされるので、日本人の食事内容は、脂肪が増えつつあるが、それでも栄養学的に適正なバランスの範囲に入っている。その証拠に、日本人の寿命は世界でもっとも長い。この日本人の食事のように炭水化物でカロリーをとるものを植物志向と呼ぶこととする。

これに対し欧米では、PFC比は、米国の一二：三七：五一、フランスは一三：四二：四五と、脂肪の比率が高く、炭水化物より脂肪から多くのカロリーをとる傾向にある。これを動物志向と呼ぼう。このPFC比は、適正バランスから外れており、健康に悪い。フランスなど西欧諸国も、米国に近い動物志向である(34)。

動物を食べて一定のカロリーをとるには、穀物を食べて同量のカロリーをとるより何倍もの穀物を必要とする。第一段階として食肉用の家畜やニワトリがまず飼料として大量の穀物を食べ、第二段階として人が動物の肉やミルクなどを食べるため、二つの食物連鎖が必要となり、その間に非常にエネルギーが失われるからである。動物性DESを一単位生み出すには、それがトリ、ブタ、ウシなどの種類によって異なるが、植物性DES一単位の五―三〇倍の穀物が必要となる。平均すれば、動物性DESは、植物性DESと比較して七倍の穀物が必要だと計算される。

どれだけの動物性DESを摂取しているかを国別で見ると、バンクラデシュは六〇kcal、インドは一三八kcal、フランスは一二三四kcal、米国は一二二七kcalと二〇倍以上の格差がある。他方、どれだけの植物DESを摂取しているか、つまりどれだけ穀物を食べているかを比較するなら、バングラデシュも米国もほぼ二〇〇〇kcal前後であり、差はほとんどない。

この植物志向と動物志向の差を前提として、食料消費量を測定するための指標が穀物当量である。

穀物当量とは、人間が一人当たり一年間に「食用とする穀物＋飼料などその他の用途に消費する穀物」の相当量である。穀物当量＝植物性ＤＥＳ＋動物性ＤＥＳ×7、と定義される。穀物だけで二五〇〇kcalのＤＥＳを摂取し年一五〇kgの穀物を消費していた人が、肉食だけで二五〇〇kcalのＤＥＳを摂取するよう食事を転換すると、七倍の年一〇五〇kgの飼料用穀物を消費することになる。当然ながら耕地面積も七倍程度必要になる。反対に、肉から穀物へと食事を転換したなら、必要な穀物量は七から一に減る。

穀物当量を測定すると、バングラデシュ三一九kg、インド四〇七kg、日本八四七kg、フランス一四六六kg、米国一五〇二kgとなる。ここで、バングラデシュ人の約五倍の穀物当量を米国人が消費していることが指標化できる。この穀物当量によって、わたしたちははじめて食料格差を正確に測定できる指標を得た。

今日の支配的な欧米文化では、動物志向の食事は「豊かさ」の文化的表現とされる。したがって、人々は所得が上昇すると、植物志向から動物志向に食事のパターンをシフトさせる傾向がある。動物志向の食事が、あたかも「豊か」であるかのように商品広告が大いに宣伝している。反対に植物志向は「豊かでない」という観念が広がる。

たとえば過去四半世紀の日本と中国の食事内容の内訳(ＰＦＣ比)を見ると(35)、中国では、脂肪の割合が二倍以上に増えている。日本においても、脂肪の割合が三・四％増えている。日本人は、ＤＥＳを指標とすると長年変わりがないものの、食事の内訳では徐々に脂肪の割合が増えている。西欧起源の「豊かさ」の観念とともに、動物志向の食事パターンが日本にも移転している。「西欧的消費生活(ここでは食生活)パターン」を、非西欧社会が受け入れているのである。

同様に、非西欧社会全体が、「近代化」、すなわち「西欧化」に伴って所得が上昇すれば、たんに一人当たりの摂取カロリー量・蛋白質量が増えるだけでなく、脂肪を中心とする肉食や畜産品を「高級」「嗜好品《しこう》」として消費する傾向が広がっていく。その結果として、わたしたちは毎日、わたしたちの選択によって、植物志向から動物志向へと食事内容をシフトさせている。

こうした選択が、めぐりめぐって遠いアフリカの飢饉や栄養不足に影響している。市場の需給バランスを通じて、限られた耕地への作付けが、食用穀物から飼料用穀物に転換されるからである。食事内容を植物志向から動物志向へシフトさせても、人間のニーズに何の変化もない。また、動物性脂肪を過剰にとる食事は、血液中の悪玉コレステロール値を高め、肥満など生活習慣病を発症しやすくすることは広く知られている。つまりこのシフトは健康に悪い。しかしこれを「豊か」だと感じるとすれば、そうした食事内容のシフトを〈飽食〉と呼ぶことができるであろう。

この動物志向へのシフトという〈飽食〉は、飢饉と栄養不足という地球的問題の解消にとってマイナスに働く。いま中国で劇的に進行し、また、他の新興国でも進行し、さらに日本でも徐々に進む動物志向へのシフトが、世界人口の過半数で生じるとどうなるのであろうか。これは、一方で、将来において食料の総量不足を生じさせる危険性を生み出している。また他方で、基本的必要としての食料が得られない人々を増やすことになっている。

（1） Timberlake, Lloyd, *Africa in Crisis*, London, Earthscan, 1985.
（2） O'Connor, Anthony, *Poverty in Africa: A Geographical Approach*, London, Belhaven Press, 1991, pp. 76-97, 142-154.
（3） 石弘之『子どもたちのアフリカ』岩波書店、二〇〇五年、一九頁。
（4） 松田素二「「アフリカ」から何がみえるか」『興亡の世界史20 人類はどこへ行くのか』講談社、二〇〇九年、二四〇―二五一頁。
（5） 西川潤『データブック食料』岩波書店、二〇〇八年、九頁表1。
（6） 荏開津典生『「飢餓」と「飽食」』講談社、一九九四年、八一―八三頁。
（7） 荏開津『「飢餓」と「飽食」』一六二―一六四頁。
（8） この定義と、以下に述べる「食料を入手する権利 entitlement」の理論については、Sen, Amartya, *Poverty and Famines: An Essay on Entitlement and Deprivation*, Oxford University Press, 1981, pp. 39-51 参照。
（9） フランセス・ムア・ラッペ、ジョセフ・コリンズ『食糧第一』鶴見宗之助訳、三一書房、一九八二年、二四―三四頁。
（10） Sen, *Poverty and Famines*, p. 160.
（11） 石『子どもたちのアフリカ』一五頁に引用。
（12） 荏開津『「飢餓」と「飽食」』一一六頁。
（13） Iliffe, John, "The Growth of Poverty in Independent Africa", in *The African Poor: A History*, Cambridge University Press, 1987, pp. 230-259.
（14） Walker, Peter, *Famine Early Warning Systems: Victims and Destitution*, London, Earthscan, 1989, p. 6.
（15） 飢饉に直撃された東アフリカの狩猟部族と暮らした文化人類学者は「イク族のもとで暮らしていたあいだ、私は、愛とはどんなものだったか、よく思い出せなかった」と記している。コリン・ターンブル『ブリンジ・ヌガグ――

食うものをくれ』幾野宏訳、筑摩書房、一九七四年、二二三頁。

(16) 英語における famine 概念の狭さと、センが定義した「飢饉」に対する批判については、De Waal, Alexander, *Famine That Kills: Darfur, Sudan, 1984-1985*, Oxford University Press, 1989 を参照。

(17) 伊谷純一郎『大旱魃――トゥルカナ日記』新潮社、一九八二年、一一頁。

(18) Taylor, Carl T., "Infection Famine, and Poverty", in Rotberg, Robert I. and Rabb, Theodore K. eds., *Hunger and History: The Impact of Changing Food Production and Consumption Patterns on Society*, Cambridge University Press, 1983, pp. 285-303. またダルフール地方の飢饉を分析した De Waal, *Famine That Kills* は、センの「極貧→飢饉→死亡率上昇」という単線的モデルを批判し、「食料危機→社会崩壊リスク」および「保健危機→死亡リスク」という複線的モデルを提示した。

(19) Tilly, Charles, "Food Supply and Public Order", in Tilly, Charles ed., *The Formation of National States in Western Europe*, Princeton University Press, 1975, pp. 380-455.

(20) 二宮宏之「「大御代」の三大飢饉」『朝日百科 日本の歴史8 近世II』朝日新聞社、二〇〇五年、三二一―三二三頁。

(21) Tilly, Louise A., "Food Entitlement, Famine and Coflict", in Rotberg, and Rabb eds., *Hunger and History*, pp. 135-151.

(22) Braun, Rudolf, "Taxation, Sociopolitical Structure, and State-Building: Great Britain and Brandenburg-Prussia", in Tilly ed., *The Formation of National States in Western Europe*, pp. 317-321.

(23) 福田アジオ「村の生活」『朝日百科 日本の歴史8 近世II』二八〇―二八四頁。

(24) 大石慎三郎「飢饉と幕藩体制――天災と人災」『朝日百科 日本の歴史8 近世II』三〇八―三一二頁。

(25) 松尾尊兊『大正デモクラシー』岩波書店、一九七四年、一七四―一七六頁。

(26) 渓内謙『現代社会主義の省察』岩波書店、一九七八年、とくに「第九章 制度について」。

(27) Mace, James E., "Soviet Man-Made Famine in Ukraine" (http://www.faminegenocide.com/mace_ch3.html); Conquest, Robert, *The Harvest of Sorrow: Soviet Collectivization and the Terror Famine*, University of Alberta Press, 1986.

(28) 宇野重昭・小林弘二・矢吹晋『現代中国の歴史　一九四九―一九八五』有斐閣、一九八六年、一七八―一八九頁。

(29) Yang, Dali L., *Calamity and Reform in China: State, Rural Society and Institutional Change since the Great Leap Famine*, Stanford University Press, 1996; Watkins, Susan Cotts and Menken, Jane, "Famine in Historical Perspective", *Population and Development Review*, December 1985.

(30) 中国統計局高官李成瑞は死者数を二二〇〇万人と推計している。Li Chengrui, "Population Change caused by the Great Leap Movement", *Demographic Studies*, No. 1, 1998, pp. 97–111.

(31) 西川『データブック食料』六六頁。

(32) Crow, Ben, "US Policies in Bangladesh: the Making and the Breaking of Famine?", *Development Policy and Practice: Working Paper*, No. 4, The Open University, Milton Keynes, 1986.

(33) 荏開津『「飢餓」と「飽食」』一一三頁。

(34) 荏開津『「飢餓」と「飽食」』一〇四頁。日本人は食事に関して、ほぼ優等生である。ただし、日本人は海から魚を大量に収奪している。世界の漁獲量一億一〇〇万トンのうち、日本の漁獲量は一〇〇〇万トンで約一〇％に達する。かりに日本の一〇倍の人口のある中国が日本並みの海産物の消費をしたとすると、それは世界全体の漁獲量に達する。日本などの漁獲が水産資源を枯渇させるのではないか、と懸念されている。

(35) 西川『データブック食料』六七頁、図15参照。

第四章　資源枯渇

第一節　エネルギー問題とは何か

石油の海に浮かぶ国々

宇宙から見ると、夜の日本列島は煌々《こうこう》と輝いているという。日本の夜は、なぜこれほどまでに明るいのか。ふだん気づかないが、海外旅行から帰国したときなど不思議に思う。運動の一つ一つにはエネルギーの消費と排熱が伴う。エネルギーの流れはよく「血液の流れ」にたとえられる。ただしその流れが生活慣行に織り込まれているため、消費していると意識化されにくい。そして、それが積もり積もって世界全体で巨大な消費量になっていると思い起こされることはまれである。

エネルギー消費が意識されたのは、石油価格が高騰したときであった。一九七三年の第一次石油危機は、石油消費国にパニックを引き起こした。日本では、洗剤やトイレットペーパーの買いあさりが広がり、また、すでに生じていた地価高騰やインフレを加速させた。一九七四年の消費者物価は二三%も上昇し、「狂乱物価」と呼ばれた。同年の経済成長はマイナスに転じ、それまで二〇年間継続してきた経済の高度成長が終わった。

また、一九七九年の第二次石油危機では、前年にイスラム革命が起きたイランからの石油供給が一時停止し、また石油輸出国機構（ＯＰＥＣ）が原油公示価格の引上げを宣言したことから、第一次石油危機と類似した混乱が生じた。そして、原油価格の高騰により、世界全体の国内総生産（ＧＤＰ）に占める原油購入費用の比率が七・三％に達した。これらの価格高騰は、供給の変調を示していた。

二〇〇二年には一バレル当たり二〇ドル前後であった原油価格は、その後高騰しはじめ、二〇〇八年二月にはついに一バレル一〇〇ドルを突破し、そして七月には一四五ドルに達した。「第三次石油危機」と呼ばれるこの原油の高騰では、石油供給の側に変調は生じてはいない。たしかに投機資金が原油市場に流れ込んで価格を押し上げた面がある。それ以上に原因は需要の側にあった。米国が石油の消費を増し、また中国、インドなど新興国の需要が高まって、石油価格を押し上げた。しかも需要の増大に見合った設備投資がなされず、精製、輸送、発電設備などの老朽化が、供給逼迫の一因となった。さらに、中長期的には新規の油田が発見されるペースが石油消費の急速な伸びに追いつかなくなっている。もはや「安い石油」の時代は過去のものになり、「高い石油」が長期的に維持される可能性が高くなった。さらに「石油の時代」が終わりに向かうのではないかという危惧《きぐ》も広がっている(1)。

では、わたしたちはどれだけ石油を消費しているのか。二〇〇七年の世界全体の石油消費量は八五二二万バレル／日である（エタノール燃料やバイオディーゼルの消費分も含む）。

表1　石油消費量の上位10カ国(2007年)

順位	国　名	1日当たり消費量
		万バレル　　%
1	米国	2,069.8 (23.9)
2	中国	785.5 (9.3)
3	日本	505.1 (5.8)
4	インド	274.8 (3.3)
5	ロシア	269.9 (3.2)
6	ドイツ	239.3 (2.8)
7	韓国	237.1 (2.7)
8	カナダ	230.3 (2.6)
9	ブラジル	219.2 (2.4)
10	サウジアラビア	215.4 (2.5)

出典）*BP Statistical Review of World Energy*, 2007.

一バレルとは一五八・九八リットルに相当する石油産業の液量単位であり、世界最初の油田が発見された米国ペンシルヴァニア州で使用された原油用の大樽の容量である。この大樽を、一年間で一人の米国人が二五個分、一日では一一リットルを使う。米国人だけで世界全体の約四分の一の石油を消費している。日本人も一人当たり一年間で大樽一五個分、一日で七リットル（一升瓶にして約四本分）の石油を消費する。他の先進国も、一人当たりの消費量は日米とほぼ同水準にある。これらの国々は「石油の海に浮かんでいる」と言って過言ではない。

中国、インド、ブラジルの新興国も、近年急速に石炭と石油の消費量を増やし、国全体では、先進国とほぼ同水準に達した。ただし、それらの国の人口は大きく、一人当たりの石油消費量は、一日一人当たり中国人は〇・九リットル、インド人は〇・四リットルにすぎない。日米の一人当たりのほぼ一〇分の一以下である。新興国の人々もまた先進国並みの生活を望んでおり、今後ますます石油に対する需要が高まっていく、と考えられている。

表2　世界5大油田

	国　名	発見年	埋蔵量
ガワール油田	サウジアラビア	1948年	875億バレル
ブルガン油田	クウェート	1938年	870
サマトロール油田	ロシア	1961年	200
サファーニア油田	サウジアラビア	1951年	200
ラグニリャス油田	ベネズエラ	1926年	140

出典）ASPO（ピーク・オイル研究協会）データ・ベース(2).

「炭素の倉庫」と「エネルギーの貯金箱」

では供給サイドを見てみよう。石油を大量に埋蔵する国々は、湾岸諸国五カ国、ベネズエラ、それにロシアなどにほぼ限られる。世界五大油田は表2のとおり。

今日、世界最大の油田として知られているのは、サウジアラビア東部の砂漠の下に眠るガワール油田であり、採掘をはじめる以前には八七五億バレルの埋蔵量があったと推定される。この超巨大油田は、北北西から南南東に伸びる細長い形をしており、南北二八〇km、東西の幅に広い地点は五〇km、石灰岩でシールされた深さ二〇〇〇m、厚さ四〇〇—五〇〇mに及ぶ。これに匹敵する埋蔵量をもつのは、第二位のブルガン油田のみである。

＊油田　石油は地球上でほんの一部の地域にのみ偏在する(3)。これは石炭の層である炭層が世界各地に広く遍在することと対比される。油田はとくに選ばれた場所以外には発見されない。油田が有機物の液体を大量に地中に封じ込めるためには、地層の変動が必要であり、また、それを取り巻く岩石の特別な構造が必要だからである。さらに、封じ込められた有機物が石油に熟成されるには、適切な温度の条件が満たされなければな

らず、油田の深さが二三〇〇—四六〇〇mである必要がある。そのため、石油は、非常に特別な諸条件がそろっている場所にしか生成されない。

ガワール油田は、一九五一年に生産を開始した当初、数多くの別々の油田であると考えられていた。しかし、やがて一つの巨大な油田であると確かめられた。この油田は、一九七〇年の日産が一五〇万バレルであった。この数自体巨大である。それだけでなく、第一次石油危機直後の一九七六—七七年には日産五二〇万バレル、第二次石油危機の一九八一年には五七〇万バレルと劇的に生産量を急増することができた。この一つの油田の生産量が二〇〇七年の日本全体の消費量(五〇五・一万バレル/日)を超えていたことは、この油田の巨大な供給能力を物語る。

しかし、この超巨大油田が採掘をはじめる前に埋蔵していた八七五億バレルは、現在の世界の消費ペース(八五二二万バレル/日)では、わずか一〇〇〇日余りで使い切ってしまう。五億バレル程度の巨大油田なら一週間で使い切る。油田を次々と枯渇させながら驀進《ばくしん》する世界の石油消費量の巨大な脅威を思い知らされる(4)。

わたしたちが「エネルギー問題」と言うとき、それをあたかも一つの問題であるかのように考えがちであるが、しかし、これは二つに大別される問題群なのである。

第一に、鉱物燃料(石炭と石油)は、大気中に浮遊していた何千億トンもの炭素を、地中深くに閉じ込める「炭素の倉庫」の役割を果たしている。石炭と石油を燃焼させることは、地底の炭素を再度大気中に二酸化炭素として戻すことを意味する。これは「地球温暖化」の問題である。鉱物燃料消費の第一位と二位の米国と中国とは、同時に二酸化炭素の排出量でも第一位と二位なのである(地球温暖化の詳細は第五章で検討する)。

第二に、鉱物燃料は「エネルギーの貯金箱」である。地球の生態系は、太陽のエネルギーを受け止め、それを石油や石炭などの形で地底に封じ込めた。したがって、今日、人間が石油や石炭を掘り出すときには、地球が長い年月をかけて貯めた過去の「エネルギーの貯金」を急速におろし続けていることになる。

近代文明は、石炭そして石油という鉱物燃料をエネルギーとして使用することによって、急速に豊かさを築きあげてきた。とくに石油は、液体であるため扱いやすく、また石炭などに比べ

表3 国別石油可採埋蔵量上位20カ国(2007年末)

順位	国名	可採埋蔵量	シェア	可採年数
		億バレル	%	年
1	サウジアラビア	2,642	21.3	69.5
2	イラン	1,384	11.2	86.2
3	イラク	1,150	9.3	*
4	クウェート	1,015	8.2	*
5	UAE	978	7.9	91.9
6	ベネズエラ	870	7.0	91.3
7	ロシア	794	6.4	21.8
8	リビア	415	3.3	61.5
9	カザフスタン	398	3.2	73.2
10	ナイジェリア	362	2.9	42.1
11	米国	294	2.4	11.7
12	カナダ	277	2.2	22.9
13	カタル	274	2.2	62.8
14	中国	155	1.3	11.3
15	ブラジル	126	1.0	18.9
16	アルジェリア	123	1.0	16.8
17	メキシコ	122	1.0	9.6
18	アンゴラ	90	0.7	14.4
19	ノルウェー	82	0.7	8.8
	全世界	12,379	100.0	41.6

*は可採年数100年以上.
出典) *BP Statistical Review of World Energy*, 2008.

クリーンな燃料であった。ガワール油田やブルガン油田は、地球が貯めた最大の、そしてきわめてまれなエネルギーの「巨大な金庫」に相当した。そして、世界はこのエネルギーの預金を引き出し続けており、供給が逼迫して、限界が見えはじめた。

このように「エネルギー問題」は、地球温暖化などの環境悪化と、エネルギー供給の制約から挟み撃ちにあっている。この二つの問題は、一方の解決が他方の問題の激化を招く可能性が高い。たとえば、かりに石油に代わるエネルギー資源を発明することによって、資源制約を突破できたとすると、それはエネルギー消費を増え続けさせる条件となり、それがかえって環境悪化や地球温暖化を加速する可能性が高いのである。つまり、エネルギー問題は、二つの問題解決の目標がトレード・オフの関係にあり、一方の解決のみでは、問題の解決とは言えない。

第二節　グレイト・ゲーム

石炭による制約の突破

二〇〇万年ほど前、人類が誕生した。その人類は火を使った。太古の人間も石油の存在は知っていたが、その用途はモルタル、防腐剤、灯火、薬品、そして化粧用であった。燃料とされたのは、長らく木ないし炭であった。人類は森林を伐採し、それを燃料とすることによって近代以前の文明を築いた。そこで燃料と食料と原材料のほぼすべてを生み出したのは土地であった。地球上の限られた土地が、太陽のエネルギーをとらえて、森林の形で薪や炭などのエネルギー源を、そして綿花など有機的原材料を、さらに食料を定期的に生み出した。したがって、エネルギー源、有機的原材料、食料はすべて有限であった。要約すれば、土地の有限性が、人間活動の広がりを制約していた。そのため森林と土地が文明の制約条件となった。そして多くの文明は、森林を破壊しつくすと滅ぶか、あるいは人々はその場所を捨てて別の場所へ移動した。

鉱物燃料のうち人間がまず利用したのは石炭であった。石炭を燃やすと、同じ重さの木の二倍の熱が得られた。この石炭を大量に生産・消費しはじめたのは英国人であった。石炭は、一六〇〇年前後より、英国の露天掘りが可能なところ、河川による輸送が可能なところから掘られ、売られ、さらに海外に輸出された。石炭により、燃料用の森林伐採も不要になった。土地と太陽エネルギーが森林を育成する仕事を、石炭という地底にストックされたエネルギー貯蓄をおろす作業によって代替したのである。すなわち人間は、エネルギーの貯金をおろすことで、土地の有限性を超え、成長の制約を突破した(5)。

一七六九年、英国のジェームス・ワットが蒸気機関を発明した。その結果、石炭を燃やした熱で水を沸騰させ、蒸気の圧力で機械の運動エネルギーに効率よく転換できるようになった。石炭を掘り出す炭鉱には水が溢れ出し、地上に汲み上げる揚水機が必要であったことが蒸気機関の発明を促した。石炭は、蒸気機関の発明の母であり産婆でもあった。また、機関車など石炭の熱を利用して動く機械がつくられはじめた。人間の筋力や馬などの畜力には限界がある。蒸気機関の力は、筋力や畜力よりはるかに大きい。石炭を使った工業化の結果、人間の生産活動は、土地の有限性という制約から解放されただけでなく、人の筋力、馬などの畜力という力の限界から解放されはじめた。言い換えれば、人力や畜力は、石炭という地底に貯蔵されたエネルギーのストックで代替され、しかも鉱物エネルギーは、それまでの人力と畜力とは比べものにならない力を人間に与えた。鉱物エネルギーの消費によって、人・家畜の力に置き換えられる省力化が進展した。

その結果、それまでの諸生産要素の結びつきの可能性が広がり、分業のあり方が大きく変わり、発展を促した。産業革命の開始である。また食料生産を例外として、他の多くの生産物は、地底から掘り出す鉱物を原料とするようになり、土地からつくられる有機的エネルギー源と有機的材料の比重は徐々に小さくなっていった。また土地に依存した農業さえも、鉱物エネルギーからの補助を受け、そこに投入される化学肥料、農薬、機械力によって生産性が向上するようになった。このように石炭は、産業革命の前提となる死活のエネルギー源であり、人力や畜力の代替源であり、農業の補助力であり、また、分業の推進力であった。そしてイギリス型の、蒸気船による国際航路と蒸気機関車による鉄道網を軸とするグローバル化を生み出した。

それまでの土地の制約に、エネルギー源の制約が取って代わった。一六―一七世紀のオランダでは、ピート(泥炭塊)を燃料としていた。やがて成長が加速するとともにエネルギー源の需要も高まり、ピートが枯渇に向かい、生産の限界費用が上昇した。このエネルギー制約はオランダ経済がイギリス経済に対し、比較優位を失う一因となった。地上と地底にストックされたエネルギー源の入手可能性が、一人当たりの生産性の高さを決める重要な要因になった(6)。

それに対して英国は石炭の埋蔵量が豊富で、産業革命を牽引《けんいん》し続けた。一九世紀英国の経済学者ウィリアム・ジェヴォンズは、「石炭がすべての他の商品の上にそびえている。石炭は、わが国のエネルギー物質であり、万事の助けであり、何をなすにも必須の生産要素である。それ無くしては以前の苦難に満ちた貧困の時代に押し戻されてしまうだろう(7)」と言った。産業が成長を続けるためのエネルギー源としての石炭は、ヨーロッパや日本では、二〇世紀半ばまで優位を保ち続けるのである。

英国や米国には、石炭が豊富にあったが、だからといって制約がなくなったわけではない。石炭を掘り出すには労働力が必要であった。また、階級社会という政治社会的な制約もあった。地表近くの石炭を掘りつくすにつれて、地底深くから掘り出す必要が生じる。それは限界費用を上昇させた。深く掘った坑道は、狭く、暑く、水があふれ、落盤事故や爆発事故がしばしば起きた。石炭の細かい粉は、採掘する人々の肺を侵した。炭鉱内の労働は厳しく、危険で、全身を真っ黒にする。炭鉱夫の寿命は地上で労働する者に比べて長くはなかった。地球は、石炭というエネルギーの貯金をおろす人間に抵抗はしない。ただし人間が掘り進めるにつれて労働条件を過酷にしたのである。

この労働条件の厳しさをなんとか緩和するため、炭鉱夫たちは強い仲間意識をもって労働組合をつくった。炭鉱のあるところには、ほとんどと言っていいほど「炭鉱労働組合 Union of Mine Workers」ができあがった。そして炭鉱夫と組合指導者たちは、石炭という近代文明の成果を分けもつ立場に立っていたものの、多くの場合社会主義を信奉し、戦闘的な言葉を使って政治的争点をつくり出した。炭鉱夫たちは、時に石炭生産のスピードにブレーキをかける役割を果たし、炭鉱主や資本家、そして消費者の悩みの種になった。石炭というエネルギー源がつくり出した社会的対抗力が労働者・労働組合という形をとったのである(8)。

石炭というエネルギー源は環境悪化を招いた。まず石炭の採掘によって次のような環境悪化が生じた。地下の石炭を採掘して大量の土を掘り出すと、その一帯の地盤沈下をもたらした。その多くが耕地であった。また、炭鉱から掘り出された原料は、選炭後、大量の岩石や粗悪な石炭を残した(日本の炭鉱では「ぼた山」として積み上げられた)。「ぼた」は硫黄を含むため燃えやすく、硫化水素、酸化硫黄などの有害物質を撒き散らした。また積み上げられた「ぼた」に雨が降ると、有害物質が融け出して、水を酸性にし、また重金属イオンを発生させ、水を汚染した。それに加え、坑道を掘り進む過程で地下水脈とぶつかり、あるいは坑道に地下水が湧き出して、大量の廃水が生じた。それは、地下水脈を干上がらせ、水資源を枯渇させる脅威になった。また廃水が砂礫《されき》とともに排出され、水を汚染し、また酸性にして、農作物を枯死させた。この水資源の枯渇と水の汚染は非常に深刻であった(9)。

さらに石炭の燃焼は大気汚染を招いた。煙には煤煙《ばいえん》やモルタル状の灰・カスが含まれ、煤《すす》が振り撒かれて、いたるところを黒く汚し、燃えカスはどんな隙間を詰まらせた。燃焼後生じる硫黄酸化物、窒素酸化物など有害物質が都市の空気を汚し、呼吸器疾患の原因となった。また石炭に含まれる炭素は完全には燃焼せず、一酸化炭素を放出した。そして完全燃焼しても、二酸化炭素という温室効果ガスを発生させた。人間が石炭というエネルギーの貯金をおろしたことに対する地球の側からの制裁が、環境悪化であったと表現できる。

労働組合と環境悪化は、石炭の使用に対する、目に見える形での警告となった。

石油の登場

一八五七年暮れ、米国ペンシルヴァニア州西北部タイタスヴィルのクリーク状の低地で、エドウィン・L・ドレイクが石油を求めて、井戸掘り人を雇い、地面を掘りはじめた。それを人々は「ドレイクの愚行」と呼んだ。石油は地面から地表に滲《し》み出すものと信じられ、地下水脈のように地底に油田という空間があるとは考えられてはいなかったのだ。一年半後の一八五九年八月、彼のやとった鍛冶屋は、約二〇mまで掘り下げ、世界最初の油田を掘り当てた。この油井は、ドレイクに一日六〇〇ドルの収入をもたらした。ドレイクの油井周辺には膨大な数の山師たちが集まり、周辺の土地を買い占め、いっせいに地面を掘りはじめた。ゴールド・ラッシュならぬオイル・ラッシュがタイタスヴィルに発生したのである。そして製油所も続々と設立された。一八六〇年代後半は「石油バブル」で全米が狂乱した[10]。

最初の油田の発見された一九世紀半ば、米国は、当時のヨーロッパやアジアと比べてきわめて特殊であった。そこには人間の欲望に対して限定を課するような制約が存在しなかった。まず土地は、西部の広大なフロンティアに無限に思えるほどあった。地理的に狭い英国やオランダが直面したような土地の有限性はなかった。また米国のアパラチア山脈には豊富な露天掘りの石炭があり、ピートの枯渇に悩んだオランダとも異なっていた。さらに階級意識は弱く、共同体の規制も非常に弱かった。英国のように「人は、自分の欲望を道徳的な鎖で縛る気質に応じて、自由の追求が許される」(エドモンド・バーク)などと主張する伝統主義者もいなかった。米国は、トクヴィルが言ったように、個人を単位として、物的豊かさと、将来への成長と、実用性による幸福の追求を信じる「幸せな共和国」であった(11)。その米国で石油が地底から噴出しはじめたのである。

石油は液体である。しかも油田の油圧が高い間は、石油は地底から自噴してくる。固体の石炭などとは異なり、人々が地底深くに降りていって掘り出す必要がない。したがって山師たちがいったん油田を掘り当てさえすれば、水などの自由財に似て、噴き上がってくるため、それを容器に詰めて売れればそれだけでビジネスになった。そこにあったのは制約でもなく稀少性でもなく、その反対の過剰であった。最大の石油資本家ジョン・D・ロックフェラーが一八七〇年代に直面した問題は、石油の不足ではなく、生産過剰であった。足りないのはエネルギー資源ではなく、貯蔵と輸送の手段であり、使途であり、消費者であった(12)。

液体であるため石油は輸送も容易である。最初に油田が見つかったタイタスヴィルでは、「バレル」という名の大樽に詰められ馬車で輸送されたが、中身の石油よりも樽の値段の方が高い場合もあった(13)。後年になると、鉄道、タンカー、パイプラインによって大量輸送できるようになり、一挙に輸送コストが下がった。エネルギー源としての石炭に比べ、石油に比較優位があることは明瞭であった。また時として採掘された原油が水系に流出するなどの環境汚染を招いたが、ただし石油はその残余物の多くを地下深くの油田に残す分だけ、地上の汚染が少なかった。また掘り出した原油の重い部分も、タールとして商品化されるなど、石炭が「ぼた山」を残すのに比べるなら、クリーンであった。

米国で最初に石油が湧き出したとき、その用途は限られていた。当初は灯油ランプ用に使われ、米国の夜を一挙に明るくした。「これは現代の光だ。夜の闇はこの光の敵ではない。……明るく、しかも世界一安い」と言われ、それまでの昼夜を峻別《しゅんべつ》してきた生活スタイルを大きく変えた(14)。一八七〇年代以降、内燃機関、自動車、航空機などの、重化学工業製品が次々と発明された。過剰な石油を使うことを前提としてこれらの新しい技術が開発された。こうした発明により、石油は使途が広がり、その価値を押し上げられ、世界最大の商品となっていった。

石油が生み出した人間類型は、「石油人間 oil man」、すなわち山師たちであり、石油技師であり、石油販売人であり、石油資本家であった。一九世紀の終わりの三〇年間は「米国のビジネスが、真の意味でビジネスだった時代である(15)」。この「石油人間」たちは、新規の油田発見と使途の拡大を信じ、節約を軽蔑し、制約の突破に使命感を感じた。そして石油は、金儲け競争にすべてを捧げる情熱と野心をもった強壮な若者を引きつけた。かれらは、石炭の場合のように、暗く危険な地底で真っ黒になって働く炭鉱夫たちではなく、労働者たちに人間愛と節制を説くキリスト教社会主義でもなかった。「石油人間」は社会主義からもっとも遠い人々であった。このように、掘り出すことが制約を生み出さない資源である石油が、金儲けに無制約な社会であった米国に湧き出した二重の無制約性から、石油産業は、「真の意味のビジネス」と呼ばれ、また「グレイト・ゲーム」と名づけられた。

メジャーズと米国の二〇世紀

「石油人間」のなかの巨人がジョン・D・ロックフェラー(一八三九―一九三七)であった。一八七〇年スタンダード石油を設立し、石油精製所を建設した。そして品質基準(社名の「スタンダード」は品質基準の保証の意)をつくり、流通ネットワークを押さえ、全米の消費者に供給した。かれはライバルの買収と統合を進め、米国中の石油精製所を買い取った。かれはカルテルをつくったが、それは石油生産の過剰と戦うためであった。スタンダード石油の製油能力は一八七九年、全米の九〇%に達した。またかれは、鉄道会社と交渉し、長距離パイプラインを敷設することによって、全米に流通のネットワークを築いた。ロックフェラーは、石油精製を出発点として、上流の原油採掘から、流通を経て、最下流の販売の諸活動までを統合する一貫操業会社を組織した。各地に散らばる油井の生産を管理し、州ごとに異なる法律と規制をくぐり抜け、各都市間の価格差と需給ギャップをたえず把握して、利益の最大化をはかっていった。かれのビジネスの真髄は、数による厳密な管理にある。地底から湧き出した黒い液体は、帳簿の上に精緻《せいち》に記録される数値に転換された。

かれは、石油ビジネスを「グレイト・ゲーム」と呼び、そのゲームの勝者となった。ロックフェラーら「石油人間」たちは、〈地球が貯めた「エネルギーの貯金」をおろして金にかえる作業〉を、石油を商品化し、また価格と数量が支配するビジネス・ゲームに仕立て上げた。地球によるエネルギーの貯金であり、公共財であるはずの石油は、私企業によってゲームのルールが決定され、独占的に、あるいは市場競争的に、統治された。その私的統治の名前がロックフェラーの言う「グレイト・ゲーム」なのであった(16)。

石油の世紀

二〇世紀は「石油の世紀」そして「米国の世紀」になった。油田が北米でも海外でも次々に発見された。一九〇一年には、米国テキサス州のスピンドルトップでペンシルヴァニアをはるかに凌駕《りょうが》する油田が発見された。そしてその産出が急減すると、こんどはルイジアナ州やオクラホマ州でも油田が発見された。その油田の所在地の多くは先住民族居住区であった。そしてテキサス州からは、スタンダード石油に対抗する石油会社ガルフやテキサコが生まれて、ともに後に巨大多国籍企業に発展し、メジャーズの地位を確立する。米国は二〇世紀前半、世界最大の産油国であり、米国大陸で消費される以上の原油が湧き出していた間、最大の石油輸出国であった。

二〇世紀には、過剰な石油を大量に消費する生活様式がつくり出された。全米の自動車台数は、一九〇二年にわずか二万台強であったが、一九一二年には一〇〇万台を超えた。そしてうなぎのぼりの自動車ブームによって、米国では旺盛なガソリン需要が拡大していく。この一九〇〇年代、ボイラーの燃料源、船の動力源も従来の石炭から石油に替わりはじめた。そして、過剰な石油エネルギーをふんだんに使う住宅、空間的に広がった都市の形が発展していく。北米大陸の広大な空間にふさわしい住宅と都市と産業が生まれ、ただ同然で湧き出す石油をフルに活用した生産・消費のスタイルが生まれた。世界の石油販売額は、一八七〇年からの一世紀間で一〇年ごとに倍になるという、とてつもなく速いペースで拡大した。そして第二次世界大戦後の一九五〇年代、西ヨーロッパと日本とで主たるエネルギー源を石炭から石油に転換する「液体革命」が行われ、欧・日にも、エネルギーを使えば使うほど豊かであるとする大量消費の生活様式と価値意識が定着していった。(17)

米国に発し世界に波及した文化的価値とは、資源の過剰を前提として、消費をつくり出すことであった。ダニエル・ベルが喝破したように、米国の文化は「第一義的に個々人の私的消費の充足を強調し」ており、「経済の成長の望ましさであり、私的に消費される経済財の増加」が宗教的信念の地位を得ていた。(18)成長は固定観念になり、そのことによって過剰な石油が不可欠になった。より多く消費することが豊かさの象徴であるかのように突き動かされる倒錯した価値観が生じたのである。

第三節　国際的なグレイト・ゲーム

一九世紀末以降、巨大油田が米国の外側でも発見されるようになった。「グレイト・ゲーム」に勝つことが巨利を生むのなら、「石油人間」たちが油田を求めて、地球の果てまで出かけて行くのは当然だった。ロックフェラーとその競争者・後継者たちは、世界の石油の覇権を求めて、海外に乗り出していく。海外でより多くの油田採掘権を確保し、石油輸送ルートを確保できさえすれば、それ以降の過程をビジネスに仕立てる正当化の原理は、そのまま適用可能である。スタンダード石油の後継者とその米国内外のライバルたちは、海外に油田と市場を求め、国家ごとに異なる法律と規制をくぐり抜け、諸国間の価格差と需給ギャップのなかで利益の最大化をはかる多国籍企業に発展していく。多国籍企業の先駆的研究者スティーブン・ハイマーは「多国籍企業は米国的現象である」[19]と書いているが、この巨大石油企業による石油の統治はまさに米国的現象であった。

とくに一九〇〇年代という帝国主義の時代に、ペルシャ湾岸地域で次々に油田が発見された。これらの地域は、第一次世界大戦前には、政治的に独立はしていたものの政治秩序が星雲状態にあって、どの列強も覇権を確立できずにいた。また、どの列強も、石油が経済的に重要であるだけでなく、軍事的にも海軍などを動かす戦略物資としても重視していた。そうした諸列強の権勢を背景にしながら、湾岸地域にはさまざまな人々が入り込み、現地有力者に接触し信頼を得ようとした。そして石油を掘る技術をもった欧米の会社や技術者との間を仲介した。そして、現地支配者が経済的に困窮した折など、一定額の利権料を支払うかわりに、石油の出そうな一定区域で油田を採鉱し、石油を採掘し、精製し、輸出する独占的な権利を獲得したのである。この利権システムは、両大戦間期には英米の主導権のもとに維持され、さらに第二次世界大戦後には、覇権を握った米国が率いる資本主義諸国の石油の安定的な供給を支えた。

この国際的な「グレイト・ゲーム」は、米国国内のビジネス・ゲームと同じではない。たしかに石油を探索する技術者や企業は利潤を追求する。しかし、その交渉相手となる油田探索権やパイプラインの施設権などの所有者・管理者は、現地の政府、権力者、現地有力者などである。油田やパイプラインに関する利権の交渉は、少なくとも表面的には、私企業と政府との間で行われるトランスナショナルな交渉なのである。また、現地の権力者間では、しばしば石油やパイプラインの利権をめぐり、それを掌握した者のみが生き残るむき出しの権力闘争が生じた。さらに、欧米諸政府もまた戦略的な思惑によって公式・非公式な介入を行った。そのため、このゲームの勝利者たちは、私的ビジネスと公的権力機構の同盟・連合・複合体であることが多いのである。こうして「グレイト・ゲーム」は、表面的なビジネス・ゲームの背後で熾烈《しれつ》な権力ゲームが並行して戦われ、私的と公的なアクターの合従連衡《がっしょうれんこう》が生じ、最適な連合形成をした者が勝利した。国際的な「グレイト・ゲーム」には権力の制約がつきまとい、したがって、だれが勝利者となるかには時の権力状況が反映し、また偶然性の要素が高くなった。

石油メジャーズの変貌

今日の世界最大の多国籍企業群は、石油関連企業である。巨大石油企業は、一九世紀後半から一九七〇年代半ばまで競争と連携をくり返し、原油生産、油田埋蔵量、石油流通の七〇%以上を占有した。そのうち、石油関連のルールを共同で決定していった七社を「メジャーズ」あるいはそのビジネス様式の共通性から「セブン・シスターズ」[20]と呼んだ。一九七三年時点の名称では、エクソン、モービル、シェブロン、テキサコ、ガルフ（以上五社は米国系。うち前三社はロックフェラーのスタンダード石油が独占禁止法によって分社化されたなかから派生）、ブリティッシュ・ペトロリアム（BP。英系）、それにロイヤル・ダッチ・シェル（英・オランダ系）の七社。これは米国系企業による石油の私的統治を象徴した。トタル（仏系）を加え八メジャーズともいった。

ただし第一次石油危機の後、OPECに結集した産油国が主導権を強めた。二度の石油危機を契機に、多くの産油国が利権契約によってつくられた石油産業を一挙に国有化し、あるいは緩やかに資本参加するようになり、利権システムは、産油国の国有会社による原油支配に移行していく。そのためメジャーズ七社は政治変動への対応を迫られた。とくに一九九〇年代以降は合理化を推進し、リスクの高い新規油田開発への投資を削減し、合併をくり返し、エクソンモービル、シェブロン（二〇〇五年にシェブロン・テキサコから改称）、BP、ロイヤル・ダッチ・シェルの四社に統合された。この四社は石油に関するルール形成と販売額においては未だに優位を保っている。しかし二〇世紀末までに、これらが世界の原油生産に占めるシェアは一〇%以下となり、保有する石油埋蔵量シェアも三%に低下した。他方、サウジ・アラムコ、ペトロナス（マレーシア）、ペトロブラス（ブラジル）、ガスプロム（ロシア）、ペトロチャイナ（中国）、イラン国営石油、ベネズエラ国営石油など、産油国の国有企業などが原油生産や油田埋蔵量で約三〇%を保有するにいたっている。ジャーナリズムでは、この七社を「新石油メジャーズ」[21]と呼ぶこともある。産油国政府の資源ナショナリズムと石油統治の合理性とが妥協した結果が、国策会社である「新石油メジャーズ」の顔ぶれに表現されている。

ロイヤル・ダッチ・シェルと流通ネットワーク

米国油田を脅かす最初の巨大油田はロシア帝国の周辺で発見された。一八七三年、スウェーデン人のノーベル三兄弟(ダイナマイトを発明し、ノーベル賞を創設したのは三兄弟の三男アルフレッド・ノーベル)が、ロシア・カフカス地方のカスピ海西岸、今日のアゼルバイジャンの首都バクーで油田を掘り当てた。このバクーの油田は油圧が高く、地上一〇〇mもの高さに原油が吹き上がった[22]。

ただしこの巨大な油田で生産される石油は、輸送手段がないため、しばらくの間、国際市場に届かなかった。ロシア人たちは、ロシア領土内を北上する鉄道建設を思い立った。ただしロシア領内を通らないルートが模索され、結局、地中海岸に製油所をもつ大富豪アルフォンス・ロスチャイルドの投資などによって、一八八三年、バクーからカフカスを西に横断してグルジアの黒海沿岸のバトゥーミ港にまで鉄路を延ばし、ロシア領を迂回《うかい》して外洋に通じる鉄道が開通した。そしてバトゥーミ港からは、バクーの石油が、欧州の市場に向けて輸送されはじめた。この輸送ルートをめぐる地政学的対立は、今日の「グレイト・ゲーム」の一演目となっている「輸送ルートをめぐるゲーム」「パイプラインの政治」の原型となった。

では港から先の海上輸送はどうするのか。極東貿易を手掛けてきた商社シェル社の英国人マーカス・サミュエルは、一八九一年、大型タンカーの建造を思いついた。そして、アジア各地の港に石油タンクを建設し、ロシアの原油をスエズ運河経由で、それをシンガポールとバンコック、そして中国と日本の港に建設した石油タンクと結びつけようとした。サミュエルが莫大な借金をして建造した一万トンタンカーによって、バクーの石油をイギリスの会社が極東に売るという、石油輸送のネットワークがビジネス化された。今日、巨大タンカーが連鎖となって、産油国から消費国の巨大石油タンクにピストン輸送しているが、これはサミュエルの着想が原型を形づくった。油田と世界市場の間の統合がはじまったのである。

インドネシア・スマトラの石油の小採掘会社から発展したロイヤル・ダッチの社長ヘンリー・デターディングは、流通ネットワークの優位によって、ロックフェラーのスタンダード石油に対抗しようとした。石油の消費市場にできるだけ近い場所で原油を掘り当て、それをタンカーと貯蔵タンクのネットワークでつなぐ空間統合である。そして、タンカーの船団を有するシェル社長のサミュエルとロイヤル・ダッチ社長のデターディングが一九〇七年、手を握り、ロイヤル・ダッチ・シェル社が成立した。同社は、英国とオランダ政府の強力な後ろ盾もなく、また本国に大油田があるわけではなく、さらに、特定の油田に生命線を固定していたわけでもない。そして、地球上の需給のネットワークのなかできわめてフレキシブルに姿を変える「非領域的」な大石油会社として形成されたのであった。[23]

ＢＰと市場商品としての石油

一九〇一年にイラン政府がオーストラリアの鉱山技師ウィリアム・ダーシーに石油採掘利権を与えた。そのダーシーが一九〇八年に掘り当てた油田を出発点として、翌一九〇九年ブリティッシュ・ペルシアン石油会社が設立された。同社はアングロ・イラニアンと名称を変え、一九五四年に英国系石油メジャーＢＰ（ブリティッシュ・ペトロリアム）となった。英国は当時、世界中に植民地をもっていたが、本土では石油が出なかった（北海油田の生産がはじまるのは一九七〇年代）。当時の海軍大臣ウィンストン・チャーチルは、「わが国民の生命が賭けられている海軍の最上の艦船は、石油によって動き、石油のみによって動く」と書いている。[24] その当時の海洋帝国は、一人のオーストラリア人技師の発見など、偶然の連鎖と大英帝国の国家意志によって、イランという安定的な石油供給先を確保した。そして今日まで続く一大石油メジャーＢＰの基礎を築いた。

ただし、この会社のイランの油田に対する利権は、一九五一―五三年、イランが石油の国有化を試みたことによって大きく傷ついた。さらに一九七八年末からはじまったイラン・イスラム革命によって革命政府が石油産業を国有化し、ＢＰはイランからの原油供給を失った。これは同社の原油供給全体のほぼ四〇％を失ったことを意味した。ＢＰは、スポット市場（原油と石油製品の現物市場と先物市場）で買える限りの安い石油を買いあさり、このマイナスを埋めた。この巨大石油会社は、産油国の原油埋蔵から切り離されたことによって、市場に向かって押し出されたのだ。と同時に、かつての利権、あるいは長期契約に基づく安定した原油供給を失ったことにより、原油の採掘からガソリンスタンドでの販売までを数十年の計画に基づき実施する一貫操業の利益がなくなった。

ＢＰは世界の石油を合理的に統治する、という理念を放棄した。一九八一年ＢＰの会長となったＰ・Ｉ・ウォルタースは「ＢＰには、もはや聖なる牛はいない(25)」と宣言し、トレーディング部門を切り離し、世界でもっとも安い石油を買い、親会社がそれを使ってもよいし、他に転売してもいい、という市場志向の原油調達へと転換した。そしてこれ以降ＢＰは、同時に工程の各段階を効率化し、それぞれの単位ごとに企業としての利益を追求するようになった。従来の統治機関としての石油メジャーズを解体し、通常の企業に転換したのであった。

このＢＰが先鞭《せんべん》をつけた石油の市場商品化の動きは非常に大きな結果をもたらした。そしてエクソンなど米国系メジャーズも石油産業も、このＢＰの動きに追従した。とくに一九八三年ニューヨーク商品取引所で米国原油ＷＴＩ（ウェスト・テキサス・インターミディエイト）の先物取引が上場されて以降、石油は商品市場の目玉商品になり、数年のうちに、石油会社だけでなく、産油国政府、商社、金融企業などが原油の先物取引に熱中するようになった。石油価格は、一九世紀にはスタンダード石油が決め、その後、石油メジャーズが共同で決めるようになり、さらに石油危機以降はＯＰＥＣなど産油国の交渉が決めた。ところが一九八〇年代半ば以降、商品取引所に流れ込む投機を含む大量の資金によって石油価格が左右されるようになった。また石油会社は、資本市場のなかで、企業合併などＭ＆Ａビジネスの対象となりはじめた。メジャーズでは、リスクが高く株主から攻撃される油田探査は影をひそめ、一生の間、石油にまったく触れることがない金融家や投資家の行動が石油価格や石油産業の決定を左右するようになった(26)。

アラムコ

国際的な「グレイト・ゲーム」の覇者は、非常に意外なところに現れる。その覇者とは米国系メジャーズ四社とサウジアラビア王家の同盟によって成立したアラムコである。一九三三年、世界のほんの一握りの人しか注目していなかった中東の王国サウジアラビアのアブドルアジーズ国王(通称イブン・サウド)は、米国系メジャーズの一つではあるが、そのなかでは大きくないスタンダード石油カリフォルニア(略称ソーカル、現シェブロン)に、同国東部州全土で石油を試掘し生産する独占権を与えた。ソーカルから五万ポンドの融資と、年二万五〇〇〇ポンドの賃料と、油田が発見された場合の前金五万ポンドと、石油一トンにつき一ポンドを受け取ることが条件であった。大恐慌によってメッカ巡礼者が激減し、「メッカ・メディアの守護者」たるサウジ国王が経済的に困窮していたための措置であった(27)。

ところが、その一帯に大油田が次々と発見された。その結果、砂漠の小国サウジアラビアは、世界最大の石油大国への道を歩みはじめることになる。また石油利権を得たソーカルは、油井掘削と生産の見込みがあまりに巨大になったため、石油開発の共同出資者を募り、まず一九四四年テキサコ(現シェブロン)が、そして一九四五年にはエクソンとモービルが資本参加した。この米国系メジャーズの四社が共同出資した会社が一九四八年に改名してアラビアン・米国石油会社（通称アラムコ）となった。このアラムコが開発した油田には、第一節で述べた世界第一位のガワール油田と第四位のサファーニア油田が含まれる。これらの油田を一手に引き受けた米国系メジャーズ四社は、サウジアラビア政府が一九七三―八八年の一五年をかけて順次油田の国有化を進めるようになるまで、アラムコを共同で所有した。[28]

一九八八年サウジアラビア政府が、アラムコの名をサウジ・アラムコと改めた。サウジアラビア国王が議長、皇太子が副議長を務める最高石油鉱物評議会の監督下に置かれたこの国有会社は、世界最大の石油埋蔵量を保有し続けている。また、サウジ・アラムコは高い余裕供給能力を駆使して、石油の逼迫期には増産し、過剰期には減産するなど、市場価格を安定させる機能を果たしてきた。世界最大の石油消費国となった米国の利益を損なわないよう、穏健路線に徹してきたのである。この世界最大の原油生産能力をもつ会社は、しばしば自社の利益を犠牲にし、他のOPEC諸国と対立してまで石油の安定的な供給を願う米国人たちに応えてきた。サウジ・アラムコになった後も多数の米国人スタッフが残留し、現在でも技術部門を中心に旧アラムコ出身の米国人が在籍している。石油の安定供給の命綱を、このサウジアラビアの国有会社が握っている。[29]

ガスプロム

ロシアは、二〇世紀における世界第二の産油国であり、また、現在も重要な石油大国である。この石油は、ソ連が七〇年間、大国の地位を維持する強力な武器であった。豊富な石油は、軍事力の基盤であり、また西側から外貨を稼いだ。またソ連の安い石油の供給が、東欧諸国を経済的に統合する道具であった。ただしロシアの石油は、冷戦期には主に「東側ブロック」内に止まり、国際的な「グレイト・ゲーム」には登場しなかった。

ガスプロム社は、ロシアの天然ガス事業を独占する半国営企業であり、一九九三年に創設された。ソ連の一省であったガス工業省の付属企業群に起源をもち、ガスの輸送・採掘、国内販売、国際販売、銀行などの諸部門があった。二〇〇三年、当時ロシア最大の石油会社ユーコスが解体されるなか、ロシアの権力を掌握したウラジミール・プーチンがガスプロムを中心としたエネルギー産業の再編をはかった。二〇〇四年、ロシア政府のガスプロム株式保有比率が五〇％を超して半国営企業となり、プーチン＝メドヴェージェフ体制の基盤となった。同社はロシアの天然ガス生産の大部分を担い、また世界の天然ガス埋蔵量の三分の一を確保しているという。株価時価総額はエネルギー企業としてエクソンモービルに次ぐ。

ガスプロムは、天然ガス田を諸外国でも積極的に開発し、また計一五万二〇〇〇㎞のユーラシア大陸全域に及ぶパイプライン網を駆使して、国際的な「グレイト・ゲーム」に登場した。このパイプラインにより、ＣＩＳ諸国、東欧諸国は長く天然ガスを供給され、また西欧もウクライナ経由で購入してきた。ところが二〇〇五年、ロシアは、ウクライナ、グルジア、モルドヴァに対して天然ガスの値上げを宣告した。二〇〇六年一月には短期間ながら欧州向けの天然ガス供給を中断し、欧州では政治的動機を背景としたロシアの天然ガス供給停止に脅威感が高まった。また、東シベリアやサハリンの石油を中国、韓国、日本にどのようなルートで供給するかも、政治的争点となった(30)。このロシアの「パイプラインの政治」に対し、アゼルバイジャン、カザフスタンなどカスピ海沿岸の諸国にとって、ロシアを経由しないパイプラインを敷設して石油を海外に販売できるようになることは重要である。そして、アゼルバイジャンは、ロシアを経由しない二つのパイプライン・ルートを、一九九八年と二〇〇五年に完成させた。

第四節　「米国の石油」の終わり

石油史研究の第一人者ダニエル・ヤーギンが言うように、石油を確保した者が、二〇世紀の産業界の覇者となった。そして、巨大な富を蓄積し、世界の政治に大きな発言権をもった。こうした石油がもたらす富と権力は「褒美 prize」と呼ばれた(31)。これは、「覇権は冒険の勝利者に与えられる褒美だ」という英国の政治家ウィンストン・チャーチルの言葉からとられた。湾岸産油国の首長たちは、自国に大油田が発見されるたびに、「コーランと石油は神の恩寵《おんちょう》」と呼び、石油を「神からの褒美」と意味づけている。

しかし何ゆえの「褒美」なのであろうか。実際は、地球が蓄えた「エネルギーの貯金」を引き出す偶然に恵まれ、その幸運を富と権力に換える「グレイト・ゲーム」に勝ったにすぎない。偶然に恵まれない人々は、フランスの指導者シャルル・ドゴールがそうしたように「神の不公平に怒り狂う」。この「神の褒美」は、富と権力を築いた「石油人間」たちにとっても、正当化が不可能な現象である。この幸運ないし「神の褒美」はいつか消え去る、あるいは「石油は必ずいつかは枯渇する」という危機感が生じる。そして自らの存在と不釣り合いな富と権力をいつか失うという不安を生む。次の詩はそれを物語る。


石油！　恩恵ふかき石油、大地にひそむ人類の至宝！

石油！　憎むべき石油よ、汝《なんじ》は血と汗と涙と辛苦の種！

……

「石油で生きてきた人は石油によって死ぬであろう(32)」

米国の石油後期の到来と「ピーク・オイル」

米国の石油は、一九七〇年、「石油で生きてきた人は石油によって死ぬ」という前兆に直面した。その年以降「米国の石油生産量はピークを過ぎ、その後は次第に既存油田からの採掘が困難になり、また消費の増加に対して新規油田の発見が減少する」という現実に直面したのである。

これはすでに一九五六年、マリオン・ハバートというシェル石油で働いた地質学者が地質調査書で提起していたことであった。ハバートは、米国石油の「ピーク」を一九七一年と予想し、その年を頂点とした釣鐘《つりがね》型の石油生産量の経年変化のグラフを示した。これが有名な「ハバート曲線」である。[33]個々の油田は、生産のピークを過ぎると採掘に要する技術が複雑になってコストがかさみ、また油質が悪化して、ピーク以前に比べて急速に生産性が低下する。ハバートは、米国全体でも、全体としてのピークを過ぎると既存の油田の生産性が低下する、さらに、新規の油田発見が困難になる、と予測した。かれはこの問題を「ピーク・オイル」と名づけた。これは米国にとり、そしてとくに石油関連の諸産業にとって、不吉で不都合であった。そのため石油産業の関係者は、全力をあげてハバートの信頼性を落とそうとした。しかし米国の石油生産量は、実際、ハバートの予測より一年早い一九七〇年にピークに達した。[34]

ハバートの計算方法はきわめて単純であった。まず米国の昨年の原油ストック量Xを置き、それを増加させる第一の変数として、今年一年間に新規に米国で発見された石油埋蔵量Aを加える。そしてXを減少させる第二の変数として、今年一年間の石油生産量Bを差し引く。とすると今年の原油ストック量はX＋A−Bとなる。そしてこの計算を米国で最初に石油が発見された一八五九年から積み上げていったのである。

ハバートの予測を現実と対比させると、次のように言える。一九五三年を基準点とすると、米国の石油生産率B/Xは、旺盛な需要に応えて一九六九年までに四三％も増大し、ついに一九七〇年九〇〇万バレル/日のピークに達した。他方、この同じ期間に、米国の石油の新規の発見率A/Xは三五％も低下した。年を経るに従って新規に発見された油田の埋蔵量が少なくなっているのだ。

この石油生産量と新規発見量の二変数がクロスしてほぼ同じ値になるのは一九五九年からであり、その後は米国の原油ストックは横ばいが続き、一九六七年からは米国史上はじめて原油ストックが減少する兆しが見えはじめた。以降、米国は新規の石油発見量以上に石油を生産しはじめ、原油ストックは減少に向かった。

では、なぜ新規の油田の発見率が低下したのか。それには二通りの解釈が可能であった。ハバートは、多くの油田がすでに発見され、新規の発見が困難になっている、と見た。すなわち大規模で、油質が良質で、掘削条件がよく、そして消費地に輸送が容易な油田は、すでにほぼ発見しつくされている。言い換えれば、もはや米国内に未発見のよい油田は少ない、という解釈である。

第二の解釈は、新規発見率が低下したのは、油田を探鉱する努力を意図的に弱めた経営意図によるもの、という解釈である。ザップという地質学者は、油田を発見するために掘削する調査用井戸の深さごとの油田発見率を計算し、調査用井戸ごとに油田を発見する確率は落ちていないことを示した。ザップは、石油会社が経営上の判断に基づき、米国内での新規の油田を発見する努力を弱めたため、新規に発見される油田が減ったのだと言う。言い換えれば、現在の石油価格の水準では採算のとれる見込みのないような探鉱は行わず、今後石油価格が上昇して、採算がとれるようになってはじめて探鉱する、という経営政策である。これを待機政策と呼ぶ(35)。

ただし、この二通りの解釈は矛盾するわけではない。待機政策は、現在の石油価格の水準に対しては、米国内の大規模で、油質がよく、掘削条件がよく、消費地に近い油田はすでに発見されており、残されているのは小規模か、油質が重いか、掘削の条件が悪いか、遠隔地にある油田のみであると石油会社の経営陣が解釈していることを示しているからである。

では二つの解釈のいずれが適切なのか。それは、石油価格が大幅に上昇した後、新規の油田の発見率が上昇したか否かで判定できる。石油価格は一九七三年以降どんどんと上がり、一九六〇年代の五〇—一〇〇倍も高くなった。待機政策は解除されたはずであり、新たに探鉱を行う条件は整った。そして、実際、第一次石油危機以後の三五年間、米国政府は、石油自給率を上昇させるとして、新たな探鉱に努め、海底油田、メキシコ湾岸、極地アラスカまで探した。また、巨大石油会社は、すでに発見されている油田の回収率を上昇させるため、次々と洗練された技術を導入した。調査用井戸をたくさん掘ってみたが、大きな成果は上がっていない。「ハバート曲線」を大きく変化させるような新規の発見も、技術的突破も生じていないのである。前節で見たように、市場志向を強めた石油会社は、リスクを伴う油田の探鉱を避ける傾向にある。その間に、米国の原油ストックはどんどん汲み上げられた。その結果、米国の石油生産は採掘可能な量の半分を超えただけでなく、そのまた半分まで(計四分の三まで)使ってしまった。比喩的に言えば、米国の石油は、もはや「後半の後半」、あるいは「秋から冬へ」に移行しつつある。[36]

消費の拡大の継続

一八五九年の最初の油田発見以来、米国は膨大な石油埋蔵量を誇る石油大国であり、資源制約がないという条件のもとに、過剰な消費に高い文化的価値を置く石油消費文明を築いてきた。また米国の政治経済は、「欲求・要求が満たされる」ことを前提としてきた。ところが、それを一世紀以上支えてきた米国の石油生産は「ピーク」をはるかに過ぎ、自国の石油だけでは、制約と困難に直面する時代に突入した。ではなぜわずか一〇〇年余りでこのような事態に直面するようになったのか。その理由は、一国で世界の四分の一を消費してしまう並外れた消費量の大きさにあった。

しかも石油を大量に消費する産業・生活・都市形態は、一九五〇年代、エネルギー源を石炭から石油に転換する「液体革命」とともに、西欧や日本でも採用されるようになった。さらに一九九〇年代以降、中国やインドなど新興国も、エネルギー多消費型の生活スタイルに移行しようとしている。この増大する全世界の消費量は、地球の石油が「ピーク」を超える脅威を生んでいる。

石油の消費量の変化を見ると(37)、世界全体の石油消費量は、一九九七年には七三六〇万バレル/日、二〇〇七年には八五二二万バレル/日であり、一〇年間で約一六%増加した。そのうち、欧州・ユーラシア地域での伸びは二%に止まり、また、日本では一二%減少している。「石油危機」以降の三十数年間、石油資源に乏しい消費国では、省エネルギー化が進み、経済は成長してもエネルギー消費率は減らせるようになった。ところが、石油消費文明の本家である米国は、一九七〇年に「ピーク・オイル」にぶつかり、また三次にわたる石油危機に直面したにもかかわらず、旺盛な石油消費がほぼそのまま伸び続けてきた。もちろん、石油危機発生以降、八代の大統領が交代し、そのエネルギー政策は、政権ごとに揺れを見せるが、ジョージ・W・ブッシュ政権の「新エネルギー計画」報告書に典型的に見られるように、「消費の拡大」を不可欠とする石油消費文明を基本的に選択し続けてきた。一九九七年以降の一〇年間、北米地域の石油消費量は一二％の伸びを示した。

一九七五年から二〇〇六年までの間、米国の人口は一・四倍になった。これは人口が停滞する日欧との違いであり、エネルギー使用増をもたらす一因である。ただし、石油消費量の増加は人口増をはるかに上回る。石油消費量の増加を示す一つの指標として、米国の全自動車の走行総距離を見ると、「石油危機」直後の一九七五年からの三〇年間、単調に増加し二倍になった。一人当たりのガソリンの消費量は、一九八〇年代にいったんは低下したものの一九九〇年代から再上昇し、同期間を通じて見ると一・六倍になった。人口一人当たりの自動車の登録台数は〇・六台から〇・八台に増えた。米国人は、公共交通機関ではなく、これまで以上に自家用車を使うようになったのである。しかも一九八七年以降の二〇年間で、発売された自動車の重量が九〇〇ポンド重くなり、排気量は二倍近くになり、燃費も八％悪くなっている。ＳＵＶ（スポーツ・ユーティリティー・ビークル）は重く、燃費が悪く、事故死をもたらす確率が高いが、他の自動車に適用されている燃料規制基準を受けない。「脱自動車」をめざすどころか、自動車の省エネルギー化さえ行われなかった。(38)

このことは、米国人とその産業がこの三〇年間、「脱石油」を真剣に追求せず、むしろ「石油の海」に生き続ける選択をしてきたことを示している。なお米国は、世界最大の石炭埋蔵国であり、発電量の半分は石炭で確保している。

米国は、他の石油輸入国同様、石油を主に湾岸地域からの輸入に依存してきた。主な輸入国はサウジアラビア、クウェートなどである。米国政府は、イランのパーレヴィ・シャーの政権、サダム・フセイン政権、そしてサウジアラビア王家と、非公式な同盟関係を結ぶことによって、この湾岸地域の主導権を握り続けてきた。ただし、世界の石油の埋蔵量の三分の二が眠る湾岸地域では、一九七三―七四年の第四次中東戦争が、そして一九七九年のイランのイスラム革命が生じた。また一九八〇―八八年にはイラン・イラク戦争、一九九〇―九一年には湾岸戦争が生じたが、その原因の一つは石油の争奪であった。そしてそのたびごとに、米国は、石油を湾岸に依存する弱点をさらけ出し、公式・非公式に紛争に軍事介入し、ついに二〇〇三年にはイラク戦争を引き起こした。一九七九年のイラン・イスラム革命によりイランが、そして湾岸戦争によってイラクが米国の覇権の支柱ではなくなった。湾岸地域で残される主な同盟者は、サウジアラビア王家だけになった。そのサウジアラビア国内には米国に安全保障の上で依存しつつ、石油によって米国を支えることへの反発が起こっている。九・一一事件を引き起こした若者たちが主にサウジアラビアから現れたことは、米国とサウジアラビアの非公式の同盟が抱える本質的な不安定さを露呈している。[39]

中国のエネルギー消費

もう一つの焦点は、急激な経済成長をとげて「世界の工場」の地位を築いた中国である。[40] 中国は、一九七八年から二〇〇七年の三〇年間でＧＤＰが六倍となり、エネルギー消費は二倍になった。とくにエネルギー消費は、二一世紀に入ってからの伸びが著しく、石油の消費量は、二〇〇一年の四九二万バレル／日から、二〇〇七年の七八五・五万バレル／日へと、六年で一・六倍になり、二〇〇四年の石油消費は前年比一七％増を示した。その前後の時期から、中国は世界各地、とくに旧ソ連、アフリカ諸国で、石油と鉱物資源の長期的供給契約の確保に向けた活発な首脳外交を展開し、世界中を驚かせた。中国の石油消費量は、現在米国に次いで世界第二位であり、世界全体の消費の九・三％を占めている（表1参照）。

ただし中国のエネルギー事情は日米などと大きく異なり、人口一人当たりの石油消費量は〇・九リットル／日と少ない。この石油消費量が少ない段階で、「世界の工場」は資源制約と環境制約の挟み撃ちにあっているのである。

中国のエネルギー消費の急増は、日本の高度経済成長期のパターンとまったく異なり、エネルギー源が石炭から石油へと切り換わったわけではない。日本では一九五〇―六〇年代の高度経済成長期に、日本の石油消費の伸びが経済成長率を大きく上回り、エネルギー源を石炭から石油に転換する「液体革命」をとげた。ところが中国では、反対に経済成長率の方が石油消費の伸び（二一世紀に入ってからは四・六―七・八％）よりかなり高い。二〇〇七年のエネルギー源に占める石油の割合は、わずか一九・七％（天然ガスを含めると二三％）に止まっている。エネルギー源の七〇・四％は石炭なのだ(41)。石油の主な使途は輸送用のガソリンである。たとえば中国の新車生産台数は二〇〇七年に日本を追い越し、二〇一七年頃、米国を追い越すと予測されるが、しかし二〇〇七年の中国の自動車の保有台数は一〇〇〇人当たり二〇台前後と、先進工業国の一〇分の一以下であり、自動車の利用、すなわちガソリンの需要が爆発的に高まる前の段階にある。

しかし、中国国内の石油生産量が、消費量の伸びに追いつけなくなっている。中国は東部の大慶、勝利、遼河の三大油田(これで国内生産量の七〇％を供給)を誇り、一九七〇年代以降、産油国として石油生産量を伸ばし、一九八〇年代までは日本やシンガポールに輸出していたが、高まる国内消費に生産が追いつかず、一九九三年には石油輸入国に転じた。二〇〇七年には、消費量の約半分を輸入に依存している。今後、中国政府は、新疆《しんきょう》など西部での新たな油田発見に期待を寄せているが、たとえ油田が発見され、それがかなり大規模であったとしても、急増する需要の前には焼け石に水であろう。

国際エネルギー機関(ＩＥＡ)の予測では、中国の石油生産量は二〇一〇年代半ばにはピークを迎え、それ以降国内生産量はゆるやかに減少していくと見ている。さらに中国の石油の消費量が現在の趨勢《すうせい》のままで伸びていくとするなら、二〇二五年には中国の石油消費量は現在の約二倍となり、二〇三〇年には石油消費量の八〇％を輸入に頼る状態になる、と予測している(42)。

中国は、拡大していく需要を満たすため、一九九三年に石油輸入国となった。そして、二〇〇四年以降の石油価格の高騰に見舞われた。中国自身の需要の増加が原因の一つとなって、原油の国際価格を押し上げた。中国政府はガソリンなど石油製品の価格を統制下に置いており、二〇〇四年以前、国内価格は国際価格より高かったが、二〇〇四年以降は逆転した。ところが、中国政府が国内の石油製品の価格を引き上げるペースが遅く、値上げ幅が低かったため、石油製品価格に原油の値上げ分を転嫁できない精製業者は、損をしてまで製品化するより、生産のペースを落とし、また海外の製品を売るなどした。そのため、二〇〇五年には石油関連全体では前年度比で〇・三％の売上げの減少となった。ただし石油製品の価格を国際価格より引き下げる補助政策は、国家財政に大きな負担となるため、国内価格はその後徐々に国際価格に近づけられている。また二〇〇八年には、中国は石油の輸入だけでなく、石油製品の純輸入国にもなった(43)。非常に豊かなはずの中国の財政も、長期の石油高騰に耐えることは容易ではない。

また中国は、鉄鋼、セメント、金属、アンモニアなどエネルギー多消費型産業が成長のエンジンとなり、「世界の工場」となった。ここから明らかなように、中国GDPの世界全体に占める比重（購買力平価では一四・五％、市場交換率では五％）に比べ、鉄鋼、セメント、アンモニア生産の世界全体の生産に占める比率はそれぞれ三一％、四七％、四三％と非常に高い。これらのかなりの部分は輸出され、最終消費地の多くは米・日・欧である。しかも、これらの産業の省エネルギー技術が遅れているため、非常にエネルギー効率が悪い。こうしたエネルギー多消費型の「世界の工場」を動かすエネルギー源の大部分は石炭である。成長率に比して石油への転換が進まない反面で、一九九〇年代後半にはいったん減少傾向にあった中国の石炭生産量が、二〇〇〇年から再度上昇に向かった。その結果、エネルギー源に占める石炭の割合が二〇〇七年には七〇・四％にまで押し上げられた。同年の石炭生産量は二七・四億トンである(44)。

中国は世界第三位の石炭埋蔵国で、いまや世界の石炭生産の三〇％を占める世界最大の石炭生産国である。その上二〇〇七年には中国は石炭輸入国になった。ＩＥＡは、中国のエネルギー源に占める石炭の比率は五〇―七〇％で推移し、石炭の輸入もこのまま単調に増加し続け、二〇三〇年には年間一億三〇〇〇万トンの輸入超過になると予測している。こうした動きは、中国が石油の調達に困難が生じており、石炭を主たるエネルギー源とする工業化の道へと押し戻された、と解釈できる(45)。

石炭に依存する度合いは、インドの方が中国よりも高い。成長を続ける新興国であるインドは、中国以上に、石油の入手が制約されている。中国は石油消費量の半分近くを自国で生産できる世界第四―五位の石油生産大国であるのに対し、インドの石油の埋蔵量はその三分の一程度であるからである。そのためインドもまた石炭の生産を増やし、いまや中国と米国に次ぐ世界第三の石炭生産国となった。このように石油価格の高騰に妨げられ、中国とインドが石炭によってエネルギー制約の突破を試みているが、しかし、両国が石炭に依存し、膨大な量の石炭を輸入することは、すぐさま石炭の国際価格を押し上げる結果を招くことになるであろう(46)。

さらに深刻なのは環境問題である。大量の石炭の生産は、すでに第二節で指摘したように、「ぼた山」が水を汚染し、地盤沈下を生じさせて耕地を減少させ、水資源に脅威を与えている。またその大量消費は、煤煙、モルタル状の灰・カス、一酸化炭素、二酸化窒素、二酸化硫黄など有害物質を排出し、同じ鉱物エネルギーでも石炭の方が石油より環境を悪化させる。また炭鉱事故が深刻な問題となることも容易に理解できるであろう(47)。

まとめ

エネルギー需要

近年のエネルギー需要状況は、次の五つの命題に表現できる。

①従来から大量の石油を消費してきた先進国では、世界の石油の四分の一を消費する米国で消費を拡大する傾向が続いているが、欧州は横ばいであり、日本では減少傾向にある。

②中国・インドなどの新興国は、米・欧・日に比べ一人当たりの石油消費量は少ないが、急速に石油の需要が高まっている。こうした新興国の石油への需要が石油価格を押し上げる原因となっている。

③新興国における主なエネルギー源は石炭であり、主なエネルギー源が石炭から石油に変わることはなく、石炭消費量が急増し、またその需要によって石炭価格も上昇している。

④以上より、石油と石炭がともにより多く消費される傾向にあり、それに供給が追いつかない状況が生まれている。

⑤またエネルギー消費の増大により、環境悪化を招いている。

エネルギー供給

近年のエネルギー供給状況は、次の四つの命題に整理できる。

①既存の油田の多くが、生産のピークを過ぎ、採掘の困難と油質の悪化が進み、生産の限界費用が上昇している。

②油田の探鉱により、大規模で、油質がよく、掘削の条件がよく、消費地に近いものが新たに発見されなくなり、発見されるのは小規模で、油質が悪く、掘削条件が悪く、消費地から遠いものが多くなる。

③石油、石炭ともに「安いエネルギーの時代」が終わり、エネルギーの高価格化と乱高下が中・長期的に続く。

④エネルギー資源をめぐる非ゼロサム状態からゼロサム状態への移行であり、供給の不安定化と資源の争奪などによって対立が高まることが懸念される。

以上の①—④は、物理的に枯渇した埋蔵ゼロを意味するのではなく、可採埋蔵量の相当部分が残存していることを意味するが(表4)、供給が不安定化して社会的にパニックを生じやすい。

この供給不足への対策としては、消費するエネルギー量を、無理なく利用できる範囲内に抑えていくという考え方がある。その考え方は、提唱者エイモリー・ロビンズによって「ソフト・エネルギー・パス」と呼ばれた[48]。次の五点からなる「ソフト・エネルギー・パス」への転換が今日ほど求められているときはないであろう。

①中期的将来の目標として、エネルギー源には、太陽光、風力、水力、潮力などを用い、再生可能なエネルギーに依存する。これは人間が活用しようがしまいが、たえず太陽から地球に降り注ぐエネルギーのフローであり、石油のような太陽エネルギーの「貯金」とは異なり枯渇しない。

②ソフトエネルギー技術は分散的である。巨大電力会社の巨大発電所から長距離を送電するのに対比し、ソフトエネルギーは、需要の現場に近く、需要される状況に応じて成り立つことができる。

③ソフトエネルギー源は地理的にどこにでも存在する自然エネルギーを自由に適合させて利用する。それは石油資源が地理的に偏った場所にしか存在しないことと対比される。

④ソフトエネルギーは、最終的に需要されるエネルギーの質、たとえば電気として機械を動かすのか、それとも暖冷房用に使うのか用途に見合ったものである。

⑤ソフトエネルギーは、既存のエネルギー産業や科学技術の専門家に情報が独占されていない技術である。

表4　国別石油可採埋蔵量
上位10カ国(2007年末)

順位	国　名	可採埋蔵量 億トン	%
1	米国	2,427	(28.6)
2	ロシア	1,570	(18.5)
3	中国	1,145	(13.5)
4	オーストラリア	766	(9.0)
5	インド	565	(6.7)
6	南アフリカ	480	(5.7)
7	ウクライナ	339	(4.0)
8	カザフスタン	313	(3.7)
9	ポーランド	75	(0.9)
10	ブラジル	71	(0.8)

出典) *BP Statistical Review of World Energy*, 2008.

（1）「石油の供給制約が生じる」という警告は、一九五六年のマリオン・ハバートの「ピーク・オイル」予測（註33）参照）、一九七二年のメドウズらの『成長の限界』、そして近年では Campbell, Colin and Laherrere, Jean, "The End of Cheap Oil", *Scientific American*, March 1998, pp. 59-65 などで主張されている。

（2）ＡＰＳＯデータ・ベース（http://www.aspo.org）.

（3）ジェレミー・レゲット『ピーク・オイル・パニック』益岡賢他訳、作品社、二〇〇六年、第二章（Leggett, Jeremy, *Half Gone: Oil, Gas, Hot Air and the Global Energy Crisis*, London, Portobello Books, 2005, ch. 2）.

（4）マシュー・シモンズ『投資銀行家が見たサウジ石油の現実』月沢李歌子訳、日経ＢＰ社、二〇〇七年、二二八—二三九頁（Simmons, Matthew R., *Twilight in the Desert: The Coming Saudi Oil Shock and World Economy*, Hoboken, John Wiley, 2005）は、この油田が中・長期的な供給力を維持できるかを検討し、多くの状況証拠を積み上げ疑問を提示している。Campbell, Colin J., "The Truth about Oil and the Looming Energy Crisis"; http://www.aspo.org; Shah, Sonia, *Crude: The Study of Oil*, London, Verso, 2004 もほぼ同趣旨。ガワール油田のような超巨大油田について、なにが「ピーク」なのかの前例がなく、また、情報が公開されないため、不確定要素が多く残されている。

（5）Ｅ・Ａ・リグリイ『エネルギーと産業革命』近藤正臣訳、同文館出版、一九九一年、第三章（Wrigley, Edward A., *Continuity, Chance and Change: The Character of the Industrial Revolution in England*, Cambridge University Press, 1988, ch. 3）.

（6）リグリイ『エネルギーと産業革命』八九—九三頁。

（7）Cipolla, Carlo M., *The Economic History of World Population*, London, Penguin, 1979, p. 56 に引用。

（8）エドワード・トムスン『イングランド労働者階級の形成』市橋秀夫他訳、青弓社、二〇〇三年；Yergin, Daniel, *Prize*, New York, Simon & Schuster, 1991, p. 543.

（9）Ophuls, William, *Ecology and the Politics of Scarcity*, San Francisco, Freeman, 1973, pp. 88-90.

(10) Yergin, *Prize*, pp. 26-34.
(11) トクヴィル『アメリカのデモクラシー　第二巻(上)』松本礼二訳、岩波文庫、二〇〇八年、二二二―二四四頁。
(12) Yergin, *Prize*, pp. 39-44.
(13) Tugendhat, Christopher and Hamilton, Adrian, *Oil: The Biggest Business*, Deborah Rogers, 1975(C・トゥーゲンハット、A・ハミルトン『オイル　巨大ビジネス』中原伸之訳、早川書房、一九七七年、二九頁); Yergin, *Prize*, pp. 26-28.
(14) Yergin, *Prize*, p. 37.
(15) *Ibid.*, p. 37-39; トゥーゲンハット、ハミルトン『オイル　巨大ビジネス』二七―二八頁。
(16) *Ibid.*, ch. 2; トゥーゲンハット、ハミルトン『オイル　巨大ビジネス』第二章。
(17) 中村研一「エネルギー問題を考える」、大西仁・高橋進・中村研一『国際政治』東研出版、一九八四年、八二―八六頁。
(18) Bell, Daniel, *The Coming of Post-Industrial Society*, New York, Basic Books, 1973, pp. 279-282(『脱工業社会の到来(下)』内田忠夫他訳、ダイヤモンド社、一九七五年、三六四―三六九頁)。
(19) S・ハイマー『多国籍企業論』宮崎義一編訳、岩波書店、一九七九年、三五二頁。
(20) アンソニー・サンプソン『セブン・シスターズ』大原進・青木榮一訳、日本経済新聞社、一九七六年。
(21) "New Seven Sisters", *Financial Times*, March, 11, 2007.
(22) トゥーゲンハット、ハミルトン『オイル　巨大ビジネス』四九―五〇頁。
(23) トゥーゲンハット、ハミルトン『オイル　巨大ビジネス』五七―七〇頁。
(24) Yergin, *Prize*, p. 156.
(25) *Ibid.*, p. 723.
(26) *Ibid.*, ch. 35.

(27) シモンズ『投資銀行家が見たサウジ石油の現実』五七―六六頁。
(28) Yergin, *Prize*, ch. 21.
(29) シモンズ『投資銀行家が見たサウジ石油の現実』第五章参照。
(30) 長谷川榮一『石油をめぐる国々の角逐』ミネルヴァ書房、二〇〇九年、四一―一〇七頁。
(31) ヤーギンは石油史に関する大著に「褒美 prize」という表題を付した。チャーチルの引用は Yergin, *Prize*, p. 11. ドゴールの引用は p. 414 にある。
(32) トゥーゲンハット、ハミルトン『オイル 巨大ビジネス』の題辞に掲げられたサー・アラン・ハーバートの詩の一部。トゥーゲンハット、ハミルトン『オイル 巨大ビジネス』三〇―四八頁を参照。
(33) Goodwin, Stephen, "Hubbert's Curve", *Country Journal*, November 1980, pp. 56-61.
(34) マイケル・T・クレア『血と油 アメリカの石油獲得戦争』柴田裕之訳、NHK出版、二〇〇四年、三六頁。
(35) Deffeyes, Kenneth, *Hubbert's Peak: The Impending World Oil Shortage*, Princeton University Press, 2001; バリー・コモナー『エネルギー 危機の実態と展望』松岡信夫訳、時事通信社、一九七七年、第三章。
(36) レゲット『ピーク・オイル・パニック』第三章。
(37) 長谷川榮一『石油をめぐる国々の角逐』一七四―二〇五頁。
(38) 長谷川榮一『石油をめぐる国々の角逐』一七五頁、図3-1、図3-2。リンダ・マクウェイグ『ピーク・オイル』益岡賢訳、作品社、二〇〇五年、一六六―一七六頁。
(39) 湾岸戦争については、中村研一「サダム・フセイン政権の戦争観」『世界』一九九一年四月号、「中東における平和の条件」『世界』同年六月号を、イラク戦争についてはクレア『血と油』を参照。
(40) 長谷川榮一『石油をめぐる国々の角逐』二〇六―二九九頁。
(41) 長谷川榮一『石油をめぐる国々の角逐』二六五頁。
(42) International Energy Agency, *World Energy Outlook*, 2007. なお、民間の研究機関ピーク・オイル研究協会

は、二〇〇三年に中国の石油生産量はピークを迎えたとしている。
(43) 長谷川榮一『石油をめぐる国々の角逐』二六五―二七二頁。
(44) 張坤民「低炭素世界に向けた中国の役割と戦略」、吉田文和編『地球温暖化に立ち向かう』北海道大学、二〇〇八年、八〇―八一頁、九三頁。長谷川榮一『石油をめぐる国々の角逐』二七三頁。
(45) フランソワ・ラファルグ『ブラッド・オイル』藤野邦夫訳、講談社、二〇〇九年、三六―三九頁、五三―七一頁。
(46) 長谷川榮一『石油をめぐる国々の角逐』二七三頁、張坤民「低炭素世界に向けた中国の役割と戦略」九五頁。
(47) 中国では「エネルギーに起因する環境問題のなかで、石炭による問題がもっとも深刻である」として、「脱石炭化」が環境問題の解決策として提唱されていたが、この「脱石炭化」の構想は挫折している。また、中国の炭鉱事故の死者数は、二〇〇四、〇五年の各年は六〇〇〇人と報じられた。李志東『中国の環境保護システム』東洋経済新報社、一九九九年、二二九、二八三頁。*Financial Times*, October 18, 2006.
(48) エイモリー・ロビンズ『ソフト・エネルギー・パス』室田泰弘他訳、時事通信社、一九七九年、八六頁。

第五章　環境破壊

舟が止まった。

「終点だ。この先は小舟に乗れ」

船長はただ一人の客であったわたしにスペイン語風の英語で叫んだ。一九八一年春、メキシコ・ユカタン半島の根元に着いたはずだ。「向こう岸はベリーズですか」と聞くと、艫綱《ともづな》を握りしめた船長は、前方の河をじっと見つめたまま目を動かそうとしない。

きらきらと光る大河が、闇の森を切り裂いて伸びていく。その先の森の頂きには銀色の月がかかり、河を金属の帯のように輝かせていた。そして河の両岸には、月光をはね返して静まりかえる森の闇が奥深く広がっていた。そそり立った太い幹には蔓草《つるくさ》がまきつき、その下から生える巨大な茎が、重そうな葉と実を河の水面に垂らしていた。舟のライトが照らし出している木の葉も、花を咲かせている小さい草も、すべてが動かない。空気までが「太古のまま悠久《ゆうきゅう》です」とでも言うように動かない。ただ滑ってくる舟の小さい黒影だけが魔法にかかったように河を動いていた。

輝く河に小舟でこぎ出した。そして森の光る空気に包まれると、突然、全身を畏怖《いふ》感が貫いた。この森は人類が誕生するはるか以前からあったに違いない。太古の森は、場違いにもスーツ姿で迷い込んだわたしに、「お前の来るところではない」と言っているようだった。一刻も早く逃げ出したいわたしを乗せて、小舟は、光る闇の奥へと進んでいた。

第一節　森林消失

森林には何十万、何百万もの種が相互依存しながら共存している。地球上の植物体総量の九〇％が森林にある。そして森林の光合成生物が、地球上で生産される有機物の約四五％を生産している。とくに熱帯雨林には、種名が付けられた生物の半数以上が分布し、まだ名が付けられていない無数の種がすんでいる。森林は生物多様性の中心である。

また森林には、水を貯め、大気中に水蒸気を循環させる「貯水池」の機能がある。森林のもつ葉の表面積の総計は、森林面積のほぼ一〇—二〇倍に相当し、また根の長さの総計は数千kmにも達する。長大な根が水を吸い上げ、広大な葉の表面から水を蒸発させる。森林に降り注ぐ太陽からのエネルギーの六〇％を蒸発熱に転換し、水蒸気を上空に送り出す。そしてその水蒸気は、森林のはるか上空で雲となって大気圏外に熱を捨て、さらに雨となって再び森林に降り注ぐ。森林は水の循環器であり、また熱を吸収し放熱する温度調節器である。

森林はかつて地球の陸地の四〇％以上を占めていた。古代文明は、緑豊かな森に囲まれていた。その森を人間が有史以前から破壊してきた。木が主な燃料であった時代、森林消失は、古代のギリシャやペルシャ文明でも深刻であった。森林消失とは木が一本もないか、木々が残っていても、ひどく荒廃し、まもなく枯れてしまう状態を指す。人間は森林を消失させ、文明の拠って立つ基盤を自ら破壊した。ただし、その破壊は、局地的であった。人々は荒廃した土地を捨てて移住し、その土地の森林もまた破壊したのである。今日、イランからインドに向かう飛行機に乗ると、眼下には、どこまでもむき出しの砂漠が広がっている。森林消失がどんどん加速した結果、森林は陸地の約二〇％以下になってしまった。

アマゾンの森林消失

ブラジル政府は一九七〇年、地球最大の熱帯雨林アマゾンに土地のない貧民を移住させる「アマゾン入植計画」を開始した。[1] その帰結を、一九九三年生物学者エドワード・ウィルソンはこう書いた。

(森林伐採は)あらゆるところで加速していったが、ことに悲劇的な規模に達したのは、ブラジルのアマゾンである。……小農や大地主に雇われた日雇い労働者の小隊が、切り倒した高木や低木を焼き払うために火を放つ。一九八七年には……アマゾン四州の約五万平方キロがこうして切り開かれ、焼き払われた。……森林伐採は政府の援助による道路建設と、政府が公認する農民定住政策によって、どしどし進められているのだ。その規模は皆殺し《ジェノサイド》のレベルに近づいて

いる。(2)

やがて「アマゾン入植計画」の失敗が明らかになり、一九九〇年代以降、森林消失のペースは落ちた。しかし、流域の熱帯雨林は、年平均で約一万㎢ずつ減少している。世界資源研究所は、各地域の専門家から集めた情報をまとめて、森林消失の最大の原因は商業伐採であると断じた。(3)典型的には、まずアマゾン横断ハイウェイのような、森林を切り裂く道路が造られる。道路建設は巨額の費用がかかるため、政府の財政か、国際機関からの借款《しゃっかん》による。ついで伐採業者が政府から伐採権を得て、機械とトラックをもって現れる。伐採業者は、商業的価値のある木だけを伐採するが、伐採や輸送の過程、集積場の建設が植生や土壌を傷めつける。熱帯雨林の表土は、非常に薄いため、「しめった砂漠」と形容される。植生という傘を失った薄い土壌に直接雨粒が当たると、土壌が流出し、岩肌がむき出しになり、砂漠に変わってしまう。商業伐採以外の原因は、鉱山開発とそれに伴う道路建設、農地開発である。また焼畑耕作も、畑を焼く速度が自然林に回復する速度を上回る場合、森林を荒らすことになる。こうした森林消失は、原因が明らかになりながら、歯止めがかからないのである。

「はげ山」の再生

ただし「森林消失」と言われても、日本では実感が湧かない。飛行機から眺める日本列島は、緑の森林がとぎれることなく続き、陸地の約三分の二が森林に覆われている。日本を訪れた外国人は、この森林を美しいと言う。そして「自然と共生する日本人の美意識の影響か」などと問われると、「そうかもしれない」などと答えたくなる。

しかし、日本が森林大国である理由は別のところにある。日本史家コンラッド・タットマンによれば、日本史には、山里に高い木のあまりない「はげ山」の多い時代が三回もあった、という(4)。七―九世紀の国家形成期、安土桃山時代から江戸初期、そして、太平洋戦争とその直後である。そのいずれの時代も、木材の需要が急増し、大規模な森林破壊が行われた。日本列島の森林史は、「はげ山」と「森林再生」の間の曲折をくり返してきたのだ。

とくに、統一権力が確立された安土桃山時代・江戸初期には、列島各地が「はげ山」に向かった。戦国の覇者たちが記念碑的な大規模土木工事を、大量の木材を使って行った。また耕地を増やすため、森林が切り開かれて開墾された。さらに薪や炭がもっとも重要な燃料源として大量に使われた。木材資源が足りなくなったところに、一六五七年、江戸が明暦の大火に見舞われた。焼失した江戸再建のため、木材需要が急増し、全国で木が切られ、その結果、森林生産物の不足が列島全域に広がった。それに対して幕府と大名は、貴重品となった木材と燃料を確保するため、森林伐採を規制する官僚組織をつくりあげた。

それ以降、幕府と大名たちは稀少資源の材木を持続可能な形で欲したため、厳しい伐採規制に基づく造林を実施した。また山の民の共同体では、肥料、燃料、飼い葉などを山林から採取するため、規制ルールをつくった。そして幕府・大名と山の民との間で、山林の管理をめぐる厳しい対立が生じた。

江戸中期の一七世紀後半に、森林再生の哲学が生まれた。たとえば熊沢蕃山《ばんざん》は、「山が豊かである（「山茂る」）と、そこから土砂が谷に出ない。すると川が浅くならないので洪水の心配もない。森林再生によって、すべてが体系的に豊かになる（「富裕の大業」）ので、それを一つ一つ数え上げることができないほどだ」（『大学或問《わくもん》』）と述べている。造林技術を普及させる記述が、『農書』と呼ばれる実践行政の担い手たちのマニュアル本にあふれてくる。「一〇カ所の面積をそれぞれ一年ごとに植林せよ。最初に植えたところを一一年目に伐採し（これを「輪伐」という）、そこを植林せよ。そうすれば毎年一定量の木材を伐採できる」「樹木の育て方は一〇年くらい手入れをしてやれば、あとは人手をかけなくてもよくなる」など、森林再生の努力は、人間の利益として戻ってくると説かれ、管理された造林が全国に普及していった(5)。

タットマンは、「（日本列島の）豊かな緑は、たんなる自然の恵みでもなく、また日本人の特別な美的感覚を示すものでもない。この列島が一つの大きな保護林のように守られてきた背景には、何世代にもわたる人々の大変な努力が隠されている」(6)と述べる。いったん「はげ山」になりかかった森林が、再び回復した要因として、次の五点を挙げる。

①食料、肥料、燃料を得るために、落葉広葉樹林を保存したことが生態系として森林を豊かに保った。

②大鋸《おが》と荷車の使用を制限した。技術発展を止め、輸送を制限したため、伐採を防いだ。
③森林保全の思想が広がったことが幕府や大名の政策に影響した。
④留山《とめやま》、留木《とめき》、割山など非常に多くの制度が発展し、持続的な森林利用が可能になった。
⑤欧米と異なる食生活から、山羊や羊などを放牧する空間を必要としなかった。

また、タットマンの本を翻訳した林政学者熊崎実は、「日本人もほかの民族と同じように森林を破壊し、必要に迫られて森林の回復に立ち向かった。それが成功したのは、自然的、技術的な要因や、思想的、制度的な要因、さらにはエコロジカルな要因がお互いに絡み合って好都合な方向に作用したからである(7)」と書いている。

『夜明け前』

森林をテーマとした小説に、文学史に名高い島崎藤村の『夜明け前』がある。藤村は、木曾谷を舞台に、江戸から明治にかけて山林規制が厳しくなっていった経緯を三段階に分けて記述する。第一は、「山の民」が、木にかけられた税金である木租さえ納めれば、それ以外は自由に山林を利用できた時代である。ところが一七世紀初頭、木曾谷を領地として得た尾張徳川家は、林業の技術と資本を導入して、年一〇〇万石もの材木を伐採した。そして、過剰伐採の結果森林資源の枯渇が心配されるようになった。明暦の大火の八年後の一六六五年、「留山」という、山の民の利用を制限する尾張藩の直轄支配の時代がやってくる。

第二は、一七二四年以降、檜《ひのき》以下五種類の木(木曾五木)の伐採を禁止する「留木」と呼ばれる伐採制限と造林政策が進められた時期である。この時代、尾張藩は、山の民の盗伐に「木一本首一つ」という厳罰主義によって過酷な規制を行った。

第三期は明治維新期である。主人公青山半蔵は、王政復古によって、山の民を縛っていた利用規制が解かれることを期待した。しかし、実際には木曾谷の諸村の山林も、「木曾五木」の生える山も、すべて官有林とされてしまった。尾張藩さえ許していた山林使用の自由が、近代的な明治政府によって完全に抑圧されてしまう。それに抗して半蔵は政府相手に奔走し、ついに絶望から乱心していくのが、『夜明け前』の物語である。

興味深いことに藤村は、タットマンと同じ山林規制を追いながら、違う物語を紡ぎ出している。藤村の主人公青山半蔵は、山林にすがって生きるしか術のない「木曾谷の民」の苦しみを立脚点として、「木曾山を失おうとする人民のため争おう」とする。この半蔵は、木曾谷の民が森林を利用する自由とかれらの解放に価値を見定め、そのため尾張藩や明治新政府に対峙する。日本人のだれもが知る『夜明け前』の主人公は、山林規制の犠牲となった「木曾谷の民」の苦況を代弁する代行者《エイジェント》なのである。この山の民の代行者に視点をすえることで、藤村は、森林というテーマを、「木曾谷の民」の苦しみに重ね合わせ、それと「尾張藩・明治政府」という人間の対立として翻訳することができた。

森林生活者

「山の民」や「森の民」は、たしかに森林を人間の問題に翻訳する重要な立脚点である。なぜなら、森林生活者は、森林自体の価値を高めることが自分たちの生命を高めることに直結するからである。また森林の恵みによって生きるほか術をもたない「山の民」は、「森林の再生と保全」という「(人間を含む必要のないという意味から非人間的な)システム的価値」が、かれらの「自由と豊かさ」という「(人間の生活に直接影響する)人間的価値」に直結している例外的な人々だからである。かれらを除けば、森林の「システム的価値」が、ただちに自身の「豊かさと自由」に結びつく代行者《エイジェント》はほとんどいない。

反対に「森林の荒廃と消失」が生じたとき、生活自体が解体される被害者は、森林生活者である。ディープ・エコロジストとして知られるヴァンダナ・シヴァは、ヒマラヤの森林生活者によるチプコ運動を立脚点とし、チプコの「生命を高める林業」のパラダイムをもって、利潤極大化を目的とする商業的林業のパラダイムに対抗している。しかし、人間社会に視点を限定するなら、森林生活者は少数者であり、政治的弱者である。森林消失という大規模生態系破壊《エコサイド》は森林生活者の「文化的な皆殺し」を招く。アマゾンでもコンゴでも木曾谷でも、森林生活者が居住空間を失って追いつめられ、都会に流出し、「文化的な皆殺し」を体験するが、それは森林の皆殺し《ジェノサイド》と重なり合う。(8)

「富裕の大業」というリスク回避

「山の民」「森の民」以外の人間にとって、「森林の再生・保全」というシステム的価値は、「豊かさと自由の実現」とは独立した価値である。たとえば尾張藩は、記念碑的土木工事のため、あるいは木材の価値のため森林を過剰伐採し、後になると、稀少価値となった木材を安定的に調達することを目的に、森林の再生をはかった。いずれも森林自体ではなく、木材の供給に価値を見出していた。

それに対しタットマンが「森林保全思想」の提唱者と呼ぶ熊沢蕃山や渋江政光、そして造林の現場にあった多くの実践家たちは、「はげ山」になりかかった森林というシステムの崩壊が、人間社会にもたらす広範囲なリスク回避を立脚点としていた。かれらにとって「山茂り」「山の宝」(「森林の再生」「森林保全」)が機能を発揮するのは、土砂崩れを防ぎ、洪水を予防し、無数の改善をもたらす「大業」の政策的な要石だからであった。かれらは、森林を消失させた結果、波及的に生じる二次的・三次的な災禍のリスクより、育成的林業に移行して「山の宝」の機能を回復させるコストの方がはるかに低いことを計算した実際主義者、合理主義者であった。

歴史の後知恵で見るなら、二次的・三次的な災禍を食い止めるための「山茂り」「山の宝」の思想の働きが、結果として、種の多様性を維持し、土地の劣化を防ぎ、持続的な森林の生産に寄与した。また「山の民」に生活の場を与えたのは、政策の副産物であり、その目的ではなかった。この、人間社会システムの災禍を予防するリスク回避者たちに焦点を当てたことによって、タットマンは森林保全を人間の物語につなげることができた(9)。

この森林生活者とリスク回避者たちの営々たる努力に比して、一九六〇年以降、日本の森林の美しさを支えたのは、「森林を保全する努力」ではなかったことを強調しておかなければならない。

日本の木材自給率は、木材の輸入を自由化した一九六〇年当時八六・七％だったが、それ以降一貫して減少を続け、一九九九年には一九・二％になり、必要量の八割を海外から輸入している。しかも石弘之が言うように、「日本は、木材という本来は再生可能な資源を、再生不可能なまでに破壊した略奪的とも言える大量輸入をおこなった」(10)。一九八〇年代、日本が主に木材を輸入したサラワクの先住民は「私たちの森はなぎ倒され、……聖なる墓は冒瀆《ぼうとく》され、沼や川は汚され、植物ははぎ取られ、森の動物は殺され、あるいは逃げていった。抵抗の声をあげ、助けを求めるより他に、私たちに何ができるというのか」と宣言している(11)。「平成の青山半蔵」は、木曾谷にではなく、遠いサラワクにいたのである。

日本は今日、世界の丸太輸入の三分の一を占める木材輸入大国である。日本の森林は年々成長し、もしかりにその成長量を木材として使えば、その分は外材を使わずに済む。しかし、森林の成長量の三分の一以下しか木材に生産しておらず、残りはそのまま放置している。過去のような育成的林業の努力はほとんど放棄されている。

一九六〇年以降、日本の森林が豊かなのは、一方で、安い外材を買いあさって海外の森林を「はげ山」にしてきたことと、他方で、林政の失政によって日本の林業が市場競争に参入できないことに支えられている。

第二節　生態系と人間

水、土、それをおおう植物のみどりのマント――こうしたものがなければ、地上から動物の姿は消えてしまうだろう。現代に生きる私たちは考えてみたこともないが、草木がなければ人間も死滅してしまうのだ。植物は太陽のエネルギーを使って、私たちの食料をつくっている。そのくせ、人間は草木について勝手きわまる考えしかもっていない。なにか自分の役にたつとなると、一生懸命世話をするが、気にくわないと、いためつけたり、ひっこぬいたりして平気だ。そしてもともと、植物のことなど考えてみることもない。(12)

昆虫学者レイチェル・カーソンは、草木や昆虫の視点から人間を見ている。

近代人が「自然」や「環境」に関心をもつのは、利害得失の対象となるもの、「役に立つ」とか「害になる」ものなどである。物理的環境では、「好天か雨が降るか」、動物では「利益になる家畜・益虫か害獣・害虫か」などに限られる。「雑菌と雑草はない方がいい」というのが、近代人の合理性である。自然とはいっても、近代人の価値判断や関心から切り取られた一部のみが「自然」として選び出されている。

カーソンら生態学者はこの見方を逆転させた。生態系から見るなら、「人類《ホモサピエンス》」も草木や昆虫と同じ何百万の種の一つに過ぎない。人類も光を浴び、大気に包まれ、呼吸して息を吐き、ものを食べて排泄し、エネルギーを使って排熱して生きる以上、その生態系の一部であって、そのなかで生かされてきた。しかし近代人は、その逃れようのない事実から飛躍して、自分を包んでいる物理的環境と人類以外の種に、「それらを自分たちの意志どおりにつくりかえることが使命だ」という倫理観から接してきた。カーソンは、生態系のなかで人類を支えている昆虫たちを、DDTで殲滅《せんめつ》しようとしたため、当てが外れて逆に人間の害になる様を描いた。

人間たちが満足のいくように勝手気儘《きまま》に自然をかえようと、いろいろ危ない橋を渡りながら、しかも身の破滅をまねくとすれば、これほど皮肉なことはない。でも、それはまさに私たち自身の姿なのだ。(13)

カーソンは「身の破滅をまねく」あまりに人間中心主義的な価値観を問い返し、生態系のなかに価値を発見することによって、近代以後の新たな倫理を築こうとしている。

近代とは人間価値の上昇を意味する。デカルトは「神は人間を自分の姿に似せてつくり、また鳥や動物をオモチャとしてつくった」と言った。デカルトは人類を至高の存在である神の高みに引き上げ、動物や鳥を「オモチャ」の地位に引き下げた。人類とそれ以外の種の間に明確な一線を引いた。人類は特権的な種で、人類以外は特権のない「その他」に一括された。近代人は、他の人間を尊重し、共感することを奨励された。しかし、昆虫や動植物、あるいは物理的環境は、尊重と共感の対象となるだけの価値は置かれない。「ヒト(のみ)に尊厳と人権がある」と信じ、反対に「ヒトでない動植物や虫には固有の価値がない」と信じてきた。ヒューマニズムは、ヒト以外の非価値化を積極的に進めてきた(14)。

近代の歴史観は、比喩的に言えば、地球史の主役は人間というシンデレラなのであり、カボチャは「シンデレラの馬車」に化けてはじめて意味がある。「他の種や物理的自然」は、人間を基準として擬人化ないし舞台に配置されてはじめて、敵役《かたきやく》・端役《はやく》などを割り当てられる。こうした近代の観点を「人間中心的 anthropocentric な観点(15)」と呼ぶ。

エコロジーの観念

エコロジー ecology は、一八六六年のヘッケル(一八三四―一九一九)の造語である。彼は、エコロジーを「生物とそれをつつむ外界の関係にかんする総合科学」と定義した。ただし、同じような観念は、ヘッケルがエコロジーという言葉を発明する前から、青山半蔵や熊沢蕃山はじめ多くの人々によって抱かれ、「環境」「自然」などの別の言葉で表現されていた。

科学史家ドナルド・オースターは「エコロジーは、町にふらりとあらわれた旅人のように、過去をもたず、気づいたときにはすでに存在していた」と表現する。なぜエコロジーが「過去をもたない」のか。それは自然、環境は、悠久の存在であり、そして人間にとって、自分の存在と同様、自明であったからである。エコロジーと名づけなくても、「生物とそれをつつむ外界の関係」と規定しなくても、「生きとし生けるものをお互いに関係しあう全体として描く心の習慣」はあったとオースターは言う(16)。また哲学者アーサー・ラヴジョイは、エコロジー概念は、古代ギリシャ哲学に遡る「種の充満」「存在の大いなる連鎖」という概念の系譜の延長線上にあると指摘する(17)。ともに、デカルト以来の「人間中心的」とは異なる自然観、環境観を引き出そうとした試みであった。

一九世紀後半、ヘッケルが「エコロジー」という言葉をつくった理由は、「生物とそれをつつむ外界の関係」に、固有の論理や価値が胚胎《はいたい》しているに違いない、と感じ取ったからである。ヘッケルの時代には、神と人間のみに価値と論理を発見する歴史観は相対化がはじまっていた。天文学は、地球が宇宙史に現れた無数の惑星の一つにすぎないと教え、また地球科学は人類が生まれる前に海と陸と大気の固有の時間枠組みがあったと教える。さらに古生物学は、人類が誕生する以前から多くの種があり、そしてダーウィンは、人類の先祖が今日の人類とは異なっており、そこから進化して人類になったことを教えていた(18)。

ヘッケルが知った地球史の主役は、人間ではなく、「人類以外の種と物理的環境」であった。人類は最近になって現れた種の一つにすぎず、また地球史の時間枠組みのなかで、人類史の長さはほんの瞬間にすぎない。このように種全体と物理的環境を中心に置き、人間をその一部と見る観点を「生態中心的 ecocentric な観点(19)」と呼ぶ。

比喩的に言えば、地球史の主役が人間から「人間以外の種と物理的環境」に逆転され、人間中心的な観点からのシフトが生じたのであり、人間中心的な観点から「シンデレラの馬車」とされたカボチャは、生態中心的な観点からは、「馬車」という役割抜きに、カボチャそのものとして意味がある。そして、カボチャやネズミなど多くの種が主役となって端役のシンデレラを支えた物語が地球史である。

生態系

地球には人間圏、生物圏、大気圏、成層圏などのサブシステムが存在する。人間圏は、地球のサブシステムの一つにすぎず、しかも近代になって急に拡大した。近代の人間圏は、社会経済系の論理に従って動こうとするが、他のサブシステムは、それぞれの論理で動く。そこで英国における生態学の始祖アーサー・タンスリー(一八七一―一九五五)が一九三〇年代につくった「生態系 eco-system」という概念の発見過程を検討して、それと社会経済系との関係に照明を当てることにしよう。[20]

地球上の生物種は一つの種だけで生活することはできない。一つの種の生存には、他の無数の種が必要となる。緑色植物の「生産者」は、光合成により有機物を生産し、動物などの「消費者」は他の動植物を消費する。細菌、菌類などの「分解者」が、動植物の遺骸や排泄物を分解して、水や二酸化炭素などの無機物にし、再び「生産者」が利用できるようにする。この多くの種が捕食、競争、寄生、共生などを通じて物質とエネルギーのやりとりをし、相互依存して食物連鎖をつくり、排泄物・廃棄物を再び食料と酸素に循環させるなど、物質循環の連鎖を完結させる。こうした非常

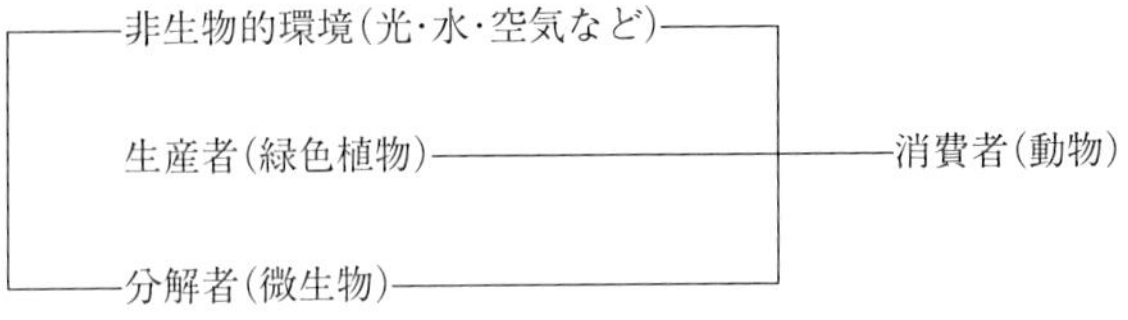

安定的循環サイクル

図1　生態系

に多数の種の相互関係によって、もとの状態に戻すことができる（図1）。

生態系は、種や物理的状態をたえずもとの状態に戻す循環能力に最大の特徴がある。わたしたちが森に畏怖心を感じる要因は、この「もとの状態に戻す循環能力」がつくり出す太古からの持続性である。

(1) 極相

この循環能力をもつ動植物種の相互依存的集合を群集 community と呼ぶ。個々の森林や湖沼など「種が相互依存する生物共同体の地域的範囲」が群集である。ただしこの群集も、長い時間軸の上で見れば、群集を構成する植物の種類が長い時間の間にだんだんと交代し、しだいに様子を変えていく。これを遷移と呼ぶ。たとえば火山が噴火して固まった溶岩の上に、まず苔《こけ》類や地衣《ちい》類が生え、ついで草木の群落ができ、さらに低木林となり、やがて高木の林となっていく。そして遷移の頂点として比較的安定した群落ができあがる。これを米国の植物生態学者フレデリック・E・クレメンツ（一八七四―一九四五）らは極相 climax と呼んだ[21]。森林や湖沼など、ある地域に安定して存在する群集は、この極相である。

幼木、壮木、老木がまじりあって、つねに死ぬ木と生まれる木が入れ替わる均衡状態が極相を安定させる条件なのである。人間の目に「悠久の森」と見えたものは、河がたえず流れているのと同様、たえず動いている。森林や宇宙も、時間の枠組みを延ばせば激しく動いている。ただし岩の上の苔から高木の林になるには数十年かかり、日本で山林に植林するには一〇年かかるように、樹木時間の枠組みは、人間時間に比べ非常に長い。この時間枠組みの極端な違いが、人間が森林を「悠久」とみなす一因である。

(2) 生態系

英国の生物学者タンスリーは、「生態系《エコシステム》とは、植物群落プラスそこに棲息ないし出入りする動物群集のみならず、それに光、水、大気など物理的諸要素がつくりあげる全体系である」と定義した(22)。この言葉でタンスリーは、植物と動物とからなる群集の地域的単位とその空間の光、水、大気などその物理的環境とをひとまとまりとして捉えた。この点はクレメンツと同様だが、タンスリーが選んだ「システム」という言葉は、個体とのアナロジーを拒絶し、擬人化を否定したドライな分析概念である。タンスリーは、多様な種の間で物質がやりとりされ、エネルギーが流れてもとの状態に循環していく、物理学的な過程として生態系を捉えた。生態系とは、長い時間的枠組みのもとで、エネルギーの流れによって物質をやりとりするきわめて複雑精巧でしかも偶然的な物理的メカニズムとして観念される。タンスリーは、この概念を導入することにより、原子次元から宇宙次元にいたるさまざまな科学的認識の一つの次元として生態学を位置づけ、「地表における自然の基本単位」として生態系を位置づけた(23)。生態学を分析の道具としようとしたのである。

タンスリーは、人間を、人類として他の種と同列の一つの種と位置づけ、人間を他の種のモデルとすることを否定した。また、生態系をロマン主義的に擬人化することを拒絶した。二重に人間を相対化したのである。しかし人類は他の種とは違っていた。タンスリーが生きたヨーロッパの「自然」は、他の種だけで遷移したのではなく、人類の力で遷移させたものである。人類は、農業をし、焼畑耕作し、植林する。さらに生態系は、人類によって攻撃・破壊される。そして近代には社会経済系をつくり出した。

一八世紀後半のイギリスで生まれ、世界に拡大した社会経済系は、資源を再生不能な形で使い、大気と水に廃棄物を捨て、排熱・排気し、それまで地表に存在しなかった物質を撒き散らしはじめた。たとえば産業革命の発生地マンチェスターは、一九世紀初頭、訪れる人を驚愕《きょうがく》させる反応を引き起こさずにはおかないため、「ショック・シティー」と呼ばれた。田園から訪問した人は「街は嫌悪感を催させるほど汚れていた。蒸気機関はペストのように邪悪で、染料工場は騒音を撒き散らし、辺りを攻撃していた。川はインクのように真っ黒で、地獄の池のようであった」と語っている。(24)この言葉は、産業化の開始時点で、社会経済系が生態系を「攻撃している」と人々が的確に認識していたことを示している。

産業革命期のマンチェスターに象徴される近代の人間活動は、どのように「生態系」のなかに位置づけられるのか、それともそうはできないのか。広く哲学を学んだタンスリーの人間に対する判断は、その時々で大きく揺れた。

近代化した人類が、動植物によって均衡に達した「自然な」極相を、大規模に「根底から掘り崩す upset」ことは明らかであった。しかも、動植物による極相の均衡を維持する人類の活動、あるいはその極相の一部になっている活動と、生態系を「根底から掘り崩す」破壊的活動とを区別することは、不可能とは言えないまでも、非常に難しい。人類は「自然」の一部であるという面をもちながら、そうではない面ももっている。人間活動は、動植物の種として他に類例がないほど強力であり、すでに存在している生態系の均衡を根底から覆《くつがえ》す傾向が強まり、さらには実際に均衡を破壊している。と同時に、それとはまったく違う極相を新たにつくり出しているのだ。(25)

タンスリーは、人類という生物種の例外性に直面した。ここで彼が見たのは、生態系に生きながら、同時にそれを「根底から掘り崩す」社会経済系にも生きる人類＝近代人の二重性である。人類の活動は、狩猟・採取やあるいは農耕など、極相に対して、長く他の動植物と類似した働きをしていた。ところが近代になると、極相を変え、群落を選択し、生態系時間の枠組みを近代人の時間に強引に短縮させ、生態系の「もとの状態に戻す循環能力」を壊し、あるいは生態系を根こそぎ破壊するようになった。近代とともに拡大する社会経済系は、生態系とは異なり、もとの状態に戻す循環型でなく一方通行的・不可逆的であり、生態系時間と比べてはるかに短い時間の枠組みで動き、しかも根こそぎ生態系を破壊する。非常にやっかいなことに、どの人間活動が生態系の範囲内であり、どれが生態系を「根底から掘り崩す」かは、人間自身には区別できない。

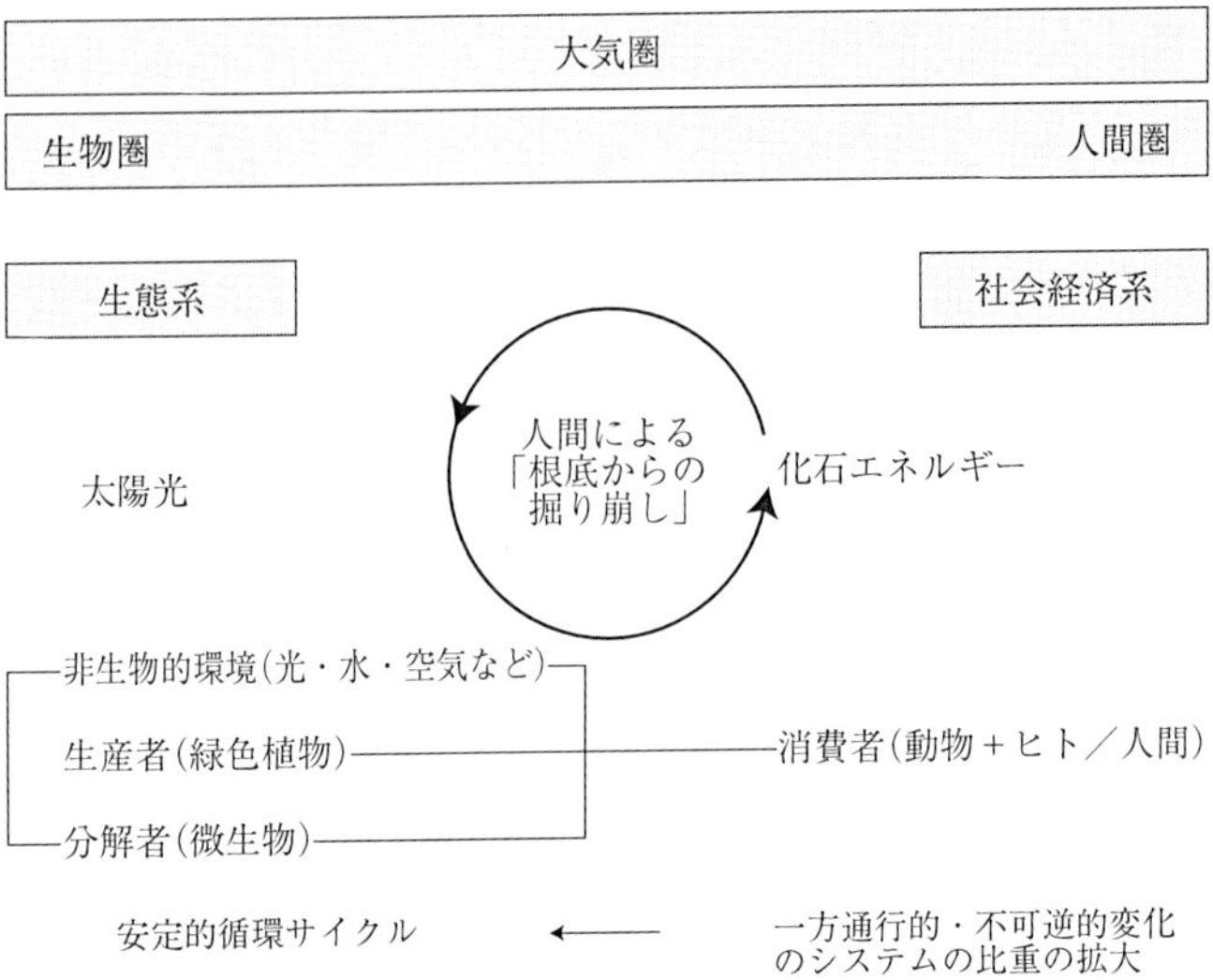

図2　生態系と社会経済系

(3) 二重のサブシステム

タンスリーが例外種として捉えた人間は、図2のように二重のサブシステムにまたがった存在として表現できる。地球の多くのサブシステムのうち、人間は生物圏と人間圏の双方に属する。

　まず図の左半分を見よう。人間は、生物圏を構成する種の一つである。そして、生態系では、食物連鎖とエネルギーの流れのなかで、一つの消費者(動物)であり、他の種と同様、物質代謝とエネルギー摂取・排熱を行って生命を維持し、DNA情報を子孫に伝達することによって再生産する。生物圏を動かすエネルギーの流れは、太陽の光エネルギーを最終的なエネルギー源とし、温室効果による大気の温度(平均気温一五℃)を前提としている。

人間も、太陽の光エネルギーが安定して地表に降り注ぎ、大気の温度が安定し(熱の吸収と熱の放出が釣り合い)、生態系の物質循環(始点と終点で同じ物質分布になること)などに依存して生存できる点は、他の種とまったく同様である。

次に図2の右半分を見よう。人間は、火を使い、狩猟・牧畜によって生態系から採取するだけでなく、農耕し、焼畑をするなど生態系を改変する。さらに、生態系を破壊することによって社会経済系を構成し、衣食住や都市の環境を人為的に構成した。他の種は、環境変化によってその生存が大きく左右され、大きな環境変化には耐えられない。それに対し人間は、他の種や物理的環境の変化から直接影響を受けない別個のサブシステムを構成した。その結果、たとえば大気の温度変化などの環境変動に対して、人工的な環境をつくることによって、生体に及ぼす影響を間接化してきた。

人間は、生態系と異なる原理をもつサブシステムである社会経済系をつくり上げた。それを動かし続けるエネルギー源は、古代においては森林、近代以降は石炭、石油などの化石エネルギーである。また、それまで地球上に存在しなかった多くの種類の物質をつくり出し、消費し、廃棄している。この社会経済系の原理は、エネルギーの流れも物質循環も、もとには戻らない一方通行的・不可逆的な変化である。

人間の社会経済系がつくり出した蒸気機関、内燃機関などの機械は、運動としてはサイクルをつくり、運動後はもとの状態に戻る。しかし産業社会は、機械が壊れた後、それをもとの鉄鉱石に戻すメカニズムをもたない。また、燃料である石油や石炭を燃やして廃棄物と排気ガスを出すが、産業社会は廃棄物と排気ガスから石油や石炭をつくり出す仕組みを欠いている。社会経済系には、廃棄物と排気ガスを分解し、もとの資源にリサイクルする仕組みがない。その点で、動物である人間とその人間がつくるシステムは、著しく一方通行的なのである。(26)

社会経済系は、人間だけで維持することはできない。人間以外の生物種のいない宇宙船のなかに人間が置き去りにされたとすると、そこで人間は長く生存できない。宇宙船のなかでは、人間が身体に取り入れる食料と酸素は次第につきていき、反対に廃棄した排泄物と排気した二酸化炭素が次第に溜《た》まっていくからである。人間という種だけでは、取り入れる食物と酸素を一方通行的に排泄物・排気ガスにするのみで、逆に廃棄物から食物と酸素を再度つくり出すメカニズムを欠いている。社会経済系は完結したシステムではなく、生態系など他のサブシステムに依存・寄生している。

第三節　環境破壊のグローバル化

局地から地球へ

社会経済系は、一方通行的に膨張を続け、依存している他のサブシステムを改変するようになった。たとえば、人間が生態系を「根底から掘り崩す」結果として、こんどはそれがブーメランのように人間に悪影響を与える。このメカニズムは、水俣《みなまた》で典型的に作用した。工場排水に含まれた有機水銀は魚介類に蓄積し、それらを摂取した人々の神経を侵し、四肢の感覚障害と運動失調をもたらした。有機水銀が人間の体内に入ることによって、人間もまた生態系を共有している事実を人間に知らせたのである。生態系が「根底から掘り崩される」ことを介して、それが地球の人間に対する作用の仕方を変え、人間社会を「壊滅に向かわせるsubversive」。このブーメランのように人間を襲う害は、一九六〇年代より「公害＝汚染pollution」と呼ばれるようになった。

しかし二〇世紀中葉まで、環境破壊は局地的・断片的なものと認識されていた。科学技術の破壊力を人々に見せつけたヒロシマ・ナガサキの原爆投下までは、人間の破壊力が地球に破局をもたらすとは考えられなかった。さらに次の五点が、環境破壊が国際政治上の争点になることを遅らせる原因となった。

①生態系、大気圏、成層圏など人間圏以外のサブシステムは、沈黙したまま改変された。多くの種や森林は沈黙したまま消滅した。そうしたサブシステムの観点を、政治経済の基本制度である議会、裁判、市場競争、世論などで代弁する代行者《エイジェント》が発見できなかった。

②地球の自然の広大さに比べ、産業社会は未だ小さいものだと考えられていた。社会経済系が、一方通行的に排熱し、廃棄物を出しても、そこには広大な捨て場があるものと想定され、他のサブシステムは改変されない、と考えられてきた。実際、一九三〇年の人口は現在の三分の一、総生産は八分の一だった。ハーマン・デイリーが「広大なフロンティアを前提にした経済学empty world economics」[27]と呼んだ認識が支配的だった。

③生態系など地球の他のサブシステムが改変・破壊された帰結が、人間に対して二次的な被災と

して影響を及ぼすには、数世代のタイム・ラグがある。その間は病気の潜伏期のように人間圏には見えにくく、しかも人間に被害が生じたときには、生態系が取り返しがつかないほど破壊されている場合が多い。

④生態系など他のサブシステムが変動する原因は複合的である。互いに空間的に離れ、長期間継続した複数の原因が重なり合う蓄積的効果によって生じ、因果関係の特定が困難であった。

⑤二〇世紀前半には、環境破壊を認知するための概念と測定方法とデータの蓄積が存在しなかった。地表のサブシステムである生態系という概念をタンスリーがつくったのは、一九三〇年代であった。気球に乗せたオゾンゾンデや気象衛星による成層圏におけるオゾン観測がはじまるのは一九六〇年代以降である。現在では、地球温暖化は産業革命以降の長期的現象であることが解明されつつあるが、測定技法とデータの蓄積の上でコンセンサスが得られたのは、ようやく一九九〇年代のことであった(28)。

環境破壊のグローバル化

二一世紀の世界は、環境破壊の広がりと深刻化のなかにある。地球のサブシステムである成層圏では、すでにオゾン層の破壊が生じ、その結果、地表に達する紫外線量が増加している。もう一つのサブシステムである大気圏では、温室効果ガスの濃度が一九世紀半ばから上昇しはじめ、その結果、大気の温度に上昇傾向が見られていた。さらに二〇世紀末以降の途上国の産業化とともに、成層圏のオゾンを破壊するフロンや、二酸化炭素など温室効果ガスの発生源は世界中に広がった。人間圏の社会経済系は、他の三つの地球のサブシステムを大きく改変し、生物圏の森林を破壊し、また成層圏のオゾン層を破壊し、さらに大気圏に温室効果ガスを撒き散らした。

こうした破壊は、気温の上昇や紫外線量の増加など「地球の作用 physics」として人間圏にはね返っている。加えて科学技術の発展によって、核物質、有害な化学物質や微生物など、生態系にどのような影響を及ぼすか予想できないさまざまな物質や生物が次々に開発され、市場と輸送機関の世界化に伴って、それらが世界中に拡散している。こうした現象全体を、環境破壊のグローバル化と呼ぶことにする。

この環境破壊のグローバル化には、一九六〇年後半より、次のような対応が生じている。

①環境行政機関とネットワークの形成：国際機関、地域的国際機関、国家、自治体に環境問題を担当する部局が設置され、法令を制定し、規制を実施する行政的なネットワークが構成された。

②争点領域の構成：環境問題が内政と外交を区分しない争点領域として、世界大で構成された。

③批判的ディスコースの台頭：文化および科学の次元で、地球環境破壊に関する規範的あるいは科学的なディスコースによって、現在の趨勢を批判する傾向が強まり、それが世論に徐々に受け入れられはじめた。

④研究者ネットワークの形成：地球環境の変化を測定するのに必要な観測機器がつくられ、データの収集網、分析モデル、概念枠組み、そしてそれを討議し、世論と政府に訴える研究者のネ

ットワークが形成された。

組織の形成

こうした環境破壊に対して、二〇世紀後半には世界各国で政府組織が形成された。環境省のような環境を担当する行政組織が設置されたのは、一九七〇年代以降である。また、環境に関する国際組織も、その八〇％が一九七〇年以降設立されたものであった。一九五三年には二つしかなかった環境の国際組織は、一九七二年の国連人間環境会議(ストックホルム)の翌年には一〇に増え、一九九二年の環境と開発のための国連会議(リオデジャネイロ地球サミット)の翌年には、その三倍以上に増えている。こうした国家組織、国際組織の発展が、環境問題に取り組むための主体となった。[29]

しかしもっとも特徴的なことは、環境NGOがすでに一九世紀末より存在し、政府組織や国際組織より先に組織化され、活発に活動していたことである。とくに生態学者の活動は、世論喚起やアジェンダ設定に重要であった。たとえばレイチェル・カーソンの『沈黙の春』の原著は一九六二年に出版された。また、米国の代表的な生態学者で、米国生態学会会長を務めたことのあるポール・シアーズは、一九六四年、「生態学は欧米の社会常識を根本から転覆させる学問である」と明言している。[30]生態系の視点を代弁できる人が、それら研究者の他には見つからなかったためである。生態系が破壊されることによって、生態学・生態学者は政治社会の重要な場所に押し出された。

もちろん大多数のNGOや研究者は、その性格上、政府や国際組織に取って代わるものでもない。

しかし、規模の大きなNGOの活動、あるいは研究者とNGO全体が連携したときの情報能力などの効果を考えるならば、その働きは国家や国際組織にとって無視できないばかりか、それらにほぼ匹敵するものとなっている。そして一九九〇年代に入ると、政府や国際組織は、環境NGOの活動を内に取り込みながら自らを変容させる柔軟性を示してきた(31)。

その結果、地球サミットや多くの環境に関する国際会議の舞台に、NGOや研究者が参加し、それを国家あるいは国際組織が受容するようになっている。また、環境政策上、内政と対外政策の相互浸透が進み、国家の内と外との区分が不明瞭になっている。

モントリオール議定書

そして政府組織、国際組織、NGO、研究者が連携したトランスナショナルなネットワークが政治過程を動かすようになった。その例は、オゾン層を破壊するフロンガスの規制の政治過程である。フロンの製造は一九七〇年代に急増していたが、一九九〇年前後から急減した。一九八七年に採択されたモントリオール議定書によって、フロン生産の「ほぼ全廃」が決定された結果であった。

＊フロン　フロンはCFC(クロロフルオロカーボン)の日本での用語。一九二八年に合成され、その三年後、米国の化学会社デュポンが生産を開始した。不燃性で、毒性がなく、不活性という「夢の物質」であり、液化が容易で、冷蔵庫などの冷媒、半導体などの洗浄溶媒、ヘアスプレーの噴霧剤として使用され、一九七〇年代には五年間で倍増するペースで生産が拡大。一九八五年には世界全体で約一〇〇万トンが生産さ

れた。

モントリオール議定書は、環境を守るために、長年にわたり人々の日常生活にとけ込んでいた化学物質を削減（生産を「ほぼ全廃」）した新しい時代を開く国際協定であった。その特徴は、次の三点である。

①枠組条約であるウィーン条約（一九八五年）によって一般的な義務を非常に簡潔に定め、二年後のモントリオール議定書によって規制の具体策を定めた。また毎年議定書の締約国会議を開いて、規制の内容を見直すことをはじめから織り込んでいた。

②フロンを生産し、多く消費してきた先進国から規制し、将来、消費の増大が見込まれる途上国は遅れて参加した。

③一九九〇年のロンドン締約国会合で「共同基金」を設置し、途上国のフロン減らしにかかるコストを先進国が追加的に拠出した基金でまかない、途上国がフロン規制を受け入れる「誘い水」の分を先進国が支払うこととした。

いずれも、環境規制を実施する国際的な最初の仕組みとして、温室効果ガスの排出規制など後のモデルになった。

フロン製造を規制するためのネットワークは、一九七〇―八〇年代にかけて形成された。それに先駆けて、ピーター・ハースが「認識の共同体」と呼ぶ研究者ネットワークが登場し、かれらが長年をかけて蓄積してきた実証的なデータと地道な議論とが、フロン規制の重要性を認識させる触媒の機能を果たした(32)。

最初に世論に火を付けたのが、一九七四年、米カリフォルニア大学のシャーウッド・ローランド教授らが「ヘアスプレーなどに使うフロンが分解されないまま成層圏に達し、一連の化学反応からオゾン層を壊すに違いない」という仮説をのせた『ネイチャー』誌の論文であった。「優等生」という定評の高かった物質が「有害」であるという仮説を提示したため、その後、環境保護団体と生産者集団と政府の間で、大論争が巻き起こった。ここで重要なのは、一つの科学的仮説が、証明されていないのに、国際世論に火を付けることができ、フロン規制の国際的な論議を引き起こす契機となった点である。これを「アジェンダ設定」の能力と呼ぶ。

「フロンがオゾン層を破壊する」という主張はあくまで仮説であり、当時、成層圏のオゾン量の減少が観測されたわけではなく、また、地上に降り注ぐ紫外線の量が人体や生態系に害を及ぼしている証拠も乏しかった。ところが一九七八年、米国はスプレー用のフロンを基本的に禁止したのである。ここで米議会は「予防原則」という新しい考え方を導入した。それは、使用を禁止する物質を、実際に危険であることを証明できていなくても、「科学的に妥当な予測であれば規制の対象とする」という画期的な原則であった。その後、カナダや北欧の一部の政府がフロンの製造と輸入を禁止し、フロンに対する国際的な規制を主導する行動を共同してとるようになった。

「オゾンホール」概念の力と限界

ただし科学は論争に火を付けることはできても、その後の国際交渉の展開を左右できたわけではない。科学者たちの活動と国際交渉者の行動とは分かれていった。科学者たちは、一九八五年、成層圏のオゾン量の減少を観測して発表し、それに「オゾンホール」というきわめてわかりやすく、かつ、マスメディアが飛びつく名称をつけて世論に訴えかけた。

南極の上空に、毎年春、巨大な「オゾンホール」が発生していることを科学者たちが発見したプロセスは、よく知られている。一九八二―八三年、日本の南極観測の越冬隊員、忠鉢繁《ちゅうばちしげる》は、昭和基地から上空のオゾン量が突然に急減し、また急増したことを観測した。また一九八五年、ジョー・ファーマンらは、英国のハーレー南極基地上空におけるオゾンの観測データを「オゾンホール」という概念を使って『ネイチャー』誌に発表し、非常に大きな衝撃を与えた。これ以降、成層圏のオゾン研究は多くの研究者の関心を集め、一九八七年九―一二月には航空機による体系的な観測が実施されるなど、爆発的な量の研究が発表される契機となった(33)。

この科学的な発見のプロセスと並行して、国際交渉の過程が進んでいく。しかしながらフロン規制の国際的合意を形成した一九八七年のモントリオール議定書は、「オゾンホール」論とは独立した政治過程を経て採択にいたった。そのとき交渉を主導した米国環境保護庁は、科学的証明の不確実性を前提として「リスクの評価」とそのリスクを減らす「リスク・マネージメント」を軸に組み立てられた戦略をとった。科学的に明らかにされた知見のみに基づき健康リスクを評価し、同時に明らかになっていない部分をそれ以降評価していく枠組みを示して交渉に臨んだ。科学的に解明されなくても「リスク」概念を軸にして、フロン規制を進めようとしたのである。(34)

また一九八五—九〇年、米国政府代表としてフロン規制交渉に携わったリチャード・ベネディックによれば、「オゾンホール」論をモントリオール議定書のガイドラインとすることは慎重に避けた、という。なぜなら、議定書の締結時点では、オゾンホールをつくっているのがフロンであるとは証明されていなかった。それを根拠にフロン規制反対派が巻き返す可能性を恐れていたのである。(35)

デュポンへの圧力

そして研究者ネットワークが環境NGOと連携し、フロンを製造する企業に圧力をかけ、デュポンをフロン製造から撤退させた働きが決定的な契機となって、モントリオール議定書の締結が可能になった。(36)ネットワークの目標は、個々の政府の政策を変更させることよりも、フロン規制に反対していたフロン製造者の共同戦線から最有力企業のデュポンを脱落させることに置かれた。デュポンは、フロン規制が不可避であると判断して、すでに代替フロン（HFC）の開発に巨額の投資をして、その開発を終えていた。モントリオール議定書がフロンの生産を規制するならば、代替フロンによる市場の更新と拡大という二つの利益をデュポンにもたらす。環境NGOの主張とデュポンの利益はフロン規制という点で合致していた。(37)

そこでNGOのネットワークは、国家の政策変更を通じて目標達成をはかる戦略を回避した。生産者に直接圧力をかけるトランスナショナルな関係を通じて、目的を達成したのである。国際交渉に臨んでいた政府は、別の場で決定がなされたため、自分たちの決定権限をバイパスされてしまった。そこで政府の多くは、急遽《きゅうきょ》方針を変更してモントリオール議定書を締結し、失墜した権威の回復をはかった。

もちろん、もっとも影響力の大きい米国が環境保護庁を先頭にリーダーシップを発揮し、また国連環境計画(UNEP)のモスタファ・トルバ事務局長がリーダーシップを発揮したことも、モントリオール議定書の締結に貢献した。それだけでなく「争点ネットワーク」も締結に重要な働きをした。争点ネットワークは、一般的には下記のように規定できる。(38)

①国家目標や国家利益の追求、あるいは私的目標や私益の追求とは別個の、人類共通の価値あるいは人類益の観点からする政策目標の達成を目的とし、ネットワークを構成する主体のうち少なくとも一つ以上は、公的にそのような政策目標を掲げている。

②構成主体は、政府、政府の一部、国際組織、国際組織の一部、自治体、多国籍企業、NGO、市民運動であるが、そこにNGOか市民運動を一つ以上含み、また、国家中心的な原則を変えようと行動する政府あるいは政府の一部を一つ以上含む。

ここで述べたフロン規制の争点ネットワークは、オゾン層の破壊を食い止めることを目的とし、また、フロンの製造を禁止する国際法の制定を政策目標とし、研究者による「認識の共同体」と環境NGOが加わっている。さらに、オゾン層の破壊によって紫外線を浴びる量が増え、皮膚がんが増えるような犠牲国、とくに北欧、カナダ、オーストラリア、ニュージーランドなどの政府代表が、このネットワークのなかで重要な役割を果たした。これらのネットワークは、従来型の国家中心の政治過程とは異なる行動をとりながら、フロン規制を合意に導いていった。なにより在来型の組織形態とは異なる多様な主体がネットワークを組み、在来型の政治過程をバイパスして活動した点に成功の秘訣《ひけつ》があったと言えよう。

まとめ

二〇世紀後半以降、地球を構成する生物圏、大気圏、成層圏などに関するわたしたちの認識と知見は飛躍的に深まった。森林が、オゾン層が、そして、温室効果がいかなるものであるか、深く理解できるようになった。それとともに、人間圏が膨張した場合、それが他の圏に及ぼす影響についても認識が深まってきた。その結果、森林消失が、オゾン層破壊が、そして大気中の二酸化炭素濃度上昇が、いかなる物理作用を人間にもたらすかも、理解できるようになった。科学的には問題は解けている。

しかし、それは政治的には解決されていない。アマゾンの森林破壊は止まらない。また、オゾン層破壊に関して、せっかくモントリオール議定書が締結され、さらに一九九〇年のロンドン締約国会合では重要な成果が上がったにもかかわらず、それ以降、議定書の成果を危うくしかねない変化が生じている。第一に、途上国のフロン削減コストを先進国の拠出でまかなう「共同基金」が資金不足に陥って、途上国に不信感が広がった。第二に、投資した金の回収を優先する市場主義が優勢になった。そして第三に、モントリオール議定書の締結時の争点ネットワークが解体してしまった。これで、はたしてオゾンホールが消える日が来るのだろうか、という懸念を高めている。

温室効果ガスの削減は、フロン規制よりはるかに難しい。なぜなら、フロンの生産者は一九八七年時点で約二五社であり、これらの企業に規制をかければ「生産の全廃」が可能であった。ところが温室効果ガスは文字どおり無数の産業と人々が排出する。これだけ莫大な数の産業と人々の規制は試されたことさえない。

また、オゾンホールが広がった場合には、米国、カナダ、北欧など高緯度圏に住む人々に被害が集中する可能性があった。そのため、これら影響力の大きな国々が本気になって規制を主張した。ところが、温暖化によって明らかに犠牲になるのは、海面上昇によって海底に沈む太平洋の島嶼諸国やオランダなどである。高緯度圏の人々には地球温暖化の犠牲者となる感覚が共有されない。

こうしたなかで地球が温暖化する蓋然《がいぜん》性が高まっている。米国航空宇宙局(NASA)の報告によれば、二酸化炭素分子の濃度「一〇〇万分子中三五〇」までが、地球上の生命が適応できる限界とされてきたが、現状ですでに「一〇〇万分子中三九〇」に達しているという。さらに現在の傾向が続けば、より二酸化炭素濃度が上がり、気温上昇の度合いが大きくなると予測されている(39)。

これら環境破壊の趨勢は、歴史に類例を見ない。多くの研究者たちは、二一世紀初頭、世界はこれから一世代のうちに深刻な地球環境危機に直面する「危険ゾーン」[40]に突入した、と判断している。この趨勢を、なんとかして変えなければならないのである。

(1) 石弘之『地球環境報告』岩波新書、一九八八年、六一―六九頁。
(2) エドワード・O・ウィルソン『生命の多様性Ⅱ』大貫昌子他訳、岩波書店、一九九五年、四二五頁。
(3) UNDP, UNEP, World Bank, and World Resource Institute, *World Resources 2000-2001* (http://www.wri.org/publication/world-resources-2000-2001-people-and-ecosystems-fraying-web-life).
(4) コンラッド・タットマン『日本人はどのように森をつくってきたのか』熊崎実訳、築地書館、一九九八年、二四―二五頁。
(5) 鬼頭宏『文明としての江戸システム』講談社、二〇〇二年、一三〇頁。
(6) タットマン『日本人はどのように森をつくってきたのか』二二頁、一九一―一九八頁。
(7) 熊崎実「訳者まえがき」、タットマン『日本人はどのように森をつくってきたのか』一二頁。
(8) ヴァンダナ・シヴァ『生物多様性の危機』高橋由紀他訳、三一書房、一九九七年、二五―二六頁。石弘之『インディオ居留地――地球破壊で追われる先住民』朝日新聞社、一九九四年、一八四―二三〇頁。
(9) Totman, Conrad, *The Origins of Japan's Modern Forests: The Case of Akita*, Asian Studies at Hawaii, No. 31, University of Hawaii Press, 1985, p. 19, 23. 鬼頭宏『文明としての江戸システム』一三二頁参照。
(10) 石弘之『地球環境報告』九七―九八頁。
(11) シヴァ『生物多様性の危機』二八頁に引用。
(12) レイチェル・カーソン『沈黙の春』青樹簗一訳、新潮社、一九八七年、六〇頁。
(13) カーソン『沈黙の春』二〇〇頁。
(14) Thomas, Keith, *Man and the Natural World 1500-1800*, Harmondsworth, Penguin, 1984, pp. 30-36.

(15) Eckersley, Robyn, *Environmentalism and Political Theory: Toward an Ecocentric Approach*, State University of New York Press, 1992 の用語。

(16) Worster, Donald, *Nature's Economy: A History of Ecological Ideas*, 2nd ed., Cambridge University Press, 1994, p. ix, ch. 10.

(17) アーサー・O・ラヴジョイ『存在の大いなる連鎖』内藤健二訳、晶文社、一九七五年。

(18) Hayward, Tim, *Ecological Thought*, Cambridge, Polity Press, pp. 8–52.

(19) Eckersley, *Environmentalism and Political Theory* の用語。

(20) タンスリーの定義は多くの学術的の検討を経て、今日まで生き残っている。McIntosh, Robert P., *The Background of Ecology: Concept of Theory*, Cambridge University Press, 1985, ch. 6.

(21) Worster, *Nature's Economy*, ch. 11. クレメンツは、群集が生まれ極相に達し滅んでいく過程を、生物個体の生涯になぞらえ、群集も生まれ、成熟し、死ぬという「群集有機体論」を唱え、その生物共同体の地域的単位をバイオーム biome と名づけた。アメリカ中西部に広がる「原始の自然」のなかで育ったクレメンツは、群集を個体のアナロジーで考え、ロマン主義的に擬人化できる自然観を提示した。ソローと通底するクレメンツの自然観は、今日まで影響を与えている。

(22) タンスリーは、生態系がたえず不安定さをはらみ、ある種が、ある生息場所にすむかどうかはほぼ偶然できまるなど、多くの不確定さを内在させていることに光を当てた。同じ動植物の種の組み合わせと同じ気候などの物理的要素のもとにあっても必ず均衡に達するというわけではなく、また異なった極相に達する可能性もあり、さらに遷移が一方向的とは限らず、戻ることもある、ということである。McIntosh, *The Background of Ecology*, pp. 81–85.

(23) McIntosh, *The Background of Ecology*, pp. 193–194.

(24) Briggs, Asa, *Victorian Cities*, Harmondsworth, Pelican Books, 1968, p. 89, 96.

（25）　Tansley, Arthur G., "The Use and Abuse of Vegetational Concepts and Terms", *Ecology*, Vol. 16, No. 3, July 1935, p. 292. 初期には、タンスリーは人間の作為によって形成された極相を「攪乱された極相」あるいは「反極相 anti-climax」と呼んでいた。人工の産物として生まれた極相を、動植物が決定した極相より劣るものと捉えていたのである。ところが後年になると、それを「人間的極相」と呼び、それを「動植物的極相」と並列するものと考えるようになる。

（26）　吉田文和『廃棄物と汚染の政治経済学』岩波書店、一九九八年、同『循環型社会』中公新書、二〇〇四年参照。

（27）　Daly, Herman E., "From Empty-World Economics to Full-World Economics", in Goodland, Robert et al. eds., *Environmentally Sustainable Economic Develoment: Building on Brundtland*, Paris, UNESCO, 1991, pp. 29–38.

（28）　藤原正智「オゾン」、北海道大学大学院環境科学院編『オゾン層破壊の科学』北海道大学出版会、二〇〇七年、三八―四九頁。Rowlands, I., *The International Politics of Atmospheric Change*, Manchester University Press, 1994.

（29）　Sikkink, Kathryn and Smith, Jackie, "Intrastructure for Change: Transational Organization, 1953–93", in Khagram, Sanjeev, Riker, James V., and Sikkink, Kathryn, eds., *Restructuring World Politics: Transnational Movements, Networks, and Norms*, University of Minnesota Press, 2002, p. 33.

（30）　Sears, Paul, "Ecology: A Subversive Subject", *BioScience*, Vol. 14, No. 7, 1964, pp. 11–13.

（31）　Thomas, Princen and Finger, Matthias, eds., *Environmental NGOs in World Politics: Linking the Local and Global*, London, Routledge, 1994.

（32）　ハースの定義する「認識の共同体」とは、政策に関連する知識に関して、「権威ある主張を行う専門家の国際的ネットワーク」を指す。Haas, Peter, "Introduction: Epistemic Communities and International Policy Coordination", "Banning Chlorofluorocarbons: Epistemic Community Efforts to Protect Stratospheric Ozone", both in special issue of *International Organization*, Vol. 46, No. 1, Winter 1992, pp. 1–46, 187–224.

（33） 長谷部文雄・廣川淳「オゾンホール」、北海道大学大学院環境科学院編『オゾン層破壊の科学』一五三―一六四頁。石野耕也「アメリカから見たオゾン層保護の歩み」『環境研究』六九号、一九八八年、竹内敬二『地球温暖化の政治学』朝日新聞社、一九九八年、八〇―八三頁。

（34） Benedick, Richard E., *Ozone Diplomacy: New Directions in Safeguarding the Planet*, Harvard University Press, 1998.

（35） Haas, Peter, "Banning Chlorofluorocarbons: Epistemic Community Efforts to Protect Stratospheric Ozone", pp. 187-224.

（36） 松本泰子『南極のオゾンホールはいつ消えるのか』実教出版、一九九七年、三六頁。

（37） このネットワークをシリル・リッチーは「実効的連合」と呼ぶ。Richie, Cyril, "Coordinate? Cooperate? Harmonise?: NGO Policy and Operational Coalitions", *Third World Quarterly*, Vol. 16, No. 3, 1995. また、トマス・リーゼカッペンらの共同研究の一部は、本章より定義が緩いが類似したネットワークを「トランスナショナル連合」と呼んでいる。

（38） Risse-Kappen, Thomas ed., *Bringing Transnational Relations Back In: Non-State Actors, Domestic Structures and International Institutions*, Cambridge University Press, 1995を参照。

（39） McKibben, Bill, "The Physics of Copenhagen", *International Herald Tribune*, December 8, 2009.

（40） Cohen, Joel. E., *How Many People Can the Earth Support?*, New York, Norton, 1995, p. 367.

第六章　人の移動

ソマリアの少女アマンは、幼年期を草原で過ごした遊牧民の子である。やがて干ばつによって家畜が死に、農村への定住を余儀なくされた。八歳で彼女はメイドとして働きはじめた。それ以後の彼女の生活は、「困難と危険からの逃走」の連鎖であった。まず一二歳で一五歳のイタリア人のアントニーと恋仲になるが、その関係を認めないアマンの親戚がアントニーに決闘を仕掛けて彼を傷つけ、二人を仲介した別の親戚を殺した。それ以降、アマンは一七歳までに、ソマリア人、インド人とアデン人の混血、ソマリア人、イタリア駐在米軍人と計四人の相手との結婚／離婚を通り抜け、ソマリア、ケニア、タンザニア、イタリア、米国と移動した。空間的移動と結婚／離婚の地位変化は、生活史そのものであった。なおアマンの祖母は四回、母は七回結婚している。アマン・母・祖母の三代は、一五人(内三人は外国人)との結婚／離婚を通り過ぎつつ、移動して生き延びてきた(1)。

人間は古来、「移動する種」であった。生まれた場所を離れ、地域を越え、国境を越え、旅行・移住・移民(以下、これらを移動と総称する)を続けてきた。その動機はさまざまである。一方で、ある集団が軍事的に征服しながら新しい空間に移住していく入植 colonize があれば、他方で、危険が迫ったため住んでいた場所からの逃亡 exit もある。自らの意志で自発的な移動(移民・旅行など)

を行うこともあるが、他者から強制されて移動（奴隷や人身売買）させられた場合もある。送り出し空間から「押し出された」（プッシュ要因と呼ぶ）のか、それとも受け入れ空間に「引き寄せられて」（プル要因と呼ぶ）移動したか、移動の要因は異なる。またプッシュ要因が飢饉か戦争か、あるいは祖国の喪失か、プル要因が北米開拓のように土地所有の願望か、労働力移動のように就労して残した家族へ送金するためか、さまざまな動機の類型が存在する。(2)

「国際的な人の移動」委員会の報告書によれば、二〇〇五年現在、自分の国以外に一年以上居住する人の数は、世界で約二億人に達する。この数は世界人口のわずか約三％程度であるが、それでも世界第五位のブラジルの総人口に匹敵する。その数には九二〇万人の難民が含まれている。そして、パレスチナ人のように六〇年間国を失ったままの人々がおり、またアフガニスタン難民のように三〇年間移動をくり返す人々もいる。しかも今後、国境を越えて移動する人々は、グローバル化の進展により急速に増加していくとも予測されている。(3)

それに対して、国家が人の移動を制限している。「その国のメンバーシップをだれがもち、だれがもっていないか」を「国籍」を基準にして定める。そして国の領土に「だれは入れてだれは入れないか」「だれにはいかなる権利の束を保障し、だれには保障しないか」を出入国管理・福祉・労働・教育などの法政策で定めている。国籍と出入国管理などの諸政策が、国家という政治共同体の人的構成を決め、権利義務関係を定めているのである。

第一節　移民と自由主義

近代の政治における自由について、ジョン・ロックはこう明言する。

統治に対して暗黙の合意しか与えていない人は誰でも、……自由にそこを立ち去ってその他の国家共同体に加わってもよく、あるいは、他の人々との合意によって、世界中のどの部分でも、自分で発見した自由で無所有で無人の土地（新大陸を指す）に、新しい国家共同体をつくってもよいのである。(4)

ロックの言う「国家共同体への参加と離脱の自由」という理念は、なにより「移動の自由」として表現される。この理念は、一九世紀の英米間の大西洋を越えた移動を中心とした自由主義的な国際体制によって実現を見たか、あるいは、少なくとも実現に近づいたと当時広く観念された。

「移民」の自由主義的イメージ

「移動の自由」の黄金時代であった一九世紀、西欧・北欧から大西洋を越えて北米へ移住した人々が、今日のわたしたちが「移民」と呼ぶものの典型的なイメージを形づくっている。英語で一

表1　英国からの移民

1870年代	220万人	1910年代	230万人
1880 〃	220	1920 〃	150
1890 〃	170	1930 〃	24.2
1900 〃	280		

出典）Mitchell, Brian, *International Historical Statistics, Europe 1750–1988*, London, Macmillan, 1992.

般的に「移民」と言えば、一九世紀に西欧・北欧からアメリカ大陸・オセアニアへと移住した、「移動の自由」の所産である移民を指すことが多い。それに対し「新移民」と言えば一八八〇年代以降に急増した東欧・南欧移民を指し、そして「アジア系移民」には「クーリー(中国系移民)」などと問題を帯びていることを表示する別の呼び名が与えられることが多かった。

ヨーロッパから新大陸への移民が飛躍的に拡大したのは一九世紀である。一八世紀以前のスペイン・ポルトガルからラテン・アメリカへの移民数は一〇〇万より少なく[5]、また北米一三州が独立宣言をしたときの人口は一〇〇万余に過ぎなかった。また同じ一九世紀でも、ヨーロッパからアジア、アフリカへ移住する数は非常に限られた。そして、第一次世界大戦後、この移民の流れは急速に狭まり、もっとも多くの移民を受け入れた米国も、移民の制限を強化し、大恐慌後の一九三〇年代、受け入れる移民数を往時に比べて一〇分の一以下に減少させた。たしかに新大陸への人の移動が続いてはいたが、それは「移動の自由」に基づく移民とは言えなくなった。

この典型としての移民数はどれだけであろうか。一九世紀後半だけで五〇〇〇万人に上ったという高い推計値から、一八二二―一九一四年で四四〇〇万人とする低い推計値まである。移民の内訳は、一九世紀を通じて英国とアイルランドからの移住が約三分の一を占めた。ただしアイルランドは英国の植民地にされ、一八四五―五一年のジャガイモ飢饉が大量の移民をアイルランド島外に押し出した。このアイルランドからの流れを別にして、ブリテン島からの移民が一世紀間に一〇〇〇万人規模に達した。このブリテン島から米国への移民こそが「移民」の中核イメージ(「移民のなかの移民」)を構成している。

このブリテン島からの移民数は驚異的である(表1)。なぜなら、ブリテン島は、権力的に植民地帝国の中心であり、経済面でも最高の経済水準と生活水準だったからである。そのプッシュ要因は非常に小さかったはずである。覇権と豊かさの頂点から、一世紀間に膨大な数の人々が移民していった事実は、新大陸や移住植民地のプル要因が非常に大きかったことを意味する。言い換えれば、ブリテン島から離れることによって失うものが少なく、また大西洋という空間を移動するコストを考えてもなお、新大陸で得られるものが多かったことを示している。

一八八〇年代には世界大の航路網・海底電信網がほぼ完成し、世界各地には鉄道網など公共輸送システムが成立した。その結果、移住・移動のためのコストが廉価化し、移動に伴う危険が減り、移動速度が高まり、移動範囲が広がった。また、経済発展に伴い移動可能な社会層が広がり、また移民・移動の動機が多様化した。さらに従来移民・移動はブリテン島から植民地への方向が多かったが、逆にインドなど植民地から英国本国への方向も増えはじめた。移動者・移住者の大量化がはじまったのである。

その結果、一八八〇年代には移民を送り出すヨーロッパの国々が増えはじめ、それまでの西欧・

北欧のみならず、東欧・南欧からの移民の量が急増しはじめた。また、一九世紀にはアジアから新大陸への移住者も二〇〇万に達したが、この移民の比重の変化を米国は歓迎しなかった。ブリテン島、そして西欧・北欧からの古典的な「移民」イメージからずれた「新移民」「クーリー」などが増えはじめたことから、各国別の人数を制限するなど、移民制限の政策がとられるようになった。[6] そして、従来の西欧・北欧からの「移民」を優先しようとしたのである。

移民を送り出すヨーロッパの側のプッシュ要因は、第一に、農業労働者が大量に余剰になったこと、第二に、ナポレオン戦争、クリミア戦争以下の戦乱の恐怖、第三に、とくにアイルランド、ポーランドの場合、植民地状態からの空間的な「脱出 exit」によって個人的解放を実現することであった。新大陸の側のプル要因とは、何より耕作可能な土地が広大であり、移民することによって一挙に土地所有者になれる可能性が高かったことである。また北米は急速な経済成長の途上にあり、ほぼ慢性的に労働力不足であった。経済的に成功した移民は、家族や親戚に送金し、それが次の移民の波を引き起こす要因となった。

さらにヨーロッパ諸国の政府は移民奨励策をとった。英国は一八四〇年入植土地・移民局を設置して、オーストラリアの土地を売り出し、J・S・ミルら知識人たちも「組織的植民」を奨励した。後にドイツも類似の移民奨励策をとった。またラテン・アメリカ諸国やオーストラリア当局は、一八五〇年代以降、アメリカ合衆国に向かう移民の流れを引き寄せようと、移民に奨励金を出した。

英国における出入国管理の放棄

一八二六—一九〇五年の間、英国には出入国の制限がなかった。ナポレオン戦争の後、西欧諸国では、農民の国内の移動制限が徐々に緩和され、また、重商主義の観点から職人の出国制限が緩和された。ただし「自由主義的な英国 liberal Britain の伝統」は徹底していた。「移動の自由」とは、国家が、国境を越えて移動することを許可するのではなく、出入国管理など移動の自由を制約する制度的措置を一切放棄すべきことを意味していた。これは一九世紀の「移動の自由」が今日のそれと決定的に異なる点である。人的管理の制度を放棄した「移動の自由」は、自由貿易を決定づけた穀物法廃止に二〇年も先立って実施された。その内容は次の三点に要約できる。

第一は入国拒否・国外追放の放棄である。一九世紀のブリテン島は、そこから大量の数の人々が移民する一方、通商と海運の中心として膨大な入国者・旅行者を入国させ、また歴史的にはアイルランド、二〇世紀後半からはイタリア、リトアニア、そして東欧のユダヤ人などを移民として受け入れていた。その数は、英国を出国した移民の半数程度に上る。一九世紀の英国は移民が自由に流出するだけでなく、自由に流入できる国家でもあった。

一八二六年に制定された外国人法 Aliens Act は、政府が外国人を国外退去させる制度を廃止した。そしてこれ以降、英国への入国制限は、刑法犯を除き、事実上存在しないことになった。一八四八—五〇年の革命的争乱期を例外として、この一八二六年から一九〇五年制定の外国人法[7]が施行されるまでの間、外国人を国外退去させたことはなかった。また、一八三六年の外国人制限法

Alien Restriction Act では、英国の港に入港した船長が乗客名簿を提出する義務を課して、入国者情報を収集したが、入国を妨げる制度は存在しなかった。「来るものは拒まず」が制度化され、大陸諸国で政治犯とみなされたカール・マルクスやクロポトキン公爵まで英国で亡命生活を送った。政治亡命者に対する庇護権が「自由主義的な英国の伝統」として定着していた。また、一八八〇年代以降、ロシア帝国領内からユダヤ系住民が大量に流入し、ロンドン・イーストエンドなどに集住したことが問題視され、議会などで議論されたものの、障壁を設けて入国を阻止する政策は採用されなかった。そして実質的には、一九一四年の第一次世界大戦開戦直後の外国人制限法 Alien Restriction Act の制定まで、外国人の出入国の大幅な制限は行われていない。

第二は、防衛上の脅威を、警察が個別に監視して外国人の政治活動を封じ込めた点である。外国人の「出入国の自由」を制限できると考えられたのは、国家を防衛するための主権の発動としてであった。それに対して経済的な考慮は「移動の自由」を制限する理由とはみなされなかった。とくに、外国からのスパイ潜入は内務省と警察が取り締まった。ただし、ナポレオン戦争が終わった後は、一八四八—五〇年の一時期、および第一次世界大戦の直前の数年間を例外として、英国の安全を脅かす国家は存在しなかった。

一九世紀後半の英国政府が安全上の脅威と感じたのは、当時植民地であったアイルランドの解放運動であった。米国やカナダに移民したアイルランド系の諸組織が、米国やカナダに拠点を築いて、そこからアイルランドや英国に再流入したからである。一九世紀後半には、アイルランド系の過激組織が首都ロンドンのすべての名所に爆弾を置くようなテロリズムを展開した[8]。これらの危険性のあるアイルランド人活動家を主要な港で随時監視したが、しかし出入国者すべてを港で管理する「水際の取り締まり」の制度を置くことはなかった。その結果、英国の治安当局は、個々の被疑者を英国内で監視・尾行するシステムをとったのである[9]。

第三に、英帝国のメンバーシップは、帝国的な内包性をもっていた。一九世紀の「移動の自由」の時代、ブリテン島だけでなく、アイルランド、カナダ、オーストラリアなどの自治領、そして世界の陸地面積の四分の一を覆う植民地で生まれた膨大な人々すべてが原則として英国王冠の「臣民」に包含されるものとみなされた。国籍の決定方法は「出生地主義」が原則であったが、国籍取得と国籍離脱の決め方はさまざまの個別法のパッチワークであった。とくに国籍離脱は「王冠への反逆」が要件となっていたため非常に難しく、たとえブリテン島から米国に移民し米国国籍を得た人々に対しても、長く英国政府は英国臣民であると考えた。この内包的なメンバーシップの観念は、ブリテン島から大量の人々が新大陸に向かって移民していっても、それを「臣民の帝国内移動」とみなして、出国に制限を加える必要を感じなかった一因であった。

ようやく一八七〇年に帰化法が制定され、英国人は、ロックの自由主義的の原則に則り、自己の意志によって英国国籍を離脱することが可能となった。また、英国人であった者が他国の国籍を取得した場合には、二年以内に英国籍を保持する選択をしない限り、英国籍を自動的に失うと規定された。この法律によって、はじめて英国は排他的な国籍の観念を認めたのである。また、外国人男性と結婚した英国人女性は英国籍を失うと規定された。反対に、英国人として帰化するために必要な要件は、最低五年間ブリテン島に居住することとされた。

ただし国籍離脱と帰化の要件を定めた帰化法の制定後においても、それがただちに外国人の「移動の自由」を制限する制度を設けることを意味したわけではなかった。またその法律が規定するメンバーシップが唯一のメンバーシップであったわけではない。「王冠への忠誠」を媒介として英国と植民地、ブリテン島に住む人々と海外在住者との結びつきを帝国的に統合する運動や制度は続いた。そして、この広く曖昧な帝国的メンバーシップが、広大な植民地とさらにその周りに広がる非公式の帝国を統合するための条件となった。より正確に言えば、帝国的メンバーシップの前に、ブリテン島の国家的なメンバーシップが唯一的な重要性をもたなかったのである(10)。

この英国型に比べるなら、フランスもプロイセン(後のドイツ帝国)も出入国の制限は厳しかったが、大勢としては一八六〇年代には英国型の「移動の自由」への接近が見られた。また、仏・独のメンバーシップの要件も後の国民国家モデルに近い面があったが、両国とも植民地帝国である限り、帝国的なメンバーシップが国民的メンバーシップを相対化した。さらに、オーストリア・ハンガリー二重帝国、ロシア、トルコなど古典的帝国でも、多民族・多言語・多宗教の帝国臣民としてのメンバーシップ概念が機能していた。一九世紀の帝国は、二〇世紀の国民国家より、人々の「移動の自由」を保障していた。

奴隷制廃止とその機能の継承

奴隷貿易は強制による人の移動の典型である。一五世紀半ばから一九世紀半ばまでの間、ブラック・アフリカから大西洋を越えて、カリブ海と南北アメリカ大陸に、黒人奴隷が商品として運ばれた。アメリカ先住民が征服と感染症によって激減したために、新大陸の労働力は、アフリカ大陸からの奴隷の労働に依存していたのである。

四世紀の間にどれだけの人々が奴隷としてアフリカ大陸から移動したかは、学界の一大争点となってきた。現在の推計では、アフリカ大陸から新大陸へは総計九〇〇万―一二〇〇万が、また中東・アラビア半島へは総計四三〇万人が移動したと推計されている。[11]内陸部アフリカにいたときには自由人として生活していたこれだけの数の人々が、移動後には、すべての権利を奪われモノとして所有され、売買されたのである。しかも、この数値は到着数であり、奴隷狩りの過程と移送の途中でその数倍が死亡したものと推定される。西アフリカ沿岸部を拠点として、ヨーロッパ人と沿岸部アフリカ人とによって実施された奴隷狩りにより、内陸部アフリカでは人口が減少し、大きな社会的破壊を招いた。

米国南部諸州では、急速に奴隷人口が増加した結果、一八六〇年時点で全人口三八〇万のうち一一〇万人が奴隷であった。また、一八三五年におけるジャマイカの白人人口二万に対し、黒人奴隷は三〇万であった。[12]米国南部、ラテン・アメリカ、カリブ海地域は奴隷制を前提とした社会となり、その経済や文化は大きく変容した。

奴隷制と奴隷貿易は、一八世紀末以来、自由主義の敵として反対運動の攻撃目標であった。そして一八六〇年代、南北戦争の結果によって奴隷制に最終的な終止符が打たれた。「奴隷貿易」廃止は、「自由貿易」「移動の自由」を掲げた自由主義にとって、重大な勝利であった。自由主義的な移民と、反自由主義的な奴隷制廃止とによって、自由主義が貫徹したように見えた。

自由主義的な人の移動の存立条件

この自由主義的な体制は、一九世紀から二〇世紀初頭にかけて、非常に活発な、人の国際的な移動をつくり出した。ただし、それを自由主義的とみなすことができたのは、次のような条件のおかげであった。

第一に、新大陸という人口密度が低い空間があり、その地域の覇権を自由主義的な英米が掌握していた。そこはプル要因の大きな空間であった。また、奴隷貿易の廃止によって、もっとも暴力性の高かった強制的な人の移動が終わり、自由主義的な移動のイメージを高めた。西欧・北欧から大西洋を越えた米国への移動が「移民」のイメージをつくっていたが、その一方で、奴隷に代わってアジアから移動した人々は、以下に述べるように「移動の自由」の枠組みの外側に置かれた。

第二に、帝国的なメンバーシップの枠組みが、帝国内を移動するコストを下げた（ブリテン島から移動しても英国のメンバーシップを失うという危険性が低い）。また、人々の諸権利は、政府が一元的に保障していたわけではなく、帝国、教会、同業集団、都市、領主など伝統的な保障者が存在していた。そのため後の国民国家の時代における「諸権利への扉を開く権利」としての国籍という概念を発生させる妨げとなっていた。また英帝国以外の帝国においても、これに類比される帝国的なメンバーシップの広がりがあった。

第三に、「移動の自由」を管理・制限するような制度は、平和時には必要性が低かった。ナポレオン戦争期、そして第一次世界大戦期とは異なり、外国人の流入が国の安全を脅かすほど危険であるとは意識されず、その制度もつくられなかった。また、英国は徴兵制を敷いていなかったため、国民一人一人を管理・動員する必要性も低かった。さらに、海によって他国から隔てられている地理的条件は、英国と米国に対し、隣国と陸続きの大陸諸国に比べて安全であるという意識を与え、人の出入りに神経を尖《とが》らせる場合が少なかった。

一九一四年に勃発した第一次世界大戦とそれに続く国際的緊張は、平和という「移動の自由」の前提条件を失わせた。また世界大戦に続いて起こった民族主義と革命とは、第一次世界大戦ではオーストリア、ロシア、トルコなどの帝国を、そして第二次世界大戦後には英仏の植民地帝国を解体した。「移動の自由」を支えた帝国的メンバーシップの機能は低下していった。ヴェルサイユ体制によって生まれた新しい国家群である民族国家の国籍をもつことが、「諸権利への扉を開く権利」への唯一の手段になった。さらに全体戦争を戦った各国が国際的緊張を続けたことによって、国内・国外の人間集団に「敵」対「味方」の亀裂《きれつ》をつくり出した。そして、それぞれの国家は、国境に出入国管理の高い壁を設け、人の移動を一挙に制限したのである。

アジア人の移動と自由主義の放棄

奴隷制の廃止は、国際的な人の移動のあり方を大きく変えた。アメリカ大陸にあっては奴隷制の廃止後、またオーストラリアにあっては囚人移送の停止後、アジアからの人の移動が、廃止された奴隷制や囚人労働に代わる労働力をもたらした。人口密度の高いインドと中国、そして後には日本、ジャワなどから、大量の人々が年季契約労働者の形で新大陸に流入しはじめた。またそれ以外にも中国やインドから大量の移動が生じていたことは、世界各地に散在する華人・華僑、インド系住民・印僑、日系人などの歴史を見れば明らかである。中国からの移動先は東南アジアが多かった。米国へは「年季契約労働者」などの契約形式で、鉄道建設などに非熟練労働者として送り出された。また一九〇〇年前後より、日本から北米、南米などへ六二万人が移住したことはよく知られている。日本からのブラジル移住者は一八万八〇〇〇人である。ただし日本は一九世紀末より東アジアの植民地帝国となり、アジアの他の地域から日本への移動が生じ、一九四三年には在日朝鮮人が五六万人いた(13)。

アジアから米国への人の移動を、米国に先に到着していたヨーロッパ系移民たちが食い止めようとした。米国は一八七五年頃、すなわちヨーロッパからの移民を制限しはじめるより前に、アジア人の移民を制限する動きが強まった。一八八二年には中国人移民を排除する時限立法 Chinese Exclusion Act が制定され、一九〇一年には恒久法化された。また在米中国人を管理する登録制度もつくられた。その動因は人種主義、労働組合による移民排撃などであり、多くの州政府がそれを後押しした。そして、ついに一九二〇年代に中国、インド、日系移民の米国籍取得を禁止するにいたったのである。(14)

これら米国の一連の立法は「移動の自由」の享受してきた当事者たちが、ロックの理念である「国家共同体への参加の自由」の原則を信じていなかったか、あるいは自ら放棄したことを意味した。第一に、アジア系の人々が米国という国家共同体に加わることを拒否し、第二に、国家共同体の形成を合意すべき「他の人々」の範囲を限定したからである。さらに米国は、第一次世界大戦後、ヨーロッパからの移民も削減する政策に転換した。第一次世界大戦前には年一〇〇万人以上の移民を受け入れていたが、一九二〇年代中葉には年三〇万人に減少し、一九三〇年代にはその数は一〇万人以下に減少した。(15)「国家共同体への参加の自由」という理念は実質的に放棄され、移民の選択的な受け入れ政策に取って代わられた。

英帝国は、ブリテン島と植民地との間の人の移動だけでなく、植民地の相互間の人の移動もつくり出した。とくにインド人を他の英国植民地に移動させて、かれらに必要な労働や場合によって植民地統治の業務の一部を依存した。そうした移動の水路ができると、英領インドから、英国、ビルマ、マレーシア、シンガポール、オーストラリア、フィジーなどへ、一八三七年からの一〇〇年間で、三〇二〇万人が出国したと推計される。このインド系の移民数は、ヨーロッパから新大陸への移民の総数四四〇〇万—五〇〇〇万には及ばないものの、それに準じた膨大な規模であった。また移動者の大多数が出身地との絆を残しており、出国者の八〇—九〇%が移動先からインドに帰還した。さらに一八三八—一九一八年の間、五〇万がカリブ海へ、三〇万がモーリシャスへ、東・南アフリカへも移住している(16)。

この植民地間における人の移動を植民地政府は、移住者を細かく選別し管理する大規模な国家事業に発展させた。インドから移動する労働者とその雇用者の間の契約が私的契約であるにもかかわらず、政府が監督したことは、どのように正当化されたのであろうか。「移動の自由」の原則からまったく逸脱して「植民地政府が管理した移動」を行う理由の説明は、時と場合によって異なる。ただし多くの場合「(移動する)インド人に対する保護が必要である」と「移動者を受け入れる植民地の秩序の安寧《あんねい》を維持する」との二つを口実としている。ただし本国と植民地とは違う原理、違う統治方式を必要とするという植民地主義イデオロギーがほんらいの理由であった(17)。

「移動の自由」とは、何人も同じように自由が保障される普遍主義的原則である。したがって、「Aは自由だが、Bは自由でない」とするためには、次の三通りの正当化の方法がある。①Bを例外として制約する根拠を示す、②「移動の自由」原則を別の国家的必要性の前に棚上げにする、③「移動の自由」原則そのものを否定し、Aの「移動の自由」のみを特権として説明する。このうち③は移民を制限し管理する実質的な動機だったが、「移動の自由」を建国の理念とする米国でも、「自由主義の伝統」を誇る英国でも、体制の正統性を掘り崩すため、正面から主張されることはなかった。

このうち①のBのアジア系を「例外」とする説明に動員されたのが、「年季契約労働」の違法性・不適切性である。年季契約労働者とは、中国から米国に渡り、または、インドから他の英領植民地に移動した人々などをいい、旅費などを前借りし、それを一定の年限の労働によって返却する私的契約関係に基づく移動者を指す。この人々に課された労働は過酷であり、時に暴力的な強制が伴い、その契約内容は欧米の法律から見て問題で、非合法の疑いが高かった。英・米政府が、この年季契約労働に基づく移動という私的契約に政府が介入する根拠を与え、アジア系を例外とする口実となった。Bを「正常からの逸脱」であると印象づけて（日系移民の「写真結婚」への非難も一例）、例外を正当化した。

②の棚上げの事例としては、英国が第一次世界大戦の勃発に際して強化した出入国管理制度（「安全保障」上の主権の行使の必要性によって「移動の自由」を停止した）を、大戦終了後も維持したことがある。またアイルランドやインドを統治した植民地警察による非自由主義的な管理方式、および植民地相互間の人の移動に対する管理方法が時間の経過とともにブリテン島の統治方式に浸透していった。「自由主義」は制約され「移動の自由」は放棄されたが、しかし「自由主義の原則に変更はない」と意識されつつ、自由の内容が空洞化していったのである。こうした国家管理が、正統性が問われないままに容認された理由は、植民地が文化的地図の「関心を寄せない構造[18]」の落とし穴にはまっていたことにある。アジア系の人々を「移動の自由」の理念から排除した人種主義・植民地主義的な政策を実施しつつ、それを自由主義の原則の否定とはみなさない虚偽意識によって、自分た

ちの自由主義を維持したかのように観念したのである。

第二節　難民と民族国家

ヨーロッパ難民の時代

現代が直面した難問の一つは、「行き場を失って流《る》浪《ろう》する難民」たちである。

第一次世界大戦後の一九二六年、ヨーロッパ（ロシア・トルコを含む）難民だけで九五〇万人に達した。[19] 九五〇万という数は、二〇〇五年の全世界の難民数（九二〇万）に匹敵する。この一九二六年という年は相対的安定期と呼ばれ、大戦後の復興が進んだ後であり、かつ大恐慌とナチズムの台頭により多くの難民が生み出される前である。難民の発生地域がヨーロッパに限定されていること、八〇年前の人口規模がいまよりはるかに小さいことを考えるなら、この数値は驚くほど大きい。

この難民の群れは、解きがたい難問を構成していた。受け入れようとする国もなく、権利を守る国際機関の力も弱いまま、「場所なき民 displaced person」として見通しが立たない流浪生活を続けた人々が一〇〇〇万近くも存在したのである。この難民問題は、その後、ヒトラーによる「計画的な大量殺戮」という恐怖すべき歴史的事件の前提条件となった。

すでに第一次世界大戦以前に、両大戦間期の難民問題・大量殺戮の予震とも言える事件が生じていた。一八二〇年代にトルコ帝国からギリシャが独立して以降、バルカン紛争から大量の難民が生み出された。この現象は一八九四―九六年、トルコ政府がアルメニア人を攻撃し、一九一五年青年トルコ党政府が同国内からのアルメニア人を一掃しようとした事件で頂点に達した[20]。トルコ帝国の解体が進行して、新たに誕生した民族国家が大量の難民を生み出し、その過程で大量殺戮《ジェノサイド》（集団それ自体を絶滅する目的から、その集団の基本的な生活基盤を破壊するために行われるさまざまな活動計画の総体[21]）が実施された。歴史の後知恵から言えば、これは両大戦間期の「予行演習」と解釈できる。ただし、一九世紀のトルコ・バルカンの難民数は、第一次世界大戦後と比較すれば小さかった。また、紛争地域の周囲を人が自由に移動できる空間が取り巻いていた。そのため、難民には脱出先があった。そして、何よりトルコ政府のアルメニア人に対する大量殺戮は、ヒトラーのそれに比べ不徹底であった。

第一次世界大戦は国家のあり方を大きく変えた。まず、国境の壁が高くなり、人の自由な移動は非常に制限された。今日の出入国管理は、一九世紀後半、米国政府が続々と到着する移民希望者を制限・選別しようとして主要な港で実施しはじめた行政手法に起源をもつ。第一次世界大戦の勃発直後、人の移動を水際で制限するこの制度を、ヨーロッパ各国が安全保障の観点からいっせいに導入した。他国への入国に際し、受入国の査証（ビザ）の発給を受けることは、同大戦中、スパイの取り締まりのために制度化されたものであった。第一次世界大戦は、軍隊対軍隊の戦いに止まらず、一般国民の経済活動と精神を戦闘に向けて動員した総力戦であり、まったく武装しない民間人が入国することも潜在的な脅威とみなされた[22]。

このように、人の国際的な移動を取り締まる制度は、国家の存亡がかかった全体戦争のなかで生じうるあらゆる脅威に神経を尖らせた安全保障上の観点から導入された。その結果、国境を越える人の移動数は一挙に縮小し、また大量の難民が生じた。この制度は第一次世界大戦が終わった後も維持された。入国を求める膨大な難民を前に、各国は国境の壁を高め続けたのである。

社会的地位・権利の剝奪

入国制限の制度は、難民が行き場を失った原因を説明する。しかし、それぞれの国が人々を押し出したプッシュ要因はどのように説明されるのであろうか。

たしかに第一次世界大戦の戦禍によって、多くの人々が家を失い、郷里を破壊され、恐怖によってやむをえず移住(疎開)した。戦禍を逃れて移動した人の数(約二〇〇〇万)は膨大であった。しかし、戦争の戦禍・破壊だけが問題であったとするなら、平和が戻り、故郷の町や村が復興をとげたなら、戦禍を生き延びた多くの人々は故郷・故国に帰還できたはずである。上記の九五〇万人という数値は、第一次世界大戦が終わって一〇年後の数値である。従来は住むことができたところに帰還できないか、あるいはそこから追い立てられるという事態が生じたのである。

第一節で述べたように、大西洋を越えた一九世紀の移民たちは、空間的な移動の結果、社会的地位を上昇させ、多くの権利を得た。空間移動によって上昇に向かう社会的地位の移動 social mobility を起こしたのである。また奴隷は、空間移動によって、それまでの自由人から売買されるモノに社会的地位が下落した。いずれも、空間移動が先行し、その結果、社会的地位が変動したのである。

ところが第一次世界大戦後のヨーロッパでは、この時間的な順序が逆転する。すなわち、人々が空間移動をする前に、社会的地位が下落し、また、諸権利を剝奪《はくだつ》され、その結果として空間移動を余儀なくされたのである。

宗教的迫害

人が空間的に移動しないにもかかわらず社会的地位が下落し、居住する権利を剝奪された事例としては、宗教的迫害があった。たとえばヨーロッパの歴史的文脈では、再征服（レコンキスタ）後のスペインにおいて、イスラム教徒やユダヤ教徒が迫害され土地を追われた。また、カルヴァン派や「ユグノー」と呼ばれた新教徒がカトリック教徒の領地から追われ、反対にカトリック教徒が新教徒の国を追われる事態も生じた。異教徒や異端が、「宗教的な「敵」」として追放されたのである。

しかしながら、長い宗教戦争の結果、国ごとに宗教上の棲み分けが生じた。また近代化によって宗教的な寛容が生まれた。そしてフランス革命以降は、信教の自由は人権の要素として認められるようになった。一九世紀半ばには、英国でカトリック解放令・ユダヤ人解放令が出された。また、中央ヨーロッパのユダヤ人たちは、ドイツ帝国やオーストリア・ハンガリー二重帝国の開明的な君主にユダヤ人の解放を期待した。(23)

もちろん、一九世紀以降、ヨーロッパ各地で暴力的なユダヤ人排撃やアルメニア人排撃などが生じている。とくに一九世紀末以降、フランスやロシア帝国内で「ポグロム（ユダヤ人・ユダヤ人商店への民衆による暴力的攻撃）」や、トルコ帝国で生じたアルメニア人虐殺が起こった。これは犠牲者が「ユダヤ教徒」「アルメニア正教徒」である点で、宗教的迫害に類似した面をもつ。しかしながら攻撃者の意図は主に世俗的であり、宗教的な動機が二義的以下である点では、宗教的迫害とは異なっている。たとえば、一九世紀末にアルメニア人を主に攻撃したのが世俗主義を掲げる青年トルコ党であった[24]。また、攻撃を受けた側がそれに対して自分たちを組織化する際の目標も、宗教は二義的であることが多かった[25]。また第一次世界大戦によって、宗教的な熱狂が生まれたわけでもない。とすると、宗教は、犠牲者の指標としての機能をもったとしても、しかし第一次世界大戦の前後で大きく変化したとは言えず、九五〇万もの人々を土地から追い出す主要な要因とすることはできない。

政治的迫害

第二の要因は政治的迫害である。政治イデオロギーに対する熱狂が高まったフランス革命では、革命反対を主張する約一三万人がフランスを追われ、「エミグレ」と呼ばれた。またアメリカ独立革命では「トーリー」と呼ばれた独立反対派六万人が米国から追われた。失敗した革命もまた亡命者を生んだ。一八三〇年、ポーランド独立を狙った蜂起《ほうき》が鎮圧された後、多数の人々が国外に逃れ、五〇〇〇人以上のポーランド人がパリで亡命生活を送った。また、パリ・コンミューンの打倒後、コンミューン派の四万五〇〇〇人が国外に逃れた。(26) 激しい革命闘争の結果、「革命の敵」「祖国の敵」が土地を追われたのである。

そして、第一次世界大戦の過程でもっとも政治的熱狂が高まった契機は、ヨーロッパで最大の人口を抱えるロシアの共産主義革命であった。ロシア革命とそれに続く内戦・干渉戦争は、大量の人々をロシア国外に押し出した。その総計は三〇〇万人と推定される。ただし、そのうち二〇〇万はポーランド人と「ロシア帝国に住んでいたドイツ系住民」であり、これは後述する「帝国の解体」の結果である。残りの一〇〇万人はそれ以外の原因によるが、その多くがロシア革命という巨大な変動の帰結として国外に出たロシア人と推定される。(27)

民族自決

第一次世界大戦後の最大の変動は、民族国家がヨーロッパ国際秩序の基本単位となったことである。「民族の牢獄《ろうごく》」とみなされたオーストリア帝国とトルコ帝国は解体され、「民族自決」が正統なイデオロギーとされ、国家形成の基本原理となった。この原則には、人々が自分の帰属する民族に基づいて国家を自分自身で選択する権利をもつ、という含意がある。国家をつくる主体が、同じ民族に帰属する人々に限定されている点で、第一節で述べた、合意によってだれもが国家に加わり、国家をつくることができる、というロックの自由主義的な国家観とは大きく異なっている。

＊民族自決(self-determination of nations)　民族自決とは、民族が自治的単位とくに主権国家の形成を自律的に決定する権利があるという考え方である。この民族への帰属は、「われわれ意識を共有する」という主観的側面と、言語・文化・宗教・身体的特徴などの標識を共有する客観的側面をあわせもっている。一九世紀のヨーロッパにおけるナショナリズムの勃興とともに、英国の植民地であったアイルランド、およびロシア・ドイツ・オーストリアの三帝国に分割されたポーランドの民族運動等が提唱した。第一次世界大戦末期、ロシア革命の指導者レーニンと米国のウィルソン大統領は、ともにポーランドなどの独立を承認するだけでなく、民族自決を戦後秩序の原則として提唱した。ヴェルサイユ条約においてはじめて国際的に承認され、オーストリア・トルコ帝国の解体をもたらした。さらに第二次世界大戦後、英仏などの帝国を解体させてアジア・アフリカの非植民地化を正当化し、国際人権規約等に明文化された。このように民族自決は一面で、それまで帝国のなかで抑圧を受けてきた民族の解放を促した側面があったため、プラスに評価される傾向がある。

民族自決の正統化は、第一次世界大戦後、深刻な問題を生み出した。そのもっとも理解しやすい例が国境の変動であった。これは、統治する政府と統治される人々の間にズレが生じることを意味する。そこにいた人自体は空間的に移動しなくても、住む場所を統治する政府がA国からB国になってしまい、それまでのA国に住むA国人であったものが、B国に住むA国人(外国人)になってしまう。その結果、権利と価値を剝奪され、移住を余儀なくされる事態が生じた。これは人々のナショナリズムをかき立てた。

なお第一次世界大戦以前にも、統治者と統治される人々との間にズレが生じた例は多く存在する。

たとえば普仏戦争の結果、一八七一年、仏独国境が西に移動してそれまでフランス領だった「アルサス・ロレーヌ地方」がドイツ領となったため、そこに住んでいた一三万人がフランス人であることを維持するため、国境のフランス側に移動した(28)。

第一次世界大戦の結果、仏独間など戦勝国と敗戦国の間で新たな国境線が引き直され、敗戦国のドイツ、ハンガリーなどでは、移動した国境の外に取り残された人々がその内側に移動した。ここまでは普仏戦争と同様である。しかし変化は国境の変動だけに止まらなかった。新たにドイツ内に移動した人々は、国境が変動した地域にいた人々だけではなく、変動していない地域であるロシアに住んでいた「ドイツ系住民」なども、ドイツへの移住を余儀なくされた。従来は「ドイツ系ロシア人」として権利を享受してきた者が、突然に外国人という地位に落とされ、ロシアを追われドイツに移住したのである。

少数民族と無国籍者

帝国の解体に伴い、民族国家ごとに数多くの国境線が引かれた。オーストリア・ハンガリー二重帝国は縦横に亀裂の入った鏡のようにばらばらの国家群に解体した。また、数世紀にわたり東・南欧を支配したオットマン、ロマノフ、ハプスブルク、ホーエンツォレルンの四つの王朝などが崩壊し、それらが支えてきた帝国的なメンバーシップに基づく権利の保障がなくなった。教会組織もまた民族国家に従属する地位に落とされ、信徒の権利を保障する機能を失った。長年の歴史と慣習のなかで人々の権利を保障してきた制度と伝統は、次々に没落していった。そして一九一八―二一年に成立した国際体制は、一方で普遍主義を掲げる国際連盟規約およびナンセン機関と、他方で民族という個別的集団に根拠を置き、自国民の権利を保障する民族国家とからなっていた。そして前者のナンセン機関は難民の権利保護を試みたものの、その実効性は高くなかった。

新たに成立した民族国家の実態は、民族自決という理念型から大きくずれていた。国境線は国際交渉の結果定められて多くの民族を含み、一つの民族共同体という理想像からかけ離れていた。多くの地域、とりわけ、東・南欧では、多民族・多言語・多宗教の人々が混住していた。そこに民族別に国家をつくろうとしても、A国の国境線の内部に他民族であり他の民族国家の国民であるb、c、d、…を多数含み込み、また他国B、C、D、…に自民族の人々aを大量に取り残すこととなった。その結果、非常に多くの人々a、b、c、dは、自国民が支配的な国家A、B、C、Dの外側に住む外国人であり少数民族であるという法的地位に転換させられた。帝国の解体と民族国家の誕生は、少数民族という外国人(他の民族国家の国民)を一挙に大量につくり出したのである。

また、多くの民族が民族国家をもてなかった。民族にはさまざまな定義が可能であるが、そのどの定義をとっても、民族の数は国家の数より桁違いに大きい。とりわけ膨大な数のユダヤ人、アルメニア人、ウクライナ人、クルド人、そしてソヴィエト・ロシア内部の多くの民族などは、自民族に基礎を置いた国家をもつことができなかった。これらの民族に属する人々は、突如、無国家状態に陥り、「無国籍者」として無権利状態に落とされた。

ギリシャとトルコの間では、計一五〇万もの人々を相互に国境の向こう側に追いやった。再生したポーランド国家に向かってその外側から二〇〇万人が移動し、二〇〇万人以上のロシア人・ウクライナ人が新しい民族国家群から追い出され、一〇〇万人のドイツ人と二五万人のハンガリー人がヨーロッパ中から追放された。そして、それらの人々は敵味方として戦うほぼすべての軍隊から敵視された。一九一七年から一九二一年の四年間に二〇〇〇回以上のポグロムを受けたユダヤ人難民たちは、ヨーロッパ各地を放浪させられた(29)。こうした人々の総計九五〇万人が、一九二六年のヨーロッパで、「場所なき民」として流浪させられていた。

＊民族浄化(ethnic cleansing)　ナチス・ドイツは、ユダヤ人の大量殺戮に際して民族浄化という言葉を使った。これは複数のエスニック集団が混住してきた地域から、支配的集団がユダヤ人を威嚇と強制によって排除したことを意味した。ここで虐殺の対象となったユダヤ人が一九四八年にイスラエルを建国したとき、その土地からパレスチナ人を威嚇と強制で追放し、民族浄化の球つき状態が生じた。この民族浄化という不気味な言葉が現代に復活した契機は、旧ユーゴスラヴィアのボスニア・ヘルツェゴヴィナ紛争であった。そこではムスリム系四四％、セルビア系三一％、クロアチア系一七％が「豹《ひょう》の斑点」状に混住していたが、一九九二年、ボスニア独立をECが承認すると、セルビア系が独立を宣言、領土の六割を制圧し、次いでクロアチア系も自治区設立を宣言、領土の三割を占拠し、最多集団のムスリム系は残りを支配した。各支配地域は、多数の他集団を抱え込み、その領域外に少なからぬ自集団を取り残した。そして三集団間の三つ巴《どもえ》の戦闘が激化すると、軍隊や軍の支援を受けた組織が他集団を域外に追放し、時には強制収容所に収容した。同様の例は、他集団と混住してきた民族集団が民族国家の形成を追求したナゴルノ・カラバ

フ周辺のアルメニア人とアゼルバイジャン人の対立、北カフカスの紛争、湾岸戦争前後のイラクのクルド民族の攻撃などにも見られる。旧ユーゴから一七〇万以上が、アゼルバイジャン、アルメニア、グルジア、モルドヴァから計七〇万以上の難民が、国外に流出した。

無国籍者――「ホロコースト」の構造的起源

ユダヤ人大量殺戮を導き出した構造的な前提が、「無国籍者」を生み出したことにある、と最初に指摘したのが、政治哲学者ハンナ・アーレントである。(30)

アーレントは第一に「民族自決権が初めて全ヨーロッパに認められた歴史的時点」を画期として、それ以降「国家が内部崩壊した」という。その理由は、国家が人々の権利や法を護ることから、国民を護る方向に転換したからである。アーレントは、「同じ民族に属するもののみが国籍をうることができ、同じ民族の出身者のみが法制度の完全な保護を受けられる」という民族国家が形成され、それ以降、政府は「法の支配から民族的利害の達成手段へと変質した」と指摘した。

第二に、そうして民族国家が並立するなかに、どの国家からも護られない「無国籍者」が生み出される。「ヨーロッパ諸国が次々と自国の住民の一部(その民族に該当しない人々)をその領土から放逐し、国家の成員としての身分を奪った結果……膨大な難民の流れのなかから生まれたのが無国籍者である」。

第三に、この「無国籍者」は、民族国家が支配する国際構造から生み出されるため、くり返し現れる。「過去二五年間のあらゆる国際社会に執拗に姿を現し、しかも満足すべき解決の見通しがまったく得られなかった」。この大量の無国籍者は、「住居を奪われ、……権利を奪われ、……保護してくれる政府がなく、……意見を聞いてくれる政治的存在理由を奪われる。その結果人間性の外側に置かれる」。

第四に、大量の無国籍者は、異物のように存在して、働きかけることも、働きかけられることもなく、だれからも価値を認められない社会の邪魔者として滞留するため、ヒトラーのようなモッブにとって、もってこいの攻撃目標になる。無国籍者は、全体主義が台頭する踏み台として最適な、攻撃誘発的で脆弱な存在である。「現代史における最新の大量現象である無国籍者は、……現代政治の（全体主義のような）症例を浮かび上がらせる新しい現象となった」とアーレントは記している。

六〇〇万ものユダヤ人を虐殺したホロコーストは、今後も長く人々を戦慄させ続けるであろう。そして、その前提には、「無国籍者」「故郷喪失者」「権利喪失者」「場所なき民」などと呼ばれる人々が大量に生み出される構造があり、それが全体主義を高進させた歴史を記憶すべきである。

アフリカ難民

難民は過去の現象ではない。一九八〇年代のアフリカでは、干ばつなどによる飢餓難民が大量に発生したが、一九九〇年代には、さまざまな政治紛争がプッシュ要因となり、難民が押し出された。内戦のリベリア、アンゴラ、ブルンジ、ルワンダ、スーダン南部、人権抑圧の赤道ギニア、無政府状態のソマリアなどで大量の難民が発生した。アフリカの難民数は、一九六〇年三〇万、一九七〇年一〇〇万、一九八一年三五〇万であったが、一九八〇年代後半には六〇〇万、ピーク時の一九九〇年代半ばには七〇〇万を超え、アフリカ全人口の約一％に達した（表2）。

表2　1993年のアフリカ難民の数

アフリカ合計	745*万人
ルワンダ	205.00
モザンビーク	79.13
スーダン	74.52
マラウイ	71.36
ギニア	57.72
タンザニア	56.45
ザイール	48.68
ウガンダ	28.65
南アフリカ共和国	26.50
アンゴラ	21.09

＊は世界の全難民数の1/3〜1/4に相当.
出典）UNHCR資料，1993年末.

　なかでも、アフリカでもっとも人口密度の高いルワンダでは、フツ族主体の旧政府軍と少数派ツチ族などのルワンダ愛国戦線（RPF）との間で内戦が勃発し、敗れた旧政府側が混乱のなかで「ツチ族による報復」の脅威を煽《あお》ったことなどから、フツ族を中心に大量の難民が国外に脱出した。そして一九九四年七月には、一日数万の規模でルワンダからザイールへの国境を越える「人間の河」現象が起きた。ザイール国境のゴマ付近には、一時一〇〇万人以上（全人口の七分の二）の難民が集まり、コレラ、赤痢などが発生し、大量の死者が出た。アフリカ難民の大多数は近隣諸国に流出するが、経済状態の悪い受入国政府は難民の救援にあまり多くの資源を割けない。ザイール、ブルンジなどでは自国から難民が流出し、同時に外国から難民を受け入れるという事態が生じた。短期間に予想以上に大量の難民が発生したため、不意を打たれた国連難民高等弁務官事務所（UNHCR）などでは、救援活動が追いつかなかった。

難民が国外に流出した後での救援には、限界があるため、流出前の国内避難民に対する国際的保護に関心が寄せられている。何より、難民発生の原因となる内戦や人権抑圧などの予防が求められている。

まとめ

米国からメキシコシティー行きの飛行機に乗った。ジャンボ・ジェットに乗客は約五〇人だった。すると突然、搭乗口脇の非常用の入り口から、武装した係官に連れられ、緊張した表情の男女約一五〇人が入ってきた。そして機内後方の座席に着席した。一九八一年、米国に「不法滞在」していたメキシコ人たちが「強制送還」される飛行機に乗り合わせたのだった。

係官が去り、離陸し、機内食が配られたとたん、「強制送還者」の顔は、母国に帰る「旅行者」の顔に変わった。

Aさん:「三年働いた。仕事はいちごつみ。帰る潮時よ。もうすぐクリスマスだし」

若者のB君:「半年親戚の工場で働いていたら、手入れが入ってほかの人はOKだったのに、ぼくだけ「書類不備」と言われて。来年また来ます、書類を整えて」

ワインで顔を赤くしたC氏:「「強制送還」って、三回目だよ。この辺の土地は昔からメキシコ領だよ。米国に獲られちゃったけど。何でメキシコ人が入っちゃいけないのかね」

Dさん：「米国籍の男と結婚した妹は「旅行者」、姉のわたしは「強制送還」。ヘンな話ね」……
即席のインタビューであったが、「不法滞在者」とは普通の動機をもった移動者であり、普通の移動者が、ほんの紙一重の事情で「不法滞在者」になることがわかった。

国家の正統性の不在

今日、国境を越えて移動する人は、移民、旅行者、学生、庇護申請者など、多くの行政的カテゴリーに分類されている。そして、国の間を移動する人々に対して、送り出し国は自国民に旅券（パスポート）を発行し、受入国は他国民に査証（ビザ）、労働許可証などを発給する。各国の政府は、出入国に際して、必要な文書審査と行政手続きを行って、移動者を管理する。国籍法によって「国民」と「外国人」に二分され、さらに外国人は、旅行者、契約労働者、亡命者、高級技能者、研究者などのカテゴリーに分けられ、それぞれ政府が保障する滞在可能期間と、諸権利のリストが異なる。安全と豊かさと自由を追求する全権利が付与されるのは国民だけであり、外国人にはその資格に応じて限定された範囲の権利のみが許容される。

こうした文書と行政手続きは〈国家的な思考様式〉に裏づけられている。つまり、国民は、国境の内側に住むのが正常と観念され、国内の移動は自由である。反面、国境を越えた移動は正常からの逸脱と観念されるため政府に管理される。移住者とは、定住国Aから定住国Bへと過渡する過程にあって、国と国の裂け目に落ちた「逸脱者」として警戒の目で見られる。まして難民となれば

「生活の根を失い」「非常に変わりやすく」「場所なき民」であり、その状態だけで「病理的過程」[31]にあるとさえ感じられる。移動者、外国人、難民は、安定した定住生活を撹乱し、道徳規範に違反し、脅威をもたらす可能性のある存在と見られる。どこか怪しげであり、道義・倫理をわきまえず、税金を逃れ、場合によって犯罪に走り、テロリズムを起こしかねないという「場所なき民たちがつくる悪夢のようなポストモダンの光景[32]」が広がっているかのように受け取られるのだ。そうした「不法滞在者」「無国籍者」「難民」という言葉が放射する不気味さは、国家的思考の裏側にあるネガティブな心理なのである。

〈国家的な思考様式〉では移住者が「祖国へ帰還する」あるいは「帰化する」ことが正常への道と想定する。また祖国に対して第一義的なアイデンティティーをもつことが国民の正常なあり方とみなされる。ではどのような政治原理によって、国境を定め、出入国管理などの政策を定めたのか。どのような政治原理によって根拠づけられているのか。第一節で見たように、ロック的な自由主義は一九世紀の歴史的条件を前提にして成立し、そして、アジア系の移民の「移動の自由」を拒否した。また第二節で見たように、民族自決は難民を生み出し、ホロコーストを準備した。いずれも一貫性に欠け、また適切な結果を導くことができない。では、それらに代わる原理は存在するのか。

英国の国際政治学者アンドリュー・リンクレーターは、「政治共同体が、どのようにしてまとまりをつくり、他の政治共同体と区分されたか、ほとんど知られていない。また、そのような政治共同体のまとまりと他の政治共同体との区分がどのように変わってきたかも、ほとんど知られていない」[33]と言っている。それは、歴史の変化とともに大きく変動し、今日ではあいまいで両義的なものとなっている。国家と人の移動を一貫して説明する考え方は存在していない。

難民概念の非操作性

「難民こそ実在であり、もっとも基本的な人権の観点から保護すべきである」と主張することができるだろうか。この問いは、宙に浮いてしまう。なぜなら現在、難民の定義自体が混迷しているからである。

「だれが難民／亡命者に該当するか」との問いは、当事者である難民／亡命者にとって、死活の意味をもつ。難民と亡命者は、英語では同じく refugee と呼ばれ、前者は状態、後者は法的地位を指す。難民と訳される日常用語あるいはジャーナリズム用語では、紛争が起きた際、恐怖から他国に逃れた状態の人々を指す。①内戦、政治的・宗教的脅迫、人権抑圧などによる恐怖のために、②非自発的に常居住地を離れ、③外国に逃げた状態の人々、が難民の三要件である。

他方、refugee を亡命者と訳すときには、難民のうち、他国の保護のもとに他国で生活する法的権利を認められた人々を指す。一九世紀的自由主義では、ポーランド人ショパンをフランスが亡命者として受け入れ、ドイツ人マルクスを英国が亡命者として受け入れた。

以上より、難民の法的地位には三種類が生じることになる。第一は、恐怖から非自発的に外国の安全な場所に到着した状態にある、通常は困窮した人々を指す。かれらが到着した国に滞在し続けるためには、国連難民高等弁務官事務所や到着国で庇護を申請する必要がある。申請した人は「難民としての庇護申請者 asylum seekers」(以下、庇護申請者)という法的地位になる。第二次世界大戦後の欧州諸国、とくにドイツは、両大戦間期の難民問題に対する反省から、この「庇護申請者」に対し、移動者、移民希望者よりもはるかに好意的な政策をとってきた。

ところがこの「庇護申請者」の様相は、一九九〇年代に一変する。第一に、申請者数が飛躍的に増え、第二に、途上国から欧米に到着した人々の一部が便利な入国方法の一つとして「庇護申請」を利用しはじめた。その理由は、航空運賃の低廉化、欧米と途上国各地を結ぶ航空路の開設、通信技術の発達、そして、入国するためのノウハウの広まりなどである。従来、途上国の「庇護申請」は現地の国連難民高等弁務官事務所に提出されていた。しかし、人々はまず欧米にやってきて、到着した空港で「庇護申請」するか、あるいは旅行者・学生としていったん入国した後、到着国内で「庇護申請」の手続きをとるようになった。たとえば英国の「庇護申請者」は、四〇〇〇人(一九八八年)から四万四八〇〇人(一九九一年)、そして八万三〇〇人(二〇〇〇年)と増加した。非常に多くの人々が「庇護申請」をすることによって、審査手続きは麻痺した。そして多くの人々が、この申請が受理される可能性は低いことを知りつつ、「庇護申請中」であることを理由に到着国に滞在し続けようとしたのである(34)。

第二は「条約難民」である。「だれが難民に該当するか」の基準は、「難民の地位に関する条約」(一九五一年)が定めた基準、すなわち「人種、宗教、国籍若しくは特定の社会的集団の構成員であること又は政治的意見を理由に迫害を受けるおそれがあるという十分に理由のある恐怖を有するために、国籍国の外にいる者であって、その国籍国の保護を受けることができない者」である。またこの定義は、居住国の保護を受けられない無国籍者を含む。これを「条約難民」と呼ぶ。

しかしながら、多くの人々が認めるように、難民の三要件のうち、①「恐怖からの逃亡」については、個々の難民個人について「根拠ある恐怖」を把握することは不可能である。また②「非自発性」についても、それを難民が実証することも、また、出入国管理官が心証を形成することも、きわめて困難である。とすると「難民の地位に関する条約」の定義とは、行政上オペレーション可能な概念とは言えない[35]。

第三は、到着国政府がその裁量権に基づき「亡命者」「難民」の法的地位を付与したものである。無数の到着者のなかから居住と法的保護という権利を獲得した人々である。

第一のカテゴリーの「庇護申請者」の急増は、それ自体で深刻な問題であるが、同時に難民受入国においても、経済負担はもちろん、外国人排撃などの社会・政治問題を引き起こす。ドイツ、フランスなどは、押し寄せる庇護申請者に対し、認定の申請資格自体を制限し、またハイチからの庇護申請者が増大したアメリカも、受け入れを制限した。そして第三のカテゴリーに相当する「真の難民」の存在が覆い隠されることになった。

冒頭に掲げたアマンにとって、移動すること自体が生活であった。その移動が国内か国境を越えるかは重要ではない。移動の動機は、危険と貧困と抑圧から逃れること、安全と豊かさと自由を追求すること、である。「国際的な人の移動」委員会は、「どうして人は移動するか」について、人間であればだれでも抱く動機、収入、就職、長い寿命、教育機会などを列挙している。[36]そのなかで移動者たちは、文化人類学者リイザ・マリキの言葉を借りれば「これまで経験したことがなかったほど、人々は、日常的に場所を変え、国家という単位、民族という集団とは無関係に、「住処《ホーム》」「安住の地《ホームランド》」を発明しようとしている[37]」。こうした移動に基づく場との関係をドイツの社会学者ウルリッヒ・ベックは「複数の場との結婚[38]」と呼んでいる。

さらにグローバル化が人の移動という事実をどんどん先行させる。「移動の自由」を前提とした自由主義的体制のなかにあって、航空機などの国際交通機関は、一九九〇年代以降、情報、カネ、モノに関して「より安価でより頻繁でより密度の高いネットワーク」を誇るようになった。この情報と経済と交通のグローバル化の趨勢に対して、人の移動のみを国家が管理下に置こうとすることは、ほとんど解決不能に見えるジレンマをつくり出す。サスキア・サッセンが「秩序の試金石」と呼ぶ国際的な人の移動には、未だに何を正統とみなすかという価値的な枠組みが見えていないのである。[39]

（1）　Barnes, Virginia, Lee and Boddy, Janice, *Aman: The Story of a Somali Girl*, London, Bloomsbury, 1994.

（2）　McNeill, William, "Human Migration: a Historical Overview", in McNeill, William and Adams, Ruth S. eds., *Human Migration: Patterns and Policies*, Indiana University Press, 1978.

（3）　Global Commission on International Migration, *Migration in an Interconnected World: New Directions for Ac-*

tion, 2005, p. 83 (http://www.gcim.org).

(4) ジョン・ロック「統治論」宮川透訳、『世界の名著32 ロック・ヒューム』中央公論社、一九八〇年、二六九―二七〇頁。

(5) Altman, Ida, "Spanish Migration to the Americas", in Cohen, Robin, ed., *The Cambridge Survey of World Migration*, Cambridge University Press, 1995.

(6) Kenwood, A. G. and Lougheed, A. L., *The Growth of the International Economy, 1820–1960*, London, Allen and Unwin, 1989.

(7) 英国議会で論争を巻き起こした一九〇五年の外国人法は、①三等船室に二〇人以上の旅客を乗せた船の三等船室の乗客のみを対象とし、②政治・宗教上の迫害の危険のある者を除き、③入国者数に「割り当て」制などの数量制限を課さないなどの理由から、「実質的インパクトは小さく、行政手続き上の措置に止まった」と評されている。Feldman, David, "Was the Nineteenth Century a Golden Age for Immigrants?", in Fahrmeir, Andreas et al. eds., *Migration Control in the North Atlantic World: The Evolution of State Practices in Europe and the United States from the French Revolution to the Inter-War Period*, New York, Berghahn Books, 2003, pp. 167–177.

(8) Clutterbuck, Lindsay, "Countering Irish Republican Terrorism in Britain: Its Origin as a Police Function", *Terrorism and Political Violence*, Vol. 18, No. 1, 2006, pp. 95–118.

(9) Porter, Bernard, *Plots and Paranoia*, London, Unwin and Hyman, 1989, pp. 76–77.

(10) Fahrmeir, Andreas, *Citizens and Aliens, Foreigners and the Law in Britain and the German States, 1789–1870*, New York, Berghahn Books, 2000, pp. 48–50.

(11) Curtin, Philip, "Africa and Global Patterns of Migration", in Wang Gungwu ed., *Global History and Migration*, Boulder, Westview, 1997; Clarence-Smith, William Gervase ed., *The Economy of the Indian Ocean Slave Trade in the Nineteenth Century*, London, Frank Cass, 1989.

（12）Kenwood and Lougheed, *The Growth of the International Economy* 参照。
（13）Segal, Aaron, *An Atlas of International Migration*, London, Hans Zell, 1994; Potts, Lydia, *The World Labour Market: A History of Migration*, London, Zet Books, 1990.
（14）Daniels, Roger, "The Growth of Restrictive Immigration Policies in the Colonies and Settlement", in Cohen ed., *The Cambridge Survey of World Migration*, pp. 39-40.
（15）Zolberg, Aristide R., "Global Movements, Global Walls: Responses to Migration, 1885-1925", in Wang ed., *Global History and Migration*.
（16）Tinker, Hugh, *A New System of Slavery: The Export of Indian Labour Overseas*, Oxford University Press, 1974.
（17）ラディカ・モンジア「奴隷制廃止と「自由」移民」、伊豫谷登士翁編『移動から場所を問う　現代移民研究の課題』有信堂、二〇〇七年、二三五—二六〇頁、Shapiro, Michael Joseph, "Moral Geographies and the Ethics of Post-Sovereignty", *Public Culture*, 6, 1994, p. 491.
（18）Shapiro, "Moral Geographies and the Ethics of Post-Sovereignty", p. 491.
（19）Marrus, Michael R., *The Unwanted: European Refugees in the Twentieth Century*, Oxford University Press, 1985, p. 51.
（20）Nelson, Robert, "Theoretical Inquiry into the Armenian Massacres of 1894-1896", *Comparative Studies in Society and History*, Vol. 24, No. 3, July 1982, pp. 481-509.
（21）Kuper, Leo, *Genocide*, Harmondswirth, Penguin, 1981, p. 22 による定義。
（22）McNeill and Adams, *Human Migration*, pp. 265-279.
（23）マイケル・R・マラス『ホロコースト』長田浩彰訳、時事通信社、一九九六年、二六—二九頁。
（24）Nelson, "Theoretical Inquiry into the Armenian Massacres of 1894-1896", pp. 481-509.

(25) Geifman, Anne, *Thou Shalt Kill: Revolutionary Terrorism in Russia, 1894-1917*, Princeton University Press, 1993, p. 33; Lokshin, Aleksandr, "The Bund in the Russian-Jewish Historical Landscape", in Geifman, Anne, *Russia under the Last Tsar*, Oxford, Blackwell, 1999, pp. 66-67.

(26) Palmer, Robert R., *The Age of Democratic Revolution*, Princeton University Press, 1959, p. 188; Zolberg, Aristide R., Suhrke, Astri, and Aguayo, Sergio, *Escape from Violence: Conflict and the Refugee Crisis in the Developing World*, Oxford University Press, 1989, p. 11; Marrus, *The Unwanted*, p. 20.

(27) Zolberg, Suhrke, and Aguayo, *Escape from Violence*, p. 17.

(28) *Ibid*., p. 11.

(29) Marrus, *The Unwanted*, pp. 51-63.

(30) Arendt, Hannah, *The Origins of Totalitarianism*, New York, Harcourt, Brace and Company, 1951, pp. 274-276, 290-292.

(31) Malkki, Liisa, "National Geographic: The Rooting of Peoples and the Territorialization of National Identity among Scholars and Refugees", *Cultural Anthropology*, Vol. 7, No. 1, 1992, p. 32.

(32) Harvey, David, *Condition of Postmodernity: An Enquiry into the Origin of Cultural Change*, Oxford, Blackwell, 1989, p. 77.

(33) Linklater, Andrew, "Community", in Danchev, Alex ed., *Fin de Siècle: Meaning of the Twentieth Century*, London, Tauris, 1995, p. 183.

(34) Robinson, Vaughan, Andersson, Roger, and Musterd, Sako, *Spreading the 'Burden'?*, University of Bristol, 2003, pp. 3-4.

(35) たとえば Goodwin-Gil Report 参照。

(36) 同委員会の報告書は、移動の動機を、①収入の格差(日給一ドル以下の人はサハラ以南で四五・七%)、②失業率の差、③平均寿命の差（富裕国と貧困国で二〇歳以上違う）、④教育機会の差（貧困国の女性識字率は五八％）、⑤南の人口急増と北の人口停滞、などと列記する。Global Commission on International Migration, *Migration in an Interconnected World*, p. 84.

（37） Malkki, "National Geographic", p. 24.

（38） ウルリッヒ・ベック『グローバル化の社会学 グローバリズムの誤謬——グローバル化への応答』木前利秋他訳、国文社、二〇〇五年、一四四—一五三頁。

（39） サスキア・サッセン編著『グローバリゼーションの時代』伊豫谷登士翁訳、平凡社、一九九九年、第三章参照。

第七章　第二の核時代

第一節　核拡散の進展

「終末まであと数分」

時計が「零時五分前」を指した。といっても時刻を示す時計ではなく、「終末時計 doomsday clock」のことで、「零時」とは「地球の終末」を、そして「五分前」とは終末までごくわずかの猶予しか残されていない危機の切迫を意味する。『核物理学者会報』という英文雑誌が、「世界は第二の核時代の瀬戸際に立たされている」として、表紙に掲げるその「終末時計」を、二〇〇七年一月、「終末七分前」から「五分前」に二分進めた。時計の針を進めて危機の切迫を訴えるため英国ロイヤル・ソサエティーと米国科学振興協会が同時に開催した集会で、「宇宙のビッグバン」を理論化したホーキング博士が「ヒロシマ・ナガサキ以降、核兵器は使われていません。しかし、地球は破局の一歩手前まで、これまでも再三接近し、いままた近づきました。幸運に恵まれなければ、人類は滅亡していたでしょうし、滅亡することになるでしょう」と述べた(1)。

この「終末時計」は、一九四七年から、核兵器に対する科学者たちの危機意識を表現してきた。

ただし米ソが膨大な核兵器を向け合っていた冷戦時代でも、「終末七分前」より「終末時計」の針を進めるのは、核危機が瀬戸際に近づいたときだけだった。冷戦は終わり、米ロの対立は解消した。にもかかわらず、危機を示す分針は、二〇〇二年に「終末七分前」に進められ、それ以降「五分前」(二〇〇七年)、「六分前」(二〇一〇年)と切迫度に応じて前後してきた。「第二の核時代」と呼ぶ危機の新しい内容を『核物理学者会報』は「核兵器の拡散と地球温暖化によって破局的な災禍が生じる可能性が高まっている」と述べている。「環境破壊」だけでなく「核拡散」が地球の破局をもたらすかもしれない、というのだ。

核拡散とは、かつて米国など大国が独占していた核兵器およびミサイルなどその運搬手段を、中小国や武装集団が広く生産、保有するようになる過程、あるいはそのような傾向を指す。一九六八年に調印された核不拡散条約は、圧倒的な核軍事力を誇った米国、それに対抗したソ連(ロシア)、それに英国、仏国、中国の五大国のみを「核兵器国」として認めた。しかるに拡散とは、中心が失われていく過程を意味する。まず、同条約が調印された直後の一九七〇年代の前半、イスラエルが第六の、そしてインドが第七の核保有国となった(2)。ただし、それ以降一九九八年まで核保有国はこの七カ国のみで、それ以外には広がらなかった。経済と技術が進んだドイツ、日本、スウェーデンなどが次々と核保有国になる事態は避けることができた。ほぼ四半世紀の間、曲がりなりにも「核拡散」は防止されていたのである。

地域対立と核拡散

ところが一九八〇年前後より、途上国の間で核保有を狙う動きがはじまり、それが一九九〇年代後半に表面化した。すでに七番目の核保有国となっていたインドが、一九九八年五月、核実験を行った。その一七日後、今度はパキスタンが初の核実験を行い、八番目の核保有国になることでインドに対抗した。カシミール紛争で長年対立を続けてきた印パ間で核実験の応酬により緊張が高まり、冷戦期終結以来はじめて核保有国間で核戦争が生じるかもしれない危機が深まった。

歴史的な経緯を見れば、地域対立のなかで核開発競争が生じてきた。中印対立のなかで、一九六〇年代の中国の核開発が一つの契機となって、インドは核保有国への道をめざしはじめた。また印パ対立の文脈では、一九七〇年代のインドの核実験が一つの動機となって、パキスタンは核保有国をめざすようになった。

とくにパキスタンの最初の核実験は、起爆装置の設計に携わった若者が「神は偉大なり（アラー・アクバル）」と叫びながら点火ボタンを押したと伝えられている。[3] すなわちパキスタンの核兵器は、一国の兵器と意味づけられただけでなく、「最初のイスラム教徒の核兵器」という意味も与えられた。たとえば、オサマ・ビンラディンは、インドの核実験の三日後、「シオニストとキリスト教の連合という敵とムスリムのカシミールを占領するヒンドゥー教徒という敵を恐怖させるため、ジハードを準備し、敵を恐怖に陥れる核兵器を含む兵力を準備せよ」[4] と宣言している。そして、核兵器の獲得を「（イスラム教徒の）宗教的義務」とし、「〝アメリカのヒロシマ〟をつくり出せ」と語るよ

うになった。(5)

中東地域では、紛争のなかで核兵器などの軍備が拡大してきた。イスラエルは、第四次中東戦争の最中の一九七三年、スエズ戦線の防衛線がエジプト軍に突破されそうだという報告を受けた同国指導部が、核兵器の最終組み立てを指示した、とされる。(6) 核保有国となっていたイスラエルは、イラクが核兵器能力を獲得するため建設したオシラク原子炉を、その操業開始直前の一九八一年六月、空爆によって破壊した。(7) 核兵器能力を破壊されたイラクは、化学兵器とミサイル開発などの兵器開発を進めてイスラエルの核兵器に対抗しようとした。さらに一九八〇年代のイラン・イラク戦争では、イラクがイランに数千本の通常型と化学兵器の弾頭ミサイルを撃ち込み、クルド民族に化学兵器を使用した。これはイランが核開発を試みる一つの契機となった。この地域ではイスラエルのみが核保有国であるが、ここにいっそうの核拡散が生じた場合、核戦争の可能性が明らかに高まる。

米国への影響

こうした核拡散のもたらす危機は、地域的には途上国に限定されなかった。二〇〇一年の九・一一事件は、最初の米国本土への攻撃として米国人を驚愕させた。これは核を手段とした攻撃ではなかったが、「もしもアルカイダが核兵器をもっていたなら使ったかもしれない」という「テロ攻撃に核兵器が使われる」ことへの現実的な懸念が高まった。また、パキスタンの核開発に携わったパキスタン人技師たちがアルカイダ幹部に会っていたという情報が明らかになり、そして、アフガニスタンのアルカイダ事務所には核関連情報が収集されていたことも明らかになった。こうした九・一一事件の衝撃と、国家以外の集団が「核テロ」を米本土で行うかもしれないというバーチャルなシナリオとが重なり合って核超大国である米国の政権と国民を戦慄させた。(8)

「終末時計」の針が「七分前」から「五分前」に進められる直前の二〇〇六年一〇月、北朝鮮が地下核実験を実施して、世界で九番目の核保有国になったことを誇示した。北朝鮮は二〇〇九年五月、再度、核実験を行った。さらに二〇〇七年初頭、イランは、米欧からの働きかけを拒否して核開発を進め、世界で一〇番目の核保有国の道を歩んでいた。ともに米国に敵対的な国家であった。唯一の軍事超大国と国際秩序から排除された小国が、核をめぐってにらみ合う状況が出現してきた。

それとは反対に、二〇〇三年一二月には、リビアが核開発計画の放棄を発表した。長く米国主導の世界に敵対してきたリビアのカダフィ大佐が、北朝鮮、イランと並んで一一番目の核保有国になる道を放棄した。それは米国と核拡散を憂慮する人々を安堵させた。しかし、それとともに懸念の源も明らかになった。

核関連施設の撤去のためリビアを訪れた国際原子力機関(IAEA)モハメド・エルバラダイ事務局長(当時)以下の幹部職員は、そこに山と積まれた核兵器の製造に必要な機械、部品、施設、資料を目撃した。とくにかれらが驚愕したのは、「核兵器を製造するまでのほぼ完全な工程表」が含まれた資料の束を発見したことであった。そこで見つかった核兵器の詳細な設計図を、IAEAの核専門家は「一九六六年に中国がミサイルに搭載して実験した装置(爆縮型の核弾頭)の設計図と同じ種類であると直感した。……実際に機能することがわかっている核弾頭の設計図そのものが存在することは、新たな脅威にほかならない。……核兵器を製造したいと思っている科学者にとっては、ものすごい出発点になる」と判断した(9)。

リビア以外の国々や集団に、同じ核関連物質と、そして「核保有国へのほぼ完全な工程表」のコピーが渡っている可能性が高い。そして、一一、一二、…番目の核保有への道を人知れず歩んでいる可能性がある。

第二節　核不拡散体制の破綻

核拡散を規制する国際的枠組みの中心は、核不拡散条約（核拡散防止条約。Treaty on the Non-proliferation of Nuclear Weapons; NPT）である。米ソ英仏中以外に核保有国が増えるのを防止することを目的として一九六八年に調印され、一九七〇年に発効した。しかしこの条約は、一九九〇年代以降の核拡散の進展のなかで、権威が低下し、破綻の危機に瀕している。

同条約は、一九六七年当時の核状況の維持をめざしていた。すなわち、一九六七年一月以前に核兵器を製造・爆発させた米ソ英仏中の五カ国に「核兵器国」の地位を与え、それ以外の加盟国をすべて「非核兵器国」と規定している。しかしながら、一九六七年一月当時の「現状」は維持されなかった。インド、イスラエル、パキスタン、北朝鮮が「事実上の核保有国」になったのである。ところが、条約上のフィクションとして、これら四カ国は非核兵器国のままとされ、この条約の調印国は、四カ国を非核兵器国として取り扱う義務を負う。事実上の現状変更と法的フィクションとしての現状維持の距離は広がりつつある。「事実上の核保有国」および新たに核保有を狙う国に対し、「核兵器国」たる五カ国とくに米国がとった対応は、どの国であろうと等しく核保有を断念・放棄させるという条約の趣旨からかけ離れていた。たとえば米英仏は、イスラエルの核にはより手緩《てぬる》く、北朝鮮の核にはより厳しく、パキスタンには政治状況に応じて政策変更するなど、一貫性を欠いてきた。そのため、「事実上の核保有国」に対して、実効性ある行動の積み上げができず、権威をすり減らしてきた。

この条約には、一九七〇年前半に核開発をしたイスラエル、インド、およびパキスタン、キューバは調印当初から加盟していない。また北朝鮮はいったん一九八五年に加盟したが、後に原子炉の査察をめぐってIAEAとの紛争を引き起こし、脱退を宣言して核兵器開発を進めた。条約という法的形式上、非加盟国・脱退国に対してはなす術がない。一九七〇年代のイスラエルとインドの核保有に無策であり、一九九八年のインド・パキスタン間の競争的核実験に対して無力であった。また、条約からの脱退を宣言した北朝鮮が、核実験を実施し、事実上の核保有国となったことに対しても有効に機能しなかった。さらに、加盟国であるイランが、平和的原子力利用を名目に核保有の道を歩むことを抑制できていない。このことは条約元来の権威を大きく損なっている。

この条約の目的は「次善」の達成に置かれている。すなわち「一九六七年当時の現状維持」は、

「核保有国が無制約に増大すること」よりは望ましいが、「(すでに核保有している五大国などの)核軍縮の進展」よりは望ましくない。こうした目的設定自身のなかに、一面で、米ソ英仏中の核兵器国に核保有と新たな核開発を認めながら、他面で、それ以外の国々には核兵器の生産と保有を禁止するという合理的に説明できない不平等性が含まれている。

そこで、「現状維持」より望ましい「核軍縮」に進むために、この条約は、「核兵器国」としての特権を付与した五つの大国に「核軍縮の誠実な追求」を義務づけていた。しかしながら、核保有国は長らく「核軍縮の誠実な追求」を放置してきたため、非核保有国からの非難が集中している。

さらに、この条約は、非核兵器国のみに保障措置(IAEAが行う原子力関連施設への現地査察)を義務づけている。非核兵器国のみが査察を受ける義務を引き受け、核兵器保有の特権をもつ核兵器国のみが現地査察を免れる不平等も、合理性を欠いている。

＊国際原子力機関(IAEA)　一九五三年アイゼンハワー米大統領が提唱し、一九五七年設立。本部ウィーン。理事会(三五カ国)と科学諮問委員会よりなる。原子力の平和利用を促進し、これに必要な援助を与え、軍事目的への転用を防止することを目的とした国際機関。核不拡散条約および非核地帯条約を締結した「非核兵器国」は、IAEAと保障措置協定を結ばなければならない。IAEAが非核兵器国に対して有する権限は強大であり、それに基づいてIAEAは、非核兵器国の原子力関連施設に現地査察を含む検証を実施する。検証 verification とは、核不拡散条約に限らず軍縮・軍備管理条約の定めた規制を締結国が遵守していることを確認する作業を指す。検証は一般的には、①締結国相互が協力して実施、②国際機関

が実施、③相手国や国際組織の協力なしに、偵察衛星、地震観測、レーダーなどの自国の検証技術手段を使って実施に分類される。査察 inspection とは、現地に立ち入って実施する検証を指す。冷戦末期の米ソ軍備管理条約では、基地などへの立ち入りは許容されず、自国の検証技術手段が主だった。冷戦末期以降は、IAEAの活動に関しては現地査察の比重が増大している。とくに湾岸戦争後の一九九一年、イラクが核開発計画を進めていたことが明らかになり、それに対してIAEAの検証機能が不十分であったことなどから、IAEAは一九九三年より保障措置を強化し、①情報提供を求める範囲の拡大、②環境サンプリングの導入、③査察官の立ち入り強化などを進めた。こうして強化された検証機能に対し、イラクや北朝鮮などは核関連施設を隠匿し、また現地査察を妨害するなど、重要な政治争点となってきた。

核不拡散条約再検討・延長会議

この条約の締結国は、五年に一回、「核不拡散条約の運用と履行を検討する会議 NPT Review Conference」(「核不拡散条約再検討会議」とも呼ばれる)を開く。この会議において、上述の核拡散に関する問題点が議論されてきた。また核不拡散条約は一九七〇年に発効したが、その二五年後である一九九五年、①無期限延長、②一定期間の一回延長(その期間後、条約は失効)、③一定期間の複数回延長のうち一つを選ぶ延長会議を開くことが、条文で規定されていた。この核不拡散条約延長のあり方を論議する会議と、定例の再検討会議を同時開催した一九九五年四―五月の会議を、核不拡散再検討・延長会議 NPT Review and Extension Conference と呼ぶ(10)。

この一九九五年の核不拡散条約再検討・延長会議は、核不拡散条約締結以降の二五年間の状況変化に適応し、また条約に内在する不平等性などの問題点を改善する機会であった。しかし同会議は、①—③のうち、①の無期限延長を決めるに止まった。すなわち、条約を無期限に延長し、一方で、非核兵器国は永遠に核を取得しないことを規定し、他方で、核兵器国が核軍縮を進める目標を定めた「核不拡散と核軍縮の原則と目標」という文書を採択した。

ところが、この一九九五年の会議以降、五年のうちに、核不拡散に逆行する事態が相次いだ。

①一九九五年会議の「核不拡散と核軍縮の原則と目標」で公約されたはずの包括的核実験禁止条約（CTBT）に関して、その調印を主導した米国の議会上院が批准を拒否した。また、米国主導で提唱された核兵器の原材料を規制するカットオフ条約も交渉が進まないなど、核軍縮交渉が停滞した。

②米ロが、核兵器を中心とした軍事戦略を策定し続け、頻繁に未臨界核実験を実施するなど、核兵器への依存を変えなかった。

③その結果、条約上の義務を遵守している非核保有国の間で、この条約は非核保有国を拘束するだけという不満が高まった。

④この条約に未加盟のインドとパキスタンが、一九九八年、核実験を実施し、条約の権威を低下させた。

⑤事実上の核保有国イスラエルを抱える中東での大量破壊兵器禁止地帯構想が暗礁に乗り上げた。

⑥米国がミサイル迎撃ミサイル、TMD（戦域ミサイル防衛）、NMD（米国本土ミサイル防衛）の開発

など、核不拡散体制の破綻を前提とした軍拡を進めた。

二〇〇〇年会議と二〇〇五年会議

二〇〇〇年の核不拡散条約再検討会議では、こうした状況への危機感から議論が激しく対立した(11)。難航の末、合意文書がまとめられ、核不拡散体制が無効になる事態は避けられた。この過程で新アジェンダ連合などは、核保有国に、二〇〇五年の次回会議を期限として「核軍縮交渉を加速」するよう圧力をかけた。

＊新アジェンダ連合(New Agenda Coalition) 核軍縮を推進する国家グループ。ブラジル、エジプト、アイルランド、メキシコ、ニュージーランド、スロヴェニア(後に脱退)、南アフリカ、スウェーデンの八カ国。一九九八年六月「核兵器のない世界へ――新たなアジェンダの必要性 Toward a nuclear-weapon-free world: Need for New Agenda」という共同宣言を発表したことから「新アジェンダ連合」と呼ばれる。核不拡散の義務を果たしている非核保有国の立場を代表して、五つの「核兵器国」と三つの「事実上の核保有国」に対し、核軍縮を具体的に進めるよう要求した。同内容の要求を一九九八年一二月、国連総会に共同で提出し、採択にこぎつけた。二〇〇〇年五月の核不拡散条約再検討会議では、「核保有国による核廃絶への明確な約束」を盛り込んだ最終文書の作成に貢献した。

そのため、核廃絶の達成期限を設定することはできなかったものの、軍縮の具体的な達成目標を示す合意文書のなかで、従来のように核廃絶を遠い未来の「究極的目標」とするのでなく、五つの核兵器国が「核廃絶の明確な誓約」をせざるをえなかったことは重要な成果であった。この「非核兵器国」の軍縮攻勢に対して核兵器国がこれまでになく受け身に回った点が、この二〇〇〇年会議の特徴であった。それ以外の合意の骨子は、①CTBTを早期に発効させ、それまでは核実験を停止すること、②カットオフ条約の交渉を五年以内に完結すること、③第二次戦略兵器削減交渉を発効させ、それを完全実施すること、そして第三次戦略兵器削減交渉を早期に妥結し、およびABM制限条約を維持・強化すること、④安全保障における核兵器の役割を縮小すること、⑤同条約未加盟のインド、パキスタン、イスラエルに対し、「非核兵器国」として早期に参加することを要請、などであった。このように二〇〇〇年会議は、例外的に核軍縮に向けた趨勢が表現された会議であった。

ところが二〇〇五年の核不拡散条約再検討会議では、一転してほぼすべての分野で合意形成に失敗した(12)。その最大の要因は、①米国が、二〇〇一年の九・一一事件や「核テロ」への対応の必要性を口実に、二〇〇〇年文書の死文化を広言し、またCTBT批准を拒否し、小型核兵器の開発、ミサイル防衛など方針を変えないことを言明したためである。これは、核兵器国の責務放棄として批判が集中した。それに止まらず、②非核兵器国の間でも、エジプト、イランなどがイスラエルの核保有にこだわって会議を空転させた。また、③北朝鮮が核不拡散条約の脱退を宣言して核兵器開発を進めたことから、脱退防止措置の強化が必要とされたが、それが放棄され、さらに④平和利用の目的で原子力開発した結果、使用済み核燃料から兵器用にプルトニウムを抽出することを禁止するという懸案も放置された。このように、全分野で合意形成に失敗した結果、二〇〇五年の会議は核不拡散条約を弱体化させた。

あらゆる分野で核拡散の危機に覆われた世界は、「第二の核時代」と呼ぶにふさわしい。

第三節　核の技術移転

技術移転の構造

核拡散を押し進める基底的な要因は、核技術能力の世界大の移転である。

第一は、核技術の陳腐化と情報のグローバル化である。すでに七〇年の歴史をもつ核兵器の技術とノウハウは、先進国のみならず途上国にも広く知れ渡っていた。また、グローバル化によって人間とモノの移動が頻繁になり、核技術やそのノウハウをもった技術者、また核関連技術を修得する学生の国際移動も非常に頻繁になった。たとえば冷戦終結後、旧ソ連の核兵器や核関連物質などが盗難に遭い、または行方不明になり、それが市場に出回ることが懸念された。[13] それがたとえ核兵器をつくる技術・部品・労働力であろうと、世界市場では値段がつけられ、需要のあるところに移動する可能性が高まった。

第二に、かつては先端技術と考えられた核弾頭の設計技術は、臨界状態をもたらす起爆のメカニズム(爆縮と呼ばれる)を例外として、もはやハイテクとは言えず陳腐化した情報にすぎない。一九七七年、米国の科学専攻の大学生は、少ない金額と公開の情報だけで、もっとも素朴な爆縮型の原爆を設計できた(14)。核爆発させる目的だけなら、最新の技術情報は不必要であり、一九六〇年代に中国が核実験した核弾頭モデルで十分間に合う。その核弾頭の詳細な設計図も、闇市場を通じて二〇〇三年にはリビアに売られており、そしておそらくそれ以外にも流通している可能性が高かった(15)。

また兵器用と民生用の技術の差が小さくなり、核兵器開発を目的とする場合にも、欧・米・日など先進国の合法的な市場や規制の網をかいくぐった闇市場で、多くの核関連情報や部品類を調達できる。核開発をめざす国や集団の技師たちにとって必要な核テクノロジー情報の多くは、国際的規制をすり抜けさえすれば入手可能になり、また修得可能なローテクになったのである。

第三に、核兵器の原料であるプルトニウムは、民生用原子炉の使用済み核燃料の再処理によって抽出できる。一九八〇年前後より各国政府は、原油価格の高騰などから原発の建設を進め、また主要国の原発産業は、先進国・途上国を問わず輸出先を獲得しようと激しい販売競争を展開した。たとえばフランスが輸出したイラクのオシラク原子炉は、一九八一年に運転開始予定になっていた。そのイラクの原発は、イスラエルが空爆で破壊したことはすでに述べたが、しかし、一九八五年段階で、世界五〇カ国が核爆弾にするのに十分な量のプルトニウムを生産していた(16)。

原爆のもう一つの原料である高濃度ウランは遠心分離装置によって濃縮できる。ウラン濃縮には、プルトニウム抽出の場合と異なり核燃料再処理のような大きな施設が必要ないため、秘密裏に実施しやすい。実際パキスタンは、ウラン濃縮によって核爆弾を開発した。

現在の核不拡散条約は、非核兵器国がウラン濃縮を進め、またプルトニウム生産（核燃料の再処理）をする余地がある構成になっている。エルバラダイIAEA事務局長らは、これら民生用原子炉から産出されるプルトニウム、およびウラン濃縮によって核兵器が製造されてきたことを憂慮し、それらを厳格に「国際管理」するよう主張していた。[17]

核拡散の担い手

核拡散を担った「英雄」はだれであったか。もちろん「核爆弾をつくれ」と命じ、資金を出したのは、パキスタン、イラク、北朝鮮、イラン、リビアなど有名な指導者・独裁者たちであった。また、核開発計画を運用したのは軍人たちであった。かれらは第一節で見たような要因から核兵器を欲した。ただし核兵器をつくり、かれらに与えたのは、技師であり企業家でもあるエンジニアたちであった。かれらは「権力・覇権の主要な資源、あるいは覇権に挑戦する主要な資源」として作用するテクノ・ヘゲモニー techno-hegemony を認識しており、そのため核兵器を製造して、世界を破局の危機に追い込んでいる。

技師＝企業家たちは、技術に対する強い誇りの感情を抱いている。日本人の技師が新幹線や自動車に誇りを抱くように、パキスタンの技師＝企業家は核濃縮技術に、北朝鮮の技師はミサイル技術に誇りをもつ。そして、その技術にみがきをかけ工夫を積み重ねるなら、国家的課題、あるいは宗教的課題は解決可能だと信じている。パキスタンの核はインドの核の優越をはね返し、北朝鮮の核は「強盛大国」の道を拓くと信じている。とくに途上国の技師＝企業家たちは、一方で技術格差を痛感している。競争相手に比べ、自分たちが、弱小であり、遅れており、資源動員の面ではかなわないことは、知り抜いている。しかしその他方で、「人間のワザ」に還元される技術は必ず陳腐化するということの意味を深く理解している。

もはや核技術は、どの国家にも、どんな企業にも伝達・学習が可能であって、核兵器技術を確立する国家的な意志と資金があれば、やがてある水準まではキャッチアップできる。そのため、後発者の利点を生かし、既存の技術をコピーし、たとえば完成品の遠心分離機を部品にばらし、その一つ一つを調達・生産できる能力をつけていく。入手可能な先行知識をつまみ食いし、生産能力を高めるため、技術を移転・集積・パッケージ化していく。知的財産法上の違法行為であろうが、他国の機密であろうが、国際規制であろうが、それはかいくぐるべき障害以外のなにものでもない。しかも核技術は高く売れる。そうした行動様式は科学者としての規範意識とは無縁である。

そうした技師＝企業家的な行動様式をとった一例がアブドゥル・カデル・カーンである。英国のジャーナリスト、ゴードン・コレーラは「過去三〇年間で、アブドゥル・カデル・カーンほど核拡散に大きな影響を及ぼした人物はいない(18)」と述べている。このカーンは、パキスタンの原爆製造の「国民的英雄」となったが、同時に核技術を売り捌《さば》くビジネスマンであり、西側から「核の闇市場」と呼ばれた。パキスタンのジャーナリスト、アーメド・ラシッドは次のように断言する。

パキスタンの核兵器の部品と関連物資のほとんどは、パキスタン原爆のゴッドファーザーであったA・Q・カーン博士が立ち上げたグローバルな購買と生産の闇市場のネットワークから調達された。いろいろな部品や技術が、ヨーロッパで秘密裏に購入され、カーン博士がマレーシア、シンガポール、ドイツで経営する工場でコピー生産された(19)。

＊アブドゥル・カデル・カーン(Abdul Qadeer Khan 1936-) インドのボパール生まれ。インド・パキスタン分離独立後の一九五二年パキスタンに移住、カラチ大、デルフト工科大、カトリック・ルーバン大(工学博士)で冶金工学を学ぶ。一九七〇年代、オランダの物理力学研究所に翻訳者として勤務した折、ヨーロッパ原子力合弁企業URENCO社のウラン濃縮用遠心分離機の設計図を密かにコピーし、それを祖国に持ち帰った。その知的財産を原資にしてパキスタンの原爆開発計画に食い込み、一九八一年、カフタに設立された研究所を拠点にウラン濃縮を中心にした核兵器開発を進めた。同時に、側近のスリランカ人ブハリ・セイド・アブ・ターヒルにマレーシアで企業を設立させるなど、カーンが運営するパキスタンのカフタ研究所とドバイ、マレーシア、シンガポール、スイスなどとの間に、「核」の生産と調達・販売を実施するネットワークを築いた。パートナーたちは、カーンと技術的・商業的な相互補完性で結ばれており、スリランカ人、スイス人など国籍もまちまちで、イスラム教徒でもない。

カーンは、一九九八年の核実験の功労者としてパキスタン国内では「祖国の英雄」となった。二〇〇一年の九・一一事件以降、核技術のアルカイダへの流出を恐れた米国が、パキスタンのムシャラフ政権に圧力をかけてカーンの行動の規制を求めたため、ムシャラフ大統領は、カーンのパキスタン核計画における権限を剝奪し、カフタの研究所への出入りを禁止した。しかしカーンは、国際的な規制をかいくぐってネットワークを活用した核ビジネスを展開し続けたため、西側情報機関やIAEAから「核の闇市場」と評された。二〇〇三年暮れ、リビアは、核開発を放棄を決意するとともに、英米にカーンのネットワークの情報を伝え、リビアを含む各国に核関連物資を売り込んでいたカーンのネットワークが取り締まりの対象となった。カーンは、自ら罪を認めることを強いられ、イラン、北朝鮮に核関連技術を流していたこと、核ビジネスにより私利を追求したことを告白した。その後、一時自宅軟禁され、またネットワークも壊滅した。

全世界から部品や技術を調達する努力は、途上国の技師たちに共通する。ただし、カーンの特徴は、核技術を売り捌く新しいビジネスモデルを案出した点にある。「カーンは、このネットワークをそのまま核関連技術を他国に販売するネットワークにすることが可能であると気づいた[20]」とラシッドはいう。かつて日本、韓国、台湾、シンガポール、香港は欧米優位を確立したテクノ・ヘゲモニーに伍していくため、国際分業のすきま《ニッチ》を探し、先発国にない得意ワザを磨き、先進国の市場のなかで比較優位のある産業育成に全力を上げた。その対比から言えば、カーンのネットワークは、国際的な規制の網をかいくぐり、核技術のコピー商品を安く売り捌く闇世界の販売網を築いた点で、国際分業のすきま《ニッチ》を狙ったベンチャービジネス的なネットワークであった。

カーンの製品カタログには、①ウラン濃縮プログラム用の体系的な「スターター・キット」、②ウラン濃縮用遠心分離機P1タイプの設計図（URENCO社から一九七〇年代にカーンが盗み出したもの)、③同P2タイプの設計図と部品、④同P3タイプの設計図、④中国が設計・テストした核弾頭の青写真、⑤6フッ化ウラン(濃縮すれば核兵器一個分に相当)などがあった[21]。このうち②は、コラムで述べたように盗品であった。また④は、「中国が一九八二年にパキスタンに与えた二五キロトンの原爆の完全な設計図」と推定される[22]。こうした核関連物質の販売は、エルバラダイIAEA事務局長によって「民間における核拡散のウォールマート」と形容された[23]。

とすれば、一九九〇年代にパキスタンのウラン濃縮技術と北朝鮮のミサイルとが交換されたと考えるのは、こうした行動を前提とするなら合理的であろう。さらにカーンは、核拡散が進むことによって、米国などからの圧力を分散できると考えていた。「(カーンは)核保有国の数が多くなればなるほど安全になると確信していた。核兵器を開発する第三世界の国々が多くなればそれだけ、パキスタンに対する圧力は減ると考えたのである[24]」。同様の計算を、パキスタンの軍、指導者、そして北朝鮮がしたとしても不思議ではない。

カーンは、変転するパキスタン指導者のだれにでも仕えた。また軍人たちとも折り合った。あるパキスタン人物理学者は、カーンを「自分より力のある相手に体の色まで合わせるカメレオンに似ている」と評した[25]。その上で、政治家や軍人からある程度独立した活動空間として自分の研究所と国際的ネットワークを確保し、その営業活動を秘匿した。

技師たちは、一般には「顔のない集団」であり、匿名性を特徴とする。したがってかれらの名前が知れ渡ることは少ない。にもかかわらず、カーンの名がとくに有名になったのは、「たんに最適な人物がこの上ないタイミングで最適の場所に居合わせたことによっている」[26]。また、リビアが核開発計画の放棄を公表したとき、カーン自身とそのネットワークが米英の情報当局からいっせいに取り締まりの対象とされ、無害化されたことによっている。裏側から言えば、カーンは氷山の一角であり、顔の見えない無数のカーンたちが水面下に大量に存在し、その人々が核拡散を推進していると考えられる。

米国の原爆開発計画の責任者ロバート・オッペンハイマーは、自らが製造した原爆に対して、「いがみ合う世界の兵器庫へ、戦争に備える国家の兵器庫へ、もしも原爆が新たに付け加えられるならば人類はロスアラモスとヒロシマという地名を呪《のろ》うでありましょう」と述べたことがある[27]。しかしパキスタンの原爆の父である技師カーンからは、こうした科学者としての倫理観を聞くことはできない。かれにとって原爆とは国力であり、国力とは、国土でも、資源でも、道義心でもなく、技術に集約される。それをカーンは次のように述べる。

技師であることは、大変に有利な立場と言えます。技師なら多くのことに関わらないですみます。機械を部品から組み立てる必要はありますが、それで仕事はおしまいです。これが核兵器をつくる、ということなのです。われわれは、部品をあれこれ選別し、それら全体を組み合わせ、そうしてウラニウムを濃縮する遠心分離装置ができあがったのです。はいこれで原爆のできあがり、なのです[28]。

ここには核兵器の破壊力への憂慮もなく、科学者としての倫理への考慮もない。その社会的帰結を考えることなく、ひたすら自らの洞窟にこもり、その穴を掘り進む。

かつてスペインの哲学者オルテガ・イ・ガセットは、「第一次大戦の戦後世代は、科学者を、社会の新しい賤民《せんみん》に変えてしまった。……科学それ自体にたいする関心のなさがおそらくもっとも明白に認められるのは、あの技術屋という大衆だからどうしようもない(29)」と、「技術屋」たちを「大衆」の典型と規定した。その「大衆」の定義は「多くのことに関わらない」で、「これで原爆のできあがり」として「仕事はおしまい」と述べるカーンら技師たちに、もっともよく当てはまるであろう。

第四節　米国の「拡散阻止」政策

冷戦終結後、米国とその同盟国は、「大量破壊兵器の拡散阻止」を最大の目標に掲げてきた。ただし、この「大量破壊兵器」という概念には、米国に敵対的な国家・集団のみを狙い撃ちにする政治的な意味が含まれてきたことに留意する必要がある。

大量破壊兵器

「大量破壊兵器 weapons of mass destruction; WMD」とは、核兵器、化学兵器、生物兵器およびミサイル兵器の総称である。戦後、原子 Atomic、生物 Biological、化学 Chemical 兵器は、ＡＢＣ兵器または大量破壊兵器と呼ばれ、非人道的な大量殺傷力から、その使用や生産は非道徳的であるとして、批判の対象となり、軍縮・軍備管理の焦点となってきた。「大量破壊」という言葉の起源は、核兵器が、広島、長崎を全面的に破壊し、非戦闘員を無差別に大量殺戮したことを踏まえ、在来の兵器群（通常兵器）と、巨大な威力をもつ核兵器とを区別したことにある。

化学・生物兵器は核兵器に比べ、破壊力がきわめて小さく、また開発のための技術水準やコストなどは格段と低い。ただし、無差別的に大量殺戮する非人道性では核兵器と類似性をもち、すでに一九二五年のジュネーブ議定書で使用が禁止されるなど、「通常兵器」とは区別されていた。

しかし近年、軍事技術が発展するなかで、通常兵器の非人道性もまた増している点に注意が必要である。通常兵器と、大量破壊兵器に一括された兵器群、とくに化学・生物兵器との間で、次の三点において、破壊の威力と非人道性が重なり合うようになった。

①生物・化学兵器用の技術は、細菌培養や農薬などローテクに属し、それらの兵器は中小国、武装集団、さらにオウム真理教に属した元大学院生にも容易に生産できる。また、かつて最先端の技術であった核技術・ミサイル技術も、七〇年以上の歴史のなかで陳腐化が進み、一部の技術先進国のみが保有していた状況からは程遠く、もはやハイテクとは言えない。

②威力強化型爆薬が普及し、ＢＬＵ82等「スーパー通常兵器」を米軍が配備・使用するなど、一

部の「通常」兵器の威力は、「大量破壊」兵器と呼ばれる生物・化学兵器と同等、あるいはそれ以上となった。

③米国の「軍事における革命（RMA）」の結果、大量で多様な軍事攻撃を対象に向かって一挙に集中させることが可能になり、コソボ爆撃やイラク戦争など「大量破壊」兵器を使用しないまま大量破壊を行うことが可能になった。

このようにABC兵器と通常兵器の差は、技術と破壊力の上で相対化され、実質的にはその境界線があいまいになった面がある。にもかかわらず、米国が開発する「スーパー通常兵器」は規制の対象とされず、また五大国の核兵器はもちろんのこと、イスラエル、インドの核兵器保有は批判されないまま、禁止の対象がイラン、イラク、北朝鮮の「大量破壊兵器」に絞られている政治性には注意を要する。

最近、「大量破壊兵器」という言葉が頻用されるようになったのは、米国クリントン政権の安全保障担当補佐官アントニー・レイクが「ならず者国家 rogue state」という表現を使って警戒のターゲットとし、その指標として①「テロ支援国家」、②「大量破壊兵器の獲得を追求する国」をあげたことによる。[30]さらにジョージ・W・ブッシュ政権が、大量破壊兵器を保有し、または保有を狙う多くの国のうち、とくにイラク、北朝鮮、イランのみを取り上げて「悪の枢軸」と名指し、また「生物・化学兵器の廃棄」を、イラクのフセイン政権を軍事的に打倒する根拠とするなど、「大量破壊兵器」という言葉の政治性を高めたためである。

拡散の軍事的阻止

「拡散阻止」のために考えられる手段は、①核不拡散条約などの強化（核拡散防止条約の無期限延長、包括的核実験禁止条約、化学兵器禁止条約、生物兵器禁止条約などの締結）、②先進工業国の共同輸出規制（ミサイル関連技術、化学・生物兵器の原材料や製造設備、通常兵器の関連資機材の輸出規制など）、③国際社会の共同の外交的対応や船舶立ち入り検査、④軍事的阻止（核関連施設・化学兵器施設などを軍事的に破壊する戦略など）、⑤核攻撃を受けた際の被害の限定・管理などに分類される。

しかるに、一九九一年の湾岸戦争の直後、イラクでは核兵器、化学兵器、生物兵器などの生産計画や生産設備が発見された。一九九八年五月にはインド、パキスタンの核実験などが生じ、カーンによる核関連技術のネットワークに関する疑念が高まった。とくに九・一一事件を契機に、米国本土に対するテロ攻撃を体験し、また、それに「大量破壊兵器」が使用されるかもしれないバーチャルなシナリオに対して、危険感が高まった。加えて「軍事における革命」を経た米軍が、核兵器の攻撃に対して脆弱性があるとして神経を尖らせている。そのためジョージ・W・ブッシュ政権は、④の軍事的阻止への傾斜を強めた。

この軍事的阻止は、「拡散対抗計画 counter proliferation initiative」と呼ばれる。一九九三年クリントン大統領が出発させ、その後ジョージ・W・ブッシュ政権が強化してきた。条約や外交による大量破壊兵器の拡散防止は限界があるので、米国は軍事的な拡散防止手段をもつ必要があり、また中小国に拡散した大量破壊兵器が米国を攻撃することを想定し、それに対して防衛・対処手段が必要である、という認識に基づくものである。

その内容は、①外国の大量破壊兵器の開発や生産を情報機関が探知し、②その研究・製造施設や兵器自身を破壊・無力化し、③大量破壊兵器によって攻撃された場合それを迎え撃ち、④攻撃から受ける被害を限定する、などを目的としている。

このように米国は、ミサイル防衛の計画強化などを進め、途上国・小国の核開発や核兵器を押さえ込み、自国が優位に立つ未臨界実験などの核技術やハイテク分野で、優越の維持をはかる質的軍拡の動きを強めている。主柱であるミサイル防衛には巨費を要し、また他国の地下深くの軍需工場を探知・破壊する兵器の開発は攻撃性が高い。大量破壊兵器自体やその製造施設を攻撃するために、米政府は小型核兵器の研究開発を行っている(31)。核拡散という水平的な軍拡を阻止するため、質的軍拡を行うというパラドックスが生じている。

他方、米国によるこうした軍事的阻止の計画は、相手側の軍事施設などを先制攻撃する意味合いを含むことなどから、相手方からは攻撃的な計画とみなされている。そして、たとえば米国のミサイル防衛に対し、大量破壊兵器を開発した途上国・小国が弾道ミサイル数を増やすことでミサイル防衛網の突破をはかり、また巡航ミサイルの開発によってミサイル防衛をかいくぐる攻撃を狙うようになるなど、相手方の軍事的対抗を誘発し、いっそうの兵器拡散を招いている。このように米国の核軍事力と一部途上国の大量破壊兵器の間で、非対称的な軍拡競争の悪循環が生じている。

＊非対称的軍拡　対称的軍拡とは、第一次世界大戦前の英独間の建艦競争、冷戦期の米ソ間の核軍拡競争のように、お互いに鏡で映したように、相手方と同じ論理構造から軍拡競争を進める過程を言う。それに対し、非対称的軍拡とは、たとえば米国の軍事的な拡散阻止計画が途上国の核拡散・兵器拡散を誘発し、また、途上国の兵器拡散が、米国の新たな拡散阻止計画を誘発するように、違う論理をとりながら、相互の軍拡を誘発する過程を言う。このような非対称的軍拡では、大国・先進国の市民が受益者になりがちである。その克服には、途上国で市民や子どもを無差別に死傷させる対人地雷廃絶への関心が、国境を越えた市民運動に結晶し、対人地雷全面禁止条約という成果を上げたように、途上国や小国の市民と国境を越えて連帯するための意識変革が不可欠である。

大量破壊兵器の拡散に関する虚偽

ジョージ・W・ブッシュ大統領らは、「イラクの大量破壊兵器が及ぼす緊急性の高い脅威を取り除く」ことを、戦争という手段に訴えてまでサダム・フセイン政権を打倒する「大義」として掲げた。そして内外の強い反対を押し切るため、米国と同盟国は、その「緊急性の高い脅威」を示す「証拠」なるものを次々に世論の前に提示した。

イラク戦争開始後、米英軍は、長期間イラク国土を占領した。ところが、肝心の「大量破壊兵器」をイラクで発見できなかった。さらに、米国と同盟国が提示した「脅威の証拠」なるものは虚偽ないし誇張されたものであったことが判明した。しかも、その一部は虚偽であることを知った上で英米の政権中枢が行った世論操作であった。[32]

「兵器拡散」と「大量破壊兵器によるテロリズム」に関して、米英などの軍と情報機関が公開する情報の信頼性が低いことが明らかになった。そして、より重大なことに、米英両国の民主主義の最高指導者たちが、内外の世論に対して「政治における嘘」を駆使して、フセイン政権を打倒しようとしたこともまた明らかになった。

しかもその結果、一方で、大量破壊兵器を廃棄していたイラクに対しては軍事侵攻して泥沼の紛争をつくり出し、他方で、核開発を進める北朝鮮やイランに対しては有効な手立てが講じられないまま核保有国の道を歩ませている。米英政府は「拡散阻止」の担い手としての正統性を大きく損ねてしまった。

まとめ

核兵器は、一九四五年八月、広島と長崎に投下され、その巨大な破壊力を日本人に痛感させた。また、一九五〇年代にくり返し行われた原水爆実験は、人類を何十回も全滅させる破壊力を見せつけ、世界中の人々を戦慄させた。一九五五年に発表された「ラッセル・アインシュタイン宣言」は、「存続が疑問視されている人類という種の一員」として発言し、すべての人に「あらゆる感情をしばらくわきに置き、だれひとり絶滅を望むはずのない生物的な種の一員として反省する」ことを求め、核兵器廃絶を訴えた。この核兵器の地球全体に対する脅威は、今日まで変わることなく続いている。

核兵器が広島・長崎に投下された直後に日本が降伏し、第二次世界大戦が終結して以降、巨大な破壊能力にこそ世界秩序の源泉があると考えられるようになった。また、米国が、そして、国連安全保障理事会の常任理事国である五大国が核兵器を独占しているからこそ、世界秩序を形成・維持する権威を保つことができると考えられてきた。

しかし、人々の意識は変化した。核兵器は国際司法裁判所によって「使用や威嚇が、国際法や人道に関する諸原則に反する」と判断された。そして核兵器の使用だけでなく、核実験や核保有自体が政治的・道義的に問題視されている。また、一九八〇年代後半、最強の核超大国の一つであったソ連が核軍縮を提唱し、核の巨大な破壊力は、国際的な権力の源泉である、という二〇世紀の常識の反転がはじまった。さらに、一九九五年にフランスが実施した核実験は、「美しい南の海を汚染する蛮行」と表象された。

このような核兵器に対する世論の歴史的変化を見れば明らかなように、核兵器の破壊力を保持することから、秩序を維持・形成する権威の源としての意味が失われつつある。危険な核兵器を保有したからと言って、そのことから「大国」として認められることはない。

また先進国、途上国を問わず、国家権力は、戦争政策に向けた国民の動員よりもむしろ、福祉政策による国民の幸福の増進によって、正統性が付与されるようになってきた。たとえば一九九八年のインド・パキスタン間の核実験の競争は、たしかに民衆を扇動するショーとしては陶酔感を演出した。しかし、インドの知識人アシース・ナンディーの巧みな表現によれば、核実験は「政治的バイアグラ」の効果しかなく、「実験後、数週間で、普通の政治に戻ってしまった[33]」。また国際的にインドやパキスタンが孤立し、経済的に打撃を受けたため、核兵器は国民の福祉増進にマイナスしかもたらさなかった。そして国家の暴力装置は、それが秩序維持と公的決定の履行の手段とする限りにおいて、正統性を承認されるという状態に移行しつつある[34]。

これらの点から、核兵器が権威の源泉であった「第一の核時代」が終わった。

核兵器はいま、権力の衣を剝ぎ取られ、ただ危険なだけの核暴力となった。その核暴力が地球規模に蔓延していくことを制御できない「第二の核時代」にわたしたちは直面している。この核不拡散の破綻に加え、「第二の核時代」は、次の四点で「第一の核時代」とは異なる特徴をもっている。

第一に、核兵器を開発する能力の普遍化である。すなわち世界秩序から疎外されたと感じる中小国、あるいは国際政治上の弱者と自己を位置づける集団が、核兵器を保有する能力をもてる時代に移行しつつある。

第二に、多くの国家は、核兵器を開発する能力をもってはいるが、しかしそうする意志を、いまのところもっていない。二〇〇近い国家のうち、核保有国はいまだ九カ国に止まっている。一九七五―九七年に新たな核保有国が生じなかった理由は、約五〇程度の「非核兵器国」が、核技術の能力はあっても核兵器をもとうとしなかったことによっている。

それらの非核兵器国は、五〇―六〇もの国家が核保有国になった状態を、さらには武装集団までが核兵器を保有するような世界を、核保有国が九つである現状よりも望ましくない、と判断している。しかし、多くの国家への核拡散が実現してしまう危険性がますます高くなっている、とも考えている。[35]

他方で、核拡散を推進する立場から、すべての国家に（場合によっては、全民族や全宗教集団に）核兵器を保有する平等な権利があるという主張、あるいは、大国だけが核兵器を独占した状況を打破するのであるから、核拡散は民主化である、という主張がある。これは新たに核保有を狙う国や集団が使う論理である。また、かつてフランス、中国、インドが、こうした平等と民主化の論理を使って、自国の核保有を正当化したことがあった。

この主張を押し進めるなら、きわめて多数の核保有国からなる世界、究極的には二〇〇近い国家のすべてが核保有国になった世界が、「核の平等化」や「核の民主化」の果てに展望されることになろう。こうした世界は、現在よりはるかに核兵器が使われる危険性が高く、高まった核の危険性と災禍をも平等に分けもつことになるであろう。その結果、人々は高まった核の危険に怯《おび》え、また今日よりはるかに深刻な核拡散に直面させられ、より困難になった問題を解決することを強いられるであろう。そして、最悪の場合、核の災禍の犠牲者になることであろう。

第三に、「第一の核時代」には、核兵器を保有しても、それを使用しないことを期待した戦略が支配的であった。たとえば核抑止論や、冷戦期の米ソ間の相互確証破壊は、相互に核を使用しない期待を前提とした核戦略論であった。しかし「第二の核時代」には、核使用を前提として核戦略が組み立てられている。拡散した中小国などの核兵器から、米国が核の脅しを受けるだけでなく、現実に核攻撃を受けるというシナリオに基づき、戦略を組み立てている。米国の拡散対抗計画は、米国が核攻撃を受けた後の被害の限定・管理を支柱とし、また自国が攻撃を受ける前に、攻撃してくる核兵器を先制的に、必要とあれば核兵器によって攻撃することを前提としている。「核拡散防止のために核攻撃が必要である」という倒錯した論理が、このなかには含まれている。

新たに核兵器を保有した国々、あるいは新たに保有を狙う国々の観点から見れば、この米国の戦略は米国から核攻撃を仕掛ける戦略にほかならず、核攻撃を受けることを前提として戦略を立てることとなる。こうした核使用を前提とした戦略の結果、人間的あるいは技術的な要因から、意図的あるいは偶発的に核攻撃にいたる危険性が高まっている。

第四に、対称的軍拡に加え、非対称的軍拡という新しい核軍拡メカニズムが生じている。核保有国を五カ国に押し止めようとするなかから、七カ国、さらには九カ国への核拡散が生じた。これはさらに六〇カ国余への核拡散を招きかねない。

以上より、「第二の核時代」から脱却するには、全面的な核軍縮に転換することが必要であることは明らかである。

（1） *Bulletin of Atomic Scientists*, February 2007 (http://thebulletin.org/content/doomsday-clock/timeline).

（2） イスラエルは第四次中東戦争の最中の一九七三年後半、核兵器を最終的に組み立てた。ただし、イスラエルは核実験を行っておらず、また核保有を公式に宣言していない。インドは一九七四年五月核実験を行った。Hersh,

Seymour, *The Samson Option: Israel's Nuclear Arsenal and American Foreign Policy*, New York, Random House, 1991.

（3）ダグラス・フランツ、キャスリン・コリンズ『核のジハード』早良哲夫訳、作品社、二〇〇九年、二六七頁。

（4）Bergen, Peter L., *The Osama bin Laden I Know*, New York, Free Press, 2006, pp. 339-340.

（5）Rashid, Ahmed, *Descent into Chaos*, New York, Viking Press, 2008, p. 120.

（6）"Special Report: How Israel Got the Bomb", *The Time*, April 12, 1976.

（7）Darwish, Adel and Alexander, Gregory, *Unholy Babylon: The Secret History of Saddam's War*, London, Victor Gollancz, 1991, pp. 115-128.

（8）米国安全保障会議のスタッフ Daniel Benjamin, Steven Simon による、*The Age of Sacred Terror: Radical Islam's War against America*, New York, Random House, 2003, pp. 128-129. 米国クリントン政権の国防次官補であったグレアム・アリソンによる『核テロ――今ここにある恐怖のシナリオ』秋山信将他訳、日本経済新聞社、二〇〇六年、および同政権とジョージ・W・ブッシュ政権のテロ対策担当大統領特別補佐官だったリチャード・クラークによる『爆弾証言――すべての敵に向かって』楡井浩一訳、徳間書店、二〇〇四年など参照。

（9）リビアの核関連資料を査察したＩＡＥＡの核兵器専門家職員ジャック・ボートの証言。フランツ、コリンズ『核のジハード』三七九―三八四頁に引用。

（10）一九九五年会議の内容は http://www.un.org/Depts/dda/WMD/treaty/ を参照。

（11）二〇〇〇年会議の内容は、http://www.epa.gov/endo/pubs/ntpreportfr.pdf を参照。

（12）二〇〇五年会議の内容は http://www.wmdcommission.org/files/No31.pdf を参照。

（13）アリソン『核テロ』一七四頁は、この課題を「管理の緩い核 loose nuke を許さない」と呼ぶ。ただし二四二―二四三頁には、核兵器や兵器級の核物質が行方不明となり、米国に密輸される可能性があった事例を述べている。

（14）アリソン『核テロ』一二〇頁。なお化学兵器は、オウム真理教徒の元大学院生が三角フラスコでサリンを製造したことが示すように、簡単に製造できる。また、生物兵器が大量殺傷の可能性をもつ理由は、近年のバイオ技術により毒素の大量抽出が可能となり、それを微粒子に付着させて空中散布することが可能になったためである。

(15) フランツ、コリンズ『核のジハード』三七九―三八四頁。

(16) Falk, Richard, *The End of World Order*, New York, Holmes and Meier, 1983, pp. 185-186.

(17) El Baradei, Mohamed, "Towards a Safer World", *The Economist*, October 16, 2003. パキスタンは秘密裏に高濃縮ウランを生産し、北朝鮮はソ連から一九七九年に導入した黒鉛炉の使用済み核燃料より兵器用のプルトニウムを取り出した。両国ともに、核爆弾の製造に約一〇年を要している。

(18) ゴードン・コレーラ『核を売り捌いた男』鈴木南日子訳、ビジネス社、二〇〇七年、二五頁。

(19) Rashid, Ahmed, *Descent into Chaos*, New York, Viking, 2008, p. 278.

(20) *Ibid*., pp. 278-279.

(21) フランツ、コリンズ『核のジハード』三七〇―三八一頁。

(22) Rashid, *Descent into Chaos*, pp. 287-288.

(23) Frantz, Douglas and Josh Meyer, "For Sale: Nuclear Expertise", *The Los Angeles Times*, February 22, 2004. および、フランツ、コリンズ『核のジハード』参照。

(24) Rashid, *Descent into Chaos*, pp. 287-288.

(25) フランツ、コリンズ『核のジハード』二四三頁。

(26) コレーラ『核を売り捌いた男』二五、四四頁。

(27) ピーター・グッドチャイルド『ヒロシマを壊滅させた男オッペンハイマー』池澤夏樹訳、白水社、一九八二年、一六〇―一六一頁。

(28) Rashid, *Descent into Chaos*, p. 443 に引用。

(29) 『世界の名著56 マンハイム・オルテガ』中央公論社、一九七一年、四五一頁。

（30）クライド・プレストウィッツ『ならずもの国家アメリカ』村上博美監訳、講談社、二〇〇三年。

（31）Khalilzad, Zalmay and Ochmanek, David, "Rethinking US Defence Planning", *Survival*, Vol. 39, No. 1, Spring 1997, pp. 43-64.

（32）当初、米国防総省・国防情報局は、イラク国内の九四六カ所に及ぶ生物・科学・核関連物質の製造・備蓄場所のリストを提示したが、それはすべて根拠薄弱なものだった。またイラク人亡命者の情報なるものも、捏造されたものであった。ボブ・ウッドワード『ブッシュのホワイトハウス（上）』伏見威蕃訳、日本経済新聞出版社、二〇〇七年、一四七—一五一頁、グレッグ・ダイク『真相　イラク報道とＢＢＣ』平野次郎訳、ＮＨＫ出版、二〇〇六年、参照。"The Real Story of 'Curveball': How German Intelligence Helped Justify the US Invasion of Iraq", *Spiegel*, March 22, 2008（http://www.spiegel.de/international/world/0,1518,542840,00.html）.

（33）Nandy, Ashis, "The Decline in Euphoria", *Hindustan Times*, July 4, 1998.

（34）Thompson, Edward P., "The Rituals of Enmity", in Smith, Dan and Thompson, Edward P. eds., *Prospectus for a Habitable Planet*, Harmondsworth, Penguin Books, 1987, pp. 11-43.

（35）ヘドリー・ブル『国際社会論　アナーキカル・ソサイエティ』臼杵英一訳、岩波書店、二〇〇〇年、二九二頁。

第Ⅱ部　国際政治から地球政治へ

第八章　地球市民社会の存在理由

はじめに

二一世紀初頭の地球政治において、一人一人の市民はどれほどの政治的役割を果たしているのであろうか。また、どれほどの政治的役割を担うことが可能なのであろうか。さらにどこまで、どのような役割を演じるべきなのであろうか。これらの問いに答えるための理論的な予備作業が、本章の課題である。

世界には、第一に、国家政府や自治体などの政府組織、第二に、営利を目的とした企業、そして第三に、非政府組織(NGO)が活動し、市民運動・社会運動が行われている。そしてこの三種類の主体、すなわち国家、企業、NGO＋市民の活動が、錯綜し、重なり合って世界を動かしている(1)。

そのなかで、地球政治における市民／個人の役割は、表面的には非常に小さく見える。その理由は次のように要約される。第一に、地球という単位、人類という集団は膨大であって、個々の市民の比重は小さい。また第二に、人類全体を直接に統治する機構が存在せず、その裏面として、市民が参加すべき民主主義的な世界大の制度枠組みは存在していない。そして第三に、この四世紀間の歴史において、国家こそが、人々に意味と価値を付与し、市民／個人が帰属する支配的な政治共同体であった。さらに第四に、国際社会は、なにより主権国家の政府を構成員とする社会、すなわち「政府間社会」として意味づけられ、その裏面として市民／個人は、国家という単位を介して間接的に国際社会と関わるのであって、国際政治の直接的な構成員とはみなされてこなかった。

しかしこのような理由があってもなお、政治理論上、市民／個人は、国家や自治体のみならず、地球政治においても、また決定的な重要性をもつべきであると考えられる。そしてグローバル化の進む現在、決定や価値分配が国家や自治体の手を離れ、地球政治と呼ばれる過程のなかで行われることが多くなっている。この地球政治の過程でなされる決定や価値分配もまた市民／個人の集合以外、だれも正統化できないであろう。なぜなら、およそ人間行動に必要とされる決定や価値分配を正統化しうる主体は、最終的に市民／個人の集合としての民衆以外にはないからである。

歴史上も、一八世紀のフランス革命から二〇世紀の東欧革命まで、また帝国の崩壊による新国家の独立、さらに国際統合まで、国境を越えた政治変動、とくに新しい政治共同体の形成において、「政治的意志をもった市民／個人」の集合は、規範形成や変革の役割を果たしてきた。一国の憲法の制定や改正は民衆の憲法制定権力、あるいは憲法改正権力に根拠を置くが、それと同様に、国際秩序の変化に伴う新しい共同体の形成を根拠づける主体は、市民／個人の集合たる民衆の共同体形成権力に求められてきたのであった(2)。

さらに一九八〇年代半ば以降、「市民ルネッサンス」とも言うべき状況が生まれた。現実政治においても学界や研究雑誌等においても、「市民」が鍵概念として多用されている。その最大の歴史的文脈は、東欧と旧ソ連、アジア・アフリカにおける政治的民主化と経済的自由化であった。(3) そこでは市民社会論が、一党支配あるいはアパルトヘイト体制などからの変革理論として展開された。もちろん東欧・ソ連の共産党一党支配や、南の開発独裁が終焉《しゅうえん》したことは、それだけで大きな意味をもっている。なぜならそれらの変動は、一方で、政治システムを民主化して市民社会を形成する可能性を開き、他方で、一党支配や独裁体制から社会のエンパワーメントへと転換するような「潮の変わり目」を象徴したからである。これを英国の政治学者デヴィッド・ヘルドは「二重の民主化」と呼ぶ。(4) そして冷戦の終結と東欧革命を頂点とするそれらの政治変革は、市民自身が主体であることを人々に思い起こさせたのである。

一九九〇年代に入ると、「地球市民社会」「グローバル・シティズンシップ」「市民政治の世界化」など、地球という単位に焦点が当たるようになった。その背景には、各地の民主化運動が一国レベルの運動に止まらず、国を越えて連動しながら発展する「世界大の民主化」の面をもっていたという事実がある。また、市民とＮＧＯが、人権擁護、飢饉救災活動、地球環境問題への対応などに関し、政府や企業に比してはるかに先進的で有効な取り組みを展開した事実を、多くの人々が認識しはじめたことも、大きな意味をもった。(5)

一九九七年、ＮＧＯの研究者ジェシカ・マシューズは、地球政治において、国家アクターからＮＧＯへの「パワーシフト」が生じていると述べた。(6) この大胆な「パワーシフト」の主張の当否はひとまず措くとして、こうした議論が力をもつにいたったことは、市民／個人が主体となって国家を超えた活動を展開し、市民／個人が地球規模で政治空間を形成し、地球的問題の解決をめざすことが、広く受け入れられたことを示している。

第一節　二つの構造的矛盾――市民台頭の文脈

それでは、なぜ「市民」概念がルネッサンスを迎え、また「地球」に焦点を合わせる市民社会が強調されているのであろうか。その理由は、世界の現実政治の構造変動と矛盾にある。すなわちグローバル化と地球的問題という二つのトレンズの結果、後述する二つの構造的矛盾が激化し、それを緩和し補完するため、市民運動あるいはＮＧＯのネットワークが政治的役割を担い、またそうするよう期待されている。

グローバル化と地球的問題

第一の変動のトレンドはグローバル化である。二一世紀初頭、情報、モノ、人間の国境を越えた相互作用は常態となっている。電話などの情報通信体系も、航空機などの交通体系も、地球規模で制度化されている。多国籍企業の生産活動も、市場経済も、資本移動も、地球を単位に活動している。人類という集団は、地球という空間を単位として、国境を越えた相互作用を支える移動・輸送・コミュニケーションのシステムをつくり、トランスナショナルな情報通信、企業活動、消費行動などを恒常化させている。人々の生活は、地域や国境を越えて世界から多くの影響をこうむり、同時に影響を与え続けている。われわれは、この地球規模の相互関係の網の目に、より強くより深く組み込まれ、日々対応することが不可避になっている。

さらに第二のトレンドは地球的問題群の共有である。地球／人類は、核軍拡と核拡散、一元化された世界市場を通じた世界同時不況、移民、難民、外国人労働力などの急増、テロと犯罪の国際的組織化、インフルエンザ、エイズなど感染症の国境を越えた蔓延、そして地球環境破壊の広がりなど、逃れようのない地球的問題群に、現実として直面させられている。

そして、このような地球的問題をつくり出しているのも、他ならぬ人類である。すなわち、個々の人々／個々の国家は、ばらばらの関心と欲求を追求するという個別的な合理性の追求によって、国境を越えて影響を与え、また同時に市場や情報網から多くの影響をこうむり、その結果、それと明確に意図することなく、集合的な合理性を害する矛盾に直面している。

個別的な利益の追求が集合的合理性を損なうことは、たとえば個々の人々の性的行動によって性感染症が次々と蔓延し、大流行にいたっている事態などから、理解できるであろう。また株や通貨を売買する人々は、自己の利益を追求した結果、場合によって、同時不況をつくり出し、失業や貧困を広げることがある。さらに米国など核保有国が自国民の安全をはかるという名目から核兵器開発を進め、その結果、人類全体を核共滅の危機に陥れた事態もこれに類比されよう。

個々の人々が、世界大の生産システムに参加し、商品を消費し、森林を商品化する結果、マクロな地球環境は変動をこうむっている。ここでは価格という指標に反応した無数の行為が集積することによって、アダム・スミスが「神の見えざる手」と形容した市場原理が貫徹している。と同時に、個々人の生産と消費の活動が累積した結果、ハーマン・デイリーが「神の見えざる足」(7)と形容した環境破壊を生み出しているのである。個々の行為の累積が、それと意図することなしに地球の収容能力をすり減らし、人類共通の脅威をつくり出している。

制度枠組みと共同体の不在

このような地球／人類は、集団として相互作用のシステムを構成し、グローバル化によってますます強い因果関係で結ばれ、その結果、意図せざる危機に曝《さら》されている。しかしながら、地球／人類は政治共同体を構成しているとは言えず、共同性をもたず、その危機に共同で取り組むための制度枠組みをもたない。企業も政府も例外的な状況を除き、この危機に取り組むエイジェントとはならなかった。このように地球／人類が、自らつくり出した危機に取り組むための共同性／制度枠組みをもてないこと。これが第一の構造的矛盾である。

この制度枠組みの不在のなかで台頭したのが、市民運動やNGOネットワークである。たとえば核兵器の開発は、人類共滅の危機意識を生み、核兵器の対立項たる平和運動や反核運動を生み出した。そしてソ連が核軍縮に転換する過程を研究したマシュー・エヴァンジェリスタが描き出したように、「トランスナショナルな科学者の連携が冷戦を平和裏に終わらせることに成功した」[8]。

また環境破壊の深刻化は、人々の地球生態系への関心を深め、「かけがえのない地球」「宇宙船地球号」など人類の生存に関わる問題なのだという認識から、環境運動を生んだ。このようにして生まれた「地球市民」は、西欧に古代から存在する抽象的・理念的な「世界市民主義 cosmopolitan-ism」とは異なり、身に迫る物質的条件と問題解決のエイジェントの不在という構造的矛盾から迫られた、存在をかけた運動を展開してきた。

この地球／人類を、国家や自治体という既存の支配的な共同体と比較しよう。国家と自治体は、その構成員に統治機構を共有させ、その制度を通じ、構成員に価値と意味を付与している。また民族やエスニック集団という単位は、その構成員である市民／個人に対し、特定の文化・言語・歴史などを介して、価値と意味を与えている[9]。

それに対し、地球／人類は、人々が共有する統治機構と人々が直接に参加する政治制度を欠いている（国際組織は除く）。また、地球／人類は、価値と意味の付与が国や地域ごとに分断され、帰属の対象としても、二義的にしか意味づけられない場合が少なくない。

その結果、地球／人類は共同性が低く、市民／個人に対し国家・自治体よりも稀薄な「われわれ意識」しか与えていない。地球／人類は、その構成員たるべき「地球市民」の候補者間により弱い絆しか与えることができず、国家・自治体よりも薄い意味を付与する存在に止まっている[10]。しかしながら、その低い共同性、弱い絆、薄い意味づけの地球／人類は、グローバル化によってますます強く因果関係で結びつけられ、またいっそう深刻化する地球的問題を分有している。このように地球／人類の〈主観的には稀薄な共同性と客観的には深化する相互連関〉の特徴が、第二の構造的矛盾である。これは社会学において「バスを待つ行列」「TVコマーシャルの視聴者全体」などを指す集列システム[11]と類似していることから、地球的集列体と呼ぶことにする。

共感の欠如

地球的集列体における企業の行動は、世界経済市場への一元化が象徴しているように、価格シグナルの市場交換が原則である。市場は一般に、私的利害の追求が交錯する場であり、交換によって価値を実現できる勝者を生むと同時に、たえず競争に敗れ、市場交換の場から脱落する者を生み出す。敗者を交換の場から排除する冷酷さが、市場の効率性を支えているのである。これを狭義の市場メカニズムと呼ぶことにしよう。

西欧で市場が成立する前提には、アダム・スミスらが明らかにしたように、双務主義的な契約が履行されるという信頼、普遍的なルールを受け入れる共通の道徳感情、他者の労働の成果をわがものとして享受する労働分業の友愛感情などが存在していた。スミスによれば共感 sympathy とは、「あなたの立場を自分自身に持ち帰り、あなたの状況のなかに私自身を置くことから生じる感情であり、……このように変換した想像上の状況を、私自身の一身と性格のなかではなく、あなたの一身と性格のなかで追体験することによって生じる感情である」。この共感によって、人は「他者の自己愛」に働きかけることができるようになり、その結果、私的利益追求は交換性向 propensity to exchange という制度の外枠を獲得する。(12)

信頼、共通の道徳感情、共感などを通じてはじめて、「自己愛 self-love」と「他者の自己愛」が通分され、剝《む》き出しの私的利害（自己愛）の追求は市場（とその自動調節機能）という承認された制度的な形を与えられる。すなわち、信頼、共通の道徳感情、共感などは、狭義の市場メカニズムを立ち上げ、外枠として支える役割を果たしているわけである。これらは市場を支えるだけでなく、「私であると同時にあなたであり、われわれである」という共同性（「われわれ意識」という共同性）を醸成する、すなわち、常識、世論、あるいは社会的公共性をつくり上げる基盤に他ならない。

こうした共感能力をもった市民／個人は、さらに「私人の相互関係に関する規範意識を培養し、道徳感情を陶冶《とうや》する社会化のメカニズム」があってはじめて生み出される。それは英国の社会人類学者アラン・マクファーレンによって、「資本主義の文化＝資本主義の培養基」と形容されている。(13)資本主義が最初に生まれたイングランドでは、そのような培養基は家族、教会、地域社会、職業集団などが分けもった社会化（広義の育成・保障）機能であり、基本的に無償でボランタリーなものであった。この社会化の機能によって、人が生み育てられ、市場からいったん排除された敗者が再教育されて、再び市場に参入することが可能になり、そのような過程と重ね合わされることによってはじめて市場機能が支えられる。育成・保障機能があって市場が支えられるのである。

このように、西欧近代の社会関係は、実は狭義の市場メカニズムだけで成立したのではなく、中西洋、ケネス・ボールディングらが分析したように、市場と育成・保障機能とが表裏一体となったものであった[14]。ここでは、市場における交換と市民社会における贈与とボランタリズムの二つの原理が組み合わされ、また私的自由の追求と友愛や連帯という道徳感情が重ね合わされている。これらの組み合わせによって、市場を機能させる社会的枠組みと人間的基盤が成立し、反対に市場が社会のなかで円滑に制御されえたのである。

ヘゲモニーによる代替

しかるに現在の世界市場は、「交換と共感」のうち共感を欠き、「狭義の市場メカニズムと育成・保障機能」のうち育成・保障機能を欠き、両者が表裏一体にはなっていない。たしかに国際的報道やコミュニケーション手段の発達は著しく、アダム・スミスの生きた時代のグラスゴー・ロンドン間よりも、今日のグラスゴー・北京間の交通・通信の方が、迅速、頻繁かつ安価であろう。「世界社会」の潜在的基盤は、ハードウェアに関する限り、ほぼ成立している。にもかかわらず、スミスが「私の小指の傷の方が、中国における大殺戮よりも深刻な問題である[15]」と述べた事情は、今日でもほとんど変わっていない。

また世界市場も国際報道も、必ずしも国境を越えた共感をつくり出さない。また弱者に対する価値の再分配を促進する感情を喚起するのにも十分ではない。穀物の世界市場メカニズムは、食料の入手手段をもたない敗者たちをそのまま放置する。国際的報道によって飢えた人々を知った視聴者たちの関心は次の番組に移り、飢饉の悲惨さを撮影し終えたカメラマンは、ニュース価値のある次の対象を求めてさっさと移動していく。市場と報道だけでは、スミスが強調した「あなたの立場を自分自身に持ち帰り、あなたの状況のなかに私自身を置く」共感が断ち切られ、また、「他者の自己愛」に働きかける道義性を醸成しないからである。

こうして共感と育成・保障機能を欠いたまま、狭義の市場メカニズムが地球的集列体において機能している。では何が共感と育成・保障機能を代替しているのか。それは大国のヘゲモニーである。ヘゲモニーは強制する力に止まらない。ヘゲモニーの要諦《ようてい》は、情報伝達手段などにおいて優位に立つ中心が、周辺に対して「いかに行動すべきかを指示する社会的権力」すなわち「指示的権力」である。共感と道義性を欠いたまま、大国がルールをつくり出し、ルールを背後から維持し、参加を強制し、そのことによって市場を成り立たせている。このように世界市場の背後には、別種の権力が控えている。

この地球的集列体では、狭義の市場メカニズムなどを介して相互作用が高進し、また国際報道や情報交換などの量・範囲・速度は急増するが、西欧近代の市場を裏から支えた共感と道義性、そしてそのための育成・保障機能が生み出されず、大国のヘゲモニーが市場を支える。その結果、一方で、私的な利害追求が膨大に累積して地球／人類大に人々を巻き込みながら、他方では、集列体を支えるヘゲモニーが共感と道義性、育成・保障機能をすり減らし、集列体の価値づけや正統性は減殺《げんさい》されている。

これらの二つの矛盾に対して、国家や企業は、問題を放置し、あるいは矛盾を激化させる傾向にあり、地球／人類的視点で問題解決に取り組む主体とはならない。そのため、市民／個人の運動体が問題を発掘して情報を提供するアジェンダを設定し、解決のための政策を提言し、ネットワークを構築し、自ら解決策を執行し、政府や国際組織に圧力活動を展開してきた。(16) たとえばアムネスティ・インターナショナルが「政治犯や行方不明者は外部から忘れられていない」として運動を展開することが、それらの人々の待遇や条件の改善につながることなどは、こうした運動体の成果である。(17)

このNGOの活動のなかで注目されるのは、南への援助資金の多く（一九八〇—九〇年代のNGOの総援助の約三分の二）が北の市民の寄付やボランティア活動によっている点である。これは、遠く離れた政治共同体間の贈与を成立させてきた。(18) この国境を越えた「遠く離れたものへの共感」は、欧米では通常、旧来の市民社会の遺産とみなされ、個人主義的な市場経済が発展し、あるいは福祉国家が個人の社会的責任を代替することによって、衰退していくものと想定されてきた。(19) しかし、このような潮流にもかかわらず、一九七〇年代後半以降「遠く離れたもの」に対する贈与は減衰することなく、一九八〇年代中葉の「エチオピア飢饉」など以降、むしろ活発化さえしたのである。

もちろん、こうした市民／個人の運動が、ただちに地球的問題の解決や解消に直結するわけではない。しかし、こうした活動を通じて、地球大の制度形成や共同性に基づく価値の提唱が行われ、その結果、二つの構造的矛盾に対応し、緩和する役割を市民／個人の集団であるNGOが果たしているのである。

第二節　地球政治モデルの脱国家化

前節では市民／個人の運動が、地球的集列体における構造的矛盾の裂け目から台頭していることを述べた。この同じ変動過程を国家システム、すなわち、地球を共同体とはせず集列体に押し止めている国家システムの側から位置づけ直すことが、この節の目的である。国家システムの視点から見ても、大きな変動、すなわち、政治モデルの脱国家化が生じている。市民概念と国家システムの発祥の地である西欧では、一八世紀末の民主革命後、市民／個人が政治主体であることは広く認識され、一九世紀前半以降一貫して自治体が発展し、また一九世紀末以降、グローバル化の進展と国際組織の形成によって、政治モデルが大きく変容しはじめた。すなわち、一枚岩の国家統治機構と均質な国民集団とが一対一に対応し、その一国的枠組みが政治であるとする国家モデルの脱神話化が進行している。

自治体と市民

第一に、自治体の組織的進展によって、国家モデルからの部分的転換が生じた。ここで重要なことは、自治体の機能拡張と、民主主義の深化が並行して進展し、その双方が原因となり結果となったことである。たとえば、英国では一九世紀以降、民主化が進展し、国家レベルでの代議制が成熟し、選挙権が拡大したが、同時に一八三五年の都市自治体法以降、諸都市が自治を獲得し、そこにおいて市民参加と市民によるイニシアティブが発揮された。すなわち、自治体は、再分配をインプリメントし、市民社会を補完する社会のコオディネーターとしての役割を果たすようになり、かつてアダム・スミスが強調した共感と育成・保障機能を果たす組織原理をもちはじめた。二〇世紀中葉以降、自治体を軸とした政治参加論が提唱され、「市民の再生」や「シティズンシップの再興」についての議論が展開されたのも、小さな政治単位と国家の二つのレベルの民主主義を連動させ、直接民主主義を作動させることにより、市民のイニシアティブによる政治モデルを台頭させた。

自治体は、その形成過程で、国家が従来手掛けることができなかった新しい政策領域で役割を獲得し、政治的権威を確立した。もちろんこの自治体の発展は両義性をもち、一方では、国家政府が自治体の形成を手段として統治機構を地方に拡張し、従来よりもはるかに深く社会に浸透し、きわめて巨大な資源動員力を獲得した、と見ることもできる。たとえば、明治日本に典型的に見られるように、自治体とはいっても国家機構を地方に拡張した機能を果たし、また警察の社会統制やパターナリスティックな住民への対応など、国家的組織原則を拡大再生産する場合もあったことは事実である。資本主義下での行政国家の台頭、そしてソ連型社会主義の成立、第三世界における政府機構の急速な肥大化に見られるように、国家に問題解決を求め、政府の機能を拡張することが「政治」と観念される傾向があり、その半面で、社会は受動的な存在となり、市民は国民という枠組みに包摂される傾向があった。

しかし他方で、自治体はたとえば二〇世紀西欧の福祉国家化、米国の公民権拡大の実施過程など、諸権利の拡大と平等化を推進する役割を果たした。それらの点で市民に近い自治体は、たんに国家政府の統治機構の延長ではなく、市民のエンパワーメントを促進し、市民が共同体形成権力を発揮する手段となった。世界各地の自治体における参加民主主義の深化が、国家行政の官僚化と代議制の空洞化を補完し、さらに国家権力の私生活・公共空間への浸透を遮断するという積極的意味をもってきた。[20] このように市民／個人の共同体形成権力は、自治体を活用し、また民主主義を活性化させることによってはじめて、国家という統治機構の拡張に対して均衡したのである。

補完性の原理

第二に、第二次世界大戦後、西ヨーロッパが、地域統合という新たな枠組みによって諸問題に対処してきたことは、政治モデルの脱国家化の重要な一例である。具体的には、国家政府から独立して権限を行使し、あるいは自律的な決定手続きをもった独立委員会、自治体、国際組織などが強化・拡大されてきた。そしてとくに西ヨーロッパなど地域統合の発達した地域では、国家を中心に自治体、国際組織の三つのレベルに大別される統治機構が並存し、役割を分担し連携しながら、問題解決に当たる傾向が見られる。欧州連合（EU）が中世カトリック教会の鍵概念であった「補完性の原理[21] principle of subsidiarity」という言葉を復活させ、自治体、国家、国際組織などの間の相補的分業を提唱したのは、従来の国家モデルを代替する多層的な統治機構モデルの一例であった。こうした統治機構の多層化は、国家政府を中心とした政治的正統性と国家的な組織原理からの部分的転換をもたらした。

この西欧の統合進展とほぼ並行して、先進工業国では高度成長の時代が終わり、途上国では国家への期待が幻滅に転じ、ソ連型社会主義は停滞した。いずれの場合も、国家政府が動員可能な資源は限界に突き当たり、また国家政府が単独で問題を解決する能力も行き詰まりを見せるようになった。それらの結果、国家政府は正統性をすり減らし、さらにグローバル化など新たな問題に直面した。このように国家モデルの限界に直面した結果、諸政府間の協調と政府の形態変化の必要性が自覚され、国家とは別形態の機関に機能を委譲し、あるいは諸政府全体の権限を後退させるなど、脱国家化したモデルが模索されている。

国際組織の非民主性

脱国家化に向かって多層化した二つの統治単位、すなわち自治体を国際組織と比較すると、両者の発展はある程度まで共通する。実際、グローバル化・地球的問題の深化と並行して、機能的な国際組織は量質ともに拡大しており、深刻化する問題に有効に取り組むためには、協力体制の形成が不可避になっている。たとえば、西欧の戦後復興という課題は、各国家政府がそれぞれ独力でなしとげることは著しく困難であったが、欧州石炭鉄鋼共同体（ＥＣＳＣ）という地域統合組織と加盟国政府とが連携することによって、課題に有効に取り組むことができるようになった。そしてその結果、地域統合組織と加盟国政府がともに権威を高めることに成功した[22]。この例に見られるように、国家と国際組織の関係が必ずしもゼロサム的でない点は国家と自治体の関係と同様である。

しかし、国際組織の発展は、これまでのところ、従来の国家中心の組織原理を修正するにいたってはいない。なぜなら、なによりも国際組織の運営者は、主権政府の代表である政治家・外交官・官僚であって市民から遠い。また、国連事務局にしても欧州委員会にしても、国際組織の機構は、国家官僚制の特徴を、時としてより極端な形でもっている。そして国際組織や多国間会議は、エリートに担われ、市民生活の現場から遠い空間で、テクノクラティックなルールに基づき、一般人には理解できない特殊な専門用語と言語を用いて運営される。

そして、国家と自治体の連携が民主主義を深化させる契機となったこととは正反対に、国家と国際組織の提携は、民主主義を空洞化させていることに注目しなければならない。自治体は「身近な民主主義」の場をつくり出したのに対し、国際組織では大部分、民主主義制度の圏外にある。また、たとえ欧州議会のように国際組織を民主的に統制する手段が存在していたとしても、それらは国家議会などよりはるかに弱体である。すなわち、統合や相互依存の進展によって、ある決定権限が国際組織や多国間会議などに委譲された場合、それまで各国の議会や世論などが担ってきた民主的統制が失われ、それに代わって国際組織などを民主的に統制する制度は存在しないか、あるいは国家の民主主義制度に比べてはるかに貧弱なのである。この過程で失われる民主主義を「民主主義の赤字」[23]と呼ぶ。地球的問題に対処するためには、国際組織や多国間会議の機能拡大は不可避である。しかしその結果として、「民主主義の赤字」が積み重なり、民主主義は市民の手から遠ざかっていく。ここに、地球的問題に有効に取り組むと、それだけ政治が市民から遠ざかるというグローバル化の最大のアポリアがある。

政治社会の空洞化

この「民主主義の赤字」を一国政治の観点から言い換えると、政治社会の空洞化と無力化と表現できる。ここで国家政府と市民社会の懸け橋となる活動領域、すなわち政党、政治団体、議会、選挙組織、世論などの諸制度の活動の総体を、政治社会と呼ぶことにしよう。政府はグローバル化への対応を行い、他方で市民社会も、少なくとも市場や経済社会の面、あるいはＮＧＯの活動面ではグローバル化している。しかるに、その間にあって両者を架橋するはずの政治社会は、従来の主権国家の枠組みに縛りつけられ、国家ごとに分断されている。実はグローバル化の趨勢からもっとも取り残されているのが、立法府を中心とした政治社会なのである。それが重要な一因となって、地球的問題の多くの争点に関して、国家の枠組みに縛られた政治社会を通じて決定するよりも、むしろそれをバイパスする現象が起きている。国際金融市場と国内投資の連動、あるいは地球環境破壊と市民運動の応答はその例である。このように、一国単位の政治社会の枠組みは、経済と情報のグローバル化のなかで役割を減少させている。これは「政治社会の空洞化」と表現されよう。

社会主体としてのNGO

それに対しNGOは、国際組織が内包する問題を大幅に免れている。NGOは、近年飛躍的に拡大しており、活動の焦点を、従来の欧米社会中心から地球環境と南北問題に移している。その活動は、緊急救援、災害予防、教育、医療、衛生、環境、技術発展、地域経済協力、人権擁護、女性の役割増大など、南の社会のほぼすべての領域にわたるものになってきた。さらにその行動原理は、内発的知識や土着技術の重視、ボランタリズムと水平的連帯、官僚制的でない接近方法など、国家政府の行動原理との差異は際立っている。あえて歴史的なアナロジーを用いるなら、西欧社会が一八―一九世紀に近代化・都市化・工業化をとげる過程のなかで、労働組合、慈善団体、生協、都市衛生運動などが果たした役割に相当するものを、二一世紀初頭の世界では、NGOが社会主体となって担う萌芽《ほうが》的可能性が生まれつつある。(24)

第三節　地球市民の課題

市民概念の再検討

ここで、本章の論旨を要約しておこう。まず、市民／個人は、自治体や国家に止まらず、地球／人類という場においても、自己決定のために共同体形成権力をもつことを規範的な出発点とした。

言い換えれば、世界という次元においても、主権国家を主体とする政治だけでなく、市民／個人を行動主体とする政治（レス・プブリカ）が成立すべきであるという価値的目標を選択した、ということである。ただし国家や自治体は政治共同体を構成し、市民が権力を発揮する政治制度を備えているが、地球／人類はそれとは異なり、国境で分断された主権国家システムと世界市場などの地球的集列体に止まり、世界共通の統治機構も参加制度も存在しない。

次いで市民社会論の検討を通じて、国家から独立した空間を獲得することが市民の自由な自己決定の条件であり、また、市民の自己決定の集合が自律的な（より非権力的でもある）政治過程による秩序形成につながるためには、国家とは別個の組織原理が作動し、市民間の関係を規律する共感、道徳観、連帯などの感情が存在することが条件となっていることを示した。ここでは、国家から独立した空間、国家とは別個の組織原理、そして道徳感情を醸成するためのコミュニケーションと広義の育成・保障機能が必要とされる。これを裏側から言えば、そのような諸条件が満たされるならば、市民社会の発祥の地である西欧であろうと、それ以外の東や南の地域であろうと、市民的な自己決定による秩序形成はなしえないことはない、と考えられるであろう。また、市民がたとえ同一の共同体に共属していなくても、共通の問題解決や共通の秩序形成を追求することは可能になるであろう。

そして自治体、国際組織、ＮＧＯの三つの脱国家化過程を比較検討することによって、ＮＧＯは、国家とは別個の組織原理をもち、しかも国家を超えた共感を醸成している点を検討した。これまで多くの論者が、NGOのこうした特質を活用するなら、市民／個人が直接に政治に参加する「市民政治の世界化」が可能となると論じてきた。本章が目的とした、市民による共同性の形成を地球／人類に向けて発揮させるための政治的条件は、たしかにこのような視角の延長線上に展望できるであろう。

本章は、ここまでは市民概念とその規範的前提を受け入れた上で考察を進めてきた。しかし他ならぬ市民概念もまた、他の政治概念と同様、国家モデル、すなわち構成員と共同体、そして人間集団と統治機構が一対一に対応するモデルに基づく点を忘れることはできない。したがって、国家モデルからの転換のためには、他の概念同様、市民概念自体も再考されなければならない。言い換えれば、共同体のあり方が変動し再編される過程において、秩序形成主体としての市民は概念転換を余儀なくされるのである。そこで、以下ではその課題の所在を理論的に要約し、まとめにかえることにしたい。

シティズンシップの脱国家化

市民のあり方を規定するシティズンシップは、第二次世界大戦後、西欧でも米国でも日本でも、諸権利の拡大、平等化の実現、そして参加と連帯のための概念として、大きな現実政治上の役割を果たしてきた。さらに政治統合がある程度進展しつつある西欧では「ヨーロッパ・シティズンシップ」「多国籍市民権（マルチナショナル・シティズンシップ）」など、国家を超えたシティズンシップ概念も提唱されはじめている。さらにグローバル化に伴って、各地で「外国人の市民権」「ＥＵの市民権」なども政治争点化している。[25] 既存のシティズンシップ概念をそのまま世界大に拡張するならば、「地球市民」にふさわしい市民像に到達すると思われるかもしれない。しかしシティズンシップの脱国家化の前には、難問が待ちかまえている。

市民の領域的帰属感

第一に市民概念もまた国家から独立して存在してきたわけではなく、国家という共同体との関係の上に成立している点である。市民概念は、特定の共同体帰属を抜きにしては成立しない。それはシティズンシップが日常用語で国籍を意味することに典型的に表れている。すなわち市民の地位は、その言葉が古典古代に都市共同体のメンバーシップを示すものとして用いられるようになって以来、特定の政治共同体への帰属に基づくものと含意されてきた。そして、第一次世界大戦以後の支配的な帰属対象は国民国家なのであった。

ところが国民国家への帰属は、ボランタリーな選択や契約によって決定される結婚、自発的結社への参加、自治体への加盟などとは異なり（また帰化による国籍選択の例外を除き）、属性（属人主義、属地主義のいずれの国籍決定も同様）によって選別され、しかも一国家への専属が原則になっている。とくに民族自決の原則が正統化されて以降、民族への帰属が支配的になっている。たしかに、現在、各国の憲法構造から明らかなように、国民を統合する合意形成などについては、社会契約を前提として市民的自己決定を制度化していることが多く、その次元での「デモス」と「エトノス」の峻別は有効である。にもかかわらず、その半面で、国民国家の構成員に、だれを含み、だれを除外するかという秩序の礎石となる判断基準は市民の自由意志や自発的選択によっておらず、自由意志と契約論的構成をもつリベラルな政治理論の射程圏外の問題として残されている(26)（第六章参照）。

この属性による国家帰属は「われわれとはだれか」に触れる根深い問題である。そこには市民概念のみならず歴史、文化、言語などアイデンティティーに関わる排他的属性が争点化することは避けられない。そしてこの国家帰属が強調されれば、「多国籍市民権」なるものはたんなる形容矛盾にすぎず、「市民社会の地球化」などは一片の空想にすぎないことになってしまう(27)。そして当分の間、属性による国家帰属が避けられないとすれば、市民は、具体的な課題の取り組みを通じ、多元的・重層的な帰属意識をつくり出すことによって、国家帰属の排他性を中和する必要がある。それは言い換えれば、一人の市民が、自己決定原理に基づいて自治体や自発的結社、国境を越えて組織されているＮＧＯなどの政治共同体を組織し、それらへの参加によって国家帰属の問題を相対化し、シティズンシップの多元性をつくり出すことに他ならない。

政治参加の対象

ただし自己決定を軸とした市民参加のあり方にも難問がある。たしかに、一方でＮＧＯや国際メディアの発展により、市民が国境を越えて他者の問題に想像力を働かせ、共感する政治回路は形成されつつある。それによって市民は、地球的問題に直接に取り組む行動の動機をもつにいたっている。にもかかわらず「市民政治のグローバル化」にとって、参加の対象となるべき「地球政治」の制度的表現が存在しないという問題がある。自治体、国家などは、中心的な決定制度が存在し、それに対する市民参加の制度的手掛かりも明瞭になっている。しかるに地球政治には、中心となる決定制度が存在しない。一国の政治社会に相当するような、地球規模の共同性をもった社会も存在しない。(28) 意志決定手続きの様式が国家の意志決定モデルとは異なっており、どこか一つの場で公的・普遍的に決裁され、その決定が一律に全体に及ぶという形はとられない。その結果、地球政治では、自己決定も参加も、一つの権力、一つの制度に向かって収斂《しゅうれん》する形にはなりえないのである。

リチャード・フォークの言うように、「市民政治のグローバル化」とは、未だ存在していない「世界共同体」をあたかも存在すると断言するようなことを意味するわけではない。「地球市民」であると自己宣言することは容易であろうが、そうしたところで実現に有効ではない。(29)「市民政治のグローバル化」といっても、当分の間、既存の共同体を解体するような「飛躍」、別個の「世界共同体」的なものを創出するような「飛躍」はありえないわけである。「グローバル化」とは、何より地球的問題が問題領域として各行動主体の内側に取り込まれ、ついで他の行動主体との協力を通じてその問題群を解決することが、市民的徳と考えられるようになることを意味する。したがって、ここにおけるグローバル化した市民政治とは、「一市民から国際組織まで多元的多層的に存在する諸行動主体が地球的問題に関して自己決定していく過程、および地球的問題を解決するための多元的多層的な主体相互間の協力態勢の構築」と規定されるであろう。とすると、ここでの参加とは、個別の自己決定および協力態勢の構築過程に参加することに他ならない。

発明過程への参加

ここに、いかなる協力態勢を構築すべきか、という最後の難問が残されている。それが地球レベルの共同性と育成・保障機能を必要とすることは容易に理解できる。しかし、世界民主主義の明瞭な構想は未だ存在していない。ただし、かつてジェームス・ミルは、一国民主主義を成立させた代議制民主主義を「近代におけるもっとも偉大な発明」と呼んだが[30]、それは一人の人間によって発明されたのではなく、無数の工夫の上に成立したことを思い起こす必要があろう。この一国民主主義の歴史的経験に学ぶとすると、世界民主主義という「現代の最大の発明」も具体的実践の積み重ねのなかで発明されるものであろう。「市民政治のグローバル化」とは、その発明の過程に参加することを意味しているのである。

（1）　たとえばアン・フロリーニは、政府、営利企業と対比する観点から、ＮＧＯと市民を「第三の力」と呼ぶ。Florini, Ann ed., *The Third Forces: The Rise of Transnational Civil Society*, Tokyo and Washington, Japan Center for International Change and Carnegie Endowment for International Peace, 1999. ＮＧＯのなかには、カトリック教会など宗教組織と、非宗教的な世俗的組織があるが、ここでは後者に限定して論を進める。

（2）　たとえば、Thomas, George M., *Constructing World Culture: International Nongovernmental Organizations*

Since 1875, Stanford University Press, 1999.

(3) Ash, Timothy Garton, *We the People: Revolution of '89 Witnessed in Warsaw, Budapest, Berlin and Prague*, Harmandworth, Penguin, 1990; 坂本義和編『世界政治の構造変動 4 市民運動』岩波書店、一九九五年、Cohen, Jean L. and Arato, Andrew, *Civil Society and Political Theory*, The MIT Press, 1992 を参照。また「市民社会」という題の雑誌が多く刊行された。

(4) Held, David, *Models of Democracy*, Cambridge, Polity Press, 1987, p. 283.

(5) たとえば The Commission on Global Governance, *Our Global Neighbourhood*, Oxford University Press, 1995; Wapner, Paul, "Politics beyond the State: Environmental Activism and World Civic Politics", *World Politics*, Vol. 47, April 1995, pp. 311–340; Lipschultz, Ronnie, "Restructuring World Politics: The Emergence of Global Civil Society", *Millennium*, No. 21, Winter 1992.

(6) Mathews, Jessica, "Power Shift", *Foreign Affairs*, Vol. 76, January/February, 1997.

(7) Daly, Herman E. ed., *Toward A Steady-state Economy*, San Francisco, W. H. Freeman, 1977, p. 17 の表現。

(8) Evangelista, Matthew, *Unarmed Forces: The Transnational Movement to End the Cold War*, Cornell University Press, 1999.

(9) 加藤節「市民社会」『平凡社大百科事典 6』一九八五年、一一四九―一一五〇頁参照。

(10) 本章では「共同体」を、ゲマインシャフト的な社会(伝統的な家族や村落共同体、あるいはコンミューン)だけでなく、ゲゼルシャフト的な社会(会社、自発的結社など個人の自由意志によって成立した機能的な関係の束)も含む意味で用いる。世界共同体の不在については、Buzan, Barry, "From International System to International Society: Structural Realism and Regime Theory Meet the English School", *International Organization*, Vol. 47, No. 3, Summer 1993, pp. 327–352.

(11) 「集列体」とは、元来、ばらばらな欲求と関心の主体であり、アイデンティティーを共有しないまま、外的な状況を共有することによって、不可避的に相互関係を取り結ぶ諸個人の集合を意味する。これについては、見田宗介『現代社会の存立構造』筑摩書房、一九七七年参照。

(12) Smith, Adam, *The Theory of Moral Sentiments*, 11th ed., Edinburgh, Bell and Bradfule, 1808; 中西洋『〈自由・平等〉と《友愛》――〝市民社会〟:その超克の試みと挫折』ミネルヴァ書房、一九九四年、二二三、二四一―二四三頁。訳文は若干異なる。

(13) アラン・マクファーレン『資本主義の文化』常行敏夫他訳、岩波書店、一九九二年。

(14) この点は、中西『〈自由・平等〉と〈友愛〉』、ケネス・ボールディング『愛と恐怖の経済――贈与の経済学序説』公文俊平訳、佑学社、一九七四年参照。

(15) Smith, *The Theory of Moral Sentiments*, p. 317.

(16) Burgeman, Susan, *Moral Victories: How Activists Provoke Multilateral Action*, Cornell University Press, 2001; Khagram, Sanjeer, Riker, James, and Sikkink, Kathryn eds., *Restructuring World Politics: Transnational Social Movements, Networks, and Norms*, University of Minnesota Press, 2002.

(17) Clark, Ann Marie, *Diplomacy of Conscience: Amnesty International and Changing Human Rights Norms*, Princeton University Press, 2001.

(18) 最低三カ国以上で活動するNGOの総数は、一九九三年には二万八九〇〇。そして、資金力、専門能力、フィールドの経験、迅速な状況対応力、情報能力などは、政府援助機関や国際組織より大きいとは言えないが、無視しうるほど小さい存在ではない。また、OECD開発援助委員会加盟一八カ国のNGOによる南への援助のうちボランタリーな寄付金は、一九七〇年代中葉以降の二〇年間、二〇億ドル台で推移し、一九八〇年代後半には三〇億ドルを超えている。本書第一三章「NGOの可能性」参照。一八―一九世紀との歴史的アナロジーは、The Commission on Global Governance, *Our Global Neighbourhood* 参照。

(19) Fowler, Alan, "Distant Obligations: Speculations on NGO Funding and Global Market", *Review of African Po-*

litical Economy, No. 55, pp. 9–29.

(20) 市民社会の構築という目標設定は、一九八〇年代ポーランドの場合、必ずしも市民社会の形成を政治システムの民主的変革に優先させた価値的選択であるというより、強権発動をためらわない権力に、正面から挑戦することはとりあえず迂回し、国家体制のあり方に抵触しない範囲で社会秩序を下から形成することに当面の目標を限定するという戦略的判断の意味があったことも見逃せない。さらにチリの独裁や南アフリカのアパルトヘイトなどの克服を課題として提出された南の市民社会論にも、同様の観点が見られる。この文脈から、J・スタニシキスの「自己限定的革命」という有名な概念は、ジーン・コーエンら西側の社会学者が新社会運動論で展開した「自己限定性」と共通性があるとともに、明らかに重点の相違があることに注意を要する。J・スタニシキス『ポーランド社会の弁証法』大朏人一訳、岩波書店、一九八一年、Cohen and Arato, *Civil Society and Political Theory*.

(21) この概念は、Endo, Ken, "The Principle of Subsidiarity: from Johannes Althusius to Jacques Delors", *Hokkaido Law Review*, Vol. 44, No. 6, 1994, pp. 553–652 参照。

(22) Milward, Alan S., *The European Rescue of the Nation-State*, London, Routledge, 1992.

(23) 「民主主義の赤字」については本書第一一章「地域統合の政治構想」四三八頁以下参照。

(24) 本書第一三章「NGOの可能性」参照。

(25) シティズンシップの規定と解釈について多くの対立があり、その概念自体が微妙なバランスの上に成立していることについては、Turner, Bryan S. and Hamilton, Peter eds., *Citizenship: Critical Concepts*, 2 Vols., London, Routledge, 1994 に収録された各論文を参照。

(26) Kratochwil, Friedrich, "Citizenship: On the Border of Order", *Alternatives*, Vol. 19, 1994, pp. 487–490. 現実政治の上で、近年の人的移動の大量化による外国人居住者や永住許可者の増大、あるいは難民や外国人労働者の増大に対して、かれら国籍非保有者を国籍保有者から差別し、参政権や法的平等、そして福祉の享受などの諸権利を拒否しうる市民原理上の根拠はない。しかし、その数が増大し、かれらが国籍保有者に準じて諸権利を獲得すれば、その反動として、いっそう国籍非保有者を排除しようとする圧力も強まる。福祉の財政資源の枯渇を避ける行政的必要に加え、各地の外国人排撃運動やエスノ・ナショナリズムの台頭などに見られるように、人種・文化・言語・歴史上の差異を根拠とした排除の論理が浮上し、日常心理のレベルでも排除意識の水位が高まる傾向にある。Bader, Veit, "Citizenship and Exclusion: Radical Democracy, Community, and Justice. Or, What Is Wrong with Communitarianism?", *Political Theory*, Vol. 23, No. 2, May 1995, pp. 211–252.

(27)　Aron, Raymond, "Is Multinational Citizenship Possible?", in Turner and Hamilton eds., *Citizenship*, Vol. II, pp. 279–291.

(28)　Turner and Hamilton, *Citizenship*; Kymlicka, Will and Norman, Wayne, "Return of the Citizen: A Survey of Recent Work on Citizenship Theory", *Ethics*, No. 104, 1994, pp. 352–81.

(29)　Falk, Richard, *Explorations at the Edge of Time: Prospects for World Order*, Temple University Press, 1991, p. 154.　本章もフォークと同様、世界は政治共同体ではないと規定し、また当分の間、世界が政治共同体となるとは想定しない。

(30)　Sabine, George H., *A History of Political Theory*, 3rd ed., London, George G. Harrap, 1963, p. 695.

第九章　ポスト主権状況

第一節　ウェストファリア聖堂はなぜ倒壊しないのか

「自らの専攻分野の基本要因が根本的に変化する可能性について、冷笑的ではないまでも、懐疑的であるという意味で、国際関係研究者は社会科学者のなかでもっとも保守的な集団である」[1]。このマーク・ザッチャーの言葉は、国際政治の多くの研究者が、長らく「国家は変わらない」「主権の関わるハイ・ポリティックスは変わらない」という意識を持ち続けたことを指している。一九八〇年代半ば以前には、少数の例外的な研究者が国家の変わる可能性について問題提起を行っても、国際関係研究の多数派は耳を貸さなかった[2]。そして冷戦が終結し、ヨーロッパ統合が本格化した一九九〇年代以降、「主権国家の変動」が一部の研究者によってようやく主張されはじめた。

＊主権国家システム（ウェストファリア・システム）　主権国家システムは、近代の国家関係の基本的枠組み。その特徴は、①国家政府に優越する権威は内外に存在しない、②国家間関係は基本的に価値的なアナーキーであると想定し、③軍・警察など暴力装置を独占した諸国家が対峙し、④各国が経済的自立性を志向し、⑤各国が固有の文化を競い合う、などである。主権国家システムの基礎は一七世紀西ヨーロッパで確立し、

その枠組みが三〇年戦争終結時のウェストファリア条約（一六四八年）ではじめて明文化されたことにちなみ、ウェストファリア体制とも呼ばれる。しかし、その基本的特質は今日変容をとげている。

「六本の柱」

ザッチャーは、「ウェストファリア聖堂の柱が腐食する」という挑発的な論文を発表した。そこでかれは、次の六本の柱が「聖堂」を支えてきたが、そのほとんどが朽ち果てたと分析する。

①戦争：主権国家システムのもとでは、戦争が国家の合法的で正当な政策実現の手段とされてきたが、戦争のコストがベネフィットを上回るようになり、一部を除いて戦争発生の可能性が低下した。

②国家の領域的コントロール：国家は領土内の課題のみを管轄してきたが、地球環境破壊のような世界全体に災禍の及ぶ外部性（地球的問題）を世界が共有するようになった。

③国家の自立性：国家は自立的に決定してきたが、それに対し、経済的相互依存と国際組織のネットワークの発展によって、国家の決定がその網の目に拘束されるようになった。

④情報流通の限定：情報流通が限定されていたことが国家の独自性を保証する条件であったが、国境を越える情報流通が飛躍的に拡大した。

⑤権威主義体制：権威主義体制や非民主的体制が情報と人の移動を抑圧し、かつ武力行使をためらわなかったが、民主化運動が興隆し、そのような体制が消滅した。

⑥国家間の多様性：文化的、経済的、政治的な多様性が国家間の政策協調を妨げてきたが、文化的な差異は残っているものの、協力の可能性が増している。

以上の結果からザッチャーは、「世界は根本的に転換する過程にある。高度な自立性をもった国家からなるシステムから、国家が相互依存と国際レジームの網の目にますます組み込まれていくシステムに向かっている(3)」と述べる。にもかかわらずかれは「三世紀以上の間、まず西ヨーロッパの人々が、その後非西欧世界の人々も続々と、政治的に礼拝してきたウェストファリアの聖堂は、完全に崩壊しつつあるとは言えない(4)」とも述べている。

なぜ倒壊しないのか

その主柱の大部分が朽ち果てた。しかしそれらの柱が支えているはずの聖堂全体は倒壊しない。これは明らかに矛盾している。このことは何を意味しているのであろうか。第一に注意すべき点は、主権概念は必ずしも静的・固定的なものでなく、主権は、それをめぐる政治状況によって姿を変容させる「生きもの」である点である。同じ主権国家と言っても、とくに新興国が独立する際には主権の条件がそれ以前からは変化した。主権国家の要件が著しく切り下げられた上で、独立国家として承認されたからである。

第二に、グローバル化によって、先進国、とくにOECD諸国に関しては、主権国家の領域性と国家政府が秩序形成能力を発揮する空間との間に大きな乖離《かいり》が生じた。また地球政治の主体が拡散するとともに、重要な決定がますます多国間主義的にまたトランスナショナルな関係を通じて行われるようになったことと、決定を正統化する立法過程が領域性に縛られていることとの間で乖離が生じている。ここから、領域性、秩序形成能力、決定の正統化という主権の三つの要素が乖離していく傾向が明らかである。すなわち国家の政策機能および決定が脱領域化している。ザッチャーの卓抜な図式を借りて言い換えるなら、次の二つの変動が生じていると言えよう。

①主権国家システムという聖堂は、国家の自立的秩序形成能力という柱に支えられていただけでなく、承認という目に見えない糸によって吊り下げられている。とくに新興諸国の聖堂の多くは、政府の自立的秩序形成能力という重厚な土台の上に立っているのはなく、映画のセットの空洞のはりぼてのように承認の糸で吊り下げられている。

②主要な国家の聖堂は、それぞれの領域の外側の空間に共同の骨組みを組み上げて、その領域外の枠組みによって支えられている。

第二節　主権基準の変化

社会的承認

主権国家には、自立的に秩序を形成する能力の次元だけでなく、承認を受けて存立するという別の次元が存在する。前者は、国境を越える人間・モノ・カネ・情報をコントロールする組織的な能力があるか、あるいは領土内の秩序をコントロールする物理的・政治的な能力があるかなどによって測定される。それに対し後者は、外部の干渉が公的機構内部に制度化されないように排除する権利があるか、あるいは国際関係の対等な主体とみなされる権利があるか、さらに領土内で秩序を形成する権利があるかなどを、権利として承認されるか否かによって判断される。したがって、ある国家の統治構造に外部の影響が事実上制度化されていたとしても、また、その領土内で無秩序が広がっていてもなお、外部の影響を排除し、秩序を回復する権利があるものと承認されれば、法的形式の上では主権は存在することになる。この法的形式をとった主権の源は、国家の正統性の承認に求められる。そしてより根本的に、国家の正統性の承認は、それが政府から構成される社会であれ、国民という社会であれ、社会的な承認の有無によってテストされる。したがって主権は法的形式上、社会的承認という糸に吊り下げられているのである。

たとえば一九九〇年八月、イラクに軍事占領されたクウェートからサウジアラビアに逃走した支配者の首長には、自国領土をコントロールする能力はまったくなかった。しかし主権を主張する法的形式は存続した。主権の有無の判断は、クウェート国家の正統性を、他の諸国が、そしてクウェート国民が承認するか否かにかかっていた。ここではクウェートの主権は、能力の柱ではなく、社会的承認の糸に吊り下げられていた。もちろん国家の自立的秩序形成能力の有無は、長期的には承認の有無を決定する重要な変数である。なぜなら、長期的に自立的秩序形成能力が欠如した場合には、自らの運命を自ら決定するという当事者の確信も、他者からの承認もともに失われ、権威も正統性も消えてしまうからである。

しかし、この二つの変数は必ずしも一致するとは限らない。短・中期的には、自立的秩序形成能力が低下し、あるいはなくなっても、承認や権威は存続しうる。また反対に自立的秩序形成能力があっても、正統性が消失することもある。(5)

能力の柱と承認の糸という主権の二つの次元は、主権国家システムが歴史的に成立した時点で、すでに見られる。この主権は、まず事実的状態 de facto として成立した。すなわち各国家が独自に対外的防衛力と対内的実効支配という能力を保持し、その対峙のなかで、どの国家も他のすべての国家を征服できない状態に立ちいたった。したがってライプニッツも、主権的な要件としてとくに対外的防衛能力を重視した。反面から言えば、独力あるいは同盟関係によって存続し続ける能力をもたない政治体は消えていった。しかし、国家が複数存在する事実的状態のなかから、国家がその権威を自己正当化し、さらに国家が相互に承認し合う主権国家レジームが生まれてきた。そして、この諸政府が構成する社会のもとに、法的形式として主権が生まれた。ブルクハルトは「事実状態としての独立は、結局のところ、法的なカテゴリー de jure の主権に転換された」と表現した。(6)このように、主権は自らの国内外の自立的秩序形成能力の上に、自己正当化と国家間の相互承認に基づく権威の衣を被《かぶ》せて成立した。

主権要件の切り下げ

さて、近代史を通じて、主権国家の数がU字型の曲線を描いて変化している事実に注目しよう。まず、無数に存在した政治体は、第一次世界大戦までに約四〇の国家に減少した。チャールズ・ティリーは「一五〇〇年のヨーロッパには約五〇〇もの独立した政治単位が存在していたが、一九〇〇年のヨーロッパではそれが二五にまで減少した」と述べている(7)。しかるに、第二次世界大戦後から一九六〇年代にかけて、脱植民地化により主権国家が急増した。いまやその数は二〇〇に近い。地球の地表は南極を除き、ほぼ主権国家によって覆われた。この減少から増加に転じる過程で何が生じたのか。そこで、脱植民地化した新興諸国の独立の過程に焦点を当て、主権の規定が変容した事実を見ていくことにしよう。

独立によって新興諸国は領土を画定し、国際社会の承認を得た。しかし、ロバート・ジャクソン(8)らが示すように、独立に際し、主権国家として要請される要件は、政府の自立的秩序形成能力の次元に関して、大幅に切り下げられた。たしかに独立を求めるナショナリズムの運動は、自らの運命を自らの手で決めようという高いアスピレーションに導かれていた。しかし単純化して言えば、新興諸国は、旧宗主国の戦争による疲弊、人種間の平等化を受け入れる世論の変化、米ソ対立という新しい国際的構造、そして何より国連という脱植民地化のレジームからの承認という国際構造の変動によって、法的形式としての主権、すなわち国際法上の対等性と内政不干渉を獲得したのである。その反面、これらの諸国の多くは、独立に際して、自己の運命を決するのに必要な自立的秩序形成能力、具体的には、国内秩序のコントロール、国境の管理、対外的防衛力などは、十分に高められなかった。ここで注目すべきなのは、主権の獲得に当たって、この自立的な秩序形成能力は、実質的に主権の要件から取り下げられたことである。しかも、独立後のそれは治安維持能力などに限られず、経済発展の能力などについても同様であった。そのため、多くの新興国が、一方で法的形式の主権(対等性と内政不干渉)を保持しながら、他方で開発援助など外部への依存を恒常化させている。この切り下げられた要件に基づく新興諸国の主権をジャクソンは「消極的主権」と呼び、そのような国家を「擬似国家」と表現する(9)。

この変化は、主権概念が、状況変化を取り込み、自らの規定を変えて生き延びる「政治的実践のなかで日々構成される性格」、あるいは「伸縮自在性」をもっていることを示している(10)。従来のより厳しい主権の定義からすれば、一九四五—六〇年頃までに、世界中の植民地が主権国家化することは想像もできなかった。しかし平等化の要求は、国際的にも旧宗主国内の世論においても否定しえず、主権の定義のうち、政府のコントロール次元を一挙に切り下げた。そして、脱植民地化に正統性を付与する役割を国連に委ね、主権国家の法的対等性という観点から内容を切り下げた「擬似国家」を無数に生み出すことによって、主権国家を世界に普遍化させたのである。

しかし主権の内容を切り下げたことによって、それらの諸国における主権の権威も切り下げられてしまった。たしかに一方で、国家数は一挙に増大し、その政治形態も、都市国家、ミニ国家などあらゆる形態のものが現れ、しかもその文化的背景も著しく多元化した。しかし、新興諸国、とくにアフリカなどでは、国家は「自己の運命を自ら決定する」ための手段とはならなかった。ブラック・アフリカでは、一九八〇年代後半以降、民主化運動が興隆したが、それらは自らの運命を自ら切り開くというアスピレーションに基づく点から「第二の独立革命」と呼ばれた。この「「第二の独立革命」という言葉は、社会科学者が発展させた概念ではなく、西ザイールのキウイル地方の一般民衆が用いた言葉である。民衆にとって、独立(一九六〇年前後の脱植民地化)といっても、生活水準の向上も政治的自由の拡大もなく、また子どもたちによい生活を約束できる見通しもなしにはまったく無意味であった」[11]。

「よいガバナンス」

主権国家の能力次元に関する基準は、ブラック・アフリカに関して、再度変更される。世界銀行は一九八九年、「よいガバナンス」という政治的枠組みを採用し、この地域にとって必要なことは、経済発展のための「政治的再生」であるとした[12]。そして法制度の整備、行政規律、政府機能の効率化、市民社会の形成、政府の責任と透明性の確保などを勧告した。このような「主権国家の条件」を満たすことを、融資条件の一部として国家の基準を厳格化したのである。従来、このような条件をまったく欠いていた権威主義体制を承認してきた欧米諸国も、世銀が表明した基準の厳格化を手段にして、そのような政権にためらいなく圧力をかけた。そして、このように厳格化された正統性の要請は、各国内の民主化運動と重なり合い、ブラック・アフリカの権威主義政権が次々と打倒されるという結果を引き起こしたのである。

このように主権国家の規定を、またはその正統性の基準を、切り下げたり、厳格化したりすることは、多かれ少なかれどの国家においても生じている。そして、政治状況や規範の変更に応じ、伸縮自在に規定や基準を変更することは、主権がこれまで生き長らえてきた秘訣の一つであった。

第三節　主権国家システムの思考様式

なぜ主権国家が受け入れられたのか

主権国家はこれまで四世紀にわたって存続してきた。そして主権国家が、発祥の地、西欧のみでなく、非西欧世界にも広く受け入れられた背景をなす思考様式を検討することにしよう。

この点を検討したリチャード・フォークは、主権国家が受け入れられた理由を「国家が、西欧における科学文明の所産であり、それを表現する政治形態として、ほとんど不動の地位を確立した」[13]ことに帰している。かれの議論は、次の三点に要約される[14]。

①ニュートン力学の成立と個人主義的な資本主義的エトスの内面化とに象徴される、近代合理主義の思考様式(それをフォークは「モダニズム」と呼ぶ)が西欧で生まれ、その思考様式の上に、領域国家が優越し、国家間関係が世俗的価値のみに基礎づけられ、さらに技術革新によって生活の質が向上するという確信が生まれた。

②欧米が、非欧米諸地域に、その力と繁栄と文化的優越性を見せつけ、さらに非欧米地域を「欧米化」「文明化」する使命感をもった。

③非欧米諸地域が、欧米へのキャッチアップという目的のため、また力と繁栄と文化的発展のために、国家こそが最適の手段であるというイメージをもった。

このうち①について、フォークは、主に米国と西欧社会を念頭に置いて、現在、これを克服するための思想潮流が高まっていると主張する。まずフォークは「近代合理主義」が、欧米では内側から克服されてきた、という。すなわち、欧米では、生態系が重視されはじめ、フェミニズムなどの新社会運動が台頭した。さらにポストモダンと呼ばれる思想潮流などが、基本要素に還元する思考様式に変更を迫り、宗教的な精神活動を切り捨てた科学技術主義などを根本的に自己反省する動きをつくり出している、と指摘する。

また②の欧米が非欧米を「文明化」する使命感に関しては、フォークは脱植民地化以降、欧米内部から文化的帝国主義の克服がはじまった、という。また欧米において、世界がイスラム圏や東アジアなど多様な文化的背景をもつ地域から構成されるという文化的多元主義が受け入れられ、欧米中心主義的な普遍主義を徐々に衰弱させていると判断する。フォークは、さらに、それらに近年のグローバル化の進展という条件が加わり、「地球規模の政治生活を組織化する自立的な枠組みとしての主権国家システムは、本質的には終焉した。主権国家システムは〝歴史になった〟」と論じている。[15]これは、近代における欧米のヘゲモニーを支えた思考様式の内側からの克服という視点による「主権国家システム終焉論」である。

ここで、フォークが希望を込めて言うように、①②が克服に向かっていると仮定したとして[16]、なお注目すべきなのは、③の西欧のヘゲモニーに対する非西欧の側のキャッチアップが、主権国家システムを支える要因であった、というかれ自身の指摘である。言い換えれば、非西欧諸国がどのような国家意識をもつかという点が、思考様式としての主権国家システムの盛衰を決定する要因となることを意味している。

主権国家システムの終焉？

いま、キャッチアップの対象は、冷戦終結後の唯一の軍事超大国米国である。多くの国家が古典的な主権国家から外れていくなかで、米国は自立的な秩序形成能力をもった例外的な国家として存在している。

主権国家は、それが複数存在することがその定義の前提である。米国一国のみが自立的な秩序形成能力をもち、それ以外の国はもたない状態は、「帝国システム」など別のシステムと呼ばれるべきであり、もはや主権国家とは呼べない。したがって、今後も「主権国家システムは〝歴史になった〟」という状態が続くか否かは、権力的ヘゲモニーに挑戦し、自らも自立的な秩序形成能力を獲得しようとする国家が米国以外に現れるか否かによってテストされる。

＊単独行動主義(unilateralism)　二国間の交渉と合意を重視する二国間主義 bilateralism や、すべての関係国が対等な立場で目標と枠組みをつくり、そのルールに基づいて行動する多国間主義 multilateralism と対比される概念。米国のジョージ・W・ブッシュ大統領は、二〇〇一年一月の政権発足後わずか半年間に、温室効果ガス削減を義務づけた京都議定書からの離脱を表明し、包括的核実験禁止条約(CTBT)の死文化をめざし、ミサイル防衛の障害になるとしてABM制限条約の改廃を志向し、「武器保有は米市民の権利」として国連小型武器会議の行動計画の骨抜きをはかり、生物兵器禁止条約の検証制度を定めた同議定書草案を拒否すると声明した。そのため「単独行動主義だ」と米国内外からの批判を受けた。
　この時期の米国の政策の特徴として、第一に、他国との協力より自国の力に依存する傾向がある。冷戦終結後、唯一の軍事超大国となった米国が、ABM制限条約からの一方的離脱を示唆し、ロシアの反対を押し切ろうとしたのはその例である。第二に、外交交渉・多国間の決定枠組みからの制約を嫌い、単独行動する傾向である。京都議定書からの離脱やCTBTの批准放棄はその典型。背景には、冷戦終結後、米国の世論が南や中小国への関心を低め、また米国が国連などの多国間組織で多数から支持を得られず、少数派に転落することが少なくなかった、などの事情もある。第三に、自国の理念・国益を国際社会全体の目標と強弁する独り善がりである。ブッシュ政権がミサイル防衛を中心に新しい世界軍事秩序を打ち立てる使命感を表明したのは、独善性の具体例であった。ただし、これら三つの特徴は、古典的な主権国家システムの行動様式であった。もともと米国には、米国だけが世界だ、という孤立主義とその裏返しとして世界をアメリカ化しようとする世界介入主義との振り子運動の伝統がある。このブレが、グローバル化によって主権の制約が深まる現代において、これまで以上に単独行動主義だと世界に意識されたのである。

たしかに「擬似国家」化した新興諸国の国民は、もはや国家が力と繁栄の実現手段だとは思っていない。また、国家を「科学文明の所産であり、それを表現する政治形態」であるとも思わなくなっている。ただし、新興国が大国化を志向して米国のヘゲモニーへの挑戦と対抗をめざす可能性はある。イラク、リビア、北朝鮮などは、外からは情報や経済的な浸透にさらされ、内には分裂と対立を抱え、権威の低さを自覚している。これら新興国の権力者は、コントロール次元における主権の確立、とくに軍事力の増強に情熱を傾けてきた。もちろんその多くは時代遅れである。なぜなら、現在の国家の存続は、国家の相互承認という横糸と相互依存の網の目という縦糸によって吊り下げられており、一七世紀ヨーロッパのように大国の力のバランスという事実に依存している面は低くなっているからである。

国家による暴力装置の独占は、かつて政治的な権威の源泉(メタ権威)という特別な意味があった。たしかに、たとえば核兵器は、それが登場したとき世界を震撼《しんかん》させた。しかし今日では、軍事的な破壊力の誇示からは、従来のような政治的正統性の源泉としての意味が失われつつある。イラクのサダム・フセイン政権や北朝鮮の金正日政権による軍事主義的な暴力誇示は、一七世紀ヨーロッパにタイム・スリップした国家理性が矮小化《わいしょう》した亡霊である。特定の国家が、核兵器開発という一方的行為により、それだけで他の諸国に対して大国としての承認を強いることも困難になっているからである。

しかし、中・長期的将来のインドと中国は、どうなるのであろうか。この二つの政治体は、それを国家と呼ぶとすると、その膨大さ、広大さ、文化の固有性から未曾有《みぞう》の存在である。それぞれの人口は、拡大された統合ヨーロッパの約二・五倍で、両国の人口を合わせると人類の三分の一(八〇年前の世界の総人口)に相当する。そして、地球環境破壊と人口問題と資源枯渇という三つの地球的問題群の危険ゾーンにもっとも早く到達することが予想されるのも、この二つの国である。両国は、やがて地球的問題をつくり出す最大の原因となり、そして最初で最大の被害者ともなり、地球的問題の解決者となることを強制される立場に置かれることになるであろう。言い換えれば、この両国は、地球的問題の解決を通じて「自己の運命を自ら切り開く」ことを強いられるのである。

世界最古の二つの文明圏の中核にあった両国は、半世紀前まで帝国主義の侵略を体験した。そして二一世紀初頭の現在、市場経済化と経済成長に邁進《まいしん》している。インドと中国は、一方で科学技術的なキャッチアップに努め、他方で文化的アイデンティティーを強調し、強い国家をつくり出すことによって台頭しようとする衝動をもっている。しかも、その目の前には、パキスタンと台湾という、体制の異なる当面の仮想敵の適切な候補が存在する。世界最大の二つの国家が、覇権国家としての米国に対する挑戦者として強い国家をめざす以外の選択肢を発見しない限り、思考様式の上で「主権国家システムが終焉した」と言うことはできない。

主権の脱領域化

さて、視点を新興国からグローバル化の進展の中心にあるOECD諸国に移し、そこにおける主権の変容について検討しよう。最大の変化は、領域性、政府の自立的秩序形成能力、決定という主権の三つの構成要素間で乖離が進んでいることである。しかも、とくに領域性と、他の二つの要素との間の乖離が顕著になっている。これを概念図(図1)で示せば、主権のもとに重なっていた三要素が、領域性を頂点とし、政府の秩序形成能力(政策過程)と正統性(決定過程)を結ぶ三角形に離散していくような変動である。そこでまず、領域性と国家の自立的秩序形成能力の関係から検討しよう。

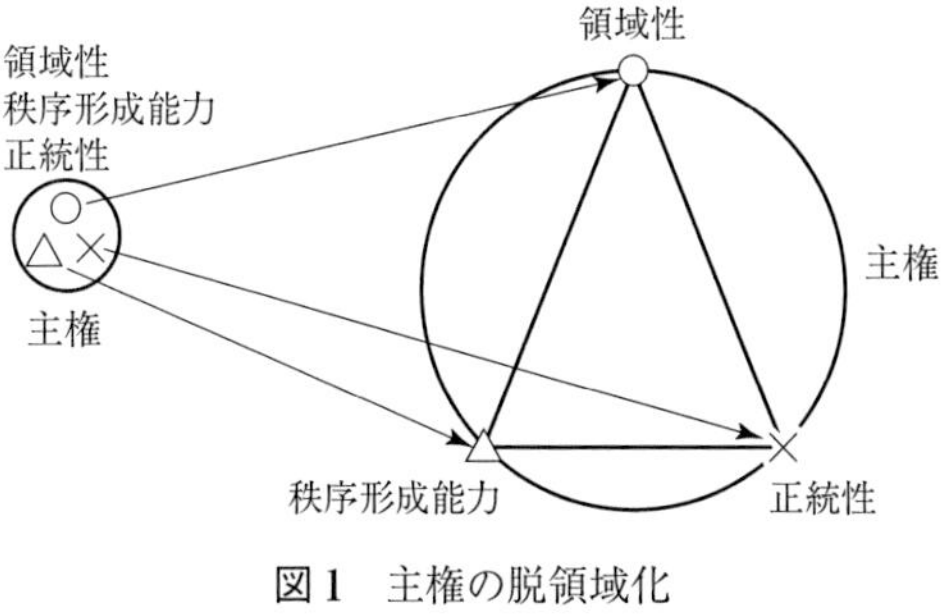

図1　主権の脱領域化

(1) 自立的秩序形成能力

主権の領域性とは、国家の領土が、政府の行政過程、選挙から議会採決などにいたる立法過程、安全保障の機能などと密接に結びついていることである。国家の諸機能は領土に縛りつけられ、領域が国家の諸機能を包んでいたのである。そのため、領土の中核的な領域の外側で敵を食い止める能力の有無が、国家の命運を左右したのであった。ところが、一方で、核兵器の破壊力と航空機やミサイルなどの発展によって、領域的防衛が不可能になった[17]。他方で、国家の諸機能のうち政策過程はその領域によって縛られなくなりはじめた。

もっとも脱領域化が明瞭なのは安全保障である。第二次世界大戦後、最大の安全保障装置であった米軍は世界全体にネットワーク化されており、米国本土の外側に展開することが原則であった。九・

一一事件の前には、米本土の防衛を担当する軍団は存在しないほどであった。

また湾岸戦争中のクウェート国家は、全領土をイラク軍に占領されたため、同国政府は海外に脱出した。その間、海外投資により利子を稼ぐ「金貸し国家《レンティアー・ステイト》」機能はフル稼働し続け、またヨーロッパに展開したクウェートの国有ガソリンスタンド網なども動き続け、それらの機能の多くが領土に縛られていなかったことを証明した。全領土を失っても、世界中のコンピューター画面に表示される海外投資残高のなかに、クウェート国家は健在だったのである。

このように、国家は一面では脱領域化している。なぜなら、政府の行政過程および政策対象が国境という領域に限定されなくなる傾向が強まっているからである。それを促進している要因は多様であるが、脱領域化の特徴的な局面は次のように整理できる。①海洋、大気、気象、電波空間、海外援助、大規模災害など、元来、領域性を越えたものが政策領域に組み込まれる。一九七〇年前後に環境に関する省庁が主要国でいっせいに設立されたことは、その典型である。②人間・モノ・カネ・情報の国境を越えた活動が活発化する傾向に対応して、国家による規制の対象範囲も国境を越えたため、国家が政策的な自立性を確保するためには、その活動範囲は国境を越えざるをえなくなる。一九八〇年代に規制行政のさまざまなルールや基準がいっせいに標準化されはじめたこと、一九九〇年代後半の電子的資本移動への監視強化、国際犯罪の取り締まりなどは、その例である。③行政の組織形態を、国境を越えたネットワークに再編成し、また異なる政府の行政担当者相互間で政策上の障壁を取り払い、ネットワーク化を進める。日本貿易振興機構(JETRO)のネットワークは前者の例であり、一九七〇年代後半から進捗した国際金融の自由化に関する国際レジームの形成は後者の例である。

行政組織は、グローバル化に敏感に反応して活動領域と政策対象を変更し、また政府が率先してその組織形態を変えてきた。その結果、ジョン・ラギーの表現を借りれば、それまで国家活動や機能を縛っていた領域性という「包みが解けていく unbundling」過程にある[18]。言い換えれば、従来、国家領土の内部に押し込められていた国家の秩序形成能力は、グローバル化との関連から力の場《サイト》を移行させ、領域的な輪郭をもたない無定型な活動の束に変型する過程にある[19]。たとえば、世界貿易機関（WTO）における国際貿易レジームを支えるため、構成国は規制能力のあり方を変えているが、これは機能の脱領域化の典型である。また、ヨーロッパ統合の進展を海面上に出た氷山の一角とすると、海面下では、EU構成国政府、その相互関係、そして構成国とEU諸機関を含む関係が、すべて脱領域に向かって再編成されている。その変動過程はヨーロッパ大の脱領域化に他ならない。このような変動の動因について、そして脱領域化によってグローバル化をコントロールする能力は上昇したのであろうか。それについては論争があるものの、行政機能自体の脱領域化が進展していることを否定する者はまれである[20]。

(2) 政治決定

次に、領域性と政治決定（立法と正統性）との関係の検討に移ろう。一方で、グローバル化の進展に伴って、NGOや国際組織など非領域的な主体が台頭して、重要な働きをしている。また、政治生活において国境を越えた政治過程が活発化し、行政機関のネットワークが構成されて重要な決定を行っている。しかしその他方で、立法府である議会、議員、政党、選挙などは、国家ないし選挙区の代表という意味をもち、国家の領域性に強く拘束されている。結果として、脱領域化の傾向を強める政策過程と、領域性に拘束された政治決定の間で乖離が顕著になっている。そのため、とくに領域性をもたない地球的問題などに関する政策過程が、領域性に拘束された立法府をバイパスし、その力が及ばない場で決定されることを、決定の脱領域化と呼ぶことにしよう。この決定の脱領域化は、国家主権の根幹たる立法と正統性の過程が領域性に拘束されている点で、主権の内容に深刻な変更をもたらす重要な変動である。さらに決定に際して、選挙と議会の多数派によって決定される国家型決定過程と、非領域性の傾向を強める政策過程とに乖離する現象がはっきり目に見えることにより、国家主権が空洞化すると認識されている。

現在進行している国家の脱領域化とは、二つの変動が重なり合ったものである。一方では、政策過程の秩序形成能力が領域性という包みから解かれて無定型化し、他方では、重要な決定に国家以外の主体が参加し、国家型政治過程を迂回し、あるいは空洞化させている。それではこのような脱領域化は、主権国家の権威にどのような影響を及ぼしているであろうか。主権国家の権威とは、もはや何人も異論を差し挟む余地のない最終決定をなしうる権力の場こそが国家であることを前提としていた。それが、この二つの脱領域化によってどのような変容を迫られているのであろうか。ここで生じる変動は複雑であり、しばしば想定されるように、グローバル化によって、それまで主権国家にあった権威がそのまま超国家組織に移行するという単純な過程では決してない。

ここで、国家の政策過程も政治決定も、すべて国家の領域性に包まれたままであったと仮定しよう。それはたとえば、第二次世界大戦後の西ヨーロッパの荒廃のなか、乏しい資源しかもたないフランスと西ドイツとが単独で復興計画を進める場合や、あるいは地球温暖化に対し各国がばらばらの対策しかとれないまま事態が深刻化するようなケースを意味する。これは、国家の無能力化を明らかにすることに他ならず、国家の権威の低下と非正統化をもたらすであろう。それに対して、統合の進展、国際レジームの形成、共同体の形成などにより、政策過程と政治決定との脱領域化がなされたと仮定した場合、たしかに国家の保有していた資源（財源と人員）と権限とが、国家的領域から離れることは疑いない。また、重要な決定が国家政治過程を迂回してしまい、従来の主権的ルール、主権的な組織的特徴、国家中心主義的な価値の優先順位などに対する挑戦と再検討が生じることも不可避である。その意味から、主権の権威が拡散し低くなる傾向は避けられない。

しかしその反面で、脱領域化の結果、無事に問題が解決に向かうならば、問題に対処しえないために正統性を低下させていた国家の権威もまた救われる。領域性に固執し、あるいは主権的な国家政治過程に固執して、有効な決定を下せない手詰まり状態に陥るよりは、脱領域化して有効な決定を導いた方が国家の権威にとって望ましいケースは少なくない。たとえば、英国の経済史家アラン・ミルワードは、一九五〇年代のヨーロッパ統合が進展した時期には、構成国政府の影響が国内の経済社会に浸透し、その権威が大いに拡大した時期と一致することを示した。そして国家の秩序形成能力と決定の脱領域化は、領域に縛られた国家の能力低下を補完し、その時期のヨーロッパ統合の進展が、国家の権威の低下ではなく、上昇をもたらしたことを実証した[21]。

社会的承認を源泉としている権威は、ゼロサム的な資源ではない。統合が進展したとき国家とEUの間には、権威が一方から他方に移行する関係だけでなく、双方が他を強め合う（あるいは相互に弱め合う）側面もある。したがって多くの場合に生じているのは、国際組織やNGOなど国家以外への権威の拡散であって、必ずしも国家から国際組織、NGOへの権威の移行とは言えない。このことは、一九八〇年代後半以降、ヨーロッパ統合が進展し、各国政府からEUへの権限委譲がきわめて急速に進んだ割には、各構成国政府の権威が低下しているとは言えないことを説明する。

もう一度、ザッチャーの聖堂の比喩を借りよう。たしかに古典的な主権国家という聖堂は、自立的秩序形成能力、領域性、決定のどの要素をとっても大きく変容した。新興独立国の多くは、そもそも自立的秩序形成能力という自らを支えるべき柱のないままに独立した。それらの国々に関しては、一方で社会的承認の糸が主権を吊り下げ、他方で主権の内容は切り下げられて軽くなってしまった。またOECD諸国に関しては、そこで展開されるグローバル化と地球的問題の舞台を支えるには、聖堂の領域が狭くなりすぎた。そのため聖堂の領域の外側に新たな枠組みをつくり、そこで共同で政策決定しながら能力を維持している。したがって聖堂の領域内の能力という支柱に限って見れば、それは腐食し新しい舞台を支える能力はないが、領域外の枠組みに支えられ、国家の権威という聖堂の建物全体は倒壊しないのである。

第四節　ポスト主権状況

最後に、これまで検討した主権以後の政治の特徴を要約し、まとめにかえることにする。まず現状を包括的に表現するため、ポスト主権状況という概念を用いる。「ポスト」という接頭語は、通常、それまで長く継続したXが終わりつつあり、しかしXの後に来るYは未だ不確定であるような、変動状況にあるという意味合いで用いられる。ここでポスト主権状況という言葉を用いる理由も、近代の四世紀もの間支配的であった主権国家の時代は終わりつつあるが、しかしその次に来るべきものは何か、それがどのような形なのか、未だ明らかでないことを表現しようとするためである。

ポスト主権状況とは、次の七つの標識によって表現される過渡期的の時代区分を指す。

(1)　情報と人の移動のグローバル化が不可避であることが共通了解となった。

交通・通信体系の基礎構造（インフラストラクチャー）の形成が進み、人と情報の浸透できないような「地球のフロンティア」が消滅し、グローバル化が趨勢として不可避であることが、世界中のほぼ共通の了解となった。これは、一方で、地球全体を政治体に統合していくためのコミュニケーションの条件が整ったことを意味する。つまりカント以来提唱され続けてきた普遍的な民主主義を妨げてきた条件は、地理的遠隔性など物理的条件に限定すれば、すでに解消されている。しかし他方で、このグローバル化を、技術革新を行いながら推進し、それを活用して利潤や影響力に転換し、また、その結果を規制し別のシステムを展開していく能力に関しては、従来から顕著であった格差をいっそう助長する傾向にある。そしてそれを是正するはずの政治的影響力や政治制度に関しては、これまでのところ、世界の各地から平等にアクセスできる形にはなっていない。このようにグローバル化は、普遍的統合と非対称化の双方を推進する両義性を有しており、国境の障壁を崩し統合の条件を整備しながら、新しい社会・経済・政治的な階層化の壁を築いている。

(2) 地球的問題が「危険ゾーン」に突入したことが認識されつつある。

地球環境破壊などの地球的問題がこのまま悪化していけば、二一世紀後半に地球に深刻な帰結をもたらすという認識が世界で共有されはじめた。これはハーマン・デイリーの表現を借りれば「広大なフロンティアのなかの政治経済から満員に近い状態の政治経済への移行[22]」である。これは一方で、人類が共有する一つの地球環境を、国益の観点を超え、協力して守る体制を構築する必要性があるという規範要請を強めている。しかも、たとえば温室効果ガスの排出規制は、ほとんど大部分の人の生活様式に影響を与え、コストは大きく、しかも規制策が不均等な配分効果をもってしまうなどのため、有効で公正な解決策に達するためには、フロン規制とは比較にならない緊密な討議と納得と協力が要請される。しかし、その他方で、一国中心主義的な観点から、自然環境、資源などの稀少化が進むならば、奪い合いや政治的崩壊などをもたらし、その結果、慢性的な暴力的紛争を呼び起こす可能性に備える必要性も主張されている。すなわち地球環境破壊の予測から、協力と対立の対極的シナリオが導き出されている[23]。

(3)　近代主義的思考様式が世界に貫徹しながら、その再検討がはじまった。世俗的科学主義と欧米の文化的優越は、西ヨーロッパにおいて主権国家システムを生み出し、かつ非西欧地域がそれを受容する基底となった。グローバル化は情報に関する欧米の優位を見せつけ、それに冷戦の終結による米国一極優位が重なって、市場経済化と経済自由主義イデオロギーが世界中に貫徹していく傾向が顕著になった。この米国のヘゲモニーに対して、非欧米地域では、科学技術のキャッチアップに努めながら、宗教、文化、アイデンティティーを強調し、強い国家を形成し、あるいは地域圏・文化圏を単位にして抵抗しようという論理が働き続けている。そして欧米、とくに覇権国家である米国では、一方で生命のメカニズムを徹底解明し、工学的に操作することをめざすような世俗的合理主義の徹底化の傾向が続いているが、他方では、エコロジー、フェミニズム、ポストモダンなどの潮流のなかに、それを克服しようとする動きが台頭している。これは、地球環境破壊を食い止めるための生活スタイルの転換や「他者と自然とアイデンティティーを共有する」という転換を導く、重要な思想的手掛かりを提供している。

(4)　地球政治の主体が増大し、政治的権威の分散が進んでいる。地球政治の主体としてNGOや社会運動、国際組織、多国籍企業などが台頭し、国家はもはや世界における唯一の政治主体とは言えなくなった。この主体の多様化により、一方で、グローバル化や地球的問題などに対応するためにリーダーシップが多元化しており、地球政治全体としての対応能力を高めている。しかし他方で、主体の多様化と数の増大は、権威の分散状態を招き、さらに、

NGOや国際組織の多くが、権限の明確な規定やその正統性の承認を受けるための政治制度をもたないことから、権限と正統性の曖昧化が進行している。国家以外の主体がどのような形の制度的裏づけを獲得し、どのような権威と政治的正統性を確立するかは明らかではない(24)。

(5) 決定の脱領域化が進み、一国型の民主主義制度を迂回する傾向が強まっている。

大部分の国家は、多様化した政治主体が構成するネットワークや国際レジームに多重的に組み込まれた。それに伴って、重大な政治決定や価値分配の選択が国家型政治過程を迂回していく、決定の脱領域化が顕著になった。これは一方で、一国に視野を限定した国益の主張に拘束される国家中心主義を克服する活動から生まれたという積極的側面をもっている。しかし他方で、これは政党や議会などの民主主義的な政治制度が迂回されることを意味している。もちろん、欧州議会のような超国家的な民主主義制度も存在するが、それは例外であり、その西ヨーロッパにおいても、統合の進展に伴って地方・国家・EUの三レベルの議会の活動を総計しても、そこから民主主義的なコントロールの機会が失われていく「民主主義の赤字」(四三八頁以下参照)が生じていることに対して、強い危機感が表明されている。国家と社会の懸け橋である民主主義制度が迂回されることは、統治機構と国民とが切り離されていくことを意味している。

(6) 国家はその存在自身に正統性の源があるという前提は自明でなくなった。

一方で、たしかに法形式の上の主権概念は変わっておらず、「合意しないものに拘束されない」という原則は、形式的には守られている。しかし他方で、米国の単独行動主義が他の国家から批判されたことが示すように、対外的な承認を受けられる政策範囲に関する共同理解が成立しているため、その共同理解を破壊するまで主権を一方的に行使することは抑制されるようになった。また主権概念は、新興独立国に関して、自立的秩序形成能力を主権の定義から除外することによって、主権国家の数を一挙に増大させた。これは主権概念が、政治状況や規範意識の変動に対応して定義を変化させる「伸縮自在」な特徴を示している。しかし、主権の構成要素である、国家の領域性、秩序形成能力、決定の正統化などが合致しなくなりはじめた。もしも国家による自立的秩序形成を主権の根幹とみなすなら、国家領域と主権を切り離さなければ、論理一貫した規定が成立しない事情が生まれている。加えて、国家が他の主体との競争状態に置かれ、多くの社会的承認のテストにさらされ、国家内の対立する意見が国外に不可避的に表出して一体性が揺らぐなど、「正統性ある国家の権威の源は、国家が国家であることに求められる」という前提は、もはや成立しなくなった。

(7)　国家が脱領域化し、無定型の政治共同体の構想が模索されている。

国家の自立的秩序を形成する範囲、機能と活動範囲、権威構造、そして国民のアイデンティティーのいずれも、領域性との結びつきを薄めつつあり、ネットワーク形成も秩序形成も政治決定も、時と場合によって、違う空間範囲、異なる枠組みの間を機動的に移動する傾向が強まっている。いったんこのような脱領域化を認めると、政治共同体が領域という具体的に目に見えるモノから切り離され、われわれは長く慣れ親しんだ領域国家からなる明解な秩序から、未知の秩序に導かれる。幾重にも多層化したこの新しい政治共同体群は、領域的外縁の輪郭は不明瞭で、そこでは統治、自治、市民権、アイデンティティー、社会、社会契約などすべての政治の基本概念が再定義を迫られることになる。この政治共同体の根本的転換の重要性は、いまようやく気づかれ、研究上の試行錯誤も開始されたばかりなのである。(25)

ここに要約した七点の変動の特徴は、そのいずれもが主権国家システムが終わりに向かいつつあることを示しているが、しかし次の来るべき秩序が未だ見えていないこともまた示している。そして二一世紀前半の世界は、このようなポスト主権状況の両義的で流動的な過渡的状態に置かれることになる。

（1） Zacher, Mark W., "Decaying Pillars of the Westphalian Temple", in Rosenau, James N. and Czempiel, Ernst-Otto eds., *Governance Without Government: Order and Change in World Politics*, Cambridge University Press, 1992, p. 58.

（2） 主権国家の根本的な変化を視野に入れた理論研究は、一九五〇年代末以降のエルンスト・ハースらの統合研究、一九七〇年代以降の内政と対外政策の相互浸透とグローバル・ガバナンスに関するジェームス・ロゼノウらの研究、および、リチャード・フォーク、坂本義和、ソウル・メンドロヴィッツの世界秩序モデルプロジェクト World Order Models Project が、いまでも有意義である。

（3） Zacher, "Decaying Pillars of the Westphalian Temple", p. 98.

（4） *Ibid.*, p. 100.

（5） この両次元の相対的独立性については、Thomson, Janice E., "State Sovereignty in International Relations: Bridging the Gap between Theory and Empirical Research", *International Studies Quarterly*, Vol. 39, 1995; Krasner, Stephen D., *Sovereignty: Organized Hypocrisy*, Princeton University Press, 1999, pp. 213-233 参照。

(6) Jackson, Robert H., *Quasi-States: Sovereignty, International Relations and the Third World*, Cambridge University Press, 1990, p. 51 に引用。

(7) Tilly, Charles ed., *The Formation of National States in Western Europe*, Princeton University Press, 1975.

(8) Jackson, *Quasi-States*; Krasner, *Sovereignty*, pp. 184-202.

(9) Jackson, *Quasi-States*, p. 30-31. この「擬似国家」に関しては、グローバル化によって国家の自立性が失われたと議論することは意味がない。元来なかった能力が、ますますなくなっただけだからである。それだけでは主権の法的形式に影響は及ばない。

(10) Weber, Cynthia, *Similating Sovereignth: Intervention, the State and Symbolic Exchange*, Cambridge University Press, 1995, p. 11; Krasner, Stephen D., "Economic Interdependence and Independent Statehood", in Jackson, Robert and James, Alan eds., *State in Changing World*, Oxford, Clarendon Press, 1993, p. 319.

(11) Nzongola, Ntalaja, *Revolution and Counter-Revolution in Africa*, London, Zed Books, 1987, p. 92.

(12) World Bank, *Sub-Saharan Africa: from Crisis to Sustainable Development*, Washington D. C., World Bank, 1989, p. 6, pp. 60-61. 世銀による「よいガバナンス」については、本書第一三章「NGOの可能性」参照。ただし、権威主義を打倒しただけで、ブラック・アフリカ諸国が「自己の運命を自らの手で決定する」道を切り開いたとは言えないことはもちろんである。

(13) リチャード・フォーク「西欧国家システムの再検討」、坂本義和編『世界政治の構造変動1　世界秩序』岩波書店、一九九四年、六八頁。

(14) フォークの論理構成と認識は、論考ごとにかなり変化している。Falk, Richard, *Explorations at the Edge of Time: The Prospects for World Order*, Temple University Press, 1992 は、「モダニズム」の思考様式の上に主権国家が築かれることを前提に、ポストモダニズムの核心を「他者ならびに自然とアイデンティティーの共有」に置いて解釈する。そして、①西欧における新しい倫理性の形成、②近代を通じた欧米のヘゲモニーの克服、③文化的多元性を前提としたグローバル・アイデンティティーの形成の観点から解釈し直すことを試みている。またフォーク「西欧国家システムの再検討」（註（13））では、「モダニズム」と主権国家システムとが思考様式が同根であることを指摘し、「モダニズム」の強靱性の上に、主権国家システムの強靱性が成り立つとする。ここまでは、「モダニズム」と主権国家システムはともに終焉していないと判断する。しかるに Falk, Richard, "State of Siege: Will Globalization Win Out?", *International Affairs*, Vol. 73, No. 1, 1997 では、「モダニズム」の三本の柱として①領域国家の優越、②世俗的合理主義の支配（技術革新によって向上するという確信を含む）、③西欧の非西欧に対する「文明化の使命感」を取り上げる。ここでは主権国家システムは、「モダニズム」の条件として位置づけ直され、しかも三本の柱が終焉することによって、その結果モダニズムも終焉を迎えるであろう、という論理構成をとる。

（15） Falk, "State of Siege: Will Globalization Win Out?", p. 124.

（16） ただし、フォークが「モダニズム」と呼ぶもののうち、要素還元的な科学的思考が終わろうとしているという判断は説得的でない。生命科学の発展は、要素還元主義の方向に突き進み、遺伝子操作、哺乳類とヒトのクローン化、脳のメカニズムの徹底解明など、「人間の尊厳」という最後の神話を丸裸にしていく方向で加速されているからである。

（17） Herz, John H., *International Politics in the Atomic Age*, Columbia University Press, 1959, ch. 8.

（18） Ruggie, John, *Constructing the World Polity: Essays in International Institutionalization*, London, Routledge 1998, pp. 190–191.

（19） Barkin, J. Samuel, "Evolution of the Constitution of Sovereignty and the Emergence of Human Rights Norms", *Millennium*, Vol. 27, No. 2, 1998.

（20） 現在の論争点は、①この脱領域化の過程が、国家とは別個のところから発生した力によって他律的に衝き動かされているものか、それとも国家自身の力によって自律的に進められているか（本章は、他律的かつ自立的の両方と判断する)、②脱領域化された国家は、グローバル化した経済・社会のコントロール能力を失っているか、それともそれをコントロールする力の場《サイト》が変化しただけであり、従来と類似した水準のコントロール能力があるか(私は、後者に近い)、の二点である。この論争の学説的整理は、Held, David, McGrew, Anthon, Goldblatt, David and Perraton, Jonathan, *Global Transformations*, Cambridge, Polity Press, 1999; Clark, Ian, *Globalization and International Relations Theory*, Oxford University Press, 1999 参照。

(21)　Milward, Alan S., *The European Rescue of the Nation-State*, London, Routledge, 1992.

(22)　Daly, Herman E., "From Empty-World Economics to Full-World Economics", in Goodland, Robert et al. eds., *Environmentally Sustainable Economic Develoment: Building on Brundtland*, Paris, UNESCO, 1991.

(23)　たとえば、Myers, Norman, *Ultimate Security: The Environmental Basis of Political Security*, New York, Norton, 1993 と、Homer-Dixon, Thomas F., "Environmenntal Scarcities and Violent Conflict", *International Security*, Vol. 19, No. 1, 1994 は、ほとんど同じ認識から、正反対の対策を導き出している。

(24)　Finger, Matthias, "Environmental NGOs in the UNCED Process", in Princen, Thomas and Finger, Matthias eds., *Environmental NGOs in World Politics: Linking the Local and Global*, London, Routledge, 1994, p. 186.

(25)　政治共同体の構造変動に関する研究は、本書二七三―二七四頁に引用した。Linklater, Andrew, "Community", in Danchev, Alex ed., *Fin de Siècle: Meaning of the Twentieth Century*, London, Tauris, 1995, p. 183 および Linklater, Andrew, *The Transformation of Political Community*, Cambridge, Polity Press, 1998.

第一〇章　ポストナショナルな安全保障

第一節　E・H・カーの「二重の構想」

カーの「ナショナリズムの時代」

二〇世紀前半、ヨーロッパ諸国は、世界を巻き込んだ世界戦争を一度ではなく、二度戦った。四年間に及ぶ第一次世界大戦の後、これを最後の戦争とすると誓約してヴェルサイユ体制を構築しながら、その二〇年後に第二次世界大戦に突入したのである。一九一四年から一九四五年の三一年間のうち、ヨーロッパ中は一〇年間も戦争をしていた。一八一五年から一九一四年までの一〇〇年間では、ヨーロッパ諸国が戦争したのはわずか三年であったのに、である。なぜヨーロッパ諸国は、この時期これほどまでに死力をつくしてお互いに破壊し合ったのであろうか。戦争の原因は何であり、それを克服する条件は何であるのか。それを国際政治学の始祖であるE・H・カーの所論から検討するのが、本章の課題である。

第一次世界大戦中の一九一六年、ケンブリッジ大学を卒業したE・H・カー（一八九二―一九八二）は、外務省に入って同盟国間の軍事物資の輸送を担当していたが、一九一九年のパリ講和会議では外務事務次官が選抜した専門家の一人として参加し、そして講和の決定がなされていく実務的過程をつぶさに体験した。

その二〇年後、第二次世界大戦に突入したとき、カーは「たった一人で英国政府の対外政策に批判・対抗する国際政策[1]」と形容された論説を『ザ・タイムズ』紙に書き続けた。わたしたちは二〇年前に一度間違えたではないか。「敵に勝って戦争に終止符を打つ過程と、……それまで敵であったもの同士が協力するための基盤をつくり出す過程とは、特徴も方法も異なる」。この世界大戦が終わったときこそ「長続きする国際社会の枠組み」を築く「平和の政治的諸条件」を整えなければならないとカーは訴えたのである[2]。

この戦争の原因をカーは次のように考えた。二度の世界大戦の時代、それぞれの国家は、内に向かっては一体となり、外に向かっては激しく対立したのはなぜか。各国家が、その領域内のすべての軍事力と経済力とナショナリズムを戦争という破壊に向かって独占的に動員できた。そうすることの危険性は理解されてはいたが、しかし国家が戦争に突入していくことを抑制する力は弱々しく働かなかった。その前の一〇〇年間には、国境を越えた「自由貿易」と「移動の自由」などの国際主義が力をもっており、国家が戦争に向かって暴走できないようにバランスがとられていた。ところが、こうしたバランスが二〇世紀前半には崩れてしまった[3]。以前とは大きく変わってしまった国家の性格が、戦争に駆り立てたのではなかったのか。

カーが「国家が変わった」と言った内容は、次の三点に要約できる。第一に、社会が民族化された。一九世紀の社会は民族以外の排他的でないさまざまの要素を含んでいたし、国内の多くの人々が国家とは無関係に、あるいは国家から見捨てられて過ごしていた。それに対して、二〇世紀前半の社会では、それまでは参政権ももてず福祉の恩恵に与《あずか》ることのなかった人々(社会には含まれていなかった人々)をナショナリズムによって動員した。そして社会は民族一色に塗り固められ、その結果、他の民族を追い出そうとするなど社会に排外的傾向が強まった。

第二に、経済が民族化された。一九世紀の一〇〇年は自由貿易と国際分業の時代であったが、それに代わって、二〇世紀前半には企業の活動規模が国家の活動と重なり、国家があたかも一つの企業体であるかのように考えられるようになった。その結果、国民経済の生存競争が強調された。労働者もまた賃金水準と雇用を守るために、排外的な保護主義を求めた。世界不況の災禍が及ぶことがないように自立経済圏を求め、さらに移民によって職が脅かされないよう外国人の排除を求めた。

第三に、民族主義が領土拡張と結びついた。多くの新しい国家が生まれ、また国境が変動した結果、各国内に多くの少数民族が取り残された。そして、たとえばナチス・ドイツによるズデーデン地方併合のように、一国の民族が国外に居住する自民族(その国では少数民族の地位にある)と連携し、民族主義的拡張政策が国家的対立を高進させた。

この三つが重なり合った時代をカーは「ナショナリズムがクライマックスに達した時代」(以下、「ナショナリズムの時代」)と呼んだ(4)。

カーの「理想」

そして彼は、「ナショナリズムの時代」の国家を変える構想を提唱した。カーは、「ナショナリズムの時代」の民族自決という原則は時代遅れである、と判断していた。民族国家の軍事的自決権は、二度にわたる世界大戦という軍事的破局をもたらしたではないか。そして、国境を越えた軍事技術の発展によって、時代遅れとなったではないか。

またほんらい閉鎖的ではありえない国民経済をあたかも自給自足的であるかのように自立的に決定しようとすれば、外国の資源や労働力を自国の経済の論理に従わすためには拡張主義になる。時代遅れになった軍事的自決権による国防(あるいは国家安全保障)政策、あるいは自国中心的な経済ナショナリズム政策は、改革されなければならない。ではカーが改革の目標としたものは何であったか。

彼は、第二次世界大戦の開戦が目前に迫った一九三九年、次のように書いた。

英国の政策は、ジャロウやオードム(英国の地名)の人々がすでに享受している権利の多くを、デュッセルドルフ(ドイツ)やリール(フランス)やウッジ(ポーランド)の民衆にも認めるということにならなければならないのではないか。(5)

ヨーロッパの五つの都市の名をあげて、英国内の人々と同様にドイツ、フランス、ポーランドの人々が英国の政策を展開すべきたと論じた著作を仕上げていたとき、デュッセルドルフとウッジの市民はドイツとポーランドの戦争に、そしてデュッセルドルフとリールの市民はドイツとフランスの戦争に巻き込まれた。第二次世界大戦がはじまり、ともに生きるべき五都市の市民は、六年間にわたり殺し合ったのである。そして一九四五年、第二次世界大戦が終わった直後、今度は四つの国家の名をあげて、カーは次のように言った。

もはや列強のみが排他的に国際共同体をつくっていた時代は過去のものになった。その結果、中国とアルバニア、ノルウェーとブラジルといったとんでもなくかけ離れた単位から国際共同体を創出するというまったく不可能な課題に世界は直面しているのである。(6)

これは民族と主権国家の平等を定める国連憲章に対するカーの抗議である。

わたしたちが実現をめざす理想は、アルバニアという単位を中国やブラジルという単位と平等に取り扱うことではない。一人のアルバニア人を、個人の権利と機会の平等という点で、一人の中国人と平等にすることである。民族間の平等なるものは、たんに達成不能であるだけでなく、平等でもなく、望ましいものでもない。個人の間の平等は、たしかに達成不能である。しかし、人類がたえず努力を傾注すべき目標として受け入れることのできる一つの理想なので

ある。(7)

ここでカーは、人権の平等という「理想」を掲げて、国連憲章に記された「国家の平等」という「達成不能でかつ平等でも望ましくもない」理想に抗議した。国際連盟から国際連合へと継承される「理想主義」に対して、カーはたえず「リアリズム」を対置してきたが、しかし、これは「リアリズム」ではなく、対抗する「理想」を対置したまれな文章なのである。

「二重の構想」

今日までさまざまの平和構想が提示されてきた。そのうち集団的安全保障と国際統合の二つの構想が、戦争の危険を回避するための代表的な平和構想である。前者を一言で要約すれば、国際組織の設置によって国家の軍事的自決権に制約を課する安全保障構想である。また後者は、超国家的に調整された経済的な機能統合によって、単一の国家が閉じられた自立的経済圏構想に走ることを封じ込める構想である。そして、集団的安全保障と国際統合による平和構想とは、二〇世紀に二度の世界大戦を引き起こした「ナショナリズムの時代」の国家システムを改革しようとする志向性が通底している。ところが多くの場合、この二つは、別個の課題、別個の目標として提唱された。

それに対しカーは、安全保障と国際統合の二つを組み合わせて提示する。第一が「プールされた安全保障」という安全保障構想である。これは、軍事経済的な資源を共通にプールすることによって、国際的に安全保障を担保する国家間の連合形態 association である。すなわち、国民に軍事的安全を確保できない国家(中小国)が、安全保障上の課題を国境・国家主権から切り離すことによって解決しようとする一種の集団的安全保障構想である。(8)

第二がヨーロッパの国境を取り払う国際統合(正確には地域統合)構想である。経済社会が機能的に統合された将来像を提唱する。国境によって分断された狭い国家は、機能を低下させ、あるいは閉じた国民経済は孤立して病理が高まる、と認識したのである。そこで経済の復興・発展と国民国家間の公正の実現のため、諸国家が国境を越えて共通の経済・社会政策を実施し、国家を超えて機能主義的な統合を進める構想を提唱した。これはJ・M・ケインズ、D・ミトラニーらによって提唱され、国際統合の推進者たちによって機能主義的統合戦略と呼ばれるものとほぼ同様の内容である。(9)

そしてカーの場合、この両者には「二重の構想」と呼びうるような密接な相互関係が含まれている。この両者が相互補完的関係にあり、対として重なり合ってはじめて国家の軍事的自決と経済的自決の発動を有効に封じ込めることができると意味づけられたのである。そして集団的安全保障と国際統合との二つの改革を実行することによって、「ナショナリズムの時代」の病理を克服した「ナショナリズム以後の世界」への転換が可能となると主張している。

カーは、諸国間の共同性は、むしろ今日「トランスナショナルな関係」と呼ばれる機能主義的な結びつきがつくる間接的な経路を経て築き上げられる、と考えた。ヨーロッパ諸国は戦争の災禍から復興しなければならないが、多国間の経済政策によってお互いの国民を救い合うことが一体性を

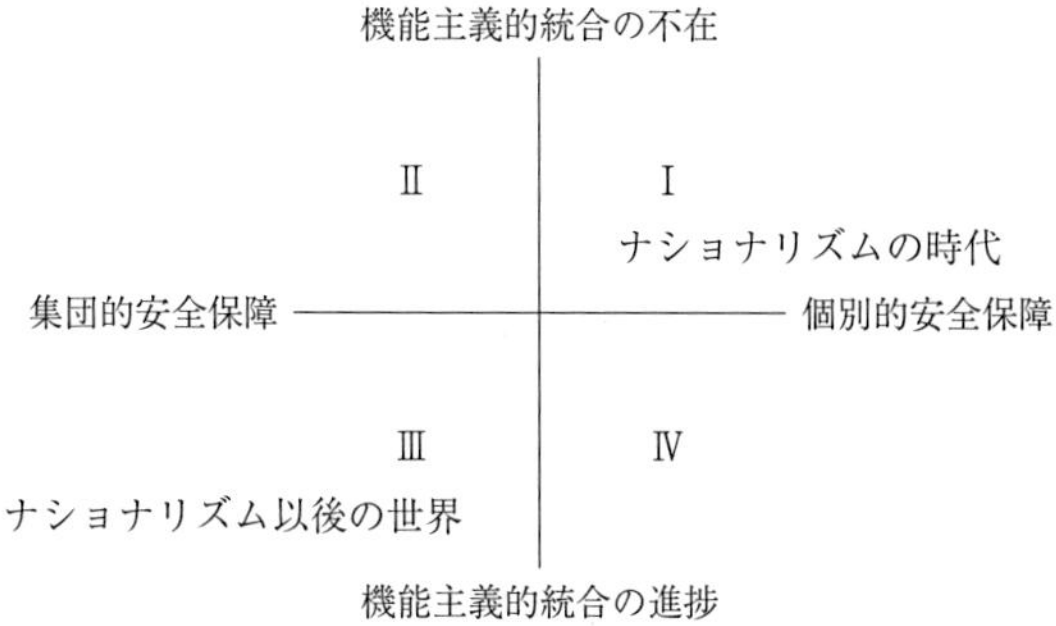

図1　カーの国際秩序構想

築く手段となる。とすれば、この「二つの構想」が重なり合ってはじめて、「ナショナリズム以後の世界」が、歴史的なリアリズムに則って実現可能になると、カーは述べている。

このようなカーの主張は図1のように表現できる。第一象限には軍事主権と経済主権の論理が貫徹する「ナショナリズムの時代」が、第三象限には集団的安全保障と機能主義的統合という「二重の構想」によって改革された、国家主権を超える「ナショナリズム以後の世界」が台頭する国際秩序構想が展開されている。

カーは「ナショナリズム以後の世界」を、「プールされた安全保障」と「経済社会の機能主義的統合」とが「緩やかに織り合わされる」と記している(10)。そして、一九四一―四四年にカーが書いたものを見ると、かれは第二次世界大戦後の戦後構想として、「プールされた安全保障」を「機能主義的統合」のネットワークに埋め込んでいく戦略を描いていた(11)。すなわち、集団的安全保障も機能主義的統合も不在の「ナショナリズムの時代」から、その双方が並存する「ナショナリズム以後の世界」にいたるという移行過程について、図のⅠ→Ⅱ→Ⅲではなく、Ⅰ→Ⅳ→Ⅲと移行する戦略を描いていたのである。

第二節　安全保障と国際統合

国家安全保障と集団的安全保障

安全保障 security とは、古くから、国家が外からの攻撃や侵略に対して、自国の安全を保つことを意味し、国防 national defense の同意語として使われてきた。第一次世界大戦までは、仮想敵国を想定し、それに独力で対抗する軍備をもち、あるいは他の国と軍事同盟を結ぶという、国家間の軍事的対抗（「勢力均衡」）という方式が支配的だった。これは今日まで根強く続く考え方である。しかし、軍事的なヘゲモニーの追求や勢力均衡の考え方自体が軍拡競争と国際緊張を高め、第一次世界大戦などの破局を招いたことから、概念の修正が迫られた。安全保障を追求した結果、かえって破局を招くという矛盾を「安全保障のジレンマ」という。第一次世界大戦前の英独間における軍拡競争・建艦競争、冷戦期の米ソ間における核軍拡競争などが「安全保障のジレンマ」の典型的な事例である。[12] そのため第一次世界大戦中から、安全保障概念は修正を迫られ、新しい構想の一つとして、集団的安全保障 collective security が同大戦中より提唱されるようになった。それは、多数の国家が、国際機構を形成することによって、構成国間の武力紛争を、予防し、紛争拡大を防止し、平和を回復する国際システム、あるいはその実現過程を指す。第一次世界大戦後、勢力均衡に代わる安全保障として提唱され、国際連盟として機構化された。そして集団的安全保障は形を変えて、国連に引き継がれている。具体的には、さまざまな類型があるが、紛争を沈静化させる調停活動、予防外交、侵略や平和の破壊などを認定する手続き、紛争拡大を防止するための停戦や兵力撤退などの要請、停戦監視団・平和維持部隊の派遣、そして経済・軍事的制裁などが含まれる。

集団的安全保障

まず古典的な国家安全保障(国防)と集団的安全保障の概念を比較しよう。国家安全保障の標準的な考え方は次の五点に要約される。

①脅威：仮想敵国からの軍事的脅威を想定する。
②だれの安全を確保するか：自国(のみ)の安全や国家的自決権(のみ)、および同盟を結んでいるときは同盟国の安全と国家的自決権が、救済の対象となる。
③だれが安全を確保するか：自国、および同盟を結んでいるときは同盟国。
④手段：主に軍事力を手段とし、外交その他の手段は補助的である。
⑤目的：勢力均衡の回復、あるいはヘゲモニーの追求としての秩序を維持・改編。

この国家安全保障に対して、集団的安全保障は次のような概念的転換を行った。

①脅威に対する哲学的な位置づけの転換：それまで個別国家の脅威と位置づけられてきた戦争や

軍事紛争を「共通の脅威」と意味づけ直す。

②だれを救済の対象とするか：全構成国が救済の対象となる。「共通の脅威」とされた侵略や攻撃を受けた安全保障機構の構成国（国連の全加盟国）が、（自国であっても外国であっても）が救済の対象となる。

③だれが安全を確保する主体となるのか：全構成国が救済に向かう。安全保障機構の全構成国が安全保障システムなどを通じて安全確保の行動主体となる。

④いかなる手段を主とするのか：非軍事的な安全保障手段を優先し、軍事力行使は最終手段とする。

⑤なにを目的とするのか：平和を回復することを目的とする。

集団的安全保障は、特定の国をあらかじめ敵国と想定して排除するのでなく、構成国全体が共同して共通の安全確保に取り組むという点で、旧来の考え方とは異なっていた。

カーの国際連盟批判

カーの「プールされた安全保障」の構想は、国際連盟規約が予定した集団的安全保障とは異なる。カーは国際連盟のような機構をつくって各国家が機構に加盟したとしても、国家の共通のメンバーシップと国際連盟を結成したときの合意だけからでは、その前提となる国際共同体を共有しているという意識が直接的に生み出されるわけではないと判断していた。

たとえば一九三六年のカーの認識によれば、英国の理想主義者が国際連盟を諸国家間の道義的共同体と考えていたのに対し、フランス人たちにとって国際連盟は「一九一九年の領土決着を永続させるためのドイツに対する防衛同盟と同視されていた」[13]。こうした認識のもとで、国際連盟の構成国間に紛争が発生するなら、その紛争を集団的安全保障によって平和を回復するといっても、それは国防上の同盟関係や国益判断に限りなく接近してしまう。とすれば、構成国間において、同盟関係とは別個にトランスナショナルな関係を通じて「(全体としての)共同性」が形成され、紛争発生後も、紛争のつくる友敵関係や国益等の利害判断とは独立した「共同性」が維持されてはじめて、平和の回復をめざす立脚点が生まれる。

こうしたカーの論旨は、英国の軍事史研究者マイケル・ハワード[14]によって、ほぼ次のように言い換えられている。国連等に機構化された集団的安全保障が円滑に機能するには、その前提としてそれまで主権国家が個別のものとして受け止めていた「脅威」の意味づけを、「共同(全体にとって)の脅威」という形に転換することが不可欠である。いったん戦争や侵略が発生した後、紛争や侵略の主体でもなく客体でもない第三国が、攻守同盟や友敵関係、あるいは国益上の判断に基づいて行動し、侵略を受けた国家、あるいは紛争中の国家を放置したのでは、集団的安全保障は画餅《がべい》となる。言い換えれば、紛争の発生後、侵略を受けた国家と他の構成国との間の「共同性」が、同盟関係や国益に優越しなければならない。集団的安全保障の構成国、とくに主要国が、紛争当事国との同盟関係の有無や、国益上の判断と関わりなく、救済対象国と安全保障上の共同意識を維持し、救済する主体となるのでなければ、集団的安全保障は安全確保の手段として意味あるものとはならない。

カーの集団的安全保障に対する考え方は、その時々の英国のとるべき外交政策の文脈のなかで提示されるため、その賛否はその時々の政策状況に応じて変化している。

たとえば一九三六年、ウェールズ・ユニヴァーシティ・カレジ(アベリストウィス)に設置された世界で最初の国際政治学の講座「ウッドロー・ウィルソン講座」の四代目の教授に任命されたカーは、その就任講義「平和の防波堤としての世論」を行った。そのなかでかれは、英仏の知識人たちが検討していた国際連盟による軍事制裁機構の創設に反対を表明している。かれは「ヴェルサイユ条約とは、ドイツとロシアとが完全に無能力であるという前提、一九一九年の瞬間だけなりたつ前提に根拠を置いていた」[15]と断じた。

そして、「もしも生き物であるヨーロッパデモクラシーを一九一九年の合意という腐敗した死体に結びつけるとするなら、デモクラシーの自殺行為であろう」と断じた。この国際連盟結成時の合意は「死体である」とする判断は、一九一九年の領土決着にドイツなどが違反したからといって、ただちに戦争するという議論は危険であり、その合意の維持とは独立に平和の方途を検討する必要があると判断していたことを示している。その時点でカーは、集団的安全保障について、「国家間社会の秩序を維持するため、超国家軍を創設する機は熟しているとは考えられない」と断言した。直面する緊張状態のなかでドイツやイタリアに対抗して国際警察軍をつくろうとし、その動きに英国政府を巻き込むことは、きわめて微妙な国際情勢のなかでかえって戦争の可能性を高めてしまうと懸念したのである。そしてその背後の判断として、国際警察軍を隠れ蓑《みの》にして英国が一九一九年の現状を維持するだけの力をもっておらず、「象の編隊飛行をご覧にいれます、と口上を述べることで、象は飛べないことを忘れてしまうほど曲芸飛行の計画に夢中になってはいけない」とも警告した。「英国があらかじめ自分の決定を制約して、他国とともに自動的に戦争を行うと決めてしまうどんな計画も、時代に逆行する」と警告したのである[16]。すなわち、一見万能薬であるかのように見える事前に計画された機構論は、悪化していく国際情勢に対して機能を失う、という点にかれの論旨はある。

「プールされた安全保障」

そのカーが到達した安全保障の概念が、「プールされた安全保障」であった。一九四一年暮れまでに書かれた『平和の条件』[17]のなかで、国際連盟規約の集団的安全保障は多くの「誤った考え fallacy」の上に組み立てられている、と記している。第一は「現状の維持」（あるいは「一九一九年の合意」）が普遍性をもっている、という「誤った考え」であり、第二は「加盟国に加えられた攻撃」の基準が、どの攻撃にも平等に適応可能であり、また、どれもが同じ道義的に意味があるという「誤った考え」である。そして、もっとも重要な「誤った考え」は、「中立」によって「中小国が軍事的な自己決定」ができる、というものである。

両大戦の経験は、中小国の安全を保障できなかったことを教えている。連盟規約は、たしかに全構成国が救済の対象とし、さらに全構成国が安全確保の主体となる、としている。しかし、中小国が大国Aの軍事力に対して安全保障上の脅威を感じるとき、それに対し有効な安全保障上の手段を有していたのは大国Bだけである。

とすると、「中小国が軍事的に存続するためには、一つ以上の大国と恒常的な連携 association を保つしかない」。ここから彼は国際連盟とは異なる集団的安全保障、「プールされた安全保障」を導いた。

大国と中小国の間の恒常的な連携とは、連盟規約が達成しようとしたような、「状況A、B、C、…を場合分けして、それぞれの場合には、a、b、c、…の行動に出る」といった保険条項のような事前取り決めよりも、はるかに多くのことに関わる相互の義務に発展することであろう。とすれば、そこにおける安全保障とは、一定の軍事・経済資源を共通のコントロールのもとにプールし、共通の軍事・経済政策を追求する継続的な相互義務として定義できる。

こうしてカーは、集団的安全保障とは、事前に取り決められた法的契約ではなく、守るものと守られるものの間の一体性の醸成に向けた恒常的な相互的義務があってはじめて機能する、と述べた(18)。言い換えれば、集団的安全保障は、統合過程という歴史的な文脈に埋め込まれる必要があると認識していた。

統合と安全保障

「国際統合による平和」と言う場合は、国家を中心とする現行の国際秩序の構造的な変動による平和の実現を意味する。すなわち国際統合 international integration は、複数の主権国家や政治単位が、共通の目的に向かって、非軍事的な手段によって統一体を形成していく、脱主権的な秩序形成の過程や構想を指している。理念上は、たとえば北米一三州がアメリカ合衆国を形成したのと同様、「西ヨーロッパ諸国が「ヨーロッパ合衆国」を形成する」というジャン・モネ(後述)がくり返し用いた表現のように、国際統合の目標は、政治体としての共同性と法的一体化を指していた。

さらに、この国際統合の構想は広い意味で平和構想でもある。古典的な国家安全保障が、個別の仮想敵国からの個別的脅威に対抗し、軍事的な手段により、主権国家として現状を維持することを目標とするのに対し、国際統合では、複数の単位が共通目的を追求し、ルール形成が行われ、非軍事的手段によって、主権性の発動を抑制しつつ統一的な共同体を形成することを目標状態とする、という対称性をもっている(表1参照)。

一九四一年九月、カーは第二次世界大戦後の新しい世界秩序を構想した「統合されたヨーロッパ United Europe」と題する論文で、次のように述べた。廃墟《はいきょ》となった戦後ヨーロッパにおいて有効な救援活動を展開するためには、食料の供給を円滑に行き渡らせるため、ヨーロッパは一つの単位となり、単一の輸送システムを備え、それらが集権的にコントロールされなければならない。戦後

表1　国家安全保障と国際統合の対比

	目　的	手 段	目標状態
国家安全保障	個別脅威への対抗	軍事的	主権国家の維持
国際統合	共通目的の追求	非軍事的	統一体の形成

復興を計画する汎《はん》ヨーロッパ的な単位体は、現在ヒトラーが支配する「新秩序」という単一体と、また連合国の戦時協力体制と、戦前の経済協力の萌芽を継承しなければならない。そして、ヨーロッパが国境によって区切られていることによる破壊的効果を克服しなければならない。「ヨーロッパの国境は取り払われなければならない。大西洋は橋が架けられていなければならない。……こうしないことは許されないのだ[19]」。

そして、第二次世界大戦の終結が見えた一九四四年二月には、エネルギー、産業、植民地の発展、交通の四つのヨーロッパ共通政策を提唱している。カーは、いわゆる「連邦主義者」と呼ばれる人々がヨーロッパ憲法の起草を論じている際、それよりも、実際に人々に統合政策の実利と恩恵をアッピールすることによって、統合される新しいヨーロッパを正統化するべきだと考えていた[20]。

国際統合は、具体的な制度として発展するとともに、その内容を大きく変容させてきた。他の政治概念と同様、国際統合もまた、理念どおりに制度が形成されるわけでなく、また制度が想定どおりの機能をもつとは限らない。

たとえば、ヨーロッパ統合は、制度化以前には、政治的統一体と法的一体化が理念上の目標とされたが、欧州連合(EU)として制度化された後は、経済、社会、政治、安全保障のそれぞれの次元で統合の進み方が異なり、目標とする状態も必ずしも画一的でない多様な過程と考えられ、また統合の制度的目標も、「ヨーロッパ合衆国の形成」といったような一つの政治体の形成、あるいは明確な政治的・法的な輪郭をもつ政治体の形成とは考えられなくなっている。また、欧州石炭鉄鋼共同体（ECSC）発足当初におけるヨーロッパ統合の理念的な目標は、国民国家を超えることであったが、しかし一九五〇年代におけるヨーロッパ統合は、加盟各国の国民経済の円滑な復興を助けることによって、国民国家の経済的窮状を救済する機能を果たしたことは、よく知られている。(21)このように国際統合（地域統合）は、理念・制度・機能の三つのレベルにおいて、概念として曲折がある。しかしながら地域統合は、欧州連合でも東南アジア諸国連合（ASEAN）でも、統合の進展の際に、くり返し理念上の原点に立ち返り、政治体としても構成国家間の関係においても、国家を超える新しい規範とルール形成が試みられていることに留意すべきである。

第三節　安全保障論の類型

さまざまな移行過程

カーの「二重の構想」は、どのような意義をもっているであろうか。

その理論的意義の第一は、それが二〇世紀後半以降提唱されたさまざまな平和構想の座標軸を定める役割を果たしていることである。そこで、カーの「ナショナリズムの時代」から「ナショナリズム以後の世界」に移行する図式のなかに、第二次世界大戦以降の多くの平和構想を位置づけることにしよう。

この「二重の構想」をほぼ継承しつつ、カーが「ナショナリズム以後の世界」と呼ぶ平和構想に移行することについて、大別して次の二つの対極的な考え方がある。

第一は、カーと同様の移行過程、すなわち、統合、機能主義的相互依存 interdependence が先行し、その後安全保障上の相互協力 mutual cooperation に移行すると考え方である。すなわち、社会経済的な相互関係の緊密化、地域主義的な相互依存、地域統合、国際統合などの進展の過程が先行し、それに伴って統合過程のなかから新しい安全保障の概念・機能・構想が構成される、あるいは、統合レベルの上昇が新しい安全保障を生み出す条件となる、とする考え方である。この場合、歴史的移行過程は、カーと同様、図1でⅠ→Ⅳ→Ⅲと移行することになるであろう。このような考え方を国際政治史のなかでもっとも典型的に示したのが、「ヨーロッパ合衆国」を唱え、「ヨーロッパ統合の父」と呼ばれたジャン・モネ[22]である。

またそのようなⅠ→Ⅳ→Ⅲを基本とする統合戦略のうち、後半部分のⅣ→Ⅲの移行をいかにして生じさせるか、すなわち経済次元の統合をいかにして政治次元の統合に発展させるかに関して、「スピル・オーバー効果」を理論的に整理したのが米国の統合論研究者エルンスト・ハース[23]の新機能主義的統合論であった。

「不戦共同体」と「成熟したアナーキー」

もちろん、このようなI→IV→IIIという移行経路に対し、それと類似するが異なる類型の平和構想として、I→IVまでの移行の範囲でも、IV→IIIの移行なしに(すなわち集団的安全保障の機構化を行わなくても)、ある条件を満たせば平和状態が達成できるという考え方も存在してきた。たとえばチェコ系米国人カール・ドイッチュは、人々が共同体を形成していく過程におけるコミュニケーションの役割を重視しているが、かれが「不戦共同体 security community」と名づけた状態は、その「不戦共同体」のメンバーが集団的安全保障を機構化することが必須の条件とはなっていない(24)。「不戦共同体」とは、そのメンバー間で意識や態度などさまざまな政治的次元の統合の進展している条件を満たすならば、メンバー間の対立が深刻化しても、非軍事的な方法によって収拾が可能である、という認識と実績が積み上げられるため、戦争をもたらさないような状態を指す。

この「不戦共同体」に類似しているが、別の理由から集団的安全保障の機構化を必要としないとする平和構想もある。国家安全保障は、安全保障の対象を国家および国家の自決権に焦点を当て、個々の人々の安全を直接に考察しない。しかるに二〇世紀後半には福祉主義と人権の尊重の結果として、自国の人々だけでなく、他国の人々の個々の安全を重視するような傾向が強まっている。このように安全を守る対象として、国家レベルのみならず人々のレベルまで含めるような変化が生じる過程で、国家の行動には人間の安全を優先する考慮が働き、戦争によって人々の安全を犠牲にできない、とする考え方が強まる。その結果、国家間の集団的安全保障が機構化されなくても、戦争を自制する「成熟したアナーキーmatured anarchy」というべき状態が諸国家間に生じると英国の国際政治学者バリー・ビュザンは主張する。[25] 以上の「不戦共同体」と「成熟したアナーキー」は、I→Ⅳは平和構想の必須の一部であるが、集団的安全保障の機構化(Ⅳ→Ⅲの移行)を安全保障の条件としていない。

「ヘゲモニー安定論」

それに対して第二に、安全保障が確保されてはじめて国際統合が進捗する、という視角がある。すなわち、地域統合や地域主義的な相互依存や融合現象fusionを成り立たせる不可欠の前提条件として、それより先に安全保障の枠組みが必要であるという主張である。研究史の上では「一九世紀の自由貿易体制は英国による一極化したヘゲモニー」が維持したというチャールズ・キンドルバーガーの主張、[26] および、「ヘゲモニー安定論」として知られるようになる学説[27]が、こうした考え方の典型例である。

課題の所在

カーの「二重の構想」がもつ第二の意義は、二一世紀初頭における平和の課題がどこにあるかを浮かび上がらせる点である。

今日、わたしたちは、グローバル化による急速な機能主義的統合の進展を目撃している。カーが七〇年前に「ナショナリズムを超える」条件とみなした軍事技術の発展と情報経済のネットワークは、現実のものとなった。そして大部分の国家の主権を制約し、国境の機能を低下させた。米国の国際法学者リチャード・フォークは「グローバルなレベルの政治生活における自足的な組織枠組みとしての主権国家システムは本質的に終わった。それは「歴史」となった」と断言している。(28)

また国際統合については、第二次世界大戦後、ヨーロッパ統合の端緒がECSCとして出発し、さらにEUが共通通貨をもち、東ヨーロッパ諸国の多くを加盟国に加え、めざましい地域統合の拡大と深化を示している。また、ASEANも強靱に存続している。

また、集団的安全保障の一部は、第一次世界大戦後、国際連盟のなかに機構化され、また第二次世界大戦後、国連憲章には予定されていなかった平和維持活動（PKO）などが編み出され、さらに冷戦終結期に大きく発展した。とくに冷戦終結後の一時期、PKOの件数は急増し、その活動も大きく変化した。

にもかかわらず、軍事的主権の主体が国家から別のものに取って代わられたわけではない。実際の二〇世紀史では、国家が軍事主義的な権力政治であるという論理は根強く維持され、大国が、そして時に中小国も、くり返し戦争を行った。のみならず、冷戦終結後、仮想敵が消え去ることによって存在理由のなくなった国防と同盟の論理が生き続けている。とくに二〇〇一年の九・一一事件以降、米国の軍事的主権が前面に押し出され、米国を軸とした集団的防衛が再編成されている。こうして見ると、カーの「二重の構想」のそれぞれの構想が発展しているにもかかわらず、なぜ平和が達成されないのであろうか。

北と南の地理的乖離

カーの「二重の構想」は、プールされた安全保障と機能主義的統合とが、同じ地域的範囲(ヨーロッパ)の上で重なり合うことを前提としていた。すなわち同じ人間集団に対して、軍事・経済の一方だけでなく、その両方の相互作用があいまって、「共同性」の基盤を形成すると想定されている。言い換えれば、集団的安全保障の制度、あるいは機能主義的統合や市場統合の一方のみでは、共同性は涵養《かんよう》されない。集団的安全保障による紛争の調停や緩和が試みられ、かつ、経済活動に対する共通のルールづくりや規制、共通利害の追求、そして経済的再分配などを含む機能主義的統合が進められることによって、個々の制度が拠って立つ共同性の基盤となる、と考えられている。

しかしながら、二〇世紀後半から今日まで、一方で、暴力紛争の発生地域(すなわち集団的安全保障の対象地域)は「南」に偏り、他方で、機能主義的統合が深化する地域は「北」に偏ってきた。このように安全保障の対象領域と機能主義的統合が進む地域が異なっている。「主権国家システムは「歴史」となった」とされる二一世紀においてなお、軍事主権に激しく執着している国家は、一方で「北」の極であり唯一の軍事超大国であるアメリカ合衆国であり、他方で「南」の極であり貧困と孤立にあえぐアフガニスタン、北朝鮮であった。極端に能力が異なる超大国と極貧国の両極が古い国防観念に執着して、相互に対立し合うことは、両極の間で共同性の成立基盤が引き裂かれている事実を示している。集団的安全保障と機能主義的統合とが、同じ地理的な領域で「二重」の重なり合いを生み出せなかった構造である。

統合と集団的防衛の癒着

地域統合の進展した西ヨーロッパにおける安全保障の形態は、統合と理念的な方向性を同じくする集団的安全保障ではなく、北大西洋条約機構（NATO）という古典的な集団的防衛を機構化したものであった。第二次世界大戦に勝利をもたらした集団的防衛の軍事同盟が、そのまま冷戦の安全保障の枠組みとなった。一九四九年のNATO成立以降、これらの地域には、米軍を中心とした一二カ国の軍事同盟機構が置かれて、西ヨーロッパの安全保障に重大な意味をもってきた。すなわち地域統合の進展という平和的変動は、集団的防衛機構という古典的な機構のもとで行われた。「二重の構想」ではなく「一重の構想」なのであった。冷戦終結後も、その同盟は意味を変えながら存続している。[29]

それは日米間でも同様である。太平洋戦争で勝利した米軍の占領を引き継ぎ、古典的な集団的防衛条約である日米安全保障条約が結ばれ、この古典的な集団的防衛が、戦争放棄という新しい構想を憲法に条文化した国内体制と共存してきた。ほんらい「ナショナリズム以後の世界」に導くべき集団的安全保障と機能主義的統合とは、「ナショナリズムの時代」に取って代わるというより、国防・国家的安全保障を補完する地位に押し止められている。

視点をＥＵのメンバー相互間、あるいは日米間に限るなら、この古い集団的防衛機構と統合の進展とが結びついて、たしかに「不戦共同体」ないし「成熟したアナーキー」に類似した関係が生まれた。その結果、ドイツとフランスは、そしてアメリカと日本とは、不戦共同体となった。同盟関係の限りでカーの想定する連携 association は成立した。しかし、視点をＥＵ外、日米外に移し、そこからこの「新しい統合と古い同盟」の結びつきを見ると、それは巨大な軍事同盟であることに変わりがない。

集団的防衛と地域統合とは、理念的には対抗関係にある。しかし、現実の歴史過程において、機構としてのＮＡＴＯ・日米安保とＥＵなどの国際統合とが、対立を含みながらも補完関係を深め、あるいは相互に親和性を示して組み合わされることによって変質をとげるような事態が展開してきたのである。遠藤乾《けん》らは、これをＥＵ＝ＮＡＴＯ体制と呼ぶ(30)。

このＥＵ＝ＮＡＴＯの複合には「新しい統合」と「古い同盟」との間の矛盾がある。とくに冷戦終結後、仮想敵「ソ連」の消失という歴史的変動により、「古い同盟」の機能の比重が下がった。イラク戦争という典型的な侵略戦争への対応に関して、ＥＵメンバー間で対立が生じたが、この対立は、集団的安全保障による新しい理念と集団的防衛による国防理念との対立でもあった。イラク戦争では、ＮＡＴＯとして機能しなかったことにより、古い同盟が新しい統合に及ぼす力の限界を示した。

その反面、ＮＡＴＯのような典型的な国家安全保障上の同盟組織が、必ずしも国家的安全の機能のみを果たすとは限らない(31)。湾岸戦争やボスニア・ヘルツェゴビナ紛争の終結過程のような場合、新しい統合が固有の軍事力をもたないため、古い国防と集団的防衛機構が「多国籍軍」として、新しい集団的安全保障の一翼として機能することもあった。これは新しい統合の能力不足を示している。

軍縮と軍事転換の不在

国家安全保障の組織体として膨大な軍隊と強力な軍産複合体が存在してきた。軍隊が縮小しない限り、国防、国家安全保障が必要であると主張する組織体は残っている。ところが、国連にもEUにも集団的安全保障を担う固有の軍隊・組織体が非常に乏しく、軍隊から集団的安全保障の組織への転換 conversion を推進するメカニズムも乏しい。国連のPKOなど集団的安全保障が、大規模な軍事紛争に対してどこまで有効であるのか試されていない。PKOがどの国家からも十分な信頼性を獲得できる水準にまで発達しているわけでもない。国連の集団的安全保障の仕組みがあるからといって、それはただちに諸国家の軍事主権の放棄や軍縮を促すわけではない。

現在の時点では、不確定な未来の紛争状況に対して、あらかじめ対処策を準備するという安全保障のほんらい的性格のために、かりに集団的安全保障が十分な有効性と信頼性を確立できたとしても、それがただちに各主権国家をしてその個別的な国家安全保障を放棄させることができるとは限らない。財政的に余裕があれば「集団的安全保障も国家安全保障も」という考え方が支配的になり、財政が厳しくなれば両方とも削られる可能性が高い。

第四節　カーの宿題

いまから七〇年前、カーはかれの世界の課題に対して「二重の構想」という解決方途を示した。この「二重の構想」は、二一世紀世界の平和構想として十分なのであろうか。

カーが両大戦期に提起した「二重の構想」は、世界全体を対象としていたわけではない。アンドリュー・リンクレーターは、「カーは、本質的にヨーロッパ問題であった危機に対し、（ヨーロッパという）地域的解決のために心を砕いたのであった。カーがもっとも深く記憶されているのは、工業化をとげた近代国家（「北」の国々）の理論家としてである(32)」と記している。このようにカーは、集団的安全保障および機能主義的統合による平和構想を、中小国が錯綜する中欧を含むヨーロッパを対象として考察した。そして二一世紀初頭の現在、ヨーロッパ地域に視野を限定するなら、ほぼカーが構想したとおり地域統合が進展し、平和の構築におおよそ成功したことは明らかである。

そのことは「二重の構想」の理論的有意性を、ヨーロッパ地域に関する限り証明している。しかしその他方、カーの平和構想は「南」も「東」も対象外に置いていた。

非ヨーロッパにおける「二重の構想」

国際連合に機構化された集団的安全保障の対象地域は、国連の全構成国であり、それは一九五〇年代後半以降の脱植民地化とともに、文字どおり全世界に拡大した。国連が促進した脱植民地化によって「南」が主権的地位をもった国家として独立した速度は、帝国の側の思惑はもちろんのこと、脱植民地化の当事者であった新興諸国の指導者たちの予測をもはるかに超えていた。その結果、英国知識人が「英連邦 Commonwealth」を中心に、南北の結びつきを維持しつつ、その間の支配と従属の構造を改革しようとした福祉増進型国際主義的な改革構想もまた、無に帰した。

この急速な主権的地位の獲得にもかかわらず、これら新興国家の政府機能は、それ以前に成立していた国家と比較し、権威やガバナンスを十分に伴わなかった。この性格を異にする国家を、ロバート・ジャクソンは「擬似国家」[33]と呼んでいる。この「擬似国家」の安全保障は、軍隊の肥大化など政府機構の軍事化に向かっても、福祉主義や人権の尊重など前提とした人間のレベルを対象とする安全概念には発展しなかった。かつて「南北」の地理的距離を超えて価値を象徴した帝国の記憶は、二一世紀の今日、マイナスの意味のみを残している。

たしかに国連は、脱植民地化と植民地帝国の解体を促進した。その反面、国連開発計画(UNDP)その他の国連システムによって、「南」の開発を推進した。それらの結果、国連は福祉増進型国際主義とともに、「南」の諸国間の「共同性」をある程度表現するフォーラムとしての意味をもつようになってきた。しかしながら、「南」と「北」の間の「共同性」に関しては、国連が国家を超えた連携を達成したとは言いがたい。また機能主義的統合も、「南」と「北」の「共同性」の醸成に成功したとは言いがたい。今日、中国、インド、ブラジルなど新興国が、米・日・欧などとの間で、深い経済分業を進展させているが、その機能主義的統合が「共同性」を促進させている面は限られている。

とすれば、アフリカや東アジアという地域は、統合と安全保障の「二重の構想」によって平和を達成できるであろうか。あるいは別の構想が必要となるのであろうか。これがカーの残した宿題の第一である。

大国論

国連は、歴史的に見て枢軸国と戦った連合国の三大国米・英・ソの軍事力とその共同性(「大同盟」)を前提としてはじめて成立できた。そして大国主義は、国連安全保障理事会の運営のなかに、常任理事国と拒否権という形で制度化されている。

また国連の外側でも、冷戦期には米ソの二極体制、冷戦終結後は米の一極支配が現実に作用した。軍事超大国である米国の単独行動主義を正当化する立場からすれば、「国連は何者の保障者ともなりえない」し、国連の多国間主義は「擬似的多国間主義にすぎない(34)」こととされる。大国の利害に反する場合、集団的安全保障制度は、権力政治の観点から当然のように無視されてきた。さらに場合によっては、諸大国がその力を補完するために国連の集団的安全保障を利用することがあった。

国家の個別的な軍事的主権を中心とする考え方に対し、集団的安全保障は、国家主権を制約する普遍的制度であるという理念に立脚している。そこから大国といえども、集団的安全保障の普遍的ルールに従属すべきであるという規範が導出される。たとえば今日の国連によるＰＫＯの最大の争点の一つは、大国による恣《し》意的な選択によって、派遣先を決定し、または派遣を回避すべきでない、という点である。それらの結果として、集団的安全保障は、理念的目標としての普遍的ルール形成と、その歴史的成立および実際の運用における大国主義との間で、深刻なズレと矛盾をはらむことになった。国連の集団的安全保障は、能力の点で大国の国家安全保障に依存しつつ、理念の点では大国のコントロールとは対立する、という複合関係にある。(35)

ここで、七〇年前のカーの大国の定義に立ち返ることにしよう。カーは、大国の役割について、たえず両義的な姿勢をとり続けた。彼の集団的安全保障構想は、第二次世界大戦中の「大同盟」を戦後世界に延長し、米・英・ソの三国を主な担い手として想定していた。それら三国が軍事基地を相互に提供し合うなどの措置をとって国際常備軍を構成し、「プールされた安全保障」を制度化して、第二次世界大戦終了後の国際秩序の形成・維持に共同で責任を負うことを構想した。このような観点から、たしかにカーは国際秩序が大国の軍事能力に支えられることが不可避であると認識し、その力に立脚した集団的安全保障を構想していたと言える。(36)

しかしカーが、それらの大国を国際秩序の担い手とみなした理由は、それらがたんに軍事力に勝る軍事大国であったためだけではなかった。かれはとくに次の二点を強調していたことに留意しておく必要がある。その第一は、米・英・ソの三国の政治体制を、最弱の英国を含めて「ナショナリズム以後の世界」のモデルと位置づけていた点である。すなわち、三国を多民族国家であり、民族や言語の多様性と寛容に立脚し、その間に「共有された理想や願望に依拠した」政治体制であると捉えていた(37)。

それら普遍的な理念に裏づけられた寛容であるべき多民族国家(米・英・ソ)は、普遍性とは無縁な偏狭なナショナリズムを信奉する民族国家群(日独)と対比されていた。そして後者の跋扈《ばっこ》によって軍事対立が深まる「ナショナリズムの時代」を克服し、それを「ナショナリズム以後の世界」に導いていくための拠点として、寛容な多民族国家に、積極的に意味づけが与えられたのである。言い換えれば、米・英・ソは、「ナショナリズム以後の世界」の組織原理である寛容と多民族共存を、それぞれに国家の内に含み、その体制原理としているがゆえに、新しい国際秩序の形成主体となるものと期待され、大国としての特権を認められていたのである。

カーは第二に、米英の支配様式を、日独の支配様式に比べ、強制と圧政への依存がより低く、説得と被治者の合意により依拠したものであると位置づけていた。そしてカーは、このような支配様式の特徴が、米英の場合、異民族支配にも、外交政策にも反映されることが多い、と考えていた。言い換えれば、米英は、「ナショナリズム以後の世界」にふさわしい行動原理である説得と合意を、それぞれの内政の行動原理としているがゆえに、国際行動においても説得と合意に則るものとカーは期待して、大国としての指導的地位を認めたのである。

カーは、大国の軍事力が果たす秩序形成能力を重視したが、それと並行して「大国の道義的責務」をも強調した。七〇年前英国が凋落《ちょうらく》したように、大国はやがて凋落していく運命にある。とすれば、いまは大国でない国々の要求に対して、より寛容でより圧政的でない国際秩序を形成し、その正統性が問われた際、弱者・少数者へ譲歩することが責務となるはずではないか[38]。裏側から表現すれば、大国がたんに軍事力の優越性のみに依拠して、対外政策において、民族的・宗教的に不寛容であり、多国間の多民族的な調和に無関心であり、強制や圧政に依存するような場合には、第二次世界大戦期の日独と同様、大国としての特権や指導的地位を認めがたい、という結論になる。また大国がそのような行動をとった場合、それ以外の諸国から民族的・宗教的な反発を引き起こし、軍事対立を誘発して、「ナショナリズム以後の世界」に導くことはできないことになる。

はたして、大国は他の国々とは異なる「道義的責務」を担ってきたのであろうか。かりにそうだとして、米・英・ソの三国はカーの期待した「大国の道義的責務」を果たしてきたのであろうか。また今日、三国に取って代わろうとする大国候補がそうした寛容と多民族性を、合意と説得を、国内体制の支配原理としているであろうか。かりにそうであったとして、その国内体制の原理が、その国際行動に反映するであろうか。あるいは、より根本的に、大国に依存しない国際秩序が存在するのであろうか。これらは、カーがわたしたちに残した大きな宿題なのである。

（1）　Jones, Charles, *E. H. Carr and International Relations: A Duty to Lie*, Cambridge University Press, 1998, pp.

67–68.

(2) Carr, E. H., *Conditions of Peace*, London, Macmillan, 1944, pp. 236–237.

(3) Carr, E. H., *Nationalism and After*, London, Macmillan, 1945, pp. 17–26.

(4) *Ibid.*, p. 26.

(5) Carr, E. H., *The Twenty Years Crisis*, 1919–1939, London, Macmillan, 1939, p. 239.

(6) Carr, *Nationalism and After*, p. 42–43.

(7) *Ibid.*, p. 43; 遠藤誠治「『危機の二〇年』から国際秩序の再建へ」『思想』二〇〇三年一月、四七—六六頁参照。

(8) *Ibid.*, pp. 38–70; Carr, E. H., *Future of Nations*, London, Macmillan, 1941, pp. 54–59. これが国際連盟の発足時に想定されていた「集団的安全保障」とは異なることは後述。

(9) Keynes, John M., *The Collected Writings of John Maynard Keynes*, Vol. VII, London, Royal Economic Society, 1973, pp. 348–349, 381–383; Mitrany, David, *A Working Peace System*, Chicago, Quadrangle, 1966.

(10) Carr, *Nationalism and After*, p. 38–70; Ticker, J. Ann, “Re-visioning Security”, in Booth, Ken and Smith, Steve eds., *International Relations Thoery Today*, Cambridge, Polity Press, 1995, pp. 175–197 を参照。

(11) Carr, *Nationalism and After*, p. 71.

(12) たとえば、Smoke, Richard, “National Security Affairs”, in Greenstein, Fred and Polsby, Nelson eds., *Handbook of Political Science*, Reading, Addison-Wesley, 1975, pp. 247–362 参照。

(13) Carr, E. H., “The Future of the League-Idealism or Reality?”, *Fortnightly*, 140(new series), July-December 1936, p. 368.

(14) Howard, Michael, *Studies in War and Peace*, London, Temple Smith, 1970.

(15) Carr, *Conditions of Peace*, p. 237.

(16) Carr, E. H., “Public Opinion as a Safeguard of Peace”, *International Affairs*, Vol. 15, No. 6, 1936, p. 861, pp.

853-854, 860-861. カーが批判した国際警察軍を設立しようとする動きは、カーが就任した「ウッドロー・ウィルソン講座」教授の基金の創設者であったデーヴィッド・デーヴィスに主導されて、物議を醸していた。カーが基金創設者デーヴィスの眼前でデーヴィスの信用を失墜させる教授就任演説を行った事情は、「デーヴィッド・デーヴィスと平和の強制」、デーヴィッド・ロング、ピーター・ウィルソン編著『危機の二〇年と思想家たち』宮本盛太郎他訳、ミネルヴァ書房、二〇〇二年、七五—七八頁参照。

(17) Carr, *Conditions of Peace* の出版年は一九四四年であるが、序文 p. vii に執筆時点は一九四二年一月と表記されており、かつ一九四一年後半に書かれた新聞論説と内容が一致するので、一九四一年に書かれたと判断した。

(18) Carr, *Conditions of Peace*, p. 52-56.

(19) *The Times*, September 25, 1941.

(20) Carr, *Conditions of Peace*, p. 271.

(21) Milward, Alan, *European Rescue of Nation-State*, London, Routledge, 1990.

(22) Monnet, Jean, "A Ferment of Change", *Journal of Common Market Studies*, I, No. 3, p. 211.

(23) Haas, Ernst B., *The Uniting Europe: Political, Social, and Economic Forces, 1950–1957*, Stanford University Press, 1957.

(24) Deutsch, Karl et al., *Political Community and the North Atlantic Area*, Princeton University Press, 1957.

(25) Buzan, Barry, *People States and Fear: An Agenda for International Security Studies in Post-Cold War Era*, London, Harvester Wheatsheaf, 1991.

(26) チャールズ・キンドルバーガー『大不況下の世界　一九二九—一九三九』石崎昭彦他編、東京大学出版会、一九七六年。

(27) Koehane, Robert. O., "The Theory of Hegemonic Stability and Changes in International Economic Regimes, 1967–1977", in Holsti, Oli R. et al. eds., *Change in International System*, Boulder, Westview, 1980.

(28) Falk, Richard, *Predatory Globalozation: A Critique*, Cambridge, Polity Press, 1999, p. 35.

(29) 集団的自衛権 right of collective self-defense とは、自国は直接攻撃されていなくても、他国への武力攻撃を自国への攻撃とみなし、実力で排除し反撃する権利。米州機構などでは、第二次世界大戦後に地域的共同防衛を規定する予定であったが、当時の起草中の国連憲章草案では、地域的取極めや地域的機関に認められる強制行動には国連安保理の許可が必要とされ、大国の拒否権などでその許可が得られない場合が予想された。そこで憲章五一条に集団的自衛権の言葉が挿入され、それを援用することで、安保理の許可なしでも、相互援助のための強制行動が可能になった。ところが米州機構などの地域的国際組織に限らず、ＮＡＴＯ、ＷＴＯ(ワルシャワ条約機構)、日米安保条約などの軍事同盟も、同じ憲章五一条を援用したため、概念が拡大されてきた。その法的性質については、見解の対立があり、日本政府は「憲法九条で許されている自衛権の行使は必要最低限に止まるべきで、集団的自衛権を行使するのは憲法上許されない」との解釈をとっている。はたしてこのような概念に当てはまるような集団的安全保障体制が存在するのか、またそのような体制を構想しうるのかが、ここでの問題となる。

(30) 遠藤乾編『ヨーロッパ統合史』名古屋大学出版会、二〇〇八年。

(31) たとえば英国の国際政治学者メアリー・カルダーは、ボスニア・ヘルツェゴビナ紛争という「新しい戦争」の終結にＮＡＴＯが他の国際組織と連携して果たした役割を、集団的安全保障の行動として位置づける。Kaldor, Mary, *New and Old Wars, Organized Violence in Global Era*, Cambridge, Polity Press, pp. 31-68, esp. 66.

(32) Linklater, Andrew, "Nationalism and the Future of the Sovereign State", in Cox, Michael ed., *E. H. Carr: A Critical Appraisal*, Basingstoke, Palgrave, 2000, p. 248(邦訳『思想』二〇〇二年一二月号、九一頁)。

(33) Jackson, Robert H., *Quasi-States: Sovereignty, International Relations and the Third World*, Cambridge University Press, 1990. 本書二五四―二五六頁参照。

(34) Krauthammer, C., "The Unipolar Moment", in Allison, Graham and Treverton, Gregory eds., *Rethinking America's Security: Beyond Cold War to New World Order*, New York, Norton, 1992, pp. 295-306.

(35) 最上敏樹『国連システムを超えて』岩波書店、一九九五年。
(36) Carr, *Nationalism and After*, pp. 54.
(37) *Ibid.*, pp. 71-74.
(38) Carr, *The Twenty Years Crisis*, pp. 235-236.

第一一章　地域統合の政治構想

地域統合 regional integration とは、地理的に近い国家群が、条約を結んで国家機能の一部を超国家機関に行使させ、結びつきを強めながら統一体を形成していく過程である。国家は、規模の点から見て自律的な経済政策や安全保障の展開には小さすぎ、またグローバル化に伴う外部からの浸透によって政策の選択幅を制約される。その一方、世界は、結びつきを制度化するには規模が大きすぎ、成果を期待しにくい。そこで、国家よりは大きく、かつ世界より身近な地域が単位となって、国々が政治経済的な組織化がなされてきた。なかでも、文化的伝統と経済レベルが比較的近い諸国が結びついた欧州連合（ＥＵ）では高次の地域統合が進んでいる。では、地域統合の結果成立したＥＵという政治体は、いかなる変動の過程を経て、いまどのような特徴をもっているのであろうか。

第一節　ＥＵとは何か

いかなる政治体をめざしてきたのか

統合とは、部分・要素を結びつけ、全体を構成していく動的な過程である。ＥＵは領域を拡大し、結びつきを深めた結果、今日の政治体になった。ただし、「いかなる政治体をめざしてきたのか」については、その時々で可変的で、多義的で、あいまいなまま動いてきた。

ヨーロッパの地域統合は、元来、一八世紀に英国から独立した北米一三州が連邦国家を形成したような政治的・法的一体化を目標としていた、と言われてきた。二〇世紀半ば、ヨーロッパの統合運動を推進した人たちは、「政治的な統一体」の形成を究極的な目的としていると述べてきた。ただし、その「統一体」の内容は、あいまいであった。一部の人々は、北米一三州によるアメリカ合衆国の形成という歴史になぞらえて、ヨーロッパ統合の目標を「ヨーロッパ合衆国の創出」と表現してきた。その内容は論者によって異なるが、統合後の「ヨーロッパ合衆国」として、「大きな国家」を漠然とイメージしていた、と言ってよいであろう。またヨーロッパ統合は、二〇世紀前半に二度の世界大戦を戦った主権国家の対立と欠陥を乗り越えることが短期的な目標となった。そしてそのためには、つくられる国際機関が、①国境を越えて直接に各国民に働きかけること、また、②そこにおける決定が構成国政府を拘束することなどを意味する「超国家主義的 supranational」な組織原理が主張された。この超国家主義的な特徴は、連邦国家による統治と似た面をもっていた。ただし、超国家主義的な政治体が連邦国家とどこが同じでどこが異なるのか、また超国家主義が何を意味するのか、必ずしも明らかではなかった。

ヨーロッパ統合略年表

1946	チャーチル,「ヨーロッパ合衆国」演説
1951	仏・西独・伊・ベネルクス3国,欧州石炭鉄鋼共同体 ECSC 設立条約(パリ条約)調印
1957	ECSC 加盟6カ国,欧州経済共同体 EEC 設立条約(ローマ条約)調印
1965	ECSC,EEC,欧州原子力共同体 EURATOM を統合する条約(ブリュッセル条約)調印(発効した1967年以降,3共同体は欧州共同体(EC)と総称される)
1972	ノルウェー,国民投票で EC 加盟拒否
1973	第1次拡大(イギリス,アイルランド,デンマークが加盟)
1981	第2次拡大(ギリシャが加盟)
1985	ドロール EC 委員長,域内統合白書を提出
1986	第3次拡大(スペイン,ポルトガルが加盟)
	加盟12カ国,単一欧州議定書に調印
1989	ベルリンの壁崩壊
1992	マーストリヒト条約(欧州連合条約)調印
	デンマーク,国民投票で同条約批准を否決
1993	デンマーク,第2回目の国民投票でマーストリヒト条約を批准
1995	第4次拡大(オーストリア,スウェーデン,フィンランドが加盟)
1997	アムステルダム条約調印
1998	欧州中央銀行,フランクフルトで業務開始
2001	ニース条約調印
	アイルランド,国民投票でニース条約批准を否決
2002	単一通貨ユーロの一般流通開始
2004	第5次拡大(チェコ,スロヴァキア,ポーランド,ハンガリー,エストニア,ラトヴィア,リトアニア,スロヴェニア,キプロス,マルタが加盟)
2005	フランス・オランダ,国民投票で欧州憲法条約を否決.欧州理事会は同条約の批准手続きの延期決定
2007	第6次拡大(ブルガリア,ルーマニアが加盟)
	欧州理事会,欧州憲法条約から憲法的性格を引き去ったリスボン条約調印

「大きな国家」モデルからの隔たり

かりにEUの窮極的な目標状態が「大きな国家」であったとすると、①ヨーロッパの地理的領域が明確に規定され、②EUが「大きな国家」になった段階では、包括的な国家機能を有することとなり、その反面で加盟国がもはや国家でなくなり、かつ、③その「大きな国家」の権力が民主的に統制されなければならない。

①の領域性に関しては、EU、およびそれに先行した統合組織には、「ヨーロッパ」の地理的定義は規定されていない。一九五七年の欧州経済共同体(EEC)六カ国からはじまり、二〇〇七年の加盟二七カ国の拡大EUまで、統合ヨーロッパの地理的外縁は漸進的に膨張してきた。この拡大するヨーロッパ統合の過程では、いかにヨーロッパの地理的範囲を定義するかは、どの国家がEUに加盟することが可能な国であるのかに直接に関連し、統合にとって致命的な重要性をもつはずである。EECも、その継承機構であるEUも「いかなるヨーロッパ国家も加盟を申請できる」と規定している。ところが「何がヨーロッパ国家であるか」については、ローマ条約以下の諸条約もまったく沈黙し、そのなかにはヨーロッパの地理的規定は存在しないのである[1]。またEU以外にも「欧州」を冠に掲げた実にさまざまの地域統合の諸組織が存在するが、その加盟国は複雑に出入りしている。ヨーロッパの境界線は、これまでたえず開放系的 open ended であった。すなわち、空間的に動くEUを、領域的単位として捉えることは困難なのである。

②の国家機能に関しては、EU統合の具体的な発展過程で、政策協調の恒常化、共通関税、共通

通貨ユーロなどの制度の共通化、「ヨーロッパ人」意識の形成、中東欧諸国への拡大、加盟国間の戦争発生を抑制する不戦共同体の樹立など、互いに異なるさまざまな次元での統合が、必ずしも画一的でない形で進展している。そのなかで加盟国に共通の課題とされた経済統合が先行して、政治統合は後回しになった。その結果、さまざまな国家機能のうち、ＥＵの政策領域は、ある分野は進み、ある分野は遅れ、そしてその他の分野は存在しないといった状態となっている。

たしかにＥＵの諸機関は、農業政策、地域政策、環境政策など、国境を越えて直接に人々に働きかけている点では、国家政府や自治体政府の政策実施に近い役割を果たしている。しかし、ＥＵの諸機関は唯一的ではなく、国家政府や自治体政府と並行して政策を実施する多元的な諸機関の一つである。また、ＥＵは包括的に全領域を執行するのではなく、執行分野全体のごく一部分に止まっている。さらに、ＥＵの予算額は、諸国家の予算額、自治体の予算額に対して比重が小さい(2)。このように、量的に見ればＥＵの諸機関は、国家政府や自治体政府と並列される政策実施機関であり、かつその機能の容量は限定されている。

実は統合の政治的な目標状態が何であるかは、長く問われてこなかった。あるいはその問いが意図的に避けられてきた。そして、一九八〇年代後半以降、経済統合が本格化し、統合の節目となる一九九二年のマーストリヒト条約、一九九七年のアムステルダム条約が結ばれた。それとともに、経済以外の政治統合、共通の安全保障などの諸次元が統合条約に続々と追加された。そして、「政治連合 political union」の設立なる言葉が、マーストリヒト条約にうたわれた。さらに、欧州中央銀行がつくられ、一九九九年にはついに統一通貨ユーロが導入されるにいたった。こうした統合過程の進展のなかで、人々はそれまで漸進的で目立たないように、かつ静かに進展してきた統合過程が、一つの政治体となって立ち現れたことに気づかされ、はじめて「ＥＵとは政治的に何なのか」が重大な政治争点として浮上したのである。

そのなかで③のＥＵの民主主義とはいったい何を意味するのかが問われはじめた。その問いと並行してブリュッセルに置かれた欧州委員会 European Commission やＥＵの官僚制は、ストラスブールに置かれた欧州議会などの民主主義的制度では統制できないのではないかという「民主主義の赤字」という観点からの懸念が根強かった。とくにマーストリヒト条約の批准を、一九九二年、デンマークは国民投票でいったんは否決し、二〇〇一年にはニース条約をアイルランドが国民投票で批准を拒否した。国民投票というもっとも直截な方法によって、節目の条約が否定されたのである。しかし、この憲法的危機を回避する手法がとられた。デンマークは、マーストリヒト条約の一部を適用しないことにして再度国民投票を行ってこれを批准し、アイルランドはニース条約に手をつけないまま再投票して、批准したのである。

ところが二〇〇五年には、鳴り物入りで準備された欧州憲法条約の批准をフランス・オランダの国民投票が否決した。この批准拒否によって、政治統合を今後いっそう深化させる立脚点が失われた状態となっている。しかし、二つの国民投票の否決によってそれまでこの政治体を支えてきた諸条約が失効したわけでもなく、これまで蓄積された統合の行政制度に障害が生じたわけでもなかった。ＥＵは、フランス・オランダの民衆の直接投票が「批准拒否」であったことから、成文憲法を導入する形での正統性の調達に失敗したが、政治体としては合法的に機能し続けている。すなわちＥＵは正統性のあいまいな宙吊り状態にありながら、それでも円滑に機能し続けているのである。

こうしてＥＵの地域統合は、直面する課題群を次々と実現することで、かつては遠い将来のことと展望されていた脱国家化を促進した。そして、その結果として、ＥＵがこれまで体験したことのない巨大な政治体として立ち現れる現実性が認識されはじめたことから、強い抵抗感を含む包括的な議論を呼び起こしているのである。

第二節　乖離構造という政治体

ガバメントとガバナンス

ＥＵの政治的特徴に接近するためには、まず政治体の基本イメージを転換する必要がある。わたしたちは、「ガバメント（統治）」を政治体の古典的モデルとして抱いている。このモデルは、国家権力の主権的な統治であって、一つの政府が一つの人間集団（国民）と完結した領域単位（国土）に対して、一対一の関係で排他的に行使される領域的統治 territorial government である。そして、国家を一つの単位として、主権的な権力が決定し、その決定を国民が正統性を付与する過程がガバメントの基本モデルである。ガバメントに優位する権威が存在せず、また主権は分割不能であるというイメージである。

このガバメントモデルが、ＥＵに適用されると大きな混乱をもたらす。すなわち、ヨーロッパには、主権国家（加盟国）と「大きな国」（地域統合組織であるＥＵ）の二つのガバメントがゼロサム的に対置しているかのような誤解が生じている。「権力はどこにあるのか」の問いに対し、主権国家の見方からは、答えは「各国の首都」となる。それに対し、地域統合組織の立場からは、欧州委員会のある「ブリュッセル」という答えになる。そして、前者の立場からは、超国家的制度への権限委譲をできるだけ限定し、主権国家の中核的部分については国家が確保することが目的となった。また後者の立場からは、「偏狭な」ナショナリズムの立場を捨て、新たな政治体が台頭するように、超国家主義的制度の形成に努めることが目標となってきた。

しかし、この二項対立モデルは適合性をもたない。なぜなら、第一節で見たように、ＥＵは、領域性がなく、他の政府と並列的に存在して多元的であるなど、ガバメント統治の概念から大きく隔たっている。また、ＥＵの権力は、「各国の首都」と「ブリュッセル」の双方に分けもたれている。そして、たしかに構成国諸政府とＥＵの諸機構とは、権限と権威を争う競合状態にあるが、同時に、両者は互いに依存し協力し合う場合も少なくないからである。

そこで、ガバメントとは別の政治体のイメージとしてガバナンスという概念を導入しよう。ガバナンスは、国家政府、自治体政府、国際組織などの多様な行動主体が、それぞれの活動のあり方を協調的方向に組織化することによって、共通の問題に取り組み、政策を実現する過程、および、その過程を有効にするための制度全体を指す。この新しいモデルのもとでは、EUはヨーロッパの地域的ガバナンスを中心的に担う政治体となる。ここで地域的ガバナンスという新しい言葉を用いるのは、ヨーロッパ全体を統治する一つの政府(リージョナル・ガバメント)がある「大きな国家」型の集権モデルとは異なるが、かと言って、二〇世紀前半以前のヨーロッパのような、ばらばらの主権国家の集合とは異なる状態にあることを表現するためである。

要するに、統合しつつあるヨーロッパとは、たんなる構成諸国家の集合でもなく、また、加盟国全体を覆う一つの「大きな国家」でもない。加盟国が、その基本的特徴を残しながら、ガバナンスという制度枠組みのもとで加盟国政府とEUが接合している中間状態なのである。

政府間主義と制度主義

ガバメントを基本モデルとする考え方は、研究者の理論的な論争にも、影を落としている。それは、「政府間主義 intergovernmentalism」と「制度主義 institutionalism」との間の論争である。前者は、単純化して言うならば、EUの構成メンバーである国家のみが、EUをめぐる政治の最終的な主体であって、国家の利害や権力関係が、直接にEU政治に反映されると想定している。ここでは基本的に国家が支配的権力単位であると想定されている。それに対して後者は、EUにおける超国家主義的組織が、構成国から独立してEU政治の決定に影響力を及ぼし、価値分配を決定しうる主体と考える。ここでは、EUが一つの独立した権力と想定されているのである。

しかし、政府間主義か制度主義か、というような二者択一的な政治体イメージ（あるいはいずれか一方が他方に対して優位に立つべきであるという権力イメージ）は、統合しつつある過程、あるいはそこにおける権力関係を適切に捉えたものとは言いがたい[3]。なぜなら、諸政府の目的である「国家的利益」と地域統合組織の目的である「組織的目標」は、近年においては、相互に影響し合って形成されているからである。また、統合の歴史を振り返れば明らかなように、EU諸機関の権限拡大と国家政府の権威拡大とはゼロサム的関係にはなく、むしろ統合の進展とともに国家政府の問題対応能力と権威が上昇した時期がある[4]。

そして将来、統合ヨーロッパが、もっぱら政府間主義的な組織に戻ってしまう可能性はほとんどない。かといって、反対にEUが制度主義的に、国家政府の機能の多くの部分に取って代わり、現在の構成諸国が消滅して、一つの「大きな国家」を形成する見通しも、はるか遠い未来の可能性を除くなら、ほぼ存在しない。

とするならば、諸領域国家のインターフェイスをなしているEUの特質が問題となるであろう。EUには、政府間主義的要素と制度主義的要素とが共存している。むしろ、その双方を並存させているところにEUの特徴がある。EUの諸制度を大別すれば、欧州理事会、閣僚理事会、常駐代表委員会は、構成諸国家を主体とみなし、多国間の外交交渉に準じた形で構成国政府間の会議の合意によって決定することを原則としており、共同体の活動に関して定められた特定多数決制を例外として、「政府間主義」的であり、全会一致を原則とする。ここでは基本的に各構成国は、同意しない以上拘束されない。それに対し、欧州中央銀行、欧州司法裁判所、欧州議会はそれぞれ、構成国の政策から独立した意志決定のルールに基づいて決定を下す点で、制度主義的である。

単一欧州議定書とマーストリヒト条約

さらにこの政府間主義と制度主義を理念的な二つの極とすると、近年のEUは、時間軸の上でも、振り子のようにこの間を揺れ動いてきた。たとえば単一欧州議定書においては、「単一市場の統一」「収斂の原則」など、共同体の形成に方向づけるような言葉が鍵概念となっている。また、EUの自立した意志決定のメカニズムを強化しており、欧州委員会などEUの諸制度が、構成国の方針に対して大きな影響を及ぼすことができるように、決定手続きが変更された。いわば、単一欧州議定書は、それまでよりも、制度主義的なEUを形成する役割を果たしたと言えよう。

それに対して、マーストリヒト条約は、「補完性の原理(5) principle of subsidiarity」という言葉を鍵概念として用い、それを介して構成国家の権限を明示的に認めている。さらに、マーストリヒト条約以降のEUは、単一の共同体を形成するのか否か、そしてかりに形成するものとした場合、どの時点から共同体になるのか、などの点はきわめてあいまいなままにしている。さらに、英国が「社会憲章」から「オプト・アウト(適用外)」した例に見られるように、構成国の意志によって共同の意志決定から部分的に(あるいは「つまみ食い」的に)抜け出るような参加形態が許容された。そのため、マーストリヒト条約は、統合ヨーロッパを政府間主義的な方向へ押し戻した、と言うことができる。[6] このように、ＥＵは政府間主義と制度主義とが混合した組織形態をとっている。

乖離構造

次にＥＵ加盟国の構造的変化を検討するため、乖離構造[7] disjuncture という概念を導入しよう。ＥＵの各加盟国は、一方で、あいかわらず議会・政党・選挙・国民投票など、立法と統治の正統性のメカニズムを有している。また、官庁などの行政システムは、他の組織に比べ圧倒的な資源をもった統治の主体である。しかし他方で、市場、通貨、金融、人の移動、地球環境、安全保障、通信システムなどに典型的に見られるように、国家政府はグローバル化した環境から拘束され、一国政府の単独行動では対処が困難な問題領域が拡大している。そこでは、主権国家政府の単独の政策で問題に対応できる能力が低下し、その反面で多国籍企業、諸国際組織、諸政府間の共同決定などが実質的な価値分配を行っている。

その結果、国家のなかで、一方での立法と正統性調達のメカニズムと、他方での政策過程を担当する行政システムとの間に乖離が生じている。もしも各国が領域性に拘束された一方的な決定を行うなら、それは政策過程の課題に対して無能力化してしまう傾向にある。国家政府が、不可分で、無限定で、排他的な権力を握っているのではなく、他国との政策協調の仕組みをつくり、あるいは国際組織や超国家主義的組織を形成し、さらに多国籍企業やＮＧＯなど多元的な行動主体と調整しながら、その共同決定にそって行動していく必要性が高まっている。

すなわち、領域国家としての立法と正統性調達のメカニズム、そして行政上の資源はあくまで国家の手に残りながら、しかし、重要な決定は国家政府の単独決定から離れていく構造が生まれている。そこで、「一方で、主権国家が立法と正統性調達の権威をほぼ独占し、領域的ガバメントの主体でありながら、他方で、相互浸透とグローバル化の進展によって重要な政策決定と価値分配の決定の場が多元的・多層的な調整過程に移行した状態」を政治体の乖離状態と呼ぶことにしよう。言い換えれば、加盟国はガバメントの外見を維持しながら、統合体としてはガバナンスによって調整・決定されることが、政治体の乖離状態である。

比喩的に言えば、各国政府という飛行機のコックピットのなかでは、ずらりと並んだレバーのうちの一部分が作用しなくなり、機長が単独では操縦できなくなったが、しかし、他の編隊を組んでいる飛行機のコックピットと緊密に連絡して、共同でレバーを操作することによって操縦能力を回復するとか、あるいは、地上のコントロール・タワーにレバー操作の指示を仰いだり、操縦の一部を委ねたりしなければならなくなった状況に近い。たしかに飛行機の機体はそれぞれ別個であり、機長は機体内の乗客乗員に対する最終責任を負っているが、機長の専権で操縦することはできず、実質的な決定は編隊を組む他の飛行機と連絡する副操縦士や地上のコントロール・タワーに拡散しているような状態であると表現できよう。

乖離状態の要因

このような状態をもたらした政治以外の要因は、経済的相互浸透や、軍事体系が領域国家の規模を超えて相互に浸透したことである。それらが、領域国家の国境に期待されていた影響からの隔離と浸透の遮断という機能を失わせ、主権国家モデルから逸脱してきた。このような主権国家モデルからのズレをもたらす経済的・軍事的要因は、ヨーロッパに限らず、ほぼ普遍的に作用している。

それに対して、乖離状態を形成している政治的要因は、国家政府による行政機構の国際化と主権的決定方式の自発的放棄との組み合わせであった。すなわち一国単独の一方的決定の無能力を自覚した諸国家政府は、一方で、対外的な情報収集・交渉・政策調整の部門を拡大し、それらを決定構造の重要な部分として位置づけるなど行政機構を国際化させた。そして他方では、諸政府間の政策協調メカニズム、国際レジーム、（超国家主義的要素を含むような）地域統合組織を形成している。

乖離構造の両義性

ＥＵは、たんに乖離状態にあるだけでなく、他の地域統合機関、あるいは国連などと比較して、乖離状態の半面をなすガバナンスの過程をもっとも複雑に制度化し、安定的に運営して慣行化している。これをＥＵの乖離構造と呼ぶ。ここで注意すべきなのは、乖離構造は、国家政府に対して、両義的な意味をもっている点である。すなわち、「国家の一方的決定から諸政府の共同決定、あるいはＥＵの超国家主義的決定への委譲」という点では、決定権は国家の単独決定から離れていく。しかし、「その共同決定の仕組みや超国家主義的な仕組みによって、問題に対処する選択肢を広げ、動員可能な資源を集中し、そして解決の方向性を共有することができる」という面では、構成国政府の権威は上昇する。なぜなら、諸政府は、従来は問題対応能力を欠いていた分野において、実効ある政策を実施し、具体策を執行することが可能になるからである。その結果、その制度枠組みに参加している政府は、参加していない国の政府に比べ、権威を高めることができる。

たとえばEECの前身、欧州石炭鉄鋼共同体(ECSC)を構成した六カ国は、戦後復興の共同プロジェクトを推進したことによって、国家政府としての威信を高めることに成功した。また一九七〇年代の通貨危機に対して、共同フロート制によって対処したことも、さらに、一九九〇年代に単一市場を導入したことも、国家政府群の問題に対する対処能力と威信を高めた。

このように、共同決定的、あるいは超国家主義的な決定を行う枠組みを形成することは、たんに決定権限が国家政府から国際組織に委譲されるだけではない。それらは、実効的に問題に対処するためのオプションを広げ、動員可能な資源を拡大し、解決の方向性を提示することによって、諸政府の統治能力を浮上させる面をもっている。国家からの決定権の移転という点のみに注目すれば、国家政府は政治統合によって弱体化すると言える。しかし、後者の統合による問題対処能力の拡大という点からは、国家政府の権威は強化される。さらに国際的な枠組みの形成は、通常は政府の行政機構の国際化と並行して進められ、両者は同じコインの表裏をなす。そうなると、多くの決定は多元的・多層的な調整過程に委ねられ、決定の中心が拡散し、また拡散した調整過程を制度化する機能をもってきた。このように決定権力が拡散したまま、その状態を安定化させるようなメカニズムを表現するために、乖離構造という言葉が用いられている。国家の決定権の一部を奪いながら、しかし国家の統治を安定化させ、権威を高める両義性こそ、統合における「主権的決定の自発的放棄」という逆説的な国家行動を説明するであろう。

以上を要約すると、「統合過程にあるヨーロッパは、主権的決定の一部を自発的に放棄した複数の領域国家が、共同決定的な制度枠組みによって束ねられている乖離構造をもつ」と規定することができる。

第三節　政治統合と経済的相互浸透

本節では、経済的相互浸透が、どこまで政治統合を推進する要因として作用しているのかについて、要約しておきたい。

経済の政治に対する優先

ヨーロッパ統合が論じられる場合、「統合」とは、主に「経済統合」を意味することが少なくなかった。実際、統合の最大の目的として掲げられたのは、実質的には、一九四〇—五〇年代は「経済復興」、一九六〇年代は「経済成長」、そして一九八〇年代は「インフレ抑制」や「域内市場の統合」、一九九〇年代は「共通通貨」と、一貫して経済的繁栄のシンボルであった。そして、統合は、経済目的を達成する手段として意味づけられ、その成果が目に見える形で進展した。すなわち、E

Uでは、内部関税の撤廃、外部に対する共通関税、内部における要素移動の自由、さまざまの経済制度の共通化と経済政策の調整、さらにはEU機構を介した域内の価値の再分配など、経済統合が諸次元にわたって着々と実現してきた。

それに対し、「政治統合」という言葉は、それによって何を目標としているのかは、必ずしも明らかでなかった。むしろ「政治統合」の内容は、現実政治のなかではあいまいなままにされた。たとえば一九八五年から一九九一年のマーストリヒト条約の締結にいたる間の政府間会議（IGC）において、「政治連合」が主要議題の一つと喧伝《けんでん》されたが、それは、実質的に「経済統合」や「通貨統合」の残余概念であり、それらに付随する二義的な統合目的にすぎなかった。(8)

(1) 政治統合の定義

そこで、このEUの現実政治の場を離れて、「政治統合」とは何かを検討しよう。ジョセフ・ナイの研究は「政治統合」を次の四つのカテゴリーに大別している。(9)

①制度的統合（PIi）：諸国家に共通する制度枠組みの創出
②政策的統合（PIp）：共通の政策を実施する諸国家の集団的連携
③態度・意識上の統合（PIa）：諸国家指導者（あるいは諸国民）の間の共通のアイデンティティーの醸成
④不戦共同体（セキュリティー・コミュニティー）（PIs）：紛争を非暴力的に解決できる国家間関係の枠組みの形成

なお、ここでナイが言及していない「民主制度の形成」は第四節で検討することとし、ここでは視野を制度的統合と政策的統合に限定しよう。制度的統合と政策的統合に限定した意味での政治統合が、経済的相互浸透と経済統合の間のダイナミックな発展に対して、どのような関係に立ってきたのかに焦点を当てることとする。この経済統合と政治統合の相互関係については、従来の統合理論のなかでは、「連邦主義」「機能主義」「新機能主義」の三つのアプローチが存在していた。この三者を対比するならば、次のように整理できる。

①連邦主義：一挙に制度的統合（ＰＩ.ｉ）を進展させることが、それ以外の政治統合である政策的統合（ＰＩｐ）、態度・意識上の統合（ＰＩａ）、不戦共同体（ＰＩｓ）にとって不可欠である。経済的相互浸透・経済統合の進展は望ましいことだが、しかしそれ自体は統合の主目的ではなく、また、経済統合の進展が制度的統合（ＰＩ.ｉ）を推進する要因となるかは疑わしい。必要なのは制度的統合（ＰＩ.ｉ）を推進する政治的意志の結集である。

②機能主義：統合の目的は経済的相互浸透を進展させることであって、そのためには経済統合が不可欠となる。そしてこの両者のらせん的進展を推進し、また専門家が機能的・技術的な観点から自律的な決定を下すために必要な政策的統合（ＰＩｐ）を行うべきである。経済的相互浸透と政策的統合（ＰＩｐ）とによって統合の目的を達成できる。諸国家間の制度的統合（ＰＩ.ｉ）が進展して「大きな国家」を形成することは、望ましくない。

③新機能主義：政治統合（ＰＩ）と経済統合とは切り離すことができない。（連邦主義者に対する反論

として）制度的統合（ＰＩｉ）に統合の出発点を求めるのではなく、経済的相互浸透と経済統合の間のらせん的進展のダイナミズムを活用して政治統合を進めるべきである。その場合、（機能主義者に対する反論として）政治統合の範囲を政策的統合（ＰＩｐ）のみに限定するのではなく、可能な範囲で制度的統合（ＰＩｉ）も進展させ、その帰結して態度・意識上の統合（ＰＩａ）、不戦共同体（ＰＩｓ）を形成し、さらにいっそうの制度的統合（ＰＩｉ）を進展させるべきである。

ここから明らかなように、連邦主義者は、経済的相互浸透と政治統合とは独立したものとして、制度的統合を優先する。それに対して機能主義者と新機能主義者は、ともに経済的相互浸透と経済統合との間の拡大のダイナミックスが、主に政策的統合（ＰＩｐ）を促進することについてはほぼ合意している（ただし、その経済からの影響を、機能主義者は政府間主義的な範囲に限定しようとし、新機能主義者は制度的統合に拡大しようとしている点が異なっている）。ここで機能主義と新機能主義は、「経済統合が土台となって、その上に政治統合が築かれる」という経済主義 economism と表現すべきイデオロギーを共有している。

一九四〇年代末から一九五〇年代初頭の、機能主義と連邦主義の二つの統合構想の対立が、機能主義者の勝利に終わったことは、イデオロギーとしての経済主義の勝利を象徴していた。そして、一九五〇年代以降、一つの経済統合の進展は不可避的にその隣接分野の統合を促進し、さらに経済統合が拡大するメカニズムは、一つの経済セクターから他の経済セクターへの拡大だけでなく、経済次元から政治次元への間の統合の拡大についても適応できると主張された。たとえば、近年では、いったん欧州単一市場を形成すると、それに伴って欧州単一通貨の導入が必要となり、そのために欧州中央銀行の設立が迫られ、さらにそのように経済統合が進んだ累積的な結果として質的飛躍が生じ、最終的に政治統合が推進されるはずだ、とくり返し主張された。これを「スピル・オーバー効果」の戦略という[(10)]。

政治統合は、本質的に政治的であることを避けられない。そこで新機能主義者たちは、スピル・オーバー効果という経済主義的な表現によって、「経済次元から政治次元への統合の拡大」という政治的な現象を、「一経済セクターから他経済セクターへの統合の拡大」という経済現象に引照して説明しようとした。すなわち、政治統合という政治現象を、経済の延長として位置づけ、政治統合をエリート主導のマネージアルあるいはテクノクラティックな争点として封じ込め、一般民衆の広範囲に及ぶ支持調達を抜きにして「政治隠し《ステルス》型統合」を推進するイデオロギーが、経済主義の主な内容に他ならない。統合に伴う政治的対立、あるいは権力対立を回避する狙いである。政治統合がはらむ政治争点化と権力対立を迂回した言説をつくり出し、それを統合過程の特徴として意味づけたことは、エリート主義的でマネージアルな経済主義の影響力の高さを証明している[(11)]。そのことは、欧州のエリート相互間、あるいは政治指導者間で態度・意識上の統合（ＰＩａ）が先行しており、それが経済統合や他の分野の政治統合の促進要因となったことを示している。

現実の統合過程は、スピル・オーバー効果が想定するほど単純ではない。なぜならば、あるセクターにおいて経済統合が進展したことによって、先行したセクターと全体システムとの間では摩擦や不均衡が生じるが、それが統合の拡大によって解決されていく保証はまったく存在しないからである。その点について、より立ち入って検討しよう。

統合過程にあるヨーロッパは、前述のように乖離構造とモデル化できる。そして、この先行した経済統合とそれに遅れた政治との間で、とくに「政治的な決定構造と経済的なメカニズムとの間の乖離した状態」が生じる。すなわち、経済統合の進展とともに、決定の主体、決定過程、そして決定の影響範囲のすべてについて、政治と経済との不均衡が拡大していく。

企業など経済主体は、国境線に拘束されることが少なく、世界市場の動向などに対して開放系的な行動様式をとっている。また企業などによる経済的決定は、たとえば多国籍企業の無国籍的な経営上の決定に示されるように、かつて存在した国家の領域性と経済主体との固有の関係はきわめて稀薄になった。

それに対し、政治の側は、国家の領域性により強く拘束されている。たとえば、選挙、議会などの立法機関は、国家という境界の明確な政治体を前提とし、人々の政治的アイデンティティーが争点となり、政治指導者は国民的な世論や議会の多数意志に拘束されている。

この「国家に拘束され続ける政治」と「国家からの拘束を免れつつある経済」とが乖離している状態は、たしかに統合が推進される一つの構造的潜在力であったことには間違いない。[12] なぜなら、この「政治と経済の乖離現象」は、これまでもヨーロッパのエリートたちに国家を基本単位とする政治のあり方に再適応を迫り、経済の活動領域にふさわしい政治的な新たな制度形成を促してきたからである。そのためエリートの主導によって、たとえば、各政府の行政機構を国際化し、政府間で定常的な協議を行い、国際レジームを形成し、あるいは国際的・超国家的な制度を形成してそれに権限を委譲することによって対応してきた。そして、もっとも重要な焦点が、各国家とEUとの関係であったわけである。

(2) 経済と政治の乖離状態の両方向性

しかし、「経済と政治の乖離状態」は、政治統合に対して両義的な作用を及ぼしてきた。まず考えておくべきなのは、この「乖離構造」に新たな制度で対処しようという場合、その制度形成の対象となるのは、国家と国際組織の双方であることである。前者は、国家の国際化であり、その場合の目的は、国家政府が(単独では対応できなかった)問題対処能力(ガバナンス)を高め、そのことを介して国家政府の権威を回復することである。ただし、国家政府の国際化は、一方的に行うことは不可能であって、国際化の対象となる国家グループが最低限必要であり、さらに多くの場合、政策協調を実施する(したがって政策的統合(PIp)は推進する)。そして、それに成功するならば、国家政府は、国際化政策、国家機構の改革、そして協調した政策の成果によって強化されるであろう。

それに対して後者は、国際組織に新たな制度を設け、あるいは政策調整のフォーラムを率先して設ける場合である。そのような政治統合のイニシアティブによって、諸国家が単独では解決できない分野や領域の問題に対して、共同の対処が可能になれば、政治統合が進展することになる。ただし、その統合の範囲が政策的統合(PIp)に止まるのか、あるいは超国家主義的な制度的統合(PI i)までにいたるのかによって、国際組織の国家に対する権限と権威のあり方は変わってくるであろう。そして、国際組織の対処能力の拡大によって、個々の国家政府の権限が削減されたり権威が低下したりする場合もあるが、反対に、それによって国家政府の問題対処能力が高まる場合もあるであろう。実際にアラン・ミルワードは、一九五〇年代のヨーロッパ統合は後者のケースに当たり、統合によって諸構成国政府の問題対処能力と権威が高まったことを実証している(13)。

しかも、この「国家の国際化」と「政治統合」とは、並行して実施することが可能であり、「政治と経済の乖離現象」に直面したEUの構成国家は、その二つを組み合わせて、政策体系を形成してきた。またEUに加盟申請を行った国家政府は、「政治統合」を一つの選択肢として確保しようとしたものと解釈できる。したがって、国家にとっての選択は、国家の国際化か政治統合かという二者択一ではなく、二つの極の間の政策スペクトルのどのあたりを選択するか、となるであろう。それは経済的必要性のみならず、政治的意志にもかなりの程度影響されてきたことは当然であろう。構成国は、大部分の場合、国家政府の国際化と政治統合の双方を推進する中間的な戦略をとっている。したがって、「統合の進展が国家の主権を削減する」というゼロサム的命題が成り立つ場合もあるが、しかし、たえず成立するわけではないのである。

すべての課題が、EUの制度的統合によって解決されるわけではない。ここで、諸国家の提示する(国際化を含むような)政策構想とEUの(いっそうの制度的統合を含む)構想が、上記の問題群をどこまで解決可能であり、また、その両者のどのような組み合わせによって解決可能であるのかが問われている。したがって、制度的統合の将来は、EUがどこまで革新的innovativeな構想を提示できるか否かという知的な構想力に、大きく依存している。

第四節　統合における民主主義

民主主義の空白

EUを一つの政治体とみなす場合、そこにいかなる民主主義が成立しうるであろうか。これが、政治統合のもっとも重要な課題である。現実政治のなかで、EUにもっとも頻繁に投げつけられる非難とは、「官僚主義的」であり、「圧力団体の跳梁」である。(14) これらは非民主主義を裏側から表現するものである。ところが、加盟国の一国単位の民主主義とは別に、統合ヨーロッパの民主主義について、真剣な検討が開始されたのは、つい最近のことであった。言い換えれば、一九八〇年代半ばまでのEUの発展史のなかで、「EUの民主化」はまれにしか深刻な政治争点とはならなかった。歴史的にも、アルティエロ・スピネッリ(一九〇七―一九八六)ら一部の連邦主義者を例外として、各国の政治指導者はもちろん、統合を推進した多くの人々の統合構想においても、ヨーロッパ大の民主主義の制度化という問題は、重要な位置を占めてこなかったのである。ところが一九九二年以降「EUは民主主義が欠如した官僚主導の機関」ではないか、という重大な疑念が浮上してきた。

統合過程にあるヨーロッパは、現在、ヨーロッパ大の民主主義の欠如に直面している。多くのヨーロッパ人は、「政治統合」の進展の是非を判断する際、この民主主義の欠如をもっとも真剣に憂慮している。そこにおける問題は、三つに大別できる。第一は、「民主主義の赤字」と呼ばれる問題であり、とくに一九八〇年代中葉以降、主に欧州議会によって指摘されてきたものである。第二に、EUの機構は、欧州議会を除き、その内部に民主主義的正統性を調達する政治的メカニズムをもっていない。たとえばデンマークがマーストリヒト条約批准の国民投票で「拒否」を突きつけたとき、それに対して欧州委員会の側はなすすべがなかった。しかし、問題は既存のEUの制度的な欠陥に止まらない。むしろ、その現象面での問題の背後には、「統合」概念そのものの狭さが隠されていた。一九八〇年代以前の統合をめぐる現実政治のなかで、「政治統合」という言葉を使う場合、そこに「ヨーロッパ大の民主主義の実現」という意味が含まれることはほとんどない。この事情は研究者の間でも同様であり、たとえば前節で引用したナイの「政治統合」の諸次元からは、「民主化」が抜け落ちていた。

第三の、そして最大の問題点は、公共空間が国家ごとに分断され、単一の公共性をもちえないことである。これは、これまでの統合が、「統治機構の統合」、あるいは「経済社会の統合」に限定されており、「民主主義の統合」と、その前提となる「市民社会の統合」という挑戦を見過ごしてきたことに起因している。

さて「民主主義の赤字」という概念は、それが一つの「呪いの言葉」であって、その意味内容やニュアンスは、この言葉を使う人によって異なっていることが理解される。[15] 一九九〇年代初頭に欧州議会の議長を務めたエゴン・クレプシュ（一九九二年一月就任）によると、「民主主義の赤字」とは、ある行政上の決定権限が各構成国政府からEUの機構に委譲された場合、各国議会は、民主的統制を行うことができなくなる（「国家議会からの赤字」）。しかも、決定の委譲されたEUの側で、唯一、民衆が選択した代表よりなる欧州議会の権限は少なく、欧州議会選挙の権威は低く、民主的な統制の可能性が低い（「欧州議会による統制」の不足）。このように、従来は民主主義の監視下にあった国家レベルの権限が、EUレベルに委譲されるたびに、そこで失われる「国家議会からの統制権限の移譲」が、新たに得られるべき「欧州議会による統制」よりも少なく、民衆による民主主義的な統制力が減殺されていくことを、「貿易赤字」になぞらえ、「民主主義の赤字」と呼んでいる。

したがって、

「民主主義の赤字」＝「獲得された欧州議会による民主的統制」－「失われた国家議会による民主的統制」

と表現できる。

欧州議会の権限拡大

そこでまず、前者の欧州議会に関する問題を要約しよう。ここでは、次の二点が重要である。

第一点は、欧州議会の欧州委員会と欧州理事会に対する権限拡大の必要性である。一般に民主主義的な国家の統治構造においては、議会などの立法権が、行政権に対して抑制均衡を維持するだけの権限をもっている。それに対して、EUにおいては欧州委員会の行政権、そして欧州理事会の立法権に対して、民衆代表のフォーラムであるはずの欧州議会の権限は強くない。その権限は近年の諸条約によって強化されたとはいえ、一国議会に比較すればはるかに弱体である。そのために、政治統合が進展すれば、それだけ国家議会から民主的統制の可能性が奪われ、民主主義が減ってしまう。これを裏返せば、EUの機構改革を行って、欧州議会の権限を増加させることができるならば、「民主主義の赤字」の一部分は解消される、ということに他ならない[16]。

しかしEUの統治構造において欧州議会は立法権のほんの一部しかもっていない。政府間組織として出発したEUは、欧州理事会や閣僚理事会が基本的に立法的な決定権を保持している。そのため国家モデルにおける議会の役割を欧州議会に期待することは、本質的に筋違いな面がある。また、一九八〇年代後半より、国家から欧州委員会に移管される行政事務、とりわけ規制権限が急速に増大した。さらにEUが行う決定と業務は、全体として飛躍的に拡大しており、近代国家が「行政国家」化したのとほぼ同様に、EUでも急激な行政権の拡大が生じている。これらが重なり合って進行しているため、欧州議会の漸進的な権限拡大によるだけでは、民主的な統制の範囲に限界が生じ、また行政の拡大に追いつかないと考えられよう。そこで、もっとも急進的なものとしては、欧州理事会を上院として欧州議会を下院とするような、連邦国家の二院制議会をモデルとする全面的な改革案が提示されている。[17] このような改革案が生じたこと自体、問題の根深さを物語っていると言えよう。

欧州議会は民衆代表たりうるか

第二点目は、欧州議会がはたしてヨーロッパの民衆代表のフォーラムとなりうるかという問題である。周知のように、ＥＵ構成国の全人口は膨大であり、それを七八五名の欧州議会議員が代表することは容易でない。また、議席数はまず構成国ごとに割り当てられ、選挙制度は、一国一選挙区の比例代表制、地域別リストによる比例代表制、そして小選挙区制などと、国ごとに制度が異なっている。そのために、欧州議会議員は、ヨーロッパ全体、国、地域などのうち「だれを代表しているのか」が明瞭でなく、また議員活動の態様も選挙制度によって異なっている。[18] それに加え、民衆の正統な代表のフォーラムであることを主張する各国の議会が、欧州議会の前にすでに存在している。そのため、現状において欧州議員は、民衆代表として国家議会議員に対して一段と劣った正統性しか主張できない状態にある。

したがってここでは、「民主主義の赤字」が、「欧州議会の赤字」だけでなく、各国家の議会を含む「議会一般の赤字」の総計であることを考える必要がある。そこでは、欧州議会の権限拡大だけでなく、EUに委譲した決定に対する国家議会の権限の再強化が緊急の課題になっている[19]。そのなかで、各国家の議員相互の連携と、国家議会の議員と欧州議会議員の連携が試みられている。したがって、欧州議会議員は、どのようにしてヨーロッパ民衆全体を代表するのかを再検討しなければならず、かつ、国家議会、地方議会の議員との競合のなかで、自らの代表としての正統性を弁証しなければならない。

共同体形成権力

このように欧州議会と民主主義の検討を進めていくと、より根本的な問題に突き当たるであろう。それは、そもそも「ヨーロッパという共同体を形成する」権力はだれがもっており、「その正統根拠はなにか」という問題である。これは「共同体形成権力 constituent power」の問題である。そこで、まず、法的側面から見てみよう。

たとえばEUの政治統合を一挙に前進させたマーストリヒト条約は、その条文全体が、さまざまのEUの規制や命令 directive などの派生法規や欧州司法裁判所の判例の法源となる「EU基本法」に相当するため、しばしばEUの「憲法」と表現された。しかし、「EU基本法」に相当するこの条約の制定や改正は、構成国または欧州委員会が欧州理事会に提案し、欧州議会の意見を聴取し、欧州理事会が採択する、と規定されている(マーストリヒト条約N条、欧州連合条約四八条)。憲法制定権力、ないし憲法改正権力は単一の公共空間がもつのではなく、各構成国に分散されている。

このように共同体を形成したり廃止したりする権力、あるいは共同体の統治構造を改変する権力は、基本的に各構成国に存在しており、そのことは、マーストリヒト条約の締結が、EECを創出したローマ条約の改正という形態をとったこと、そして、その草案が政府間会議の妥協によって形成されたという政治過程に、如実に現れている。

この「基本法」の制定手続きにおいては、ヨーロッパ市民が直接に選挙した欧州議会は、提案権も採択権ももたず、名目的に意見を聴取される存在にすぎない。すなわち一国の憲法における憲法制定権力や憲法改正権力に相当する権力については、マーストリヒト条約は、基本的に各構成国に委ねているものと解釈できる。またこの条約は、構成国に、所定の手続きに基づいて脱退する自由を認めている[20]。さらにこのことを構成国の観点から言えば、たとえば、フランスはマーストリヒト条約の批准に先立って憲法を改正し、フランス国家が自由な意志に基づいて共同体の一員となったことを明記したが、これは、「共同体形成権力」がフランス国家にあることを意味している。

マーストリヒト条約と国民投票

このように考えるならば、国民投票が、統合ヨーロッパに関するもっとも重要な民主主義のテストであることが理解されよう。すでにEUに関する多くの国民投票が実施された。ここでは、EUの統治構造を定めたマーストリヒト条約の批准をめぐる三カ国の国民投票に注目することにしよう。

一九九一年暮れのマーストリヒト条約締結以降、各国の政府は、いっせいに批准のキャンペーンに入った。そしてこの条約を国民投票にかけるべきか否かの選択は、まず各国の憲法構造によっていた。当時のEC加盟一二カ国の憲法を概観すると、主権の譲渡を含む国際組織に関する条約の批准のためには、アイルランドでは国民投票が必ず必要であり、デンマークでは議会の六分の五以上の賛成を得られない場合には必要であった。そして憲法上、国民投票を実施してよいとされているのは、実際に国民投票を実施したフランスと、実施しなかったスペイン、ギリシャ、ルクセンブルクの四カ国であった。そして、ベルギー、イギリス、オランダ、ドイツは、憲法には国民投票の規定はないが、ベルギーとイギリスでは、ヨーロッパ統合に関して過去に国民投票が行われたという先例が存在していた。(21) また、イタリアの当時の憲法(後に改正)とポルトガル憲法では、条約の批准について国民投票は禁止されていた。

ところがそのポルトガルにおいてさえ、大統領が一時期、批准のための国民投票に賛成の発言をするなど、国民投票の必要性が広く論議されていた。そのために、憲法で禁止されているイタリアとポルトガル、憲法上許可されながら国民投票の必要性が政治争点にならなかったオランダの三カ国を除き、構成国一二カ国中の九カ国ではマーストリヒト条約を国民投票にかける可能性が存在していた。

したがって、それらの国の政府が国民投票を実施しなかったのは、九カ国のうち七カ国までについては、憲法上に規定されていたからでなく、政治的条件に強いられた選択であったのである。すなわち、もしも国民投票にかけた場合、たとえばイギリス、ルクセンブルク、スペイン、ドイツなどでは、与党内部においてそれまでは封じ込められていた統合反対の主張が顕在化し、政府が動揺することが予想された。そしてそれらの諸国では、くり返し行われた世論調査が示すとおり、国民投票が行われれば、たとえばイギリスのように大差で否決、あるいはドイツのように否決されるという公算がかなりの程度存在したのである。このように政治的敗北を恐れて、諸政権は、国民の意志を直接に問うことを回避した。したがって、国民投票を実施した諸国の動向は、他の諸国にとって、かりに国民投票を実施した場合にどうなるかを映し出す鏡の役割を果たした。

その九カ国のうちデンマーク、アイルランド、フランスでは、国民投票が実施された。とくにデンマークでは、一九九二年六月二日の第一回目の国民投票により、僅差《きんさ》で批准が否決されたため、ヨーロッパ全体に「デンマーク・ショック」と呼ばれる衝撃が走った。そして曲折を経て、一年後の一九九三年五月一八日に実施された二度目の国民投票でようやく可決されたのである。

アイルランドの国民投票では、マーストリヒト条約批准は順調に可決されたが、中心的関心はEUよりも、むしろ「妊娠中絶の是非」などに集まった。ヨーロッパの大国のうちではもっとも統合支持者が多いとみなされてきたフランスでも、国民投票の結果、批准がきわめて僅差で可決され、全ヨーロッパの統合推進派の心胆を寒からしめたのである。したがって、国民投票を実施した国の数は三カ国と少なかったが、もしも加盟国全体で投票したと仮定するなら、批准が拒否されたであろうという事実を示した点で、その意味は深かった。その意味から、「デンマーク・ショック」はデンマーク一国ではなく、ヨーロッパ全体に大きな影響を及ぼしたのである。(22)

デンマークの国民投票

次にデンマークの国民投票の経緯を簡単に要約しよう。デンマークでは、ヨーロッパ統合に関して、これまで計四回の国民投票が行われている。マーストリヒト条約の批准の国民投票の前に、ヨーロッパ統合をめぐって二度の国民投票が行われていた。第一回目は一九七二年一〇月のEEC加盟をめぐる国民投票であり、九〇%の高投票率のもとに投票者の六三%の賛成で、デンマークのEEC加盟が決定した。その当時の世論調査[23]によれば、賛成する主な理由は、デンマークの加盟が「経済的利益をもたらす」というものであり、反対の理由は、将来、政治的統合が進展して「主権を失いかねない」という憂慮であった。そして過半数の有権者は、後者の「政治統合」には反対を表明していたのだが、EECへの統合は経済に限定した問題であるという世論が支配的であり、結局、六割以上が加盟に賛成した。

第二回目は、一九八六年二月の単一欧州議定書の承認をめぐる国民投票であり、投票率は七五%に下がったが、五六%が賛成し、同議定書を批准した。そこでも、一九七二年とほぼ同様、ヨーロッパ統合は経済分野のみで進展することが賛成の決め手となった。キャンペーンのなかで、統合推進派は、遠い将来にわたって「政治連合」に発展することはありえないと言明し、批准の賛成票を獲得しようとした。また首相のポール・シュルターは、「政治連合は死んだ」と発言している[24]。このように、経済統合は「イエス」であるが、政治統合は「ノー」だというデンマーク国民の意識は、相当に高度に定着していたものと考えられる。

ヨーロッパ統合をめぐる国民投票がほぼ慣例となっていたため、一九九一年一二月にマーストリヒト条約の交渉が妥結したとき、デンマークでは、指導者も国民も、その条約を国民投票にかけるのは当然のことと受け止めた。そして、条約に調印した政府の少数与党である保守人民党と自由党だけでなく、野党で議会に最大の議席をもつ社会民主党も、それ以外の三つの野党も批准に賛成していた。反対していたのは二つの少数野党である社会人民党と進歩党だけであった。実際、一九九二年五月一二日、デンマーク議会は一三〇対二五の圧倒的多数で批准法を可決した。したがって、このように議会の議席数ではほぼ八割を占める六つの政党が圧倒的多数で賛成した条約は、国民投票では比較的スムーズに批准されるはずであろうと政治指導者たちは想定したのであった。しかし、一九九二年六月二日の国民投票の結果は、反対五〇・七％、賛成四九・三％の否決であった。賛成票と反対票の差は、四万六八四七票である。[25] 決め手になったのは、マーストリヒト条約が、従来のように経済統合に止まらず、政治統合をめざしているということであり、その結果「自由を失うのではないか」という懸念が高まったのである。

「デンマーク・ショック」

「デンマーク否決」の衝撃波が、ヨーロッパ全体を走った。しかし、この「デンマーク・ショック」の大きさは、「否決」という結果、あるいは事前の予想に反したという意外性だけからでは説明できない。[26] なぜなら、マーストリヒト条約の一部を形式的に変更し、再度、デンマークの国民投票にかけて、大枠としてはマーストリヒト条約を批准に持ち込むような法的なテクニックが、短期間のうちに開発されたからである。そして実際に、一九九三年五月一八日のマーストリヒト条約の条件つき批准の再投票では、賛成五六・七％（反対四三・三％）で批准されている。[27] さらに、デンマークは小国であり、「デンマーク抜きのＥＵ」を形成することは、他の構成国にとって不可能なことではなかったからである。

とすると「ショック」の原因は、民主主義に深いアイデンティティーをもつ西ヨーロッパの水準から見ても、もっとも民主主義的なデンマーク国民が「ノー」の意思表示を行った点に求められよう。

デンマーク人は、おそらく、もっともマーストリヒト条約の内容を知っている国民であった。まず条約のデンマーク語の全訳は、各郵便局で無料で受け取ることができた。また、議会が発行した条約の内容を紹介したパンフレットは、各戸に郵送された。さらにテレビと新聞は、この条約に関する膨大な情報を国民に送り続けた。この条約は難解であり、それに署名する立場のヨーロッパの政治指導者たちさえ、「条文を一度も読んだことがない」と言って顰蹙《ひんしゅく》を買うなど、くり返し細部についての無知をさらけ出した。そのときに、デンマークの世論調査によれば、ほぼ一〇〇％のデンマーク人たちは、この条約についての何らかの情報を受け取ったと答えている。[28] そして多くの人が、条約について正確に知れば知るほど、懐疑的になっていった。たとえば、ジャック・ドロール

EC委員長(当時)は、この国民投票の準備期間である一九九二年三、四、五月の三回にわたってデンマークのテレビでECの立場を説明する演説を行ったが、そのたびごとに、それを聞いてマーストリヒト条約の批准に反対する人が多くなった[29]。そして、かれらの多くは、支持政党の指導者たちが「イエス」と投票するよう呼びかけるなか、「ノー」の票を投じた。投票率は八三％強と、比較的高かった。

対応策の不在

しかも、このデンマークの「ノー」に対して、欧州委員会には、自らマーストリヒト条約の正統性を調達する政治的手段が存在しなかった。おそらくは、デンマーク一国の「ノー」を覆し、条約全体の正統性を確立するためには、一二の構成国全域に及ぶ投票(「ヨーロッパ投票」)が、もっとも有効なはずであった。なぜなら、それこそが、直接的に「ヨーロッパ民衆の意志」を確かめる手段だからである。「ヨーロッパ投票」を行うことは、「ヨーロッパ」に対し、たんに一二個の別個の政治空間の集合に止まらず、一つの政治空間を構成するという意味を付与することになるであろう。そのような「ヨーロッパ投票」を実施すれば、構成国の「共同体形成権力」を覆し、ヨーロッパという単位が共同体形成権力を獲得していく画期的な行動となりえたはずであった。

しかし、かりに「ヨーロッパ投票」が行われれば、批准が否決された可能性が高かった。その場合にはデンマーク一国の批准の拒否とは異なり、EUの存在の正統性が厳しく問われることになったであろう。したがって、どの国家も、また欧州議会も欧州委員会も、そのような提案を行うことはありえなかった(30)。

そして、マーストリヒト条約支持派が圧倒的に多いはずと思われたフランスでも、世論調査では一時期、「拒否」が「支持」を上回るほど、ミッテラン政権は敗北の瀬戸際に追い込まれ、きわめて僅差で批准が支持された。このことは、フランスよりもEUに対する支持の低いイギリスやドイツで国民投票が行われたならば、大差で「ノー」という結果になったであろうことを、印象づけてしまった。そして、政治統合をめぐる統治エリートと民衆の間の意識の絶大な落差を思い知らせたのである。すなわち、「政治隠し《ステルス》」が成功している間は着実に進展していた統合は、政治的な正統性を調達できない非憲法的な砂上の楼閣であって、いったん国民投票を行えばあっけなく正統性を否定される蓋然性を、ヨーロッパの人々に思い知らせた。このような政治的正統性の調達不能の発見こそが、「デンマーク・ショック」に他ならない。

まとめ

ヨーロッパ統合は、理念としては「主権国家システム以後」をめざす政治的実験であった。そしてその目的は、戦後の統合の出発点においては、主権国家システムの矛盾を批判し、二度の世界大戦によって失敗した現実を裏返したユートピアとして意味づけられた。とりわけ、安全保障の次元では、大戦の災禍という歴史の負の遺産を克服する「平和」の観点から価値づけられた。また、ヨーロッパが統合によって発言権を拡大し、「多極化」を推進することは、冷戦における米ソ間の二極対立の危機を緩和する代替構想として肯定されてきた。さらに、二度の世界大戦で荒廃したヨーロッパの「復興」と「繁栄」のためには、経済統合を進める必要があり、さらに経済統合の帰結として政治統合も実現していくものと主張されたのである。

しかし、実際の統合過程を振り返るならば、これらの理念的な目標によってヨーロッパの統合が推進されたわけではなかったことが明らかになる。何よりも、どこをヨーロッパと呼ぶのか、そして統合の目標状態はどのようなものかは、統合過程を通じて一貫してあいまいなままであった。明確な政治構想をもっていた連邦主義者は、一九五〇年には政治的に敗北し影響力を失い、機能主義者たちは、経済統合は推進してきたが、政治統合についてはあいまいな立場をとり続けた。さらに、統合ヨーロッパの民主主義については、課題意識さえ明確でないままに一九八〇年代後半にいたったのである。したがって、それまでのヨーロッパ統合は、「主権国家システムの矛盾の克服」という政治的理念を実践したものとは、とうてい考えられない。

二一世紀のいま、統合は実験の段階を越えて後戻りのきかない運営の段階に入った。すでにEU諸機構はヨーロッパ政治経済の制度枠組みとして定着し、恒常的な影響をもつにいたった。それに冷戦の終結が加わって、統合が出発した時点では緊急課題であった経済目標はほぼ解決され、あるいは問題としては消滅してしまった。その結果、ヨーロッパ統合の政治的正統性自身が問われるようになった。すでにこれだけ複雑化し、大きな影響力を発揮しているEUは、政治体として構造を明確化させることが要請されているのであり、かつ、いかにすれば民主主義的な統制が可能であるのか否かを問われているのである。これは、統合という政治プロジェクトのほんらいの目的である「主権国家システム以後」の政治構想を、具体的に問うものであると言えよう。とすれば、「統合が完成した後のヨーロッパ規模の民主主義」とはいったい何であるのかという問いも、避けられないであろう。

古代ギリシャ人が、小規模なポリスを単位として発明した直接民主主義が、ヨーロッパ大の民主主義のモデルとはなりえないことは明らかであろう。また、ジェームス・ミルが「近代におけるもっとも偉大な発明(31)」と呼んだ代議制民主主義は、現存する欧州議会のモデルとなっているが、これを手直しした「より民主化された欧州議会」だけで、「統合ヨーロッパの民主主義」として不十分なのは明らかであろう。

EUは、経済統合過程のモデルであり、また統治機構の統合の先駆例である。それだけでなく、国家よりも大きな政治単位における民主主義の実験場としての意味をもっている。ここでは、ヨーロッパの諸政府間関係とは別個の意味での「ヨーロッパ社会」とはどのような実体をもつかという新しい課題が浮かび上がる。EUを構成する諸国の市民社会が、一つの大きな市民社会を、少なくとも短期的未来においては構成しえないとするなら、統合ヨーロッパの統治機構に正統性を付与する「ヨーロッパ社会」とは、いったいどのようなものなのであろうか。複数の市民社会はどのような公共空間を形成しうるのであろうか——こうした多くの政治学的な挑戦が残されている。

このように「ヨーロッパは政治共同体たりうるのか」を問うことは、現代における民主主義の意味転換について、政治の根本的な再検討を促すパラダイムとしての役割を負っていると言うことができる。

(1) 欧州統合の父ジャン・モネは、「(統合の境界線は)加盟した国が引いたものではなく、加盟する意志のない国々が引くものである」という有名な言葉を残している。

(2) ＥＵ予算額は、構成国の予算総額の数％で、各加盟国政府には無視しえないが、しかし各国予算を補完する水準に止まる。

(3) 政府間主義者の立場は、Moravcsik, Andrew, "Preferences and Power in the European Community: A Liberal Intergovernmentalist Approach", *Journal of Common Market Studies*, Vol. 31, No. 4, December 1993, pp. 473–524参照。新機能主義者は、Haas, Ernst B., *Beyond the Nation State: Functionalism and International Organization*, Stanford University Press, 1964が代表したが、彼自身が、Haas, Ernst B., *The Obsolescence of Regional Integration Theory*, Berkeley, Center for International Studies, 1975で放棄した。Sandholtz, Wayne, *High-Tech Europe: The Politics of International Co-operation*, Berkeley, Center for International Studies, 1992が、新機能主義者的な視点に立つ。二分法が不適切という点は、Keohane, Robert and Hoffmann, Stanley, "Institutional Change in the 1980s", in Keohane, Robert and Hoffmann, Stanley eds., *The New European Community: Decisionmaking and Institutional Change*, Boulder, Westview, 1991, pp. 10–15, およびWallace, Hellen, "The Europe that Came in from the Cold", *International Affairs*, Vol. 67, No. 4, 1991, pp. 647–663を参照。

(4) Milward, Alan S., *The European Rescue of the Nation-State*, London, Routledge, 1992.

(5) 本書三三三一—三三四頁参照。Endo, Ken, "The Principle of Subsidiarity: from Johannes Althusius to Jacques Delors", *Hokkaido Law Review*, Vol. 44, No. 6, 1994, pp. 553-652.

(6) Wallace, Helen, "European Governance in Turbulent Times", *Journal of Common Market Studies*, Vol. 31, No. 3, September 1993, pp. 293-303.

(7) 「乖離構造」は、イギリスの政治学者デヴィッド・ヘルドによる概念。Held, David, "Democracy, the Nation-state and the Global System", *Economy and Society*, Vol. 20, No. 2, May 1991, pp. 150-157; Held, David and McGrew, Anthony, "Globalization and the Liberal Democratic State", *Government and Opposition*, Vol. 28, No. 2, Spring 1993, pp. 261-288 参照。

(8) 「政治連合」が議題となった一九九一年の政府間会議（ＩＧＣ）では、「政治」概念を外交・安全保障に矮小化し、政治的権威の形成を「経済」の専門用語で処理しようとした。ここに経済主義の統合戦略が表れている。Corbett, Richard, "The Intergovernmental Conference on Political Union", *Journal of Common Market Studies*, Vol. 30, No. 3, September 1992, pp. 271-298; Kenen, Peter B., "The European Central Bank and Monetary Policy in Stage Three of EMU", *International Affairs*, Vol. 68, No. 3, 1992, pp. 457-474.

(9) Nye, Joseph S., *Peace in Parts: Integration and Conflict in Regional Organization*, Boston, Little Brown, 1971, pp. 36-48. ＰＩｉのＰは政治（ポリティカル）を、Ｉは統合（インテグレーション）を、ｉは制度的（インスティテューショナル）を、ｐは政策的（ポリシー）を、ａは態度・意識上の（アティテューダル）を、ｓは不戦共同体（セキュリティー・コミュニティー）を指す。

(10) Haas, Ernst B., *The Uniting of Europe: Political, Social, and Economic Forces, 1950-1957*, Stanford University Press, 1958.

(11) Marquand, David, "Reinventing Federalism: Europe and the Left", *New Left Review*, No. 102, pp. 24-26.

(12) Nye, *Peace in Parts*, pp. 75-86.

（13）　Milward, *The Euopean Rescue of the Nation-State*, pp. 44, 223, 317, 433; Hoffmann, Stanley, “Reflections on the Nation-State in Western Europe Today”, *Journal of Common Market Studies*, Vol. 21, 1982, pp. 21–37.

（14）　官僚制は，Jamar, Joseph and Wessels, Wolfgang eds., *Community Bureaucracy at the Crossroads*, Bruges, De Tempel, 1985を，圧力団体は，Mazey, Sonia and Richardson, Jeremy eds., *Lobbying in the European Community*, Oxford University Press, 1993; Greenwood, Justin and Ronit, Karsten, “Interest Groups in the European Community: Newly Emerging Dynamics and Forms”, *West European Politics*, Vol. 17, No. 1, January 1994, 31–52を参照。

（15）　Klepsch, Egon G., “The Democratic Dimension of European Integration”, *Government and Opposition*, Vol. 27, No. 4, Autumn 1992, pp. 407–413.　なお欧州議会議員については，Bowler, Shaun and Farrell, David, “Legislator Shirking and Voter Monitoring: Impact of European Parliament Electoral Systems upon Legislator-Voter Relationships”, *Journal of Common Market Studies*, Vol. 31, No. 1, March 1993, pp. 45–69参照。

（16）　ＥＵのみでなく，国際レジームや国際組織のすべてで「民主主義の赤字」が生じる。しかも欧州議会のように民主主義的な監視機関をもたない場合，「民主主義の赤字」ははるかに深刻である。したがって，ＥＵにおける民主主義の課題は，国際組織と民主主義の先駆的な事例に相当する。

（17）　Lodge, Juliet, “The European Parliament-from ‘Assembly’ to Co-legislature: Changing the Institutional Dynamics”, in Lodge, Juliet ed., *The European Community and the Challenge of the Future*, London, Pinter, 1989, pp. 58–79.

（18）　「民主主義の赤字」論は，欧州議会議員（ＭＥＰ）の欧州委員会や欧州理事会に対する権限の拡大運動という面をもつ。欧州議会の権限拡大の過程は，Jacobs, Francis, Corbett, Richard, and Shackleton, Michael, *The European Parliament*, New York, John Harper, 1995を参照。

（19）　Pinder, John, *European Community: The Building of a Community*, Oxford University Press, 1991.

(20) 統合ヨーロッパ史で、加盟国の脱退例はない。しかし、一九七九年にデンマークから自治権を獲得したグリーンランドがレファレンダムで脱退を決定した。その手続きは、デンマークの提案による条約改正で、デンマークと他の一一カ国がグリーランド脱退議定書を取り交わす形で進められ、一九八五年にグリーンランドはECから脱退した。Weiss, Friedl, "Greenland's Withdrawal from the European Communities", *European Law Review*, Vol. 10, 1985, p. 173.

(21) 国民投票はもっとも重要な直接民主主義的制度である。ヨーロッパにおける国民投票の頻度は増加し、一九八〇年代以降は頻繁に行われている。その争点は、憲法改正、領土問題、原子力発電、妊娠中絶、および憲法上の問題となる欧州統合などである。ベルギーとイギリスでは、国民投票は歴史上一回しか行われていないが、それはEC加盟に関するものだった。Morel, Laurence, "Party Attitudes Towards Referendums in Western Europe", *West European Politics*, Vol. 16, No. 3, July 1993, pp. 225–244 参照。

(22) Eichenberg, Richard C. and Dalton, Russel J., "Europeans and The European Community: the Dynamics of Public Support for European Integration", *International Organization*, Vol. 47, No. 4, August 1993, pp. 518–519.

(23) Morel, "Party Attitudes Towards Referendums", pp. 236–240.

(24) *Ibid*., pp. 240–243.

(25) Hansen, Peter, Small, Melvin, and Siune, Karen, "The Structure of the Danish EC-Campaign: A Study of an Opinion-Policy Relationship", *Journal of Common Market Studies*, Vol. 15, No. 2, 1976, pp. 93–129 参照。

(26) Siune, Karen, "The Danes said No to the Maastricht Treaty: The Danish EC Referendum of June 1992", *Scandinavian Political Studies*, Vol. 16, No. 1, 1993, pp. 94.

(27) *Ibid*., pp. 94–95.

(28) 「デンマーク・ショック」の大きさとその後の対応については、Corbett, Richard, "Governance and Institutional Development", *Journal of Common Market Studies*, Vol. 31, Annual Review, August 1993, pp. 27–38 参照。

（29）一九九三年五月の再度の国民投票については、Worre, Torben, "First No, Then Yes: The Danish Referendums on the Maastricht Treaty 1992 and 1993", *Journal of Common Market Studies*, Vol. 33, No. 2, June 1995, pp. 235–257参照。

（30）Siune, "The Danes said No", pp. 102–103.

（31）Sabine, George H., *A History of Political Theory*, 3rd ed., London, George G. Harrap, 1963, p. 695.

第一二章　国際経済機構の政策転換

はじめに

一九六〇年代は「発展の一〇年」と位置づけられた。しかし、多くの途上国にとって「挫折の一〇年」に終わった。一九七〇年代も、かなりの地域で「挫折」は続いた。とくにブラック・アフリカには、一九八〇年代に飢饉と内乱が襲い、またしても「失われた一〇年」となった。さらに一九九〇年代には南部アフリカを中心にエイズと飢饉が襲い、ついに「破局の一〇年」となった。「一〇年」は、一度ならず、再三、再四失われ続けた。

この間「発展」を唱え続けたのは、国際機関と当該国政府であった。とくに国際復興開発銀行（世界銀行）は「構造調整」の政策パッケージを掲げ、「発展」を主導し続けた。しかし「発展」が成功しないことによって、これら国際機関と政府の権威は空洞化した。そして、「発展」の処方箋《しょほうせん》は正統性を減じた。英語圏には「一〇年を失うことは不運と言えましょう。しかしその上さらに、もう一〇年を失ったとしたら、それはまったくの不注意と言えましょう」という言葉があるが、「不注意」という皮肉な表現は、「発展」を提唱した国際機関や政府によく当てはまる。

「発展」という公的処方箋は、経済の言葉に自己限定し、「非政治的であること」を原則としてきた。しかし、流線型の「発展」計画、経済成長モデルに基づく「発展」プロジェクトなどが数多く提案されては、失敗をくり返してきた。政治的現実を離れて「発展」という言葉のみが計画やプロジェクトのなかで踊り、その結果として「発展」は内実を失い、意味が空洞化した。

その原因として、経済がその基礎を置く政治と制度が不可避的に浮上する。法制度をもたないところで市場主義を唱えてみても、土台を欠いた空文となる。あるいは司法制度を欠いたところで経済的自由を唱えてみても、それは権力者が私的利益を追求する道具に終わる。そこでは、何より秩序形成と制度形成が課題となる。

また、貧困の背後には、制度形成の政治の射程を越えて、ジェームス・スコットが「基層政治（インフラ・ポリティクス）」と呼ぶものがある。[1] 村落のみならず、難民集団のなかにも、飢餓に苦しむ集団のなかにも、暴力があり、抑圧があり、敗者が勝者から区別され、死者が生者から選択される。そして、それを解釈する独自の認識枠組みがある。こうした基層政治における敗者・弱者の主張は、通常、外部者には観察可能性が低く、政治の表層には表出されてこない。スコットが言うように、力なき人々にとっては、「意図を明示しない形態の抵抗が、基層政治の基本的形態」である。

このように後発発展途上国の「発展」と呼ばれる過程においては、権威空洞化の政治、制度形成の政治、そして言葉に表出されない基層政治の三つが並行して進行している。

第一節　発展の失敗

公定処方箋としての構造調整

一九八〇年代、深刻な貧困が存在する事実、あるいは途上国のうち経済危機にある国家が増えたという事実は、常識と言っていいほど広く認識された。ブラック・アフリカの人々は、飢饉と極貧に対して、かれら自身でなしうることを行っていた。そして、遅まきながら一九八〇年代には当事国の政府も対応を迫られた。「発展」の推進を正統性の根拠とし、発展のエイジェントであると内外に宣伝してきたのが、それらの政府であったからである。

一九八五年のアフリカ統一機構（ＯＡＵ）首脳会議は「アディスアベバ宣言」を発し、経済危機の原因が、四半世紀前の植民地体制に由来するのでなく、アフリカ諸国政府に責任があることをはじめて認めた。さらに一九八六年には、国連特別総会が、はじめて特定地域の問題をテーマとして開かれ、「アフリカ経済の危機的状態」を世界の問題として討議した。そして一九九〇年代以降、国内で正統性を失っていたブラック・アフリカ諸国の政府は、やがて世界銀行やＮＧＯや欧米政府から見放され、次々と倒れていくことになる。

途上国の「発展」のために、多くの国際組織が設立されてきた。そして、それらの貧困に対する処方箋は、一貫して「発展」という考え方と政策であった。数多くの「発展」指標が考案され、

「発展」のレベルに対する診断が下された。それは基本的には、途上国における巨視的な経済活動をモデルに従って描き出そうとする考え方であり、そのために途上国の変動を、もっぱら「発展史」として描き出す政府や国際機関の公文書、公的記録、公的データが大量に出されるようになった。「公定解釈（オフィシャル・トランスクリプト）」「公式記録（オフィシャル・ストーリー）」と呼ばれるものの形成である。

一九八〇年代にいたる一五年間もの長期にわたって、多大の資源を注ぎ込み、系統的に実施された処方箋が、国際通貨基金（ＩＭＦ）と世銀による構造調整政策であった。これは抽象的なモデルに基づくマクロ経済と行財政改革に焦点を当てた処方箋であった。単純化するなら、対外的には、途上国が比較優位をもつはずの農産物・鉱物を輸出して外貨を稼ぎ、累積債務を返却させ、また、国内的にはマクロな均衡の達成と相対価格の変化をもたらすことによって、成長の政治経済的条件を整えることを狙ったものであった。

この構造調整という処方箋は、一九八〇年代、受入国の政策枠組みに枠をはめた。構造調整の政策パッケージを途上国に強要することは、経済自由主義的イデオロギーの押しつけであり、経済と財政の政策を介した政治的コントロールという面をもつ。そしてこの処方箋は、考案した世銀自身や米英など援助供与国による出版物、援助受入国との交渉過程、融資を条件とした影響力行使などによって、国際金融機関や援助供与国の担当官などの間で共通の了解となった。ところがこの構造調整政策は、イデオロギーとしてではなく、豊かさを実現するための公定処方箋であるかのように

意識されていた。この状態を、ジョン・ウィリアムソンは「ワシントン・コンセンサス」と呼ぶ。(2)

処方箋の危機

しかるに、構造調整ではブラック・アフリカの状況が改善されなかったことは、まぎれもない事実であった。たとえば、一九九四年に刊行された世銀の報告書『アフリカにおける構造調整——改革、帰結、課題』(3)において、世銀自身が認めているように、一〇年間にわたり「構造調整援助」を実施したにもかかわらず、この大陸の経済全体は、はかばかしい成長を示していなかった。しかも例外となる数カ国を除いて、構造調整の処方箋が期待したように、持続可能な成長を達成した事例はほとんど存在しなかった。(4)

その原因について、二通りの説明がなされている。第一の説明は、期待どおりの成長をなしとげられなかった原因を、援助を受け取った政府が、条件として付されたはずの構造改革を、実質的な内容を伴う形では執行しなかった、あるいは執行できなかったという事実に帰するものである。世銀の『アフリカにおける構造調整』は、このような説明に基づいて記述されている。ここでは、処方箋(計画としての構造調整の援助政策とその基本的考え方である経済自由主義)は正しかったはずなのだが、患者であるブラック・アフリカ諸政府が処方箋どおりに服用しなかった、すなわち具体的な政策執行が構造調整政策にそったものでなかった点が悪かった、という見方をとっている。これは「発展」責任を、処方箋を書いた世銀の間接責任と、処方箋を実施すべき受入国政府の直接責任に分け、挫折の一義的責任を、受入国の直接責任に帰したものである。

ブラック・アフリカの貧困の深刻化の対極に位置するのが、一九八〇年代から一九九〇年代前半に目覚ましい成長をとげた東アジアである。しかし東アジアでは、世銀による構造調整政策の想定とはまったく異なる政治的・制度的要因によって成功がもたらされたと考えられる。世銀自身も、その研究報告書のなかで、「東アジアの奇跡」には、政府官僚制が大きな役割を果たしているという認識を示すにいたっている(5)。ここでは、患者(東アジア諸国)は医者(世銀)の処方とは別の治療法をとることによって成功したのであった。

世銀は、一方でブラック・アフリカでは、世銀の処方箋どおりに服用しなかったから失敗したと言い、他方で東アジアでは世銀の処方箋以外の薬が発展をもたらした、と主張する。とすると、世銀の処方箋の有効性自体がきわめて疑わしくなる。

第二の説明は、処方箋である構造調整政策と経済自由主義の考え方そのものが誤っていたというものである。たとえば、英国の研究者で構造調整政策とその帰結をもっとも体系的に分析したポール・モーズレーとジョン・ウィークスは、各国がどこまで世銀の構想した構造調整にそって政策を執行したかという変数と、その国家がどれほどの経済成長をとげたかの相関関係を詳細に検討し、その両者の間には有意な相関は認められないとしている。その結果、世銀の処方箋は、経済成長の必要条件の一つであるかもしれないが、それだけでは決して十分条件とはならないと、モーズレーらは分析した(6)。

政権の崩壊

この二つの説明のいずれが正しいかは、これ以上立ち入って検討する必要はない。なぜなら、マクロ経済と市場の機能に絞った構造調整の政策パッケージは、長らくそれを支える制度的・政治的な基盤の考察を欠いた部分的な処方箋であると批判されてきた。また世銀自身がそのことをよく了解していた。(7) 第二節に見るように、世銀は「銀行」として設置された国際組織であって、「非経済問題への考慮」を禁止され、「政治的な内政干渉」をさしひかえていたからである。

ただし世銀自身が、経済に限定した政策パッケージの挫折のなかから、政治に踏み込むことの不可避性を発見した。かれらの経済的処方箋を挫折させた途上国の政治は、「悪い政治 bad politics」に違いなかった。したがって、それを修正するための政治制度の形成こそが課題であり、世銀は、途上国への融資条件として「よいガバナンス」という政治的条件を掲げるようになった。政治にあえて踏み込んだことは、世銀にとって重大な変化であった。

他方、世銀を批判するNGOや各国政府も、多くのブラック・アフリカの政権をきわめて否定的に評価していた。かれらはこれらの政権が非民主的であるとして、「民主化」を要望した。ここから明らかなように、世銀もNGOも、ともにマクロ経済がほんの一部分の領域にすぎず、制度形成と政権の体質が貧困克服のために重要であることを、すでに認めていた。ほぼすべての外部者が当事国の政権に対する否定的評価を共有していた。こうして、国内から正統性を失っていたブラック・アフリカの政権の多くは、だれからも見放された。

さらに重要なことには、一九八〇年代から一九九〇年代前半にかけて、構造調整政策の対象となった多くの国家は急激に変化した(8)。政府の基本的機能が崩壊に見舞われるか、あるいは政府機能が大幅に後退した。世銀による構造調整政策は、そのような政府機能の縮小をもたらした複合的要因の一つであった。だからと言ってそれらの国々に世銀・IMFが提唱した「よいガバナンス」や、NGOが主張した「民主化」がただちに出現することを意味しない。

政府の機能が崩壊するか、あるいは大幅に縮小して、空白になった統治責任を世銀が直接に埋めることはなかった。この機能の縮小を補完する役割を担ったのが、次章で見るNGOであった。

第二節　世界銀行の転換

権力主体としての世銀

途上国の政策を大きくコントロールしてきた世銀は、公式的には「公的融資、諸政府の間の援助の調整、信用付与を主たる機能とする銀行」であり、政治機構ではない。世銀の設立目的には、政治的イデオロギーや政治的権益からの中立性がうたわれていた。その協定条文 Articles of Agreement は、非経済的問題に対する考慮を禁止している。

また世銀は国際機関としての立場上、加盟国への内政干渉をさしひかえることを原則としている。

そして、世銀の報告書や政策パッケージは、通常、経済的・技術的な用語を用いて描き出されてきた。そのことを、たとえば一九八一―八六年に世銀総裁を務めたアルデン・ウィンシップ・クローセンは、「世銀は政治組織ではない。われわれが祈りを捧げるのは、プラグマティックな経済の祭壇なのだ」と表現している(9)。

ただし、このように政治的中立性の外見をもち、その用語が非政治的であることは、しかし、世銀に権力性が無いことを意味するわけでは決してない。構造調整の政策パッケージは、融資を中心的な手段として、受入国に制度改革を強要し、その執行過程において影響力を行使するために発展してきた。望ましいと考える制度改革に向かって途上国の内政を誘導することが、融資の目的であった。言い換えれば、世銀自身による資金の提供は、さまざまな情報アクセスおよび民間金融機関に対する信用の付与を交換条件とする、受入国に対する権力行使に他ならない(10)。

世銀の政策パッケージは途上国の受入国の内部に深く干渉し、その内政に大きな価値と権力の再分配をもたらす。それゆえに、その執行過程では、それから利益を受ける者と損失をこうむる者が色分けされ、激しい権力闘争を引き起こしてきた。そして世銀の政策を受け入れた国の政府は、損失をこうむる諸集団からの反対に直面し、しばしば政策を後退させ、場合によって政府が苦境に陥る事態を強いられたのである。

このように世銀は、目標設定を受入国の経済に限定し、その経済手段のみによって受入国の内政に働きかけ、経済の言葉で語ることを強いられた独特の権力である。こうした世銀の経済主義は、一方で世銀の権力行使を制約した。しかしその他方では、途上国の政治動向から距離を置き、そこにおける政治責任・統治責任を回避できる利点もあった。要約すれば、世銀が経済権力に止まっているという制約は、世銀が政治責任・統治責任を引き受けずに済む「非公式の帝国」性を維持するための条件でもあった。

しかるに世銀は、第一節に見たように、構造調整政策の具体的な展開の過程において、好むと好まざるとにかかわらず、融資受入国政府の正統性と制度形成に関与せざるをえない状態に立ちいたった。英国の研究者D・ウィリアムズとT・ヤングは次のように述べている。

> 構造調整融資の経験の結果、それを成功とみなそうが失敗とみなそうが、(融資受入国の)利益団体よりの圧力とか、政権の正統性などの政治的要因を重要なものとして(世銀が)考慮せざるをえなくなった。……それは政府が、発展のために不可欠の役割を果たす、という当たり前の結論を確認しただけではない。いかなる政府が必要とされ、政府と民衆はいかなる関係にあるべきかに焦点を当てざるをえなくなったのである。[11]

公定処方箋の破綻

さらに、世銀の融資対象国である途上国は、大きな変動のただなかにあった。それは構造調整の処方箋が予定した制度改革の範囲をはるかに超えていた。たとえばブラック・アフリカでは、一九九〇年以降、四〇程度の国において、独立後、長らく権力を維持してきた政権が崩壊した。そして、一〇以上の国で「民主主義」を標榜《ひょうぼう》する政権が登場し、二〇以上の国で表面的には「自由選挙」と称されるものが行われた。そのうち、ザンビアのように多党制民主主義への移行と呼ぶにふさわしいケースもたしかに存在する。しかしそれは例外であり、実際に生じた変動の実態は、構造調整が想定した経済的自由化のシナリオと、似ても似つかないものであった。この変動は、世銀が促進したというよりも、長期にわたる経済・社会環境の劣悪化が累積して政治変動への圧力となったことによってもたらされたからである。(12)

飢饉と戦乱がもたらした社会変動の底流は深く、ブラック・アフリカ全域で宗教への回帰が生じ、イスラム教やキリスト教だけでなく、土着宗教や新興宗教が勃興してきた。また、飢饉や内乱などの災禍を振り払うため、成人式(イニシエーション)などの儀式が行われている。さらに西・中央アフリカを中心に「呪術師《じゅじゅつし》」が専門職として確立し、災いの原因を魔女に求める風習が拡大している。ザイールのモブツ元大統領やトーゴのエヤデマ元大統領は、「黒魔術」や「呪い」の力を駆使すると称する人物を側近に抱え、一九九一年のベナン大統領選挙では、対立候補に病をもたらす「呪いの力」が、選挙の一大争点となった。(13)ソマリアやリベリアの無政府状態的分裂も、ブルンジやルワンダの内戦状態も、このような社会の基層の変動と崩壊という文脈から解釈すべき点が多い。

こうして、技術的・経済的用語に彩られた世銀の「マクロ経済の調整」というシナリオは、実施過程で深いレベルからの社会変動に突き当たって、破綻に見舞われた。その裂け目からは、政府の無能力、生々しい権力対立、社会的な秩序の崩壊現象が現れ、そのような変動を解釈する文化的な岩盤が隆起したのである。世銀が「プラグマティックな経済の祭壇」に祈りを捧げていたとき、アフリカ大陸には社会変動の妖怪が徘徊《はいかい》していた。

状況への適応力

世銀は北の金融・財政のカルチャーを反映しており、また理事会では主要国が出資比率にほぼ比例した投票権をもつなど、北の主要国、とりわけ米国の影響力が大きな組織であることは疑いない。しかし世銀を、北の諸政府の操り人形と考えたり、あるいはもっぱら経済自由主義を信奉し、政策の受け手である途上国の状況から超然とした硬直した組織と断じたりするのは適切ではない。(14) 世銀は北の諸政府から独立した組織原理をもち、柔軟な状況への適応力を備えた組織である。とくに、たとえば総裁など指導者のリーダーシップ、部門や政策分野ごとに分析するなら、それらは独自に制度化された権力である。また一九八〇年代末以降、イデオロギー的硬直性は薄くなり、徐々に外に開かれた機構としての性格を備えつつある。

たとえば世銀の経済自由主義の黄金期と目されるクローセン総裁期(一九八一—八六年)においてさえ——たしかに調査部門は新自由主義の牙城《がじょう》であったが——プログラムを執行する諸部門ははるかにプラグマティックであり、状況に対応して柔軟に変化する側面をもっていた。また、農業分野では、世銀内で政策の目標設定をめぐる激しい論争が起こっていた。(15) コナブル総裁期(一九八六—九一年）の一九八七年には、経済自由主義を称揚してきた調査部が解体され、構造調整政策における貧困の解消や構造調整過程における社会的コストの軽減などの目標も、優先順位がある程度上昇した。

「よいガバナンス」

このような世銀の適応の第一は、「ガバナンス」という政治的枠組みの採用である。一九八九年、アフリカ地域技術部門の上級政策アドバイザーであるピエール・ランデル＝ミルズらのリーダーシップによって、アフリカ政策の分水嶺《ぶんすいれい》となる報告書『サブサハラ・アフリカ――危機から持続可能な発展へ』が刊行された。ここでは、上述のブラック・アフリカの危機を、経済的用語を用いることなく、はっきりと「ガバナンスの危機」と特徴づけた。そして、この地域にとって必要なことは「政治的再生」であり、「政治的な正統性とコンセンサスとが持続可能な発展の前提条件である」と明言するにいたった[16]。これは、それまでの「非政治性の原則」から公然と踏み出した明確な政治構想と言えよう。

この報告書において世銀は「よいガバナンス good governance」を目標価値として設定した。それは、発展の条件として、途上国の法制度の整備と行政の規律を確立し、政府の機能を効率化すること、そして「市民社会」を下から形成して、その監視と参加のもとに政府に責任と正統性、および透明性を確立すること、などを内容としている。世銀は、融資対象国にコンディショナリティー（融資条件）として以下の条件を課した。それは、当該国の公共セクターの①効率的運営、②腐敗防止と責任性の確立、③法制度とくに開発に関する法整備、④情報公開と透明性の確立などである。さらに分権化による地方政府の機能拡大と民衆の参加も勧告している。ここには、市民社会によって下からの秩序形成を促そうという野心的な意図が存在している。

まとめ

世銀は「よいガバナンス」の意味範囲を「経済発展のための前提条件」に限定している。すなわち、「政府は市場を機能させ所有権を保護するための諸規則を供給すべきである」[17]として、司法体系と公正な行政システムの形成を訴えている。民主主義がよいものだから民主化せよと言うのではなく、経済発展のための手段的・手続き的な観点から「よいガバナンス」を推奨している点で、たんなる民主主義の押しつけとは異なっている。しかしながら、世銀によるこのような政治構想の提唱には、次のような現実政治上の意図が存在していた。

第一に、この構想は狭義の行政機構や法制度に限定することなく、市民社会を強調する点に特徴があるが、その目的は、ブラック・アフリカの諸政府組織の肥大化に対して、市場と市民社会の役割を強調して、政府機構の縮小ないし後退を促すことである。その背景となったのは、世銀の構造調整政策を執行の過程で挫折させた途上国の中央政府に対する低い評価、すなわち「悪い政治」の認識であった。そのような政府を市場とバランスさせることが「よいガバナンス」概念の第一の狙いであった。

第二に、政府の責任能力を問うことが可能になるように、司法体制や政府の透明化を提唱している。そこには、ブラック・アフリカの政治指導者や政府の役人などの腐敗、権力による私益追求という問題を、たんに道徳的に批判するのではなく、法制度と行政制度の形成によって政治権力者を規制し、支配者と被支配者の間の社会契約を形成する「ルール・オブ・ゲーム」を定着させようとする明確な動機が存在している(18)。

こうした「よいガバナンス」の構想は、民主体制、自由市場、そしてすべての制約から解放された自由な個人(主体)の形成というアングロ・サクソンの古典的な自由民主主義の哲学を、暗黙のうちに前提としていることは明らかであろう。このようにして、市場モデルという経済的普遍主義から出発した世銀は、構造調整政策の挫折のなかから、「よいガバナンス」という古典的政治モデルを再発見するにいたった。

ただし、この構想を実現するには、改革を志向する政治勢力が連合を形成すること、指導者が改革の意志をもつこと、行政の改革能力を高めること、そしてなにより、アングロ・サクソンとアフリカの政治文化とのギャップを越える行動が不可欠になるはずである。しかるに世銀は、一九世紀英国の植民地帝国、二〇世紀中葉の米国の近代化政策とは異なり、ミクロな政治社会の次元における改革の処方箋をもたず、またそれを担う実践的部分を有していない。ましてや、アフリカにおいて市民社会を下から積み上げる能力のないことも明らかである。

世銀は、統治責任を引き受ける意志と能力をもたないまま、古典的政治モデルを外から押しつけようとした。そしてその帰結は、そのモデルとは無縁な基層政治の変動と崩壊であった。そこに生じた災禍の責任を世銀が引き受けることはない。そこで呼び出されたもう一つの鍵概念が、「参加とＮＧＯ」なのであった。それに関しては章を改めて検討することとする。

（1）Scott, James C., *Domination and the Arts of Resistance: Hidden Transcripts*, Yale University Press, 1990, p. 220; ジェームス・Ｃ・スコット「日常型の抵抗」、坂本義和編『世界政治の構造変動３　発展』岩波書店、一九九四年、一四九―一九二頁を参照。

（2）Williamson, John, "Democracy and Washington Consensus", *World Development*, Vol. 21, No. 8, 1993.

（3）World Bank, *Adjustment in Africa: Reforms, Results and the Road Ahead*, Oxford University Press, 1994.

（4）Lewis, Peter M., "Economic Reform and Political Transition in Africa: The Quest for a Politics of Development", *World Politics*, Vol. 49, No. 1, 1996, p. 93.

（5）World Bank, *The East Asian Miracle: Economic Growth and Public Policy*, A World Bank Policy Research Report, Oxford University Press, 1993を参照。

（6）Mosley, Paul and Weeks, John, "Has Recovery Begun? Africa's Adjustment in the 1980s Revisited", *World Development*, Vol. 21, No. 10, 1993; Mosley, Paul, Toye, John, and Harrigan, Jane, *Aid and Power: The World Bank and Policy-Based Lending*, Vol. 1-2, London, Routledge, 1991.

（7）たとえば、Herbst, Jeffrey, "The Structural Adjustment of Politics in Africa", *World Development*, Vol. 18, No. 7, 1990は、世銀・ＩＭＦの視野の狭さを鋭く批判し、説得的である。

（8）ブラック・アフリカの経済と政治変動の関係については、Sandbrook, Richard, *The Politics of Africa's Eco-*

nomic Recovery, Cambridge University Press, 1993; Callaghy, Thomas M. and Ravenhill, John eds., *Hemmed In: Responses to Africa's Economic Decline*, Columbia University Press, 1993を参照。

(9) Williams, David and Young, Tom, "Governance, the World Bank and Liberal Theory", *Political Studies*, Vol. 42, No. 1, 1994, p. 93に引用。

(10) 「構造調整」を分析したもっとも体系的な著作Mosley, Toye and Harrigan, *Aid and Power*は、書名『援助と権力』と、第五章二節のタイトル「執行過程の政治学」などによって、世銀の権力性を描き出している。

(11) Williams and Young, "Governance, the World Bank and Liberal Theory", pp. 89–90.

(12) ブラック・アフリカの政治変動において、対外的要因は比重が小さく、内部要因、とりわけ政府の正統性の低下が重要であることは、Widner, Jennifer ed., *Economic Change and Political Liberalization in Sub-Saharan Africa*, Johns Hopkins University Press, 1994を参照。

(13) ブラック・アフリカの権力および正統性と呪術の関係は、Schatzberg, Michael G., "Power, Legitimacy and 'Democratization' in Africa", *Africa*, Vol. 63, No. 4, 1993を参照。また社会変化に伴う魔女狩りやオカルトの拡大については、Kohnert, Dirk, "Magic and Witchcraft: Implications for Democratization and Poverty-Alleviating Aid in Africa", *World Development*, Vol. 24, No. 8, 1996を参照。

(14) たとえば、Gill, Stephen, "Globalisation, Market Civilisation, and Disiplinary Neoliberalism", *Millennium*, Vol. 24, No. 3, 1995; グレアム・ハンコック『援助貴族は貧困に巣喰う』武藤一羊監訳、朝日新聞社、一九九二年などを参照。

(15) 世銀組織内部のカルチャーについては、Nelson, Paul J., *The World Bank and Nongovernmental Organization: A Limit of Apolitical Development*, London, Macmillan, 1995. 世銀組織の変遷については、Mosley, Toye and Harrigan, *Aid and Power*, pp. 23–25. 内部における農業政策の対立については、Lipton, Michael, "Limits of Price Policy for Agriculture: Which Way for the World Bank?", *Development Policy Review*, Vol. 5, 1987, 197–215.

(16) World Bank, *Sub-Saharan Africa: from Crisis to Sustainable Growth*, Washington D.C., 1989, p. 6, pp. 60–61. またランデル＝ミルズの果たした役割については、Williams and Young, "Governance, the World Bank and Liberal Theory"を参照。

(17) World Bank, *Governance and Development*, Washington D.C., 1992, pp. 13–26, 29–39; Hydén, Göran, "Governance and the Study of Politics", in Hydén, Göran and Bratton, Michael eds., *Governance and Politics in Africa*, Boulder, Lynne Rienner, 1992には、世銀のブラック・アフリカ認識の転換を促した研究者の一人であるハイデンの「よいガバナンス」観が詳述されている。

(18) World Bank, *Governance and Development*, p. 6.

第一三章　NGOの可能性

第一節　NGO――オクスファムの事例

「この蜂蜜《はちみつ》は森の香りが最高です。ザンビアの熱帯森林で、森と生きる養蜂家が採ったものです」ボランティアで店番をしている老婦人が話しかけてくる。一九九二年春、ここは英国の民間海外援助団体オクスファム・インターナショナル（オクスファム）が本部を置く大学町の店舗である。「蜂蜜を英国で売るのは、地球を半周したザンビアの森林生態系が人々に与える恵みを目で見る形にします。あなたが蜂蜜を買ったお金が、森林を伐採から守ります」と説明は続いていく。このボランティアたちがNGOの第一の顔である。

古い大学町の広い店舗には、インディオの手織りのカーディガンなどの直産品、再生紙のノート類、衣料、装身具などが並ぶ。売られている品物の多くも寄付である。ある女性は手編みの膝掛《ひざか》けをこの店舗に寄贈し続け、ついに計一〇〇枚に達した。売り子、レジ打ち、寄付された品の値札つけ、リーフレットの封筒詰め、寄付を求める個別訪問、南部アフリカのビデオ上映会の準備などなど、働き手の大部分はボランティアである。店舗の奥には、「仕事メニュー表」が貼られ、ボランティアたちは、そこに〈募金戸別訪問、金・土曜日の夕方二時間〉〈レジ打ち、月・水曜日午後三―五時〉などと登録し、署名を残していく。

オクスファムは第二次世界大戦下の一九四二年、連合軍がヨーロッパ大陸を封鎖したため、飢饉が広がったギリシャに食料を送るためのボランティア組織オクスフォード飢饉救済委員会として、五人で出発した。それが六〇年を経て、いまや英国とアイルランドに、八五〇ものこうした店舗をもち、約三万人のボランティアが働く(1)。

価値実現への参加

英国では政党が政治の中核になってきた。同じように、教会とチャリティー団体が社会の中核となってきた。子どもたちは、小学生の時代から、チャリティー活動をすることが習慣になっていく。チャリティーとは、金を寄付することだけではない。社会的価値の実現に身体を動かすことが重要なのである。チャリティーが社会のなかに習慣化しているため、英国のボランティアの数は日本に比べ格段に多い。ただし、身体を動かし、時間と金を差し出す人々は、参加するＮＧＯの活動を非常に厳しく評価する。ボランティアは、反対意見、異論を述べるだけではない。異論があれば、そのＮＧＯをあっさりと見捨て、別のＮＧＯに移っていく。

英国ではＮＧＯ間の競争も激しい。海外援助に実績のあるＮＧＯとして、オクスファム、セーブ・ザ・チルドレン・ファンド、英国ユニセフ、海外開発カソリック基金などが協力しながらも競い合っている。それぞれのＮＧＯの店舗が隣合わせになっていることも多い。そして、ありとあらゆる目標価値を掲げたさまざまのＮＧＯがある。

ボランティアたちは、「この価値を掲げるＮＧＯを」と選んで、自分の時間を差し出し参加する。そうするのは、選んだＮＧＯが社会的価値に関する自分の意志を実現する、と信じているからである。反対に、もしもそのＮＧＯが社会的価値を実現していないものと感じられたならば、参加も寄付もきっぱりとやめる。ボランティアは、自分が信じる価値の前に、自分が有用かどうか試される。そして、ボランティアの価値観の前に、ＮＧＯは「社会的価値を実現しているのか」という正当性のテストを課されている。

もしＮＧＯの活動が人々の価値意識をとらえることができるなら、ボランティアの参加や寄付の額は急増する。反対に、とらえることに失敗すれば、あるいは価値実現のエイジェントであることに疑念を抱かれるなら、参加も寄付も一挙に急減する。一つのスキャンダルがＮＧＯを潰《つぶ》すこともある。それは政党に対する支持率の増減とか、政府の世論調査による評価とは比べものにならないほど厳しい。その反面で、参加と寄付によって支持を受けているＮＧＯの主張は、選挙で選ばれた政府も無視できないほど重い意味をもっている。オクスファムの最高責任者デヴィッド・ブライヤー理事長は、「ＮＧＯにとってもっとも大切なものは、コミュニティーにおける名声と評価だ」と断言している(2)。

地平線いっぱいに広がる難民たち。ここで一人当たりどれだけの水・食料を配給できるか。どこにトイレを掘り、どこに野戦病院のテントを張るか。それを考えるかれ・かのじょが、NGOの第二の顔である。かれらNGOの専門職員たちは、自身と他のスタッフの安全を確認し、トイレ用の穴の位置を決め、一帯を消毒し、野戦病院用のテントを張る。そして難民の子どもたちの体重を測り、清潔な水の供給量を決めていく。かれらは難民の生じた場所に、いち早く駆けつける。

たとえばオクスファムは、世界各地に七〇〇〇のプロジェクトを展開し、現地では一〇〇〇人を超す援助のプロフェッショナルたちを雇っている。また、飲料水をつくる特製の水浄化装置、簡易トイレなど緊急援助物資計三億円相当分を、本部オクスフォードに近いレスターに七〇〇坪の倉庫に備えている。

専門技術

緊急救援には人命がかかっている。そして時間と競争しながら「どれだけの人間を救えるのか」という有効性のテストの前に立たされる。また、開発援助には援助される側の生活がかかっている。「どれだけ被援助者をエンパワーできるか」という有効性のテストの前に立たされる。

たとえば、難民たちが次々に死亡する原因は、栄養不足か感染症かそれともそれ以外の理由か容易には判断できない。もっとも重要な仕事である原因の診断が困難なのだ。また、難民や被災者と有効にコミュニケーションできなければ問題は発見できず、有効な援助は行えない。しかも事故、病、治安の悪さなどから危険と隣合わせである。責任者が一つ判断を誤れば、援助の当事者を含め不必要な死を招く結果になりかねない。

フィールドへの補給活動も同様だ。時々刻々と変化する状況をつかみ、フィールドとの輸送と通信の手段を確保し、必要な食料、薬品、資材、資金を調達して搬入し、受入国政府、現地有力者、国際機関、他のＮＧＯと交渉・協議するには、高い危機管理能力と組織力とコミュニケーション能力、そしてプラグマティックな判断力が不可欠である。外から持ち込んだ資金や技術はフィールドで万能薬ではありえない。牛肉を食べることがタブーである難民たちに冷凍牛肉を送り、電気の通じていない地帯に大量の冷蔵庫を送りつけるような、笑い話のような悲喜劇もくり返されてきた。

オクスファムのデヴィット・ブライヤー理事長は、ＮＧＯの専門職員を、有効性のテストに耐えるだけの「専門技術」をもち、また、エスタブリッシュメントの一部として位置づける。

> （ＮＧＯ専門職員は）発見した問題に、プラクティカルに有効に対処する技術が必要です。それは「専門技術プロフェッショナル・スキル」と呼ぶものです。……政府の各部門が専門技術を必要とするのと同様に、ＮＧＯがさまざまの問題に有効に対処するには、専門技術が不可欠です。……近年ではＮＧＯ専任職員は、教師、大学研究者、医者と並んで立派な専門職と考えられるようになりました。しかもＮＧＯ専門職員は、ビジネス、公務員、大学研究者の職域との間で、

転職することが通例化しています。……一方でNGO専門職員は、政府から独立して批判的な視点をもち、問題を発見してそれに取り組む仕事をこつこつと続ける必要があります。しかし他方で、社会を代表する重要な部分としてNGOが認められるため、エスタブリッシュメントの一角を占めていなければなりません。(3)

原因解明

ただしNGO専門職員の「専門技術」が現地で有効性を発揮するとは限らない。飢饉のような複合的危機に取り組むには、原因を解明する眼力が必要になる。また実施する開発プログラムが有効かどうかを判断できなければならない。

たしかに金が、その額は非常に小さくても、人々の未来を閉ざしていた貧困という重い扉を開ける鍵の役割を果たすことがある。しかし、何らかの原因に妨げられているからこそ、扉は重く閉ざされ、人々は貧困状態に押し止められている。その貧困の原因は、その場や文脈ごとに異なっている。外から持ち込まれた金や技術が、そのままの形で解決になることはまずない。また金と技術をもった援助団体とそれを受け取る被援助者の間には、不可避的に権力関係が形成される。社会関係、家族関係、あるいはコミュニティーや難民集団のなかの権力関係が貧困の原因となっていることが多い。そしてこれらの権力関係は、扉を開ける錠前を覆い隠す傾向がある。貧困の扉を必ず開けられるような「万能のマスターキー」は存在しない。

オクスファムのケニア事務所のエルード・ングンジリは、こう語る。

金が貧困解決の決め手になる、と考えられがちです。しかし、それは間違っています。なにより、貧困の原因究明こそが決め手なのです。民衆自身が、貧困の原因をつかんだときに、はじめて外からの援助が生きてくるのです。(4)

このように貧困の原因を突きとめようとすると、コミュニティーの権力関係に踏み込まざるをえない。そうすると「貧者に金を与えるだけなら聖人と崇《あが》められ、貧困の原因を問うた途端、共産主義者と罵倒される」事態になる。しかし、NGOとその受け手が貧困の原因を究明し、対策を構想し、それを自由に議論できるような公的なフォーラムの形成が重要になる。援助や協力が政治的であることは避けられない。

信じて委ねる

たしかに難民や極貧の人々は、戦乱、災害、社会環境などの犠牲者である。ただし、犠牲者であるからといって、かれらが無力な存在であり、またまったく受け身である、ということはない。難民のなかには、医師も教師も弁護士もいれば、ギャングや犯罪者もいる。また、外から持ち込まれた援助は、膨大な難民や極貧の人々の数に比べれば、「大海の一滴」――それが場合によって貴重な一滴であろうと――にすぎないし、そうした援助は、永久に続けられるべき性格のものでもない。

オクスファムの専門職員だったジョン・クラークは次のような体験を記している。大学生だったかれは、一九七一年秋、カルカッタの救世軍のホステルに泊まっていた。一帯は極貧の人々であふれ、毎朝、救世軍が配給するスープの鍋の前には、何百人もの行列ができていた。かれらは配給のスープで生き長らえていた。

ところがそれに加え、バングラデシュの独立紛争のため、当時の東パキスタンから国境を越えて一〇〇〇万人もの難民が、カルカッタ周辺の西ベンガルに集まっていた。

すると、毎日スープの鍋に並ぶ貧民の代表が、救世軍の責任者に会いにやってきた。かれらの多くも、かつて難民としてカルカッタに避難してきたのだ。かれらは新しくやってくる難民たちのために何ができるか議論した。そしてその結論をもって、救世軍のホステルにやってきた。

かれらの提案はこういうものであった。救世軍の朝のスープ鍋の量を半分に減らし、残りの半分を難民キャンプで配給できないだろうか。そして、その配給にはかれらがボランティアとして参加する、と。救世軍のなかでは、この提案に対する疑念があった。しかし、提案を信じて賭けることとなった。ところが、事情を熟知した貧民たちの救援活動は、救世軍自体のそれよりはるかに合理的であったという。それが契機となって、貧民たちの難民に対する救援活動が展開された(5)。

このように、貧民や難民を救うことができる最大の主体は、かれら自身である。このクラークが経験した事例のように、多くの援助は、犠牲者・被災者の内側から、もしくは、かれらに近い人々によって、もっとも有効になされてきた。援助の有効性とは、「人々が自立する力を獲得していく過程を、側面から支援する触媒の役割が果たせたのか」というエンパワーメントの成否によって、長期的には測定される。

第二節　ＮＧＯの有効性と正統性

援助総額

ＮＧＯが実施する援助プログラムは、小規模なものが大部分である。たとえば、インドのグジャラートで、少数民族の「山の民」が、森林で採取した木の実、果実、香料を売るとき、秤《はかり》をもっていないため、仲買人に量をごまかされていた。それに対してオクスファムが秤を寄贈し、その結果「山の民」たちの収入が二〇％増えたという。これは援助額にすれば「秤の代金二五ポンド」（当時の換算で六〇〇〇円）にすぎない。また、予算支出は「中古自転車一台」などという援助プログラムもある。プログラム一件当たりの予算支出は、政府開発援助（ＯＤＡ）、世界銀行の「構造調整」援助の一件当たりの予算などに比べ、非常に小さい。そのため、ＮＧＯの活動は「全体ほんのわずかにすぎない」と感じている人が少なくない。

ところが、海外援助ＮＧＯの活動の量的な規模は、一九八〇年代後半を境に、政府や国際機関にほぼ匹敵するようになった。いくつか数値をあげてみよう。

①一九九〇年のオクスファムの予算(一・三億ドル)は、ニュージーランドの政府開発援助(〇・九億ドル)を超えた。また、米国の代表的なNGOであるCAREの同年の予算(二・九億ドル)は、オーストラリアの政府開発援助(三・九億ドル)の四分の三であった。大規模なNGOは単独で、中規模国家のODA相当の援助を行っていたのである。

②欧・米・日など一八カ国の全NGOの予算総額は、一九七五年から一〇年間で倍増し、一九八八年に五二億ドルに達した。この額を主要国のODAと比較すると、同年第三位のフランス(四八億ドル)を超えている。またこの額は、同年の欧・米・日など一八カ国のODAの合計の一〇%を超え、世銀の対途上国純貸出額(新規貸出しから元本返済を差し引いた額)総計の四分の三に達した。さらに、NGOの援助五二億ドルはことごとく贈与である。それに対し、世銀の純貸出額は全額が借款であり、日本のODAの贈与部分は四七%(四三億ドル)である。NGOの援助額は、すでに、援助大国や世銀に匹敵する経済的比重をもっていた。

有効性

NGOは、規模・活動形態・能力が実に多様であり、また日々新団体が生まれている。そのため同じNGOといっても、援助活動の有効性について、一括して論じることは不可能である。ただし大規模で実績のあるNGOについては評価が高い。たとえば、英国の海外援助担当大臣からオクスファムの最高責任者になったフランク・ジャッドは、双方の有効性を対比できる立場にあるが、

「ＮＧＯの活動は、通常の官庁のそれとは比較にならないほどダイナミックだ」と述べている。(6) そこで、ＮＧＯが一九八〇年代以降確立した援助の有効性を要約すると、次の三点になる。

第一は、人的ネットワークの形成である。欧米のＮＧＯの活動は、途上国のＮＧＯの形成を促進してきた。そして、先進国と途上国の間にＮＧＯのネットワークが形成された。欧米の主要な二〇〇程度の団体が援助総額の四分の三を占めるが、大きいものでは、一つで万単位の途上国のＮＧＯとネットワークを結んでいる。また途上国相互間のネットワークも形成されている。これらはＯＤＡの対象が受入国政府や有力企業に限定されることがあることとは対照的である。

第二は、最貧困層への接近である。最貧困層は、閉ざされた遠隔地に住み、あるいは、声を上げる力に乏しいなどの理由から、外部から見えにくい。また最貧困層は、資源を投入しても短期的な効果が見込めないため、効率を重視する援助機関は手を触れたがらない傾向があった。それに対して、多くのＮＧＯが緊急援助を行い、最貧困層やハンディキャップのある集団に対して接近能力を高めた。これらのＮＧＯは、救援が困難な集団や地域に接近し、目に見える成果の上がりにくい援助を担当している。

第三は、下からのミニ発展政策の展開である。ＮＧＯは、受入国政府を介することなく、直接に途上国のＮＧＯや民衆に接近できる。問題点をもっともよく理解しているのは当事者たちである。ＮＧＯは、それぞれのコミュニティーにおける必要性や社会的状況に応じた発展方式を工夫してきた。それには、「参加型発展」、また「マイクロファイナンス」などと呼ばれるさまざまの形態があり、少なくともその一部は成功している。たとえば、バングラデシュの「グラミン・バンク」は、農村にマイクロファイナンスを組織化し、貧困層、とくに女性が企画した事業に絞って貸し付けてきた。これは当初借りた金を返せないはずの層への融資とみなされ、成功の見込みがない暴挙と考えられてきた。ところがこの常識を破って、グラミン・バンクは高い回収率を誇り、その方式はバングラデシュ以外の国々にも広がっている。またアフリカでも、主な耕作者である女性の識字率、農業技術、経営能力を高めることによって、福祉を向上させることに成功した。これらからNGOは、国際機関や政府機関にとっても「政策アイディアの宝庫」とみなされている。

正統性

NGOは、フィールドにおいて有効に援助を実施する機関であり、資金を移転する回路であったが、一九八〇年代以降はそれを超える影響を持ち始めた。NGOは、人々の参加するフォーラムの設定者であり、社会教育の場であり、キャンペーンの方向指示者であり、情報を集約したシンク・タンクであり、政府への圧力団体であり、場合によっては民際外交を行う総合主体として承認を受けるようになった。

そしてNGOは、先進国と途上国に橋を架け、双方の政府の政策に影響する社会主体としての力を獲得してきた。その結果、多くのボランティア、ジャーナリストから、社会的な価値の正統な代行者として承認され、また政府や国際機関から、補助金を得、授権され、提携を求められる主体となってきた。

ＮＧＯが国際的な主体として台頭した第一の要因は、他の主体による「発展」の挫折である。一二章で見たように、途上国の「発展」を達成するべき主体であった政府および国際機関が成果を上げられず、その正統性をすり減らし、統治責任を縮小せざるをえなくなった。そこに生じた機能上の空隙《くうげき》を埋めるという期待から、ＮＧＯの役割が増大してきた。

とくに一九八四―八五年のアフリカの飢饉救災活動を通じて、西欧世論のなかに、「ＮＧＯ神話」とも呼ぶべきものが生まれた。それは、「ＮＧＯはいち早く救援に赴き、目的に献身し、きわめて能率的」だが、反対に、政府や国際機関の「官僚は対応が遅く、献身的でなく、能率が低い」という言説だ。「サンダル履きの志あるボランティアは、アフリカで国際公務員殿より役に立つ」という経済専門誌の見出し(7)は、そうした神話を典型的に表現している。

これを「神話」と呼んだのは、ＮＧＯの活動すべてを「ジーンズ姿の聖人」と一般化することはできないからである。フィールドで無能を露呈したＮＧＯの例も非常に多い。また、能率的で献身的な国家公務員、国際公務員の例も数多く報告されている。ＮＧＯには、政府や国際機関の援助機関と比べて、長所も欠陥も、得手も不得手もある点は、ＮＧＯの専門職員たちの認めるところである。

ただし、ＮＧＯは「聖人」で、役人は「手を汚さない」という二分法が、欧米の世論で広く受け入れられたことには理由がある。すなわち、「国家を代表する政府機関は国家的利益に従い、社会を代表するＮＧＯは人間的価値に従う」という大局的な判断が根拠をもっているのだ。

ＮＧＯが最貧困層に援助の手を差し伸べたことによって、政府機関が最貧困層を軽視し見捨てがちなことを、人々は知るようになった。途上国の最貧困層は、大国の戦略に影響を与える変数ではないからである。ＯＤＡを、外交戦略や国家的利益という目的のための手段とみなすことの限界である。援助は、それが「人道」の名のもとになされ、受入国政府の同意に基づくものであっても、受入国政府に対する権力手段となり、また、その国の社会に影響を及ぼす浸透手段の面をもつ。こうした援助を権力的に利用する傾向は、大国政府の間に根強い。

その半面、受入国の人々にも政府にも、援助が、形を変えた非公式の植民地主義となるという警戒感があった。場合によっては、どのような援助や救援も帝国主義的な内政介入だとみなす主張が説得力をもちやすい。このように主権国家関係のもとでは、対外援助は、一方では、大国主義的な戦略に歪められ、他方で途上国のナショナリスティックな反発に拒絶されるという、挟み撃ちに遭い、援助本来の「人間的価値」が見失われることも少なくなかった。

この国家的対立の隘路《あいろ》からの脱出口が、ＮＧＯによる援助だった。一九八〇年代に米国が援助の「新たな方向」としてＮＧＯを前面に押し出したのは、援助を国家の勢力拡張の手段にしないという宣言だった。つまりＮＧＯは、国家戦略と国家利益を超えた「人間的連帯と人類的利益」のシンボルの意味をもった。

第二の要因は、援助の官僚化の限界である。援助予算の拡大は、政府も国際機関も、さまざまの援助機関を拡散させ、時に「援助ビジネス」などと形容される錯綜した利権的複合体をつくり出した。この途上国に向けて展開された官僚組織の迷路は、情報が非公開の上に、非合理なものも少なくなかった。加えて、それらは、人員・予算などがきわめて貧弱な後発発展途上国政府の担当機関に殺到した。たとえば、一九八〇年代のバングラデシュでは、三五カ国の援助機関、一六の国連諸機関、六つの多国間援助機関が、それぞれさまざまな援助案を持ち込んでいる。それが受入国の政府機関にとって過剰な負担になり、援助がそれぞればらばらで効果が上がらない状態を招いてきた。その結果、ブラック・アフリカ諸国などで、政府間関係を介した在来型の援助パターンを継続したのでは、たとえ援助量を増やしても、それに対応する限界効用が逓減《ていげん》する危険が指摘された。

政府機関の援助が国家的対立の隘路と官僚制の迷路に陥るのと対照的に、NGOは、人間的利益の実現と民衆によるコントロールが可能であった。NGOがそうした社会主体であることを人々が承認したからこそ、「NGO神話」が生じたのである。NGOが、一九八〇年代に飛躍をとげた核心は、「社会的価値を代行し、人間的価値を追求する」ことに対する信頼感が、フィールドの活動の有効性と結びついた点にある。

第三節　主体としてのNGO

NGOと政府機関の新しい関係

二〇世紀末の四半世紀の間、NGOと国際機関、あるいはNGOと政府組織との関係は大きく変動した。たとえば一九七二年の国連人間環境会議や一九七四年の世界食糧会議などにおいては、会議に参加したNGOの活動家たちは、各国政府の代表団、国際機関の事務局メンバーと、敵対的とまではいかなくとも、相互に異なるカルチャーに属すると感じ、異なる言語を用い、異なる行動様式をとって対峙し合うことが少なくなかった。そこでNGOは、政府機関から不信と警戒の念を抱かれていた。NGOが国連会議の正統的な内部メンバーと認められる状態からは程遠かったのである。しかるにその二〇年後、一九九二年の国連環境開発会議（地球サミット）では、NGOは、会議の不可欠な部分を構成するにいたった。NGOは、準備段階から協力し、公的機関のメンバーと協議を重ねることによって人的信頼関係を築き、国連会議の半公式な参加者として役割を果たすことになった(8)。

そのなかで世銀とNGOの関係も、対立から協力に向かう軌跡をたどった。一九七〇年代には、NGOの多くは、世銀が実施する開発政策やプロジェクトの批判者であった。場合によっては、世銀の存在そのものを悪とみなし、本質的に経済自由主義的なイデオロギーの担い手であるとみなした。一九八〇年代初頭には、NGOが世銀と政策実施の上で協力しなければならない場合にも、せいぜいのところゆるやかな調整がなされるといった状態であった。しかるに世銀は、第一二章で見たように、従来の「構造調整」政策の再検討を迫られた。そして、一九八〇年代前半には、世銀が積極的にNGOの参加を求めるための組織を設けて、NGOへの諮問をはじめるにいたった。

一九八〇年代には、NGOの圧力によって世銀がその経済モデルや経済政策を変更することこそなかったが、世銀内では、環境に関する配慮の重要性、開発に対するNGOなどの参加の重要性など、政策アプローチを変える必要性についての理解は進んだ。とくにNGOの参加は、米国など北の諸政府の支持を受け、一九九五年に就任したウォルフェンソン総裁は、参加型の発展とNGOの役割増大を促進するリーダーシップをとってきた。(9)

またNGOサイドにも、世銀や主要国政府の政策にひたすら敵対するイデオロギー的硬直性に対する反省が広まり、協力しつつそれらの政策転換をはかる動きがはじまった。たとえば、オクスファムにおいて開発プログラムを主導してきたジョン・クラークは、一九九一年、開発や救援の現場の試行錯誤のなかで蓄積してきたNGOの経験に判断根拠を置いた「新しいプラグマティズム」を提唱した。クラークは、一方で、「諸悪の根源」を新植民地主義、多国籍企業、商品作物生産などの資本主義に一括して帰因させるイデオロギー的硬直性は、過度な単純化であり、NGOの信頼性を損ねてきた、と主張している。彼は他方で、南のフィールドの経験知と情報を、NGO自身の政策のみならず、北の諸政府や世銀などの政策決定に反映させるために、具体的な政策の改革を推進すべきことも訴える。そして世銀の構造調整政策については、個々の欠陥を批判しながらも、世銀自体、あるいは構造調整自体が不要なのではなく、別の形の構造調整が必要であることを体系的に論じた。(10) これは、NGOの新しいプラグマティックなアプローチの象徴である。

協力契機の拡大

こうした動向の背後には、一方で援助拡大を内外に公約しながら、他方で、財政収入が伸び悩む各国政府が、政府の援助よりも安いコストでプログラムを拡大できるため、NGOを介した援助を選んだという、本音が隠されている。

NGOが、政府あるいは国際機関と協力する契機は多様である。そのうち国際機構、あるいはOECD諸政府の側が、NGOに提供できる第一は、資金である。その額は、一九七六年以降、漸増を続けており、NGOに対する民間のボランタリーな寄付が一九八〇年代末から停滞傾向を見せるなかで、政府の補助金がNGOによる南への援助総額に占める比率は三分の一を超えるにいたっている。この公的補助金は、両者を接近させる機会を増やし、とくに政府の会議と国際機関、国連会議などへのNGOの参加、NGOによる政府や国際機関のための政策文書の作成などの協力促進に重要な意味をもった[11]。

その第二は、政府や国際機関の政策決定過程へのアクセスである。たとえば地球サミットの過程では、各国の政府代表団は、国によって程度の差はあったが、NGOに事前の諮問を行い、また、さまざまな提案の草案をめぐってNGOを交えた準備会が開催された[12]。このように環境関連の国連機関がもっともNGOの参加を進めているが、世銀もNGOからの政策批判を踏まえて、NGOとの環境、貧困の緩和、「構造調整」などに関する政策対話を促進し、NGOの政策への参加を模索する改革を推進している。世銀の報告書『世銀とNGOの協力[13]』によれば、一九九四年の世銀のプロジェクトの半分はNGOの参加を定めており、しかも、プログラムの執行過程だけでなくプロジェクトのデザインの過程でも、半数以上にNGOが参加している[14]。さらに、このような決定へのアクセスの前提として、公的機関はNGOに対する情報開示を、ある程度進めている。また、公的資金の提供と政策決定へのアクセスの過程は、NGOの側からすれば、大小さまざまで能力や目的も種々雑多のNGOが、半公的ステイタスを獲得するものと、そうでないものに選別される過程に他ならない。

ここで各国の政府において、開発援助や環境を担当する省庁は、一部の例外を除き、他の官僚機構に対比すると弱小な組織である。さらに国連機関の担当部局は、数は多く設立趣旨が立派であっても、一般にその一つ一つの事務局は、予算も人員もきわめて乏しい弱体機関である。そのため、NGOの側が政府や国際機関に提供しうるものは、きわめて多い。第一は、政府や国際機関が参与した援助プロジェクトを推進し、あるいは公的機関に代わってサービスを実施するマン・パワーである。そして、NGOが現場の経験と専門知識に基づいて世論を喚起する能力は、公的機関の政策とNGOのそれの方向性が合致する限りにおいて、両者の提携の契機となってきた。

第二は、「発展」や援助の現場のデータ、情報、専門知識などの提供である。たとえば飢饉が広がっている場合などでは、NGOによる現地情報は国連機関や諸政府の援助活動に決定的な意味をもつことが少なくなかった。また人員の乏しい公的機関の場合、フィールドにおける援助の執行過程だけでなく、情報や判断もNGOに依存することが多い。実際、国連が最初にNGOに門戸を開いたのは、人権NGOが国連人権委員会で一つ一つの人権侵害の事例を提示したことによっている。また政府機関や国際機関が、国際会議を主催したり、特定のプロジェクトを実施したりする委託を受けた場合、代表団に専門知識がなく、そのための専門的訓練を受けていないことも少なくなく、NGOの情報提供による「リアリティー・チェック」(フェリス・ガイアー)は死活的意味をもっている。(15)

争点ネットワークの拡大と緊張

相互相補的な機能を持ち合っているNGOと公的組織の一部分との間の協力関係は、シリル・リッチーによって「実効的連合パートナー(オペレーショナル・コアリションズ)」(16)と表現されるほどの深まりを見せている(「実効的連合パートナー」には世論喚起を担うマスメディアを加えるべきであろう)。そして巨視的に見れば、この四半世紀の間、このNGOと国際機関の提携は、飢饉などの緊急救援、人権擁護、発展、環境などさまざまの争点領域において、南北にわたるネットワーク、いわゆる争点ネットワーク(17)を拡大してきた。前述のように、NGOは世銀の構造調整政策などにも参加するようになったが、これもまた、NGOが重要な主体となってネットワークを構成した争点領域の一つである。争点ネットワークは、たんに南北のNGOのみでなく、国連機関の一部、あるいは諸政府機関の一部を巻き込み、公的組織とNGOの連携による政策の推進と方向転換をはかった点に特徴がある。

争点ネットワークが拡大を続けてきた理由は、次のように要約できる。第一に、援助や環境は主要国の国内の政治決定、およびその間の外交交渉において優先順位の低い争点であり、しかもそれを担当する機構はそれぞれの官僚政治内において、必ずしも強力な組織的基盤をもたなかった点である。第二に、第一二章で見たように、二〇世紀後半の四〇年間にわたって、ブラック・アフリカの諸政府と国連諸機関とが「発展」に失敗し、正統性を損耗させてきたためである。第三に、ブラック・アフリカの諸政府が統治機能を後退させ、その代替が不可欠になっていた点である。アフリカの貧困は、地球環境破壊と並び、政府と国際機関よりなる国際政治にぽっかりと空いた機能の空白であった。そのような役割の空隙を、NGOと公的組織の一部によって構成される争点ネットワークが、部分的に埋めたのであった。

このような他のアクターの失敗や役割放棄を埋めるというNGOの基本的性格は、争点ネットワークの特徴を反映している。すなわち、優先順位の低い政策領域、あるいは、公的機関が失敗を重ねてきた問題領域を、NGOと公的機関の一部が争点化し、また、それらの決定過程から排除された人々の主張を、国際的なフォーラムとして代弁する機能を果たしてきた。

しかし、その反面、弱点も明瞭である。第一に、NGOが参加しても、必ずしもNGOの希望する政策転換が保証されるわけではない。この単純な事実は、NGOと公的組織の間の緊張として現れる。たとえば地球サミットにおいて、マサイアス・フィンガーは次のように指摘していた。

地球サミットの一連の過程には、基本的な緊張が存在していた。それは国家がNGOの役割をどう位置づけるかということと、NGO自身がNGOの役割と考えたものとの間の緊張である。国家や国際機関は、NGOを、データや専門知識の提供者、広報活動の一環、もしくは会議に正統性を与える主体になってほしいと考えていた。しかし、そのNGO自体は、地球サミットを世界の発展に根本的な変化をもたらす機会にしようと願望していたのである(18)。

実際に、地球サミット以降開かれた、「人権」(ウィーン)、「人口」(カイロ)、「社会開発」(コペンハーゲン)、「女性」(北京)、「人間居住」(イスタンブール)などの国連会議には実に多数のNGOが参加したが、その半面、かれらが政府や国際機関の政策転換を促進してきたのは、①マスメディアなどの働きによって、比較的長期間にわたり世論の焦点となっている争点について、②具体的な解決策が、主要な政府内のアクターにとって利害関係や既得権益が低いという意味でロウ・ポリティックスに属し、③NGOが事前に政策決定にアクセスできるものに限定されがちである、とファン・ルーイは指摘する。そして国連会議は、金と時間を消費し、大々的に行われる行事だけに、参加したNGOにとって政策的成果が少ないと感じられる場合には、挫折感は深くかつ広いものになっている(19)。

世銀への参加と現実

国際機関のなかでＮＧＯの参加をもっとも積極的に取り入れた世銀は、一九八〇年代末より、環境の争点領域について政策転換を行った。たとえば再定住計画、エネルギー開発、森林開発の政策領域など、その政策に影響を受ける住民とＮＧＯからの事情聴取、その結果についての独立した検査機構を制度に組み入れた。また、既述のように、多くのプロジェクトに関して、執行段階のみならずデザイン段階でのＮＧＯの参加を制度化していった。そのような政策推進のため、世銀内では、ＮＧＯや参加型開発に関する専門家が払底《ふってい》気味にさえなった。しかし、そうした参加は、すべての政策へのアプローチの変化ではあっても、政策転換を意味するわけではなかった。とくに「貧困の解消」については、政策転換の形跡はほとんど見られない。

構造調整政策が貧困を深刻化させる、あるいはその政策は少なくとも一定期間、特定の社会層に困難をもたらすという批判に対して、世銀は「貧困層に焦点を当てた poverty focused 調整政策」[20]を提唱するようになった。たしかにそれは、「構造調整」政策の結果、失業が増大し、また政府機能が低下することへの対策として、社会保障の基金を創設することなどを含んでいる。しかし、「貧困層に焦点を当てた構造調整」は、従来から展開してきた構造調整のモデルを基本的に維持し、それを修正・補完する役割をもっている。そして構造調整が「貧困の減少にも役立つ面があった」と、政策の正統性を調達する新しい方法になった。この修正を施すことによって、世銀は受入国に対して、コンディショナリティーのいっそうの徹底的な実施と合理化を求めている。

さらに、NGOが世銀に大幅に参加するようになったにもかかわらず、その結果として世銀の政策転換が生じていない政策領域も多く存在する。その最大の要因は、NGO自身の参加の仕方に帰せられるであろう。なぜなら、多くのNGOは、エドワーズとヒュームが指摘するように、受入国政府や世銀の従来の慣行に対して変化を要求することなく、あるいは変化を求めるだけの能力を欠き、世銀の提案に埋没したままそのプロジェクトに参加し、受け取った予算を消化しているからである。(21)

以上より、争点ネットワークからの世銀に対する政策転換の圧力が増大したことは明瞭である。世銀は、そのようなNGOの批判を、プロジェクトへの参加によって取り込み、あるいは包摂しながら、その要求に選択的に対応していることが理解できる。このようなNGOの参加の過程を通じて、一方でたしかにNGOは発言力を増したが、他方で世銀は、NGOを介して執行能力を上昇させただけでなく、権威と正統性を回復することに成功したと言ってよい。

ま と め

NGOの機能を、シュヴァイツに従って整理すれば、①情報と専門知識の供給者であり、②援助や救援などサービスの提供者であり、③「道徳的な聖火 moral flame」の保持者となる。(22)このような役割は、NGOの誕生以来、一貫して変わっていない。しかるに、この三〇年間におけるNGO

の最大の変化は、その活動が争点ネットワークを構成するようになった点である。それは第一に、途上国における草の根組織が、活動可能な社会空間を確保しつつ、活動総量を急激に拡大させ、国際政治のなかでＮＧＯとして活動を活発に展開するようになった点に求められ、第二に、ＮＧＯが公的組織と提携して争点ネットワークを構成するようになった点に求められる。たとえばウィーンの国連世界人権会議のＮＧＯフォーラムには一五二九のＮＧＯが参加したが、そのうち二七〇はアジアから、二三六はラテン・アメリカから、そして二〇二はアフリカから参加した。(23) このような変化は、たしかに地球規模の民主化を介した、南北格差解決の一つの手掛かりを提供している。

ただし、ＮＧＯがアクターとして台頭しえた政治的理由は、この三〇年間における政治構造の文脈変化によるところが大きく、それは同時に、ＮＧＯが現在直面している課題の大きさをも物語る。ＮＧＯの参加が、国家や国際機関など他のアクターの失敗という闇のなかに射した一条の光である限り、その限界もまた明瞭になりつつある。

それは第一に、政府、国際機関などＮＧＯ以外の主要な国際政治のアクターが貧困の解決に失敗して、統治機能に空白が生じたという変化である。他のアクターの失敗を背景に、「道徳的な聖火」を持ち続けたＮＧＯが、正統性の付与者として台頭した。その結果、ＮＧＯは国連や政府組織の一部を巻き込んで争点ネットワークを構成し、また世銀などのプロジェクトに参加するようになったが、そこでＮＧＯは、公的機関の政策をＮＧＯの側に引き寄せることができるか、あるいは既成組織のなかに埋没してしまうか、という岐路に立たされる。

NGOに比して、主要国の政府機関、国際機関は巨大であり、その組織的慣性力は大きい。しかもNGOは、その存在の正統性を政治的制度に裏づけられていない。NGOは、成功するにせよ失敗するにせよ、他の組織とともに歩むという選択を迫られ、従来NGOのみが確保できた「道徳的な聖火」の保持者としての特有の地位もまた、影が薄くならざるをえない。はたしてNGOは、他の組織とは異なる存在理由を保持し続けられるであろうか。

文脈変化の第二は、ブラック・アフリカの諸政府が、開発に失敗して正統性を失っただけでなく、その機能の縮小を強いられたということであった。そのために、後退した機能を補償する「公共サービスの提供者」としてNGOの役割が拡大した。

そして第三に、主要国諸政府や国連機関の再編が不可避となり、その過程で現場の「情報と専門知識の供給者」としてNGOの参加が要請されるようになった。この過程では、NGOは国際機関とともに、アフリカの政府を挟撃する役割を果たしている。しかし政府の後退を強いることと、それに代替する政治制度を形成し、公共サービスを供給することとは、別個の課題である。社会的な運動主体であるNGOは、民主化の促進要因とはなりえても、統治機構そのものを代替することはありえず、また政党として改革の政治主体たることもできない。

ブラック・アフリカなどの再建には、サンドブルックが強調するように、従来の政府とは異なり、国民に責任をもち、効率的な行政機構を備え、公正な司法システムをもつ形に政府を再建しなくてはならない(24)。

また、目標の達成には、これまで主に人権ＮＧＯなどが取り組んできた、途上国の表層政治と基層政治を隔てる暴力と抑圧という厚い氷を溶かす作業が不可欠である。はたしてＮＧＯが構成する争点ネットワークは、基層政治という底流にまで光を投じることができるであろうか。それがＮＧＯの直面する課題である。

（1）Black, Maggie, *A Cause for Our Times: Oxfam the First 50 Years*, Oxford University Press, 1992.

（2）デヴィッド・ブライヤー「リスクを冒して賭け、信じて委ね、やり通す」『世界』一九九二年八月号、一一九—一二〇頁。

（3）ブライヤー、前掲、一一九頁。

（4）*Oxfam News*, Spring 1991.

（5）Clark, John, *Democratizing Development: The Role of Voluntary Organizations*, London, Earthscan, 1991.

（6）*The Guardian*, March 16, 1986.

（7）*The Economist*, March 16, 1985.

（8）Van Rooy, Alison, "The Frontiers of Influence: NGO Lobbying at the 1974 World Food Conference, The 1992 Earth Summit and Beyond", *World Development*, Vol. 25, No. 1, 1997. なお地球サミットでは、ステファン・シュミットハイニーをリーダーとする四八名の「持続可能な発展のためのビジネス評議会」が組織され、会議組織者から、ＮＧＯよりも緊密に事前の諮問を受けていた。ビジネスの参加は別途検討が必要である。

（9）Nelson, Paul J., *The World Bank and Nongovernmental Organization: A Limit of Apolitical Development*, London, Macmillan, 1995; Nelson, Paul J., "Internationalising Economic and Environmental Policy: Transnational NGO Networks and the World Bank's Expanding Influence", *Millennium*, Vol. 25, No. 3, 1996. また他の類似した

試みは、Hellinger, Douglas, "NGOs and the Large Aid Donors: Changing the Terms of Engagement", *World Developement*, Vol. 15, supplement, 1987 を参照。国連諸機関のなかで、とくに世銀においてＮＧＯの参加が進んだ要因の一つは、世銀において米国などＯＥＣＤ諸国の発言権が強い点がある。世銀プロジェクトへのＮＧＯの参加は、主権の侵害をおそれた途上国政府の意志に反し、欧米など主要国とくに米国の圧力によって実現した。この変化の政治的敗者は、世銀の政策的圧力とＮＧＯのネットワークの役割拡大に挟撃された途上国政府であった。Urvin, Peter, "Scaling Up the Grassroots and Scaling Down the Summit: The Relations between Third World Nongovernmental Organizations and the United Nations", *Third World Quarterly*, Vol. 16, No. 3, 1995 を参照。

(10) Clark, *Democratizing Development*, chs. 11-12 を参照。クラークは、オクスファムから世銀に転出し、世銀＝ＮＧＯリエゾン・スタッフを務めた。

(11) ただし、公的機関からの補助金によってＮＧＯがそれらの下請け機関となり、あるいは公的機関から統制ないし制約を受ける危険性は、ＮＧＯの自立性にとって重要な争点である。そのため多くのＮＧＯが、公的機関からの補助金が全体予算に占める比率に上限を設けている。

(12) Princen, Thomas and Finger, Matthais eds., *Environmental NGOs in World Politics: Linking the Local and Global*, London, Routledge, 1994.

(13) World Bank, *Cooperation Between the World Bank and NGOs: FY 1994 Progress Report*, Washington D.C., World Bank Operations Policy Group, Operations Policy Department, 1995, pp. 5-6.

(14) 世銀のプロジェクトを個別に精査したネルソンによると、表現は「インフレ気味」であり、実際ＮＧＯが参加したのは、プロジェクトの全体ではなく、その一部を構成する「サブ・プロジェクト」のデザイン、とくに「構造調整」政策に伴って大きな影響を受ける集団に対する「社会基金」の創設に関する部分のデザインに参加していたという。ただし、そうであってもＮＧＯの参加が増大している傾向は重要な変化である。Nelson, *The World Bank and Nongovernmental Organization*, ch. 4.

(15) Gaer, Felice D., "Reality Check: Human Rights Nongovernmental Organizations Confront Governments at the United Nations", *Third World Quarterly*, Vol. 16, No. 3, 1995.

(16) Richie, Cyril, "Coordinate? Cooperate? Harmonise? NGO Policy and Operational Coalitions", *Third World Quarterly*, Vol. 16, No. 3, 1995.

(17) Sikkink, Kathryn, "Human Rights, Principled Issue-Networks, and Sovereignty in Latin America", *International Organization*, Vol. 47, No. 3, 1993.

(18) Finger, Matthias, "Environmental NGOs in the UNCED Process", in Princen and Finger eds., *Environmental NGOs in World Politics*, p. 186.

(19) Van Rooy, "The Frotiers of Influence", pp. 106–109.

(20) World Bank, *Poverty Reduction and World Bank: Progress and Challenges in the 1990s*, Washington D.C., World Bank, 1996.

(21) Edwards, Michael and Hulme, David, "Too Close for Comfort? The Impact of Official Aid on Nongovernmental Organizations", *World Development*, Vol. 24, No. 6, 1996.

(22) Schweitz, Martha, "NGO Participation in International Governance: The Question of Legitimacy", Proceedings, Annual Meeting, *American Society of International Law*, 1995.

(23) Gaer, "Reality Check", p. 396.

(24) Sandbrook, Richard, *The Politics of Africa's Economic Recovery*, Cambridge University Press, 1993.

あとがき

本書の関心は、一九七九年暮れ、飢饉の非常事態宣言の出されたインドに迷い込み、また、一九八〇年夏、メキシコ周辺を彷徨《ほうこう》したことを発端とする。そのなかでも忘れがたい体験がある。

一九八〇年春、インドの首都ニューデリーの官庁街には、いつものスーツ姿の群れとは雰囲気の違う人々が集まっていた。張り詰めた空気が漂う人垣の向こう側では、最下層カーストで、しかも盲目の人々のデモの隊列が首相府に向かっていたのである。スローガンを叫ばす、プラカードも少ない、静かなデモだった。杖をたよりに手をつなぎ合いゆっくり前進してゆく人々の姿自体が「祈り」のメッセージを発しているようで、見る人の心を揺さぶった。

ところが、その静かなデモを取り囲んでいた警官たちの列のなかから数名の大男がデモの隊列の方に歩み出て、突然人々に警棒を振りおろしはじめた。デモの隊列が将棋倒しのように崩れていく。警官たちは、無表情に、まるで家畜に鞭《むち》でも振るうように、機械的に警棒を振るっていく。他の警官たちは、制止するどころか、予定していたかのようになりゆきを平然と見ていた。広い道路の幅いっぱいに、痛みに耐える多くの犠牲者たちがうずくまり倒れ込んでいく。血を流している人もいる。見ている人垣は怯《おび》え、無言のまま立ちつくしていた。あたりには、警官たちが太い警棒で道路をたたいて威嚇する「コーン、コーン」という乾いた音だけが反響していた。

「やめろ、やめろ」とほとんど無意識のうちに叫んでいる自分の声に気づいた。言葉を発しているのはわたしだけだった。するとデモの隊列をなぎ倒し終えた大男の警官がこちらに向かってくる。うしろは厚い生け垣になっていて逃げられない。太い警棒の先が、わたしの目の前の空間を下から上に切った。痛い目にあうと観念し、両腕で頭を覆った。ところが、その大男の肩を、後から続いてきたもう一人の警官がつかみ、連れ去っていった。

振り返ると、離れたところから友人のフランス人のジャーナリストが、こちらにカメラを向けてくれていた。そのことに気づいたもう一人の警官が、止めに入ったのであろう。カメラを向けてくれた友人に礼を言うと、「運がよかったな。インド人でなかったことを君は神に感謝したまえ」とかれは言った。インドの人々は自国の警察の暴力で血を流して倒れ、外国人のわたしはフランス人のカメラに守られ無事に立っていた。人権というが、それはいったいだれがだれを守るべきものなのだろうか。

我に返ると、道路に倒れ込んでいた人々が順々に起きあがり、もう一度手をつなぎ合ってデモの態勢を組み直している。首相府へと歩みはじめたデモ隊を見ながら、「真髄まで冒された犠牲者ほど変革へのパトスをもつ人々はいない。いちばん強いのはいちばん弱い人だ」と思った。

本書の序章のタイトルは「平和は可能か」と疑問形にした。そうした理由は、平和の前には、「当面は不可能」という答えが導かれるほど巨大な障害が横たわっているからである。平和の反対物が跳梁《ちょうりょう》し、人が傷つけられ、死にゆく人々が放置され、絶望的な地獄図のなかで、人間性の脆《もろ》さと邪悪さが、また国家の失敗と無責任が、そして世界システムのコントロール不能性が剝《む》き出しとなる。

その障害の巨大さにもかかわらず、「当面は不可能だが、それを行動によって可能にする」と決意した人々が、たしかにいる。とくに犠牲者たちは、平和の反対物の「地獄図」を再現しないため、人間性・国家・社会システムの欠陥を克服し、現状に取って代わるべき〈到達すべき目標状態〉を希求する。たとえばヒロシマ・ナガサキを再現しないために「核廃絶」が希求される。こうした希求は、しばしば生存をかけた行動によって現況を変えることで、「不可能を可能にする」ことをめざすものとなる。この希求的行動は、今日まで運動という形で表現されてきた。

本書の第Ⅱ部には、地球政治の価値規範としての人権に関する章、ないし「地球的共感」とでも名づけるべき地球全体への帰属意識に関する章が必要であった。それらを執筆しようと試みたものの力が及ばず、今後の宿題となってしまった。

本書は、著者が勤務する北海道大学で行ってきた三種類の講義案をもとにしている。第一の「平和の学際的研究」は、一九八〇年以来、四名の同僚とともに行っているオムニバス式の総合講義であり、わたしは通常三回分を担当している。その第一回目には、序章「平和は可能か」に相当する講義を毎年行ってきた。第二の「国際関係入門——地球的問題群」は、数年に一回担当することが義務づけられた二単位の全学教育科目であった。第三の「国際公共政策」は、二〇〇五年以来毎年行っている二単位の公共政策大学院・法科大学院向けの科目であった。

第Ⅰ部「地球的問題群」の第一—七章は、これらの講義録をもとに書き下ろした。聴講する側の反応を見ながら臨機応変に「場」をつくり出す生の講義と、書き言葉によって観念を固定していく書物との間には、演劇と台本の差以上の違いがある。書物につくり直しても、もとが講義録であったことの消し去ることのできない痕跡《こんせき》が残っている。読者のご海容をお願いしたい。

ここでは「感染症」から「第二の核時代」までの七つの地球的問題を選択した。これらは、一九七〇年代以降、地球的問題として認識されるにいたった問題群であり、今日重要になっているにもかかわらず、従来の国際政治、国際経済などの著作や講義では取り上げられることが少なかったことから選んだものである。戦争、「第一の核時代」、軍事化、恐慌や世界同時不況などは、国際政治、国際経済に関する多くの著作・講義によってすでに取り組まれているため、本書では触れていないが、それらが地球的問題に該当しない、とする趣旨ではない。ただし、災害、ジェノサイド、宗教紛争に正面から触れていないのは、著者の力不足であり、今後の課題としたい。

序章、および第Ⅱ部「国際政治から地球政治へ」の各章は、以下の各論文を再構成して書き直した。本書に転載することを許可してくださった関係各位に感謝する。

序章「平和は可能か」(「平和は可能か?」『岩波講座　転換期における人間5　国家とは』岩波書店、一九八九年、二九七—三四一頁)

第八章「地球市民社会の存在理由」(「世界政治と市民」『平和研究』第二〇号、早稲田大学出版部、一九九六年六月、六―二一頁)

第九章「ポスト主権状況」(「領域国家の終焉」、小川浩三編『複数の近代』北海道大学図書刊行会、二〇〇〇年、二八三―三三七頁)

第一〇章「ポストナショナルな安全保障」(「ポスト軍事主権の平和構想」、磯村早苗・山田康博編『グローバル時代の平和学2 いま戦争を問う』法律文化社、二〇〇四年、二七二―二九八頁)

第一一章「地域統合の政治構想」(「地域統合」『岩波 社会思想事典』岩波書店、二〇〇八年、二二六―二二七頁、および「ヨーロッパは政治共同体たりうるのか」、佐々木隆生・中村研一編著『ヨーロッパ統合の脱神話化』ミネルヴァ書房、一九九四年、三三―九五頁)

第一二章「国際経済機構の政策転換」(「南北問題の解決のために」第一―二節、深瀬忠一他編『恒久世界平和のために』勁草書房、一九九八年、三九二―四〇七頁)

第一三章「NGOの可能性」(「NGOの可能性」『世界』一九九二年八月号、一三〇―一四二頁、「南北問題の解決のために」第三節、深瀬忠一他編『恒久世界平和のために』勁草書房、一九九八年、四〇七―四二一頁)

未熟な教師であるわたしを支えたのは、聴講された学生の教室における反応であり、また、講義後の応答の手応えであり、そして卒業後に示される頼もしい成長ぶりであった。そうした反応に出会うたび、いちばん大事なこと、意味のあることを伝えたいと思ってきた。ただし、こうして一冊の書物にすると、聴講する側にとって、いかに量的に膨大であったか、また、これまでの講義がいかに未熟なものであったかを痛感した。聴講された方々に申し訳なかったという思いでいっぱいである。本書を、これらの講義を聴講してくれたかつての学生諸氏に、そして、いまは卒業・修了されて友人となっている方々に、心からの感謝とともに捧げたい。

本書を終えるに当たり、無知で無思慮な若者であったわたしをインド・発展社会研究センターで受け入れ、知的に導いてくださったアシース・ナンディー教授、ゴパール・クリシュナ教授、また、メキシコ国立自治大学にわたしを受け入れ、自由に行動させてくださったジョン・サックス・フェルナンデス教授には、とくに心より感謝する。

各章の執筆に際し、多くの方々から学ばせていただいた。序章は坂本義和教授、第一章は喜田宏教授、第二章はアマルティア・セン教授とオクスフォード大の同教授演習の出席者たち、第三章はアラン・マクファーレン教授、第四章は宇沢弘文教授、第五章は石弘之教授、第六章はチャールズ・キーリー教授とオクスフォード大クイーン・エリザベス・ハウスの同教授の演習に出席した難民の皆さん、第七章はゴパール・クリシュナ教授、第八章はティモシー・アッシュ博士とリチャード・フォーク教授、第九章は中西洋教授、第一〇章はマイケル・ハワード教授と遠藤誠治教授、第一一章はウィリアム・ウォレス教授と遠藤乾教授、第一二章はジョン・クラーク氏、第一三章はデヴィッド・ブライヤー氏から、それぞれご教示をいただいた。これらのご教示がなければ、各章のように整理することは不可能であった。教えた側は忘れてしまうような何気ない一言でも、受け手には大きな意味をもち、重要な励ましとなって心に結晶化する。学恩に心より感謝申し上げる。

本書は吉田文和北大教授をリーダーとする「低炭素社会形成のための教育プログラム作成プロジェクト」より出版助成を得た。また、塚谷春菜氏と沢田舞氏は二〇〇九年度の「国際公共政策」の講義ノートをつくってくれた。記して感謝する。

最後に、講義録と初出論文のなかに埋もれていた著者を叱咤《しった》激励して執筆に集中させ、献身的に書物にされたのは、岩波書店編集部の藤田紀子氏のお力であった。心よりお礼申し上げたい。

二〇一〇年二月

中村研一

■岩波オンデマンドブックス■

地球的問題の政治学

2010年 3月30日　第1刷発行
2011年11月7日　第2刷発行
2016年 7月12日　オンデマンド版発行

著　者　中村研一《なかむらけんいち》

発行者　岡本　厚

発行所　株式会社　岩波書店
〒101-8002　東京都千代田区一ツ橋2-5-5
電話案内　03-5210-4000
http://www.iwanami.co.jp/

印刷／製本・法令印刷

ISBN 978-4-00-730446-0　Printed in Japan

人名索引

あ行

アイゼンハワー Dwight Eisenhower 20
アブドルアジーズ(イブン・サウド) Abdul Aziz(Ibn Saud) 180
蟻田功 59
アーレント Hannah Arendt 45, 268
イェルサン Alexandre Yersin 57
石弘之 88, 212
石田雄 4
伊谷純一郎 137
イリッフェ John Iliffle 135
ウィリアムソン John Williamson 462
ウィルソン Edward O. Wilson 204
ウィルソン Woodrow Wilson 264
ウェッブ Beatrice Webb 134
ウェッブ Sidney Webb 134
ウォーカー Peter Walker 136
ウォルタース Peter I. Walters 179
ウォルフェンソン James D. Wolfensohn 492
ウルバニ Carlo Urbani 65
荏開津典生 153, 155
エヴァンジェリスタ Matthew Evangelista 324
エルバラダイ Mohamed El Baradei 286, 296, 300
遠藤乾 402
遠藤誠治 410
大塩平八郎 142
大塚柳太郎 90
オスグッド Charles Osgood 37
オースター Donald Worster 215-216
オッペンハイマー Robert Oppenheimer 8, 301
オムラン Abudel Rahim Omran 78
オルテガ・イ・ガセット José Ortega y Gasset 302

か行

カー Edward Hallett Carr 378-379, 381, 383-385, 388-390, 393, 395, 398-400, 402, 404, 407-409, 411
カーソン Rachel Louise Carson 213, 228
カダフィ Mu‘ammar al-Qadhdhāfī 286
カミュ Albert Camus 51
カルダー Mary Kaldor 412
ガルトゥング Johan Galtung 10, 147-148
カーン Abdul Qadeer Khan 297-302
キケロ Marcus Tullius Cicero 12
喜田宏 87
北里柴三郎 57
ギデンズ Anthony Giddens vii

さ 行

た 行

ティリー Charles Tilly 141
デイリー Herman E. Daly 225, 324, 370
デヴァール Alexander de Waal 137-138
デーヴィス David Davies 411
デカルト René Descartes 214
デターディング Henry W. Deterding 177
テーヌ Hippolyte Adolphe Taine 130
デフォー Daniel Defoe 55, 85
ドイッチュ Karl Deutsch 397
トクヴィル Alexis de Tocqueville 168
ドゴール Charles de Gaulle 184
トムスン Edward P. Thompson 15
トルバ Mostafa Kamal Tolba 234
ドレイク Edwin L. Drake 167

な・は 行

ナイ Joseph S. Nye 430
中西洋 327
ナンディー Ashis Nandy 310
ノーベル Alfred Nobel 176
馬寅初 Ma Yinchu 106
ハイデン Görlan Hydén 475
ハイマー Stephen H. Hymer 173
バイロン George Gordon Byron 104
バーガー Peter Berger 10
バーク Edmund Burke 168
ハース Ernst Haas 374, 396
ハース Peter Haas 230, 239
パストゥール Louis Pasteur 58
ハズリット William Hazlitt 105
ハバート Marion Hubbert 184, 198
ハワード Michael Howard 389
ピオット Peter Piot 83
ヒトラー Adolf Hitler 269
ピープス Samuel Pepys 56
ビュザン Barry Buzan 398
ビンラディン Osama bin Laden 284
ファーマン Joseph C. Farman 232
フィンガー Matthias Finger 496
フォーク Richard Falk 11, 342, 347, 357-359, 374-375, 399
フセイン Ṣaddām Ḥusayn 190, 361
プーチン Vladimir Putin 182
ブッシュ George W. Bush 360
フラー Buckminster Fuller 93, 98-102, 115, 119
ブライヤー David Bryer 478, 480
ブラウン Lester R. Brown 118
ブルクハルト Jakob Burckhardt 353
プレース Francis Place 105
ヘッケル Ernst H. Häckel 215-216
ベネディック Richard E. Benedick 233
ベル Daniel Bell 172
ヘルド David Held 321
ホーキング Stephen Hawking 282
ボズラップ Ester Boserup 115, 119
ボッカッチョ Giovanni Boccaccio 53-54
ホッブズ Thomas Hobbes 19, 45
ボールディング Kenneth Boulding 13, 29, 93-95, 97, 104, 114, 119, 328

ま 行

マキオン Thomas McKeown 69, 78-79
マキャヴェリ Niccolò Machiavelli 20
マクナマラ Robert McNamara 20
マクニール William H. McNeill 69-70
マクファーレン Alan Macfarlane 327
マシューズ Jessica Mathews 321
マリキ Liisa Malkki 277
マルクス Karl Marx 106, 248, 274
マルサス Robert Malthus 27-28, 97-98, 102-115, 117, 119, 121, 125
マンハイム Karl Mannheim 14
見市雅俊 78
ミトラニー David Mitrany 384
ミル James Mill 105, 343, 452
ミル John Stuart Mill 105, 246
ミルワード Alan S. Milward 367, 436
ムシャラフ Pervez Musharraf 298
メイス James E. Mace 144
メドウズ Donella H. Meadows 95
毛沢東 106, 143, 145
モーズレー Paul Mosley 463
モネ Jean Monnet 393, 396, 453
モブツ Mobutu Sese Seko 468

や・ら・わ 行

ヤーギン Daniel Yergin 183
ライプニッツ Gottfried Leibniz 353
ラヴジョイ Arthur O. Lovejoy 216
ラヴラン Charles Alphonse Laveran 61
ラギー John Ruggie 365
ラシッド Ahmed Rashid 297
ラッセル Bertrand Russell 105, 308
ランデル=ミルズ Pierre Landel-Mills 470, 475
リグリイ Edward Anthony Wrigley 198
リーゼカッペン Thomas Risse-Kappen 240
リッチー Cyril Richie 240, 495
リンクレーター Andrew Linklater 273, 377, 404
レーニン Vladimir Il'ich Lenin 28, 264
聖ロクス Saint Ruchus 50
ロゼノウ James Rosenau 374
ロック John Locke 243, 249, 255, 263, 273
ロックフェラー John Davison Rockefeller 168, 170-171, 173, 175
ロバートソン John M. Robertson 105
ロビンズ Amory B. Lovins 196
ローランド Sherwood Rowland 231
ワット James Watt 163

事項索引

欧文

あ行

か 行

さ 行

た 行

な 行

は 行

ま行

や　行

ら　行

わ　行